조선대학교 한국학자료센터 자료·연구총서

옛 편지로 다시 생각하는

붕우유신

조선대학교 한국학자료센터 자료·연구총서

옛 편지로 다시 생각하는

붕우유신 朋友有信

권수용 편역

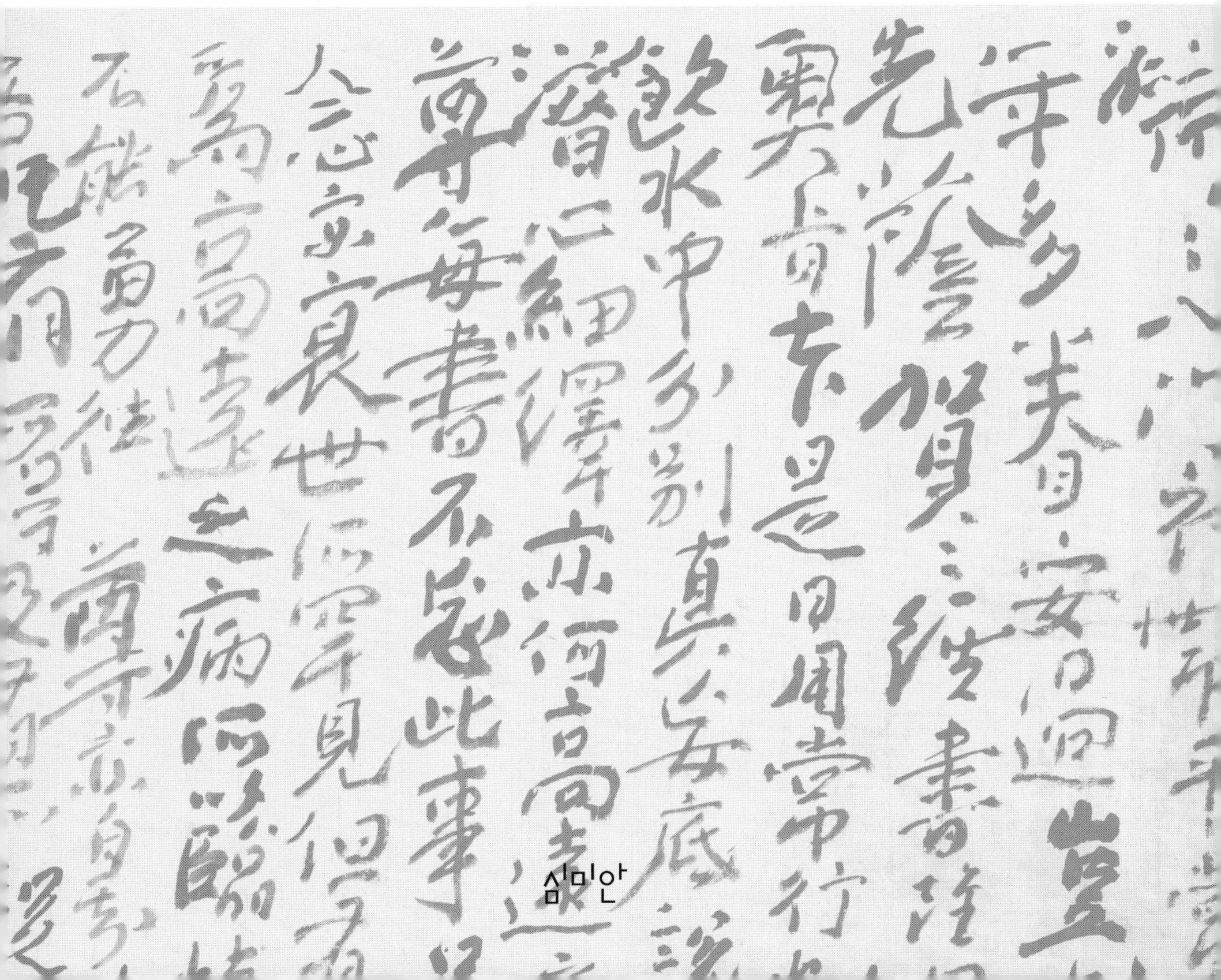

심미안

|범례|

- 본서는 노사 기정진과 그 문인 및 재전·삼전제자들의 편지를 위주로 구성하였다.
- 본서에서 사용한 편지는 고산서원에 소장된 것을 위주로 하고, 이밖에 금강종가 등에 소장된 것도 활용하였다.
- 고산서원에 소장된 편지는 '고산'이라 표기하고, 금강종가에 소장된 것은 '금강'이라고 표기했으며, 연파 후손가에 소장된 편지는 '연파'라고 표기하였다.
- 본문의 구성은 인물에 대한 기본 정보, 편지 번역문, 편지 탈초문, 편지 해제문, 원문이미지 등의 순으로 하였다.
- 수록된 인물의 순서는 별도로 정해진 것이 없이 대략 편지 작성 연대순으로 하였다.
- 탈초문은 공간 절약을 위해 원문의 행을 따르지 않고 계속 이어서 썼으며, 독해의 편의를 위해 문장 부호를 표기하였다.
- 탈초문에서는 상대방이나 어느 특정 대상을 높이기 위해 사용한 간자(間字), 개행(改行), 대두법(擡頭法) 등은 무시하고 썼다.
- 인물에 대한 이해를 위해 누정을 경영한 사람의 경우 관련 누정 사진을 실었다.

|서문|

붕우란 동문 또는 동지를 말한다. 또한 함께 모여 도의를 강마하는 사람이니, 나를 성장하게 하는 사람이다. 우리의 선조들은 스승과 제자 사이에, 또는 동문 또는 동지 사이에 믿음이 있어야한다고 여겼다. 이것은 비단 과거에만 중요했던 윤리 덕목이 아니고 현대에서도 매우 중요한 사회 가치이다. 서로 도움을 주는 벗이란 어떤 사람일까. 이러한 사실을 스승과 제자 사이, 또는 벗들 간에 오고간 편지를 통해서 살펴볼 수 있다.

본서는 노사학단 인물들 간의 교유관계와 그들의 친필 서체를 한 눈에 살펴볼 수 있도록 하는데 중점을 두었다. 또한 인물들에 대한 기초 정보와 활동 사항도 탐구하여 실었기 때문에 그동안 잘 알려져 있지 않은 인물에 대해서도 쉽게 알아볼 수 있게 되었다. 여기에 실린 인물은 모두 48명으로 4세대에 걸쳐 있으며, 대부분 19~20세기 사이의 격변기를 살다 간 사람들이라서 이들의 활동을 통해 근대 유학자의 동향에 대해서도 알 수 있다.

본서에서 사용한 편지는 대부분 고산서원에 소장된 것이고, 일부는 장성 행주기씨 금강종가와 그 일파인 연파 후손가에 소장된 것이다. 이 편지들은 그동안 조선대학교 한국학자료센터에서 디지털베이스화 하였기 때문에 그 원문을 한국학자료센터 홈페이지에서도 대부분 확인할 수 있다.

조선 성리학의 6대가 중 한 사람으로 평가되고 있는 노사 기정진은 19세기 근대 유학을 부흥시키고 한층 발전시켰다. 학문적으로 독특한 유리론을 전개하였으며 사상적으로 위정척사사상을 견지

하였는데, 그의 영향을 받은 문인들 중에는 학문적으로 높은 경지에 오른 사람뿐만 아니라 의병활동을 전개한 사람도 많이 나왔다. 문인들은 전국적으로 분포되어 있으며 특히 경상도와 전라도 등지에 많이 살고 있고, 섬 지역에까지 속속히 전파되어 거대 학파를 형성하였다. 즉 노사의 문인들은 각지에서 강학활동을 하면서 향촌의 문화를 이끌어 갔던 것이다.

과거의 통신수단이었던 편지는 정보의 교환뿐만 아니라 다양한 인사활동 및 사회에 대한 비판의 통로이기도 했다. 선인들의 흔적을 통해서 그들의 정신세계를 다시 한 번 살펴보고, 보다 가치 있는 삶이란 어떤 것인지를 생각해보는 기회가 되었으면 한다.

2017. 8.

조선대학교 한국학자료센터 전임연구원 권수용

|차례|

Ⅰ. 기정진의 왕복 편지

Ⅰ. 기정진의 왕복 편지

기정진(奇正鎭, 1798~1879)의 초명은 금사(金賜), 자는 대중(大中), 호는 노사(蘆沙), 본관은 행주(幸州), 시호는 문간(文簡)이다. 아버지는 재우(在祐)이고, 어머니는 안동인 권덕언(權德彦)의 딸로, 순창 복흥의 구수동[1]에서 태어났다. 1815년에 전염병의 창궐로 인해 양친을 여의고 아버지의 유언에 따라 장성 하남(河南)으로 이사해 살았는데, 하남은 조상이 대대로 터를 잡아 살던 곳으로, 현재 전남 장성군 황룡면 아곡리에 속한다.

하남으로 이사한 이후에도 하남 주변마을인 맥동(麥洞), 매곡(梅谷), 탁곡(卓谷), 중동(中洞), 하사(下沙) 등지를 자주 옮겨 다녔는데, 가장 오래 거주하면서 저술활동과 강학을 했던 중심지는 하사리[현재 장성군 황룡면 장산리]이다. 여기에서 20년이 넘도록 정착하면서 많은 제자들을 길러냈으며, 그의 호도 노령산과 이곳 하사리에서 따온 것이다. 만년에는 현재 고산서원이 있는 진원면 진원리로 이사하여 담대헌(澹對軒)을 짓고 제자들을 가르치며 그곳에서 생을 마감하였다.

행주기씨 가계가 장성으로 옮겨온 것은 기묘사화의 여파로 남향한 기원(奇遠, ?~1522) 때부터인데, 기원은 바로 기묘명현 기준(奇遵, 1492~1521)의 형이다. 그 후 김인후의 문인이었던 기효간(奇孝諫, 1530~1593)이나 송시열의 문인이었던 기정익(奇挺翼, 1627~1670) 등을 배출했다.

기정진은 뚜렷한 학문적 계보를 가지고 있지 않지만, 율곡 이이(李珥)에서 우암 송시열(宋時烈)로 이어지는 학문적인 연원을 가지고 있으며, 그 문하에서 이최선(李最善)·조성가(趙性家)·정재규(鄭載圭)·최숙민(崔琡民)·김석구(金錫龜)·조의곤(曺毅坤)·정의림(鄭義林)·기우만(奇宇萬) 등 많은 학자들이 배출되어 이항로(李恒老)의 화서학파(華西學派), 송병선(宋秉璿)의 연재학파(淵齋學派), 전우(田愚)의 간재학파(艮齋學派)와 함께 조선후기 기호학파의 큰 줄기를 형성하였다.

기정진에게 수학한 제자들 집단이 「노사문인록」에 수록되어 있는데, 전체 문인 수는 삼전제자까지를 포함하여 6000여명에 달하고, 그중 광주·전남지역에 거주하는 문인 수는 5000명이 넘는다. 가장 많은 지역은 광주[광산포함]로, 1180여 명의 문인들이 배출되었고, 이어서 화순[능주포함]이 1070여명, 나주[남평포함]가 700명, 장성이 560여명, 담양[창평포함]이 500명, 곡성[옥과포함]이 300명, 무안이 285명, 영암이 274명 등이다. 이중에서 단일지역으로는 능주가 975명으로 가장 높다.

---

1) 현재 순창군 복흥면 동산리 동산초등학교 뒤에 그 유지가 있다.

기정진에 대해서는 크게 학문적인 면, 사상적인 면, 문학적인 면 등으로 나누어 살펴볼 수 있다. 학문적인 면에서 그는 이황·이이 이후 계속되어 온 주리(主理)·주기(主氣)의 논쟁을 극복하고, 이일분수(理一分殊)의 이론에 의한 독창적인 이(理)의 철학체계를 수립하였다. 1843년에 <납량사의(納凉私議)>를 지어 "이일(理一)을 형기(形氣)에서 떨어진 것으로 한정하고, 분수(分殊)를 형기(形氣)의 뒤를 따르는 것으로 한정시키니, 그 결과 이일과 분수가 별개의 것이 되고 성(性)과 명(命)이 제멋대로 결정되어 성에 대한 논의가 분열되었다.[限理一於離形氣之地, 局分殊於墮形氣之後, 於是理自理分自分, 而性命橫決矣, 性命橫決, 而論性始爲天下裂矣.]"라고 전제한 후에 유리론을 전개하였다. 그는 <납량사의를 저술한 후 시 2수를 짓다[草納凉私議題二絶]>란 시에서 "각기 지닌 본연이 바로 하나의 본연이니, 기질을 가지고 편전을 가리지 말라.[各本然是一本然, 莫將氣質掩偏全]"라고 하였다. 이 저술은 이후 77세에 다시 수정하였지만, 그의 사상은 1840년을 전후하여 정립된 후 만년에 이르도록 확고하게 일관성을 유지하였음을 알 수 있다.[2)]

81세 때는 <외필(猥筆)>을 지어 제자들에게 보여준 뒤 세상에 내놓았는데, 이와 기의 관계를 "움직이거나 고요한 것은 기이고, 움직이게 하거나 고요하게 하는 것은 리이니, 움직이게 하거나 고요하게 하는 것은 리가 부려서 그런 것이 아니고 무엇이겠는가?[動者靜者氣也, 動之靜之者理也, 動之靜之, 非使然而何?]"[3)]라고 정의하였다. 이 글은 율곡이 일찍이 언급한 "음양의 동정은 기의 기제(機制)가 스스로 그러한 것이지 그렇게 하도록 시키는 것이 있는 것은 아니다."라는 명제에 대하여, 기의 자발성을 비판하고 근원적인 리의 주재성(主宰性)을 강조한 말이다. 이 글이 알려지자 간재학파와 연재학파에서는 율곡을 모욕했다고 하여 문집의 훼판을 주장하기도 하였다.

사상적인 면에서 보면, 그는 1862년에 <임술의책(壬戌擬策)>을 지어 경세론을 제시한 것이 있는데, 삼남의 민란이 계속되자 조정에서 삼정책(三政策)을 지어 올릴 것을 요구하여 이에 응하여 지은 것으로, 당시 집권세력에 대한 비판을 펼쳐가며 이에 대한 개혁을 리 중심으로 펼쳐갔다. 그는 또한 1866년 병인양요가 일어나자 7월에 <병인소(丙寅疏)>를 올렸는데, 위정척사(衛正斥邪)의 논리를 펼친 것이다. 그의 이러한 위정척사사상은 그의 많은 문인들이 고수하게 된 사상이 되었고, 한말의 의병활동으로 연결되기도 하였다.

문학적인 면에서 보면, 많은 시문을 남긴 것이 아니어서 그동안 간과되어 온 측면이지만 곳곳에 남긴 그의 업적은 결코 무시할 수 없는 거대한 것이다. 호남지역의 누정들을 돌아다니다 보면 심심

2) 홍영기, 「노사학파의 형성과 위정척사운동」, 『한국근현대사연구』 제10집, 1999, p.80 참조.
3) 『노사집(蘆沙集)』 권16 「잡저」 <외필(猥筆)>, "動者靜者氣也, 動之靜之者理也, 動之靜之, 非使然而何?"

치 않게 노사가 지은 기문을 보게 되는데, 그의 문집 속에 들어있는 누정관련 시문은 약 60여 곳과 관련되어 있다. 노사의 이러한 필력에 의해 많은 누정이 더욱 빛날 수 있게 되었고, 호남지역에 누정문화가 다시 성황을 이루게 되는 원동력이 되었다. 그 자신 역시 담대헌을 지어서 노사학파의 요람으로 만들었다. 그의 사후에 담대헌은 스승에 대한 추모소로서의 역할만 한 것이 아니라 서로의 학문을 점검하고 토론하는 담론의 장이 되었으며, 여러 사람이 모여 친목을 도모하고 시문을 익히는 시회소가 되었다.

다음은 그가 지은 <담대헌기(澹對軒記)> 일부이다.

<담대헌기>

사람들은 모두 서석산이라고 말하는데, 나 정진에 있어서는 또한 다른 사람과는 달리 특별한 것이 있다. 돌아가신 아버지와 어머니의 4척되는 무덤이 이 산의 기슭에 의탁해 있으니, 천사만사로 손상되지 않을까 무너지지 않을까 오직 이 산만을 의지할 따름이었다. 비록 서석을 장인이라고 부르고 봉우리를 바라보며 문득 절할지라도 내 마음을 만에 하나라도 드러낼 수는 없다. …손자가 나의 거처가 일정하지 않은 것을 살피고 달팽이만한 집을 서석산이 마주하는 곳에 지었다. 거리를 헤아려보니 비록 60리가 넘을지라도 모습은 거의 무릎을 가까이 하고 말씀을 듣는 것 같다.[4)]

서석산을 마주하고 담대헌을 지은 이유에 대해 설명하고 있는데, 서석산은 그에게 특별한 의미가 있으니, 곧 그의 부모 묘소가 그곳에 있기 때문이다. 그는 서석산을 '장인산'이라고 부르고 경배하였다. 그리고 장인산 시를 남겼는데, 그의 문집에는 제목이 길다. 여기에서는 소서(小序)로 처리하고, 제목은 <장인산(丈人山)>이라고 붙였다. 이 시에 차운한 사람이 모두 장인산시라고 했기 때문이다.

<丈人山> 장인산

우거하는 곳에 달팽이 같은 집이 이루어졌는데 마침 서석산을 대하고 있다. 이것은 지난 때부터 그리움만 쌓였지 얻지 못한 것이었는데 이제야 우연히 얻게 되었으니 기이한 다행

4) 『노사집(蘆沙集)』 권23 「기(記)」 <담대헌기(澹對軒記)>, "人皆曰瑞石乎, 在不佞正鎭, 則又有別異於人者. 先考妣四尺之封, 托於茲山之麓, 千斯萬斯, 不騫不崩, 惟山是賴. 雖呼石爲丈, 望峰輒拜, 未足以表情私之萬一.…聽孫不恆厥居, 蝸牛之廬, 成於瑞石的對之地. 計程雖六十里强, 顔面殆若膝促而唒詔矣."

임을 나도 모르게 깨닫게 된다. 한 수의 시로 기쁨을 기록한다.

僑居地蝸廬成, 的對瑞石, 此是曾往結戀而不可得者, 今以邂逅得之, 不覺奇幸. 一絶志喜.

偉然體德一方宗	위대하고 덕스러운 모습이 한 지방의 으뜸이 되니,
友敢云乎師則隆	벗이라고 감히 말하랴. 스승이라면 너무 높네.
山若可名還可字	산을 이름 지을 수 있다면 자도 지을 만 하니,
開門喚作丈人公	문을 열고 장인공이라 지어 부르리라.[5]

위 시는 기정진의 생애 마지막 작품이다. 서석산에 대한 그의 무한한 경배와 애정을 느낄 수 있다. 이 시에 대해 제자들의 차운시가 많이 있을 것으로 예상되지만, 실상 남아있는 경우는 이희석(李僖錫) 1수, 강인회(姜寅會) 6수, 김녹휴(金祿休) 1수, 정하원(鄭河源) 1수 등이 각각의 문집에 들어있고, 고산서원에 이승환(李升煥)[6]의 시 1수가 더 남아있을 뿐이다.

기정진의 문집인 『노사집(蘆沙集)』은 3차에 걸쳐 간행되었는데, 최초의 문집은 손자인 기우만(奇宇萬)이 1881년부터 수집 편차하여 목록 2권, 원집(原集) 22권, 합 11책으로 1883년 봄에 담대헌(澹對軒)에서 목활자로 간행하였다. 그 후 1898년에도 담대헌에서 기우만의 주도로 초간본과 동일한 활자로 문집을 중간(重刊)하였는데, 원집 22권, 부록 2권, 합 11책이다. 삼간은 정재규, 조성가, 최숙민, 기우만, 정의림 등 영호남의 문인들이 1901년부터 착수하여 중간본에 시문을 증보하여 28권으로 재편하고, 부록에 고종이 내린 사제문과 최익현(崔益鉉)이 쓴 신도비명(神道碑銘)을 추가하여 31권 17책으로, 1902년 단성(丹城)의 신안정사(新安精舍)에서 목판으로 간행하였다. 그 후 목판은 장성 담대헌으로 옮겨졌다.

내용으로 시 272제(題)가 연대순으로 편차되어 있으며, 이어서 편지 696통이 실려 있는데 학문적인 내용이 많은 것이 특징이다. 잡저(雜著)는 36편이 수록되어 있는데 여기에는 <이통설(理通說)>, <납량사의(納凉私議)>, <외필(猥筆)> 등이 포함되어 있다. 이밖에도 서(序) 159편, 기(記) 88편, 발(跋) 86편, 기타 등이 수록되어 있다.

『노사집』 외에도 『답문유편(答問類編)』이 있는데, 정재규·김현옥(金顯玉) 등이 스승과 제자 사이에 학문에 대해 문답한 편지를 별도로 모아 편차한 것으로, 1890년에 기우만이 활자로 초간하였고, 1902년 『노사집』을 삼간할 때 함께 목판으로 간행하였다.

---

5) 『노사집(蘆沙集)』 권2 「시」

6) 이승환(李升煥, 1829~?) : 자는 일서(日瑞), 호는 기산(岐山), 본관은 인천(仁川)이다. 장흥 사람으로, 기정진의 제자이다.

담대헌

기정진의 친필 편지는 고산서원에는 7통밖에 남아있지 않은데, 그중 2통은 추정일 뿐이다. 그러나 『노사집』에 700통 가량의 편지가 실린 것을 보면 문집을 만든 이후 사라진 것으로 보인다. 그런데 노사의 편지는 대부분 문인 집안에서 첩으로 만들어 귀중하게 보관하였던 것으로 알려진다.

본고에서는 우선 노사 친필 편지를 살피고 이어서 벗과 제자가 보낸 편지를 살피겠다. 노사와 벗으로 지냈던 사람은 김조(金照)와 이규형(李奎亨)이 대표적이라고 할 수 있다. 제자에게 보낸 편지는 1통밖에 남아있지 않으며, 또한 제자에게서 온 편지도 소필기(蘇弼基) 한 사람 것 밖에 남아있지 않다.

1. 기정진의 편지

〈1877년 기정진(奇正鎭)이 김유(金濡)에게 보낸 편지〉(고산)

중호(仲浩)에게 답함

깊고 넓게 입문(入門)[7]하고, 의대(衣帶)도 평상시와 같으며, 변고가 있는 해에 대부분의 가족들이 편안히 지내고 있다니, 어찌 조상의 음덕이 아니겠는가? 축하드리네. 경서에서 비록 미사오지(微辭奧旨, 은미한 말과 깊은 뜻)를 말했다고 할지라도 본래 일상생활 속에서 실행하는 것이네. 밥을 먹고 물을 마시는 사이에도 진실된가 망령된가를 분별하라는 말들은 진실로 잠심(潛心)하여 자세히 찾아볼 것이니, 또한 어찌 고원한 데 있을 것인가?

그대가 매양 편지할 때마다 이 일을 잊지 않고서 다만 이처럼 일념인 것 또한 쇠락한 세상에 보기 드문 일이네. 다만 알고 있는 것이 너무 지나쳐서 고원한 데로 치닫는 병이 있는지라, 갈림길에 임하여 주저하며 용맹스럽게 나아갈 수 없는 까닭이네. 그대도 또한 스스로 그 병을 알고 있겠지? 무릇 얻은 것이 있고 의심난 곳이 있으면 모두 그때그때 차기(箚記)[8]를 한 후 붕우들을 만났을 때 더불어 상확(商確)[9]을 하는 것이 어떠한가? 이와 같이 하지 않는다면 도리어 다시 잊어버리게 될 걸세.

후물(朽物)[10]인 나는 근근이 옛날처럼 백발 머리를 들고 있네. 그러나 일곱 달 동안 설사를 한 것이 끝내 낫을 날이 없으니, 세전의 두 달을 편안히 보내려나 모르겠네. 나머지는 줄이고, 이만 펼치지 않네.

1877년 11월 7일에 정진(正鎭) 올림.

謝仲浩

淵淵入門, 衣帶平常, 變年多眷安過, 豈非先蔭? 賀賀. 經書雖曰, 微辭奧旨, 本是日用常行, 齕飯飮水中, 分別眞妄底說話, 苟潛心細繹, 亦何高遠之有? 尊每書不忘此事, 只此一念, 亦衰世罕見. 但有過認爲高遠之病, 所以臨歧趑趄不能勇往, 尊亦自知其病否? 凡有所得及有所疑, 皆隨手箚記後, 遇朋友與同商確, 如何? 不此之爲, 則還復遺失矣. 朽物, 僅擡舊日頭顱, 然七朔泄利, 終無痊可之日, 未知歲前兩朔安過否也. 餘縮, 不宣.

丁丑復月七日, 正鎭 頓.

위 편지는 노사가 타계하기 2년 전인 1877년 11월 7일에 제자 김유(金濡)[11]에게 보낸 편지이다. 『노사집(蘆沙集)』에는 노사가 김유에게 보낸 편지 5통이 실려 있으나, 위 편지는 들어있지 않다. 노사는 편지에서마다 짤막하게 가르침을 베풀고 있는데, 위 편지에서는 김유가 너무 고원한 데로 치닫는 병이 있음을 경계하였고, 의심난 부분은 그때그때 메모를 해두었다가 붕우들을 만났을 때 서로 의논하여 확정하라는 가르침을 주었다. 노사는 다른 편지에서는 "『대학』을 읽고 있는 줄 아는데 참으로 잘한 일이고, 논한 바도 틀리지 않네. 다만 이 책이 대략 글 뜻을 알기가 어려운 것이 아니라 조항마다 실지로 공부를 하여 경전의 글이 공언이 되지 않게 하기가 어려운 것이네. 만약 글 뜻만 강론하기로 한다면 이른바 글은 글대로 있고 나는 나대로 있는 것이니, 비록 모든 경을 모조리 통달하여 한 자도 틀리지 않는다고 해도 자기에게는 무슨 상관이 있겠는가?"[12]라고 하면서 경전을 아는 것이 중요한 것이 아니라 실천하는 일이 더 중요함을 강조했다.

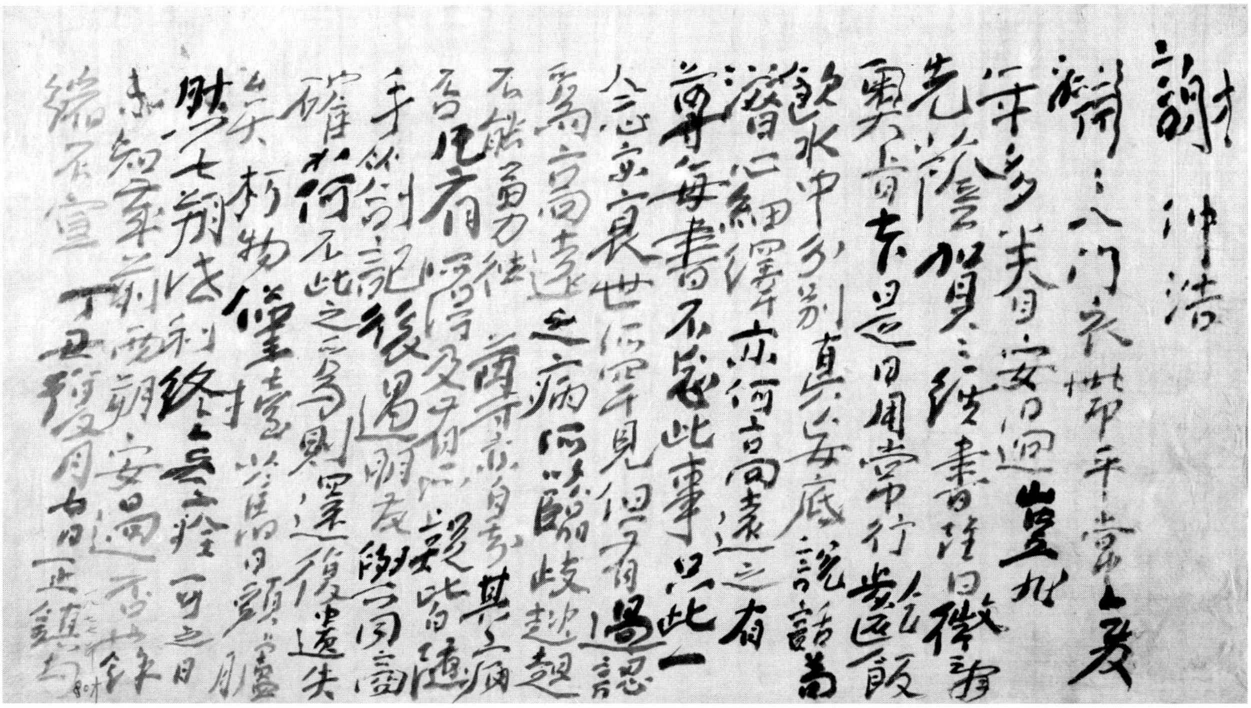

7) 입문(入門) : 학문이나 기술이 단서를 얻은 것을 말한다. 『논어(論語)』 「자장(子張)」편에서 "부자의 담장은 서너 길 높이라 문을 통해 들어가지 못하면…[夫子之牆數仞, 不得其門而入]"이라고 하였다.

8) 차기(箚記): 공부를 하면서 의심나거나 중요한 부분을 간략히 적은 것을 말함.

9) 상확(商確) : 서로 의논하여 확실하게 정함.

10) 후물(朽物) : 썩은 물건. 폐물(廢物). 자신을 낮추어 말한 말.

11) 김유(金濡, 1832~?) : 자는 중호(仲浩), 호는 송호(松湖), 본관은 원주(原州)이다. 옥과에서 살았으며, 기정진의 문인이다.

12) 『노사집』 권11 「서(書)」 <답김중호(答金仲浩)>, "知讀大學固善, 而所論亦無違錯. 但此非畧曉文義之爲難, 逐項實下工夫, 使經傳之文不爲空言, 是爲難也. 若講說文義而已, 則所謂書自書我自我, 雖盡通諸經, 不錯一字, 於自己分上, 有何關繫耶?"

2. 이규형의 편지

이규형(李奎亨, 1797~1851)의 자는 치고(穉固), 호는 일와(一窩), 본관은 전주(全州)이다. 양녕대군의 후손으로, 아버지 효효당(囂囂堂) 세용(世容)과 어머니 제주인 양성택(梁聖宅)의 딸 사이에서 둘째 아들로 태어났다. 이규형 집안은 추성수(秋城守) 이서(李緖)에 이르러서 비로소 담양의 대곡에 살게 되었는데, 아들 이최선(李最善, 1825~1883)에 이르러 문명(文名)이 높아지게 된 것으로 보인다.

이규형과 기정진의 우정은 매우 깊었으며, 몇 대에 걸쳐 그 우정이 이어지고 있다. 즉 이규형의 아들 이최선, 손자 이승학(李承鶴, 1857~1928), 증손자 이광수(李光秀, 1873~1953) 등 대대로 깊은 관계를 맺고 지냈으며, 이승학의 딸과 기우만의 아들 기락도(奇洛度)가 혼인을 하기도 한다. 특히 아들 이최선은 이른 나이에 노사 문하에 들어가 스승을 떠받들었고, 아버지가 일찍 돌아가신 후에는 스승을 부모처럼 의지하고 살았다.

〈1846년 이규형이 기정진에게 보낸 편지〉(고산)

【피봉】 탁곡(卓谷)13) 경좌(經座)14)의 집사(執事)15)에게

장동에서 담복 중인 아우가 편지 올림

예식은 생략합니다[省禮言].16) 세약(歲籥)17)이 문득 바뀌니, 그리워하는 마음 더욱 간절합니다. 삼가 새해를 맞이하여 도리(道履)18)는 건강하시고, 주변 식구들도 모두 평안하신지요? 현포(賢抱)19) 형제도 모두 별 탈 없이 새해에 즐거움을 받치고 있는지요? 그리운 마음 감당할 길이 없습니다.

담복(禫服)20)중인 저는 문득 상사(祥事, 대상)를 지내고 궤연도 이미 치웠기 때문에 관모나 의상을 변화에 따라야 하니, 다만 절절히 슬픈 마음만 들고 화락한 맛을 보지 못한 채 텅 빈 것같이 애통할 따름입니다. 또 친형님의 환후가 여러 달 동안 계속되고 있는데, 몇 차례나 위급한 지경을 당해서 눈물로 날을 보냈습니다. 지금은 조금 나아져서 거의 회춘할 가망이 있게 되었으니, 매우 천만 다행입니다. 그러나 어찌 감히 근심을 늦출 수 있겠습니까?

중춘에 만약 선자(先慈, 돌아가신 어머니)의 면례(緬禮, 이장(移葬))21)를 거행하게 된다면, 늦봄에는 귀중(貴中, 귀하가 있는 곳)에 가서 속마음을 펼쳐놓으려고 하는데, 그때 마장(魔障)이 없을지는 알지 못하겠습니다. 마침 성지(誠之) 편이 있기에 근래 안부가 어쩐 지를 탐문하고 싶

어서 이처럼 대략 써서 안부 인사를 대신합니다. 나머지는 이양(頤養)[22]하는 생활이 계절에 따라 신의 가호가 있으시길 빌면서 이만 줄입니다. 형께서는 살펴주시길 바랍니다.

1846년 1월 4일에, 담복제(禫服弟) 이규형(李奎亨) 드림.

【피봉】 卓谷 經座 下執事

長洞 禫服弟 候狀

省禮言. 歲籥倏改, 瞻仰政勤. 伏惟新元, 道履衛重, 左右均迪, 賢抱昆季, 俱無恙以供其新歲之歡趣耶? 區區伏溱不任之摯. 禫服弟, 奄經祥事, 筵几已綴, 冠裳隨變, 只懷切切之悲, 而未見侃侃之味, 廓然痛隕而已. 且舍伯患候, 數月沈綿, 累度危劇, 和淚送日矣. 今則微效, 而庶有回春之望, 天幸天幸, 然敢弛慮乎? 仲春若行先慈緬禮, 則晩春將擬暢敍於貴中, 而未知其無魔否也. 適有誠之便, 欲探近候之如何, 略此替伸. 餘祝頤養因序加護, 不宣, 伏惟兄照. 丙午正月初四日, 禫服弟 李奎亨 拜拜.

1846년 1월 4일에 이규형이 벗 기정진에게 보낸 편지로, 자신은 지금 대상을 치르고 담복(禫服) 중에 있는데 더욱 서글프고, 또 친형님의 환후가 여러 달 동안 계속되어서 눈물로 지새웠다는 말을 하였다. 어머니 묘소를 이장한 후 찾아가겠다는 말을 하였다. 이규형의 아버지 이세용(李世容)은 1768년에 태어나 1843년 12월 20일에 사망하였고, 이규형의 형님 이규언(李奎彦, 1788~1846)은 끝내 이때 병으로 사망하였다.

13) 탁곡(卓谷) : 현 전남 장성군 황룡면 아곡리에 해당함.
14) 경좌(經座) : 경서를 공부하는 사람에게 보내는 편지의 겉봉에 쓰는 말.
15) 집사(執事) : 주인 옆에 있으면서 그 집일을 맡아보는 사람. 옛 편지에서는 상대방을 직접 지칭하지 않고 그 밑에서 일하는 이를 가리킴으로써 상대방을 높였다.
16) 생례언(省禮言) : 옛 편지에서 상대방이 상중에 있을 때 인사말을 생략하고 대신 쓰는 말로, 평교간에 사용하는 상투어이다.
17) 세약(歲籥) : 해의 바뀜. 약(籥)은 절기의 변화를 측정하는 갈대 대롱을 가리킨다.
18) 도리(道履) : 도체(道體). 학자들의 일상생활, 또는 학문하는 일을 가리키는 말이다.
19) 현포(賢抱) : 상대방의 손자를 높여 이르는 말. 현(賢)은 상대방을 높일 때 쓰는 존칭이고, 포(抱)는 포손(抱孫)과 같은 말로 손자를 가리킨다.
20) 담복(禫服) : 상중에 있는 사람이 담제(禫祭) 이후부터 길제(吉祭)를 지낼 때까지 입는 옷을 말한다. 담제(禫祭)는 대상(大祥) 후 석 달 만에 돌아오는 해(亥)일이나 정(丁)일에 지내는 제사이다.
21) 이규형의 어머니는 1822년 12월 11일에 돌아가셨으며, 묘는 대덕면 무월리 인두봉 아래에 있다고 나와 있다.
22) 이양(頤養) : 이신양성(頤神養性). 마음을 가다듬어 정신을 수양함을 말한다.

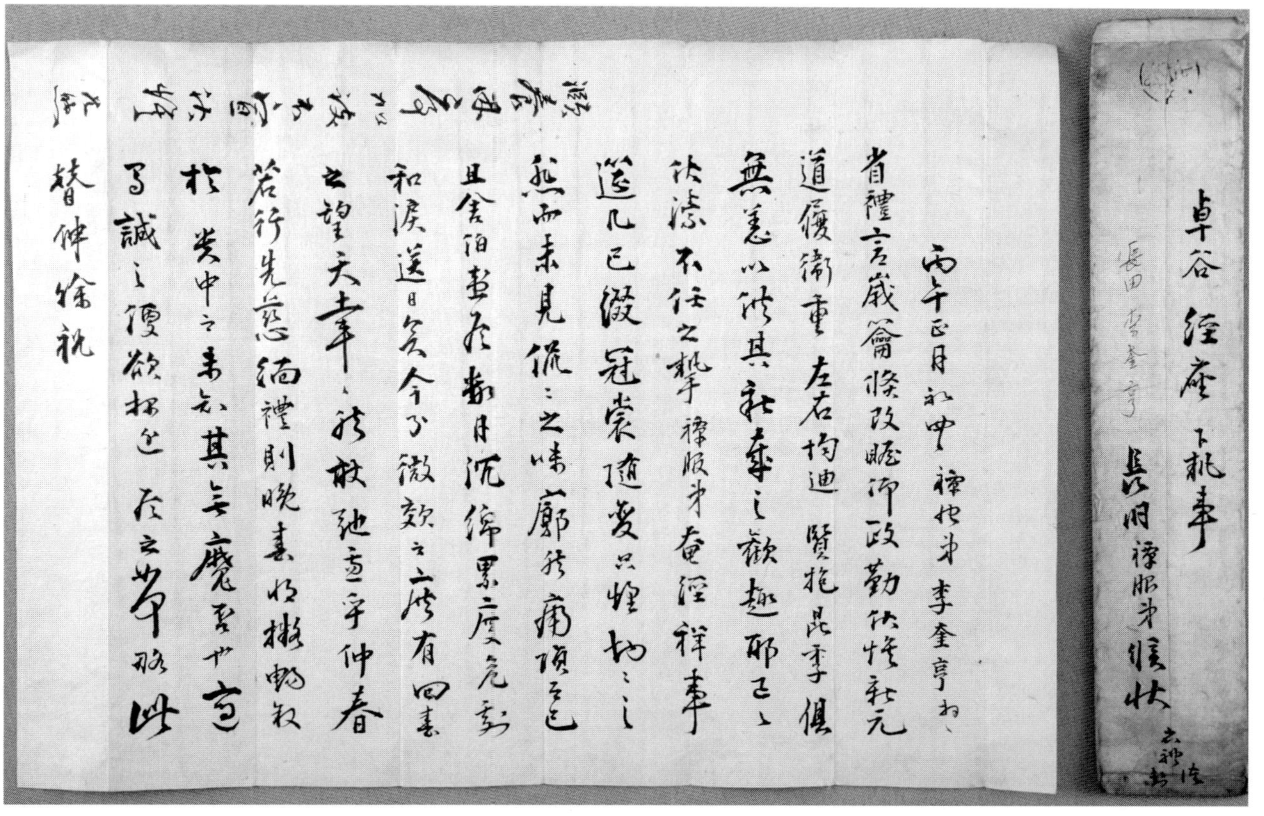

한편 전남대 도서관에는 『노사간첩(蘆沙簡帖)』이 소장되어 있는데, 이규형 후손 집안에서 나온 것으로 보이는 간찰첩으로, 노사 기정진이 이최선의 아버지 이규형에게 보낸 편지를 한권의 책자로 배접해놓은 것이다. 여기에는 신축년(1841) 편지부터 이규형이 사망한 1851년까지의 편지 21통이 배접되어 있으며, 그중 한통은 이규형이 사망하자 그 아들에게 조문편지를 보낸 것이다. 다음은 위 편지와 짝이 되는 편지를 『노사간첩』에서 찾아서 번역한 것이다.

(부록) 〈1846년 기정진(奇正鎭)이 이규형(李奎亨)에게 보낸 답장 편지〉[23)]

장전(長田)[24)]에 답장 드림.

예식은 생략합니다[省禮言]. 세월이 흐르는 물과 같아서 궤연(几筵, 혼백이나 신위(神位)를 모신 자리)이 이미 치워지게 되었으니, 효자(孝子)[25)]의 텅 빈 듯한 마음을 상상할 수 있습니다. 저번에 행가(行駕, 행차)가 출발할 때 찬비의 여운이 아직도 축축하게 남았었는데, 이섭(利涉)[26)] 하셨다는 소식을 듣지 못했고, 또 형의 집안에 도규(刀圭)[27)]의 우환과 무덤을 새로 만드는 일 등이 있다는 것을 알았지만, 근심스럽고 어수선한 온갖 일로 인해 한 가지도 듣지 못해서 걱정이 매우 많았습니다. 오늘 한 폭의 편지를 받고는 모든 의심이 다 풀어졌으니, 매우 다행입니다. 다만 제가 먼저 안부를 묻지 못하고 형에게 먼저 하게 하였으니, 부끄러움을 어찌 다 말하겠습니까?

제(弟)[28)]는 여러 날 동안 냉설(冷泄, 속이 차서 생긴 설사)을 앓는 것이 자못 고통스러워서 특별히 신년에 재미라곤 없습니다. 가슴속에는 번울증(煩鬱症, 열감(熱疳)으로 인하여 가슴 속이 답답하고 갑갑한 증상)이 갈수록 쌓여가지만 토로할 곳이 없으니, 어쩌겠습니까? 늦은 봄에 찾아와주시겠다고 허락하신 것은 온전히 믿을 수 없을 것 같은데, 과연 그리해주신다면 얼마나 다행일지요? 이만 줄이고 답장편지 드립니다.

1846년 1월 8일, 아우 정진 올림.

長田回納

省禮言. 日月流駛, 几筵已撤, 孝子慨廓之情可想. 曩時行駕之發, 凉雨尙有餘濕, 而未聞利涉之報, 又知家有刀圭之憂·掩窆之事, 憂擾百端, 而一未及聞, 懸念每切. 今此一幅, 群疑盡釋, 良幸良幸. 但自此未有致問, 使兄先之, 慚怍何喩? 弟, 數日來患冷泄頗苦, 殊無新年滋味. 胸中煩鬱益積, 而無可吐處, 奈何? 晩春臨貺之諾, 恐未可全信, 果爾則何幸何幸? 姑不宣謝狀. 丙午元月穀日, 弟 正鎭 拜上.

---

23) 전대도서관소장, 『노사간첩(蘆沙簡帖)』. 노사가 이규형에게 보낸 편지는 전대도서관에 소장되어 있다.
24) 장전(長田) : 현재 전라남도 담양군 창평면 장화리 장전 마을에 해당.
25) 효자(孝子) : 부모의 상중에 있는 상제(喪制)를 말한다.
26) 이섭(利涉) : 무사히 잘 도착함.
27) 도규(刀圭) : 약을 뜨는 숟가락으로, 의술(醫術)이나 약물(藥物)을 뜻함.
28) 제(弟) : 옛 편지에서 자신을 제(弟)라고 쓰는 경우는 상대방보다 나이가 어리기 때문에 쓰는 용어가 아니고, 친구 사이에 자신을 지칭할 때 사용하는 겸양어이다. 본 책에서는 제(弟)에 대해 '저' 또는 '아우' 또는 '벗'이라고 번역한다.

위 편지는 『노사집』에는 실리지 않은 것으로, 1846년 1월 8일에 이규형에게 보낸 답장 편지이다. 이때 기정진의 나이는 49세였는데, 이미 냉설증과 번울증으로 고생하고 있었음을 알 수 있다.

<원문이미지 생략>

3. 김조(金照)의 편지

김조(金照, 생년미상)의 초명은 구보(九寶), 자는 선겸(善兼)·일여(日如), 호는 동리(東里), 본관은 광산(光山)이다. 주정(周鼎)의 후예로, 아버지는 필흠(必欽)이고, 어머니는 전주인 이원기(李遠紀)의 딸이며, 장성에서 살았다.

김조는 기정진에게는 아버지뻘 되는 연배이지만 둘은 매우 친밀한 관계를 가졌던 것으로 보이는데, 기정진의 큰 손자인 우기(宇夔)와 김조의 손녀가 결혼하기에 이른 것이다. 기정진의 문집인 『노사집』에는 김조에게 주거나 차운한 시가 대단히 많이 실려 있으며,[29] 김조가 죽은 후에 지은 <동리처사전(東里處士傳)>도 들어있다. 이 전에 의하면 김조는 수련산(秀蓮山) 아래 동계리(東溪里, 현재 장성군 동화면 동호리 동계마을)에 사는 것으로 인해서 호를 '동리'라고 하였고, 1799년에 서울에서 유학할 때 임금이 배석한 시험에서 1등을 하여 대궐에 들어가서 임금이 하사한 술을 마셨으며, 때를 만난 것 같았지만 그 이듬해 정조가 빈천하면서 운수가 막히게 되었음을 알 수 있다. 만년에 낙요루(樂堯樓)를 축조하고 지냈으며, 1848년 언저리에 사망한 것으로 보인다. 다음은 기정진이 지은 낙요루 차운시이다.

<癸卯冬至, 次樂堯韻>	**1848년 동지에 낙요루 시에 차운하다**
邵子五言後	소옹(邵雍)이 오언시를 읊은 후에,
一陽幾度來	일양이 몇 번이나 왔던가.
夜雷密醸雨	밤 우레가 은밀히 비를 빚을 때
卽景好觀梅	눈앞의 경물은 매화 보기 좋네.
從覺南維煖	남녘이 비로소 따뜻해짐을 깨닫겠으니,
已疑土脈開	이미 토맥이 열렸는가 의심하고,
明季幸再稔	내년에 또 풍년들기 바라며,
今日更多杯	오늘 다시 술잔을 드네.[30]

29) 『노사집』에 실린 김조 관련 시 : <東里翁金照壽席韻, 稺晦在林求和>, <東里翁新居 五首>, <次上東里>, <次呈東里文丈案下 五首>, <上東里翁行幰>, <和東里翁韻 二首>, <東里翁新居有樓曰樂堯, 詩成蓋久, 承聽恨不早, 感屬意之厚, 率爾奉賡, 時正鎭抱痾在觀佛山房>, <和東里翁莘郊僑居懷古韻>, <又次東里翁梅字韻>, <呈樂堯>, <癸卯冬至, 次樂堯韻>

30) 『노사집』 권1 「시」

다음 시는 고산서원에 소장되어 있는 고문서 중에 김조가 지어서 기정진에게 보낸 것이다. 기정진이 숙배하러 나아갈 때 지어준 전별시이다.

<贐奇大中赴濟>	**기대중의 나아감을 전송하며**
潁上靑山種邃篁	청산 위에 그윽한 대나무 심으니,
堯天舜日若相忘	요순의 태평성대도 서로 잊은 것 같았지.
知君素志勸君去	그대의 평소 뜻 알기에 그대를 권해 보내니,
一見周公背上王	언뜻 주공이 임금을 등에 업은 것 같네.
東溪病友 金照 拜	동계의 병든 벗 김조 올림[31]

기정진은 1842년(45세) 8월 29일에 전설사별제(典設司別提)에 제수되고, 12월 25일에 평안도도사에 제수되자, 어쩔 수 없이 나아가 6일 만에 사직하고 내려온 일이 있는데, 이때가 아닌가 싶다. 위 시와 관련하여 거의 같은 시기에 보내온 편지로 추정되는 것이 다음의 편지이다.

〈(1843년) 5월 김조(金照)가 기정진에게 보낸 편지〉(고산)

북리(北里)의 연궤(練几)[32]에

월전에 임금의 부름을 받고 달려 나간 것은 추위에 떨면서 먼 길을 가게 되는 우려만 있었던 것이 아니라, 혹 노년에 활별(濶別, 오랫동안 헤어져 만나지 못함)하게 되는 서글픔도 있게 하였습니다. 그런데 나는 듯이 나아갔다가 호연하게 돌아와서는 조용히 살아가는 것이 마치 그 사이에 아무 일이 없는 것처럼 하시는군요. 나아가기는 어렵게 하고 물러나기는 쉽게 한다는 것이 비록 우리 유자(儒者)들의 정해진 본분과 본래의 면모라고는 할지라도 형께서는 여기에서 일거양득을 하였고, 마침 저의 관견(管見, 좁은 견해)과도 대략 부합된 것이 있습니다. 거의 율려(律呂)가 서로 화합하는 것 같으니, 비로소 만랑(漫浪, 부질없이 방랑함)하는 사람이 또 하나의 얻음이 있음을 깨달았습니다.

다만 한스러운 것은 형이 떠날 때에 산을 유람하고 온 나머지 피곤함 때문에 손을 잡고 이

---

31) <고산서원 소장 고문서>

32) 연궤(練几) : 연복(練服) 중인 사람의 책상. 연복(練服)은 연상(練祥) 때 입는 옷으로, 여기에서는 기년복(朞年服)을 말한다. 기

별하지 못했고, 형이 올 때도 추운 날 길까지 질척하여 또 곧바로 정을 펼치지 못했으니, 끝내 백발인 사람의 행위가 되 버렸습니다. 그러니 다시 무엇을 말할 것이 있겠습니까?

다만 삼가 묻건대, 동정(動靖)[33]은 서울에 다녀오신 후 더욱 평안하신지요? 가만히 생각건대 신이 여러 가지로 도와주어서 수염과 모발은 평소보다 나을 것입니다. 가장 듣고 싶은 것은 우리 그대가 관직에 든 초기에 태평만세하다는 소식인데, 혹 지구(知舊, 친구)들과 더불어 말할 만한 것이 있는지요?

저는 천질(賤疾)[34]이 추위를 틈타 더욱 심해져서 한 번 바깥 기운에 닿으면 곧 한 번 해를 받게 되는 것이 심하지 않음이 없습니다. 어쩌겠습니까? 말하고 싶고, 듣고 싶은 이야기는 산속의 해가 조금 따뜻해지길 기다렸다가 직접 한 번 가서 할 생각입니다. 마침 손자가 가기에 대략 안부인사 올리고, 이만 줄입니다.

(1843년) 5월 12일에, 벗 김조(金照) 올림.

北里練几下

月前赴召, 非直爲寒程遠役之憂, 恐或有老年濶別之悵矣. 翼如而趨, 浩然而歸, 從容做去, 若無所事於其間. 難進易退, 雖是吾儒定分與本色, 而兄於此一擧二得, 適與管見略有吻合, 庶幾律呂相協, 始覺漫浪之物亦有一得也. 但所恨者, 兄去也, 以山遊餘憊, 不得握別, 兄來也, 以日寒路濘, 又不得卽叙, 終是白髮人人事, 更何足道? 第恭問動靖擄餘益衛, 窃想神相百祐, 鬅髮勝平昔矣. 第一所欲聞者, 此乃吾君履端之初, 太平萬歲, 抑可有說與於知舊者耶? 弟狀, 賤疾當寒苦劇, 一觸外氣, 顯有一害, 莫非甚矣. 奈何奈何? 所欲言所欲聽者, 當竢山日小暖, 一應躬謂, 適因孫兒去, 略候不備上. 五月十二, 照弟 拜.

고산서원에는 김조가 기정진에게 보내온 편지 8통이 소장되어 있다. 『노사집』에는 노사가 김조에게 보낸 편지 3통이 들어있는데, 위 편지와 짝을 이루는 것으로 판단되는 편지가 있다. 그중 일부분만 살펴보면 "허겁지겁 왔다갔다 한다는 말이 저를 두고 한 말인가 싶습니다. 나아가기는 어렵고 물러나기는 쉽다는 등의 말은 저 같은 사람이 어찌 꿈속에서라도 해당되는 경지이겠습니까? 집에

정진의 종백모(從伯母)인 기재의(奇在懿)의 처가 1843년 1월 6일에 졸하였다.

33) 동정(動靖) : 기거(起居). 안부를 말함.

34) 천질(賤疾) : 자신의 병을 낮추어 말한 말.

돌아온 지가 이미 10일이 가까워지는데 곡물을 소화하지 못한 것은 객지에 있을 때나 같습니다."[35] 라는 내용이다.

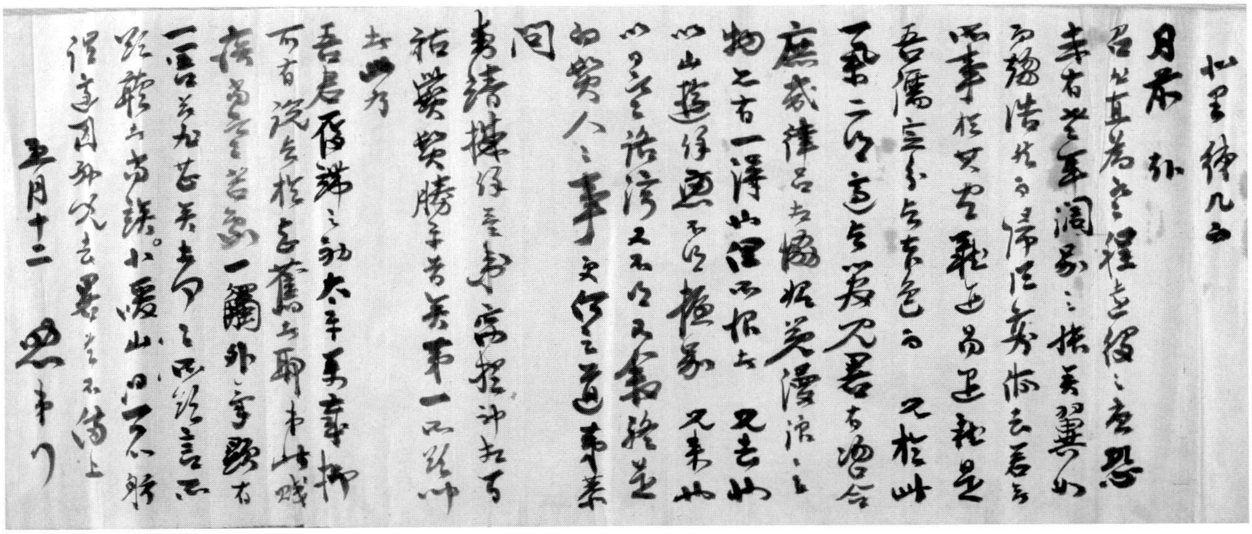

35) 『노사집』 권4 「書」 <答金東里>, "往來屑屑之誚, 正是爲我準備語. 若難進易退等語, 則何嘗夢到他境界耶? 歸巢已近旬日, 而胃脘之不能化穀, 猶夫作客時也."

〈 7월에 김조(金照)가 기정진에게 보낸 편지〉(고산)

남암(南菴)36)에서 우거하는 자리에

낙요루(樂堯樓) 차운시가 어디에서부터 왔는지 알지 못하겠지만, 기억해보면 그날이 곧 단양일 3일전일 것입니다. 손을 씻고 펼쳐 읊조려보며 나도 모르게 깊은 고질병이 문득 사라지게 되어 관불암(觀佛庵)37)에서 회포를 다 풀지 못한 마음에 위로가 되었습니다. 월전에 문수사(文殊寺)로 돌아가는 승려를 만나서 대략 몇 자의 안부를 보냈는데 곧 받아보셨겠지요? 소식이 있는 후 비가 내리고 더위가 한창인 것이 모두 근래 들어 처음 보는 일인데, 계후(戒候, 愼候, 병환)는 스스로 천화(天和, 인체의 원기)를 회복하셨으며, 모든 일이 평상시와 같게 되었는지요? 매우 그렇게 되길 빕니다.

저는 그간에 심한 설사병으로 인해 거의 일어나지 못한 채 저승문턱에서 6~7일간을 지내다가 지금에야 비로소 차도가 있게 되었는데, 아직 완쾌되지는 못했습니다. 이는 진정으로 제가 노쇠했다는 뜻입니다.

수일 전에 증손을 얻었는데 오래도록 기다리던 나머지 얻은 손자라 온 집안이 기뻐하고 있으며, 그 증조부 된 자는 죽어도 여한이 없게 되었습니다. 하물며 골격이 웅장하고 씩씩해서 장래에 그 할애비의 설움을 씻을 희망이 있음에 있어서이겠습니까?

산루(山樓)가 고요하고 적막하여 반드시 얻은 것이 있을 것인데, 혹 보여주시겠는지요? 어린 손자가 가기를 원하기에 또한 그 할애비도 흔쾌히 허락을 하였습니다. 남은 이야기는 손자 아이가 직접 전할 것입니다. 정신이 아득하여 이만 줄입니다.

7월 14일에, 벗 김조 올림.

南菴寓榻下

樂堯樓賡韻, 不知自何落來, 記其日乃端陽前三. 濯手諷玩, 不覺沈痾頓去, 足以慰觀佛不盡懷緖. 月前逢文殊歸僧, 略候數字, 果卽閱覽未? 信后雨而暑, 摠是近來初見, 戒候自復天和, 凡百能如平時否? 種種勞祝而已. 弟, 間以毒泄, 幾乎不起, 鬼關六七日, 今始差却, 快爲完人則未也. 正矣吾衰也. 數日前得曾孫, 懸待餘一室歡抃, 爲其曾祖者, 死無餘恨. 況其骨格奇嶷, 大有將來望庶雪其祖耶? 山樓靜寂, 必有所得, 或示之耶? 穉孫願往, 亦其祖欣然許之耳. 多少去孫兒口, 神昏, 不備上. 七月小望, 照弟 拜.

기정진이 남암(南庵)에 있을 때인 7월 14일에 보내온 편지이다. 남암은 문수사(文殊寺)에 있는 암자로, 기정진은 1820년에도 여기에서 독서를 하였으며, 1843년 여름에는 여기에서 피서를 하며 <납량사의(納凉私議)>를 지었다. 『노사집』에는 낙요루(樂堯樓)에 대한 시가 두 수 있는데, 제목이 <東里翁新居有樓曰樂堯 詩成蓋久 承聽恨不早 感屬意之厚 率爾奉賡 時正鎭抱痾在觀佛山房>과 <癸卯冬至 次樂堯韻>이란 시이다.

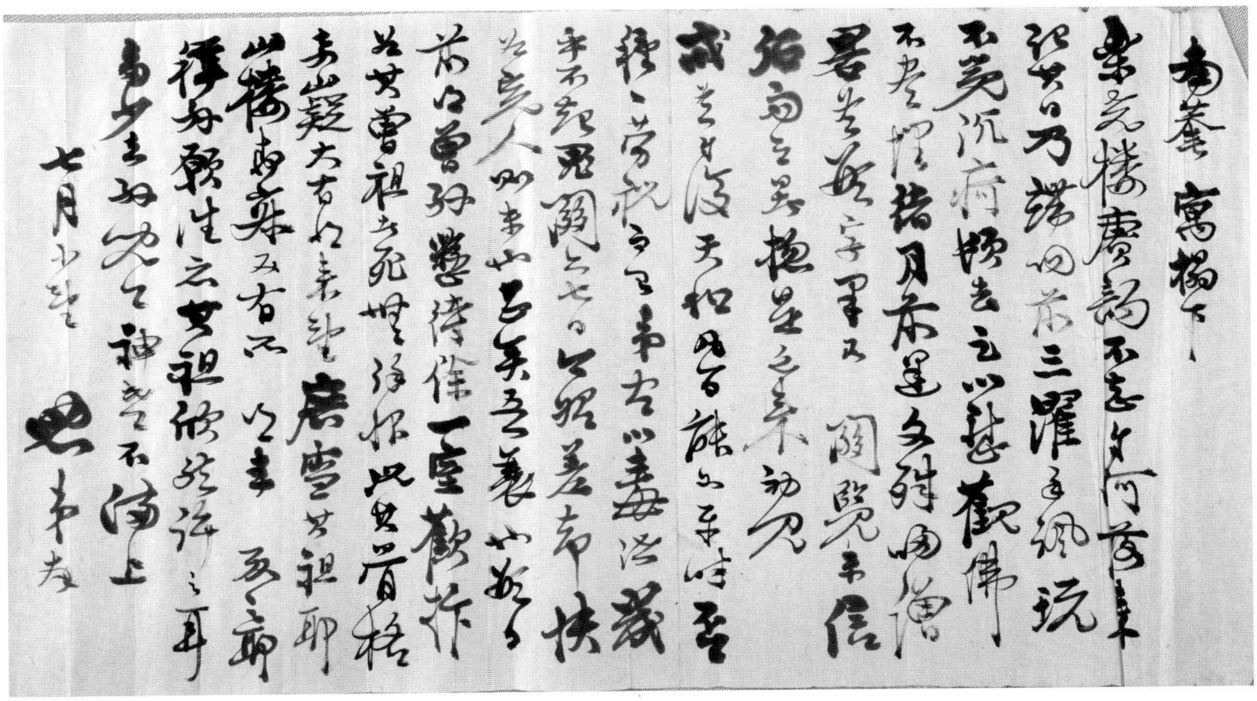

36) 남암(南菴) : 문수사에 딸린 암자. 문수사는 전남 장성과 전북 고창 사이에 있는 문수산에 자리하고 있다. 기정진은 1843년 이곳에서 <납량사의(納凉私議)>를 지었다.
37) 관불암(觀佛庵) : 문수산 문수사에 딸린 암자.

4. 소필기(蘇弼基)의 편지

소필기(蘇弼基, 1811~?)의 자는 군명(君明), 호는 추남(秋南), 본관은 진주(晉州)이다. 아버지는 진사 진황(鎭璜)으로, 담양(潭陽)에서 거주하였다. 소필기에 대해서는 더 이상 자세한 것은 알기 어렵다.

다만 왕복편지를 통해 소필기는 노사의 이른 시기 제자였고, 노사는 소필기를 '오우(吾友)'라고 부르며 다정히 대했음을 알 수 있다. 또한 두 사람은 예우가 극진했으며, 소필기는 반찬거리나 옷을 보내드리기도 했고, 오랫동안 과거시험 공부를 하였으며, 동시에 서예공부도 함께 익혔고, 또한 부모와 떨어져서 서실을 열고 학생들을 가르치는 것을 업으로 삼았음을 알 수 있다. 그러나 그의 편지가 1848년 이후에는 없는 것으로 보아 이 무렵 사망하지 않았을까 추정해본다. 기정진이 소필기의 죽음을 애도하여 지은 제문이 『노사집』에 실려 있는데, 다음은 그 일부분이다.

> 난 천부적으로 비정상적인지라 오궁(五窮)[38]에 끌린 바 되어 대중들이 모두 탐탁지 않게 보았지만, 그대 얼마나 정성스럽게 돌봐주었던가. 내가 앞서 부르면 그대가 화답하고, 내가 가면 그대가 따랐지. 고개를 빼들고 그리워하고 있으면 사람 그림자가 울타리에 있었지. … 나에게 한 벗이 있으니 나의 알량한 덕으로도 여러 차례 후한 대접 받았지. 작년엔 너무 뜸하였는데 어쩔 수 없는 것에서 나온 것이었지. 까치가 봄을 알리기에 거의 서로 대할 수 있겠다 싶었는데 곧 부고가 이르니, 부고는 빈 것이 아니어서 그대가 나보다 먼저 죽었다네. 열심히 담소하는 모습 나의 집에 있는 것 같고, 삼삼한 모발 내 곁 가까이 있는 것 같은데, 그대 죽었음을 내가 알지만 그대 올 곳은 어느 방향이런가. 떠난 지는 얼마 되지 않았지만, 앞으로의 날은 끝이 없구나.[39]

제자를 잃은 스승의 마음을 이보다 절절하게 표현할 수는 없을 것이라 본다. 다음은 기정진이 소필기의 편지 뒤에 시를 써서 보낸 것을 알 수 있는 시로 『노사집』에 들어있는 시이다. 소필기가 사

---

38) 오궁(五窮) : 당(唐)의 한유(韓愈)가 자신을 궁하게 만드는 지궁(智窮), 학궁(學窮), 문궁(文窮), 명궁(命窮), 교궁(交窮) 등 다섯 궁귀(窮鬼)를 몰아내기 위해 지은 〈송궁문(送窮文)〉을 말한다.(『창려선생문집(昌黎先生集)』 권36)

39) 『노사집』 권25 「祭文」 <祭蘇君明文> "我賦畸偏, 五竆所牽, 衆皆邁邁, 子何眷眷. 我唱子和, 我行子隨, 翹首入懷, 人影在籬.… 我有一友, 以我凉德, 累及所厚. 昨年稀闊, 出不得已. 鳥鵲報春, 庶幾相對, 相對不獲, 乃以訃至. 訃若不虛, 先我逝. 亹亹談笑, 猶在我堂, 森森毛髮, 猶近我傍. 子逝我知, 子來何方. 去日無多, 來日無旣."

망하기 얼마 전에 지어 보낸 것이 아닌가 싶다.

<書蘇君明牘背>	**소군명의 편지 뒤에 쓰다.**
不見蘇生久	소(蘇)생을 보지 못한 지 오래인데,
如今氣味何	지금은 건강이 어떠한가.
三場甘潑墨	삼장[과거시험장]에선 즐거이 필묵 휘둘렀고,
一洛饒風沙	서울에선 넘치게 모래바람 일으켰네.
臘酒依山郭	납주(臘酒)[40]는 산촌에 의지하고,
春盤近水家	춘반(春盤)[41]은 수국(水國)과 가깝네.
承歡有本分	어버이 모시는 일 본분에 두었으니,
日事猶堪詫	날마다의 일 오히려 자랑할 만하네.[42]

소필기의 편지는 고산서원에 15통이 소장되어 있는데, 1844년부터 1848년까지의 편지로 13통은 스승인 기정진에게 올린 편지이고, 2통은 노사의 아들 기만연에게 보내온 것이다. 스승에게 보낸 것은 1844년에 3통, 1846년에 8통, 1848년에 2통인데, 편지가 가장 많은 1846년에는 연촌(蓮村)에서 서실을 열었던 것으로 보인다. 그 와중에 옴병이나 학질도 앓았고, 서실도 새로 지었으며, 아들도 보게 되었다. 어머니의 회갑 무렵에는 집이 있는 덕산(德山)에 있었는데, 이때 기정진도 회갑시를 지어 보냈다. 노사가 소필기에게 보낸 편지는 『노사집』에 11통이 실려 있는데, 연대가 적혀있지 않아 정확한 시기를 알 수 없다.

〈1844년 소필기(蘇弼基)가 기정진에게 보낸 편지〉(고산)

【피봉】 삼가 편지 올림. 시생 소필기 근봉

인편이 입으로 직접 전해준 말로 인해서 월전에 숙환에 걸리셨다는 것을 들었습니다. 비록 다행스럽게 곧바로 회복은 되셨다고 하더라도 요즈음 무더위가 매우 심한데 조용히 조섭하시는

40) 납주(臘酒) : 설에 마시기 위해 섣달에 빚는 술을 말한다.
41) 춘반(春盤) : 입춘(立春)에 각종 나물과 떡과 과일 등을 소반 위에 차려 놓고 먹던 고대 풍속의 일종이다.
42) 『노사집』 권1 「시」
43) 불하유손(不瑕有損) : 손상됨이 있지는 않다. 불하(不瑕)는 불무(不無)의 뜻. 『시경(詩經)』 「패풍(邶風)」 <이자승주(二子乘舟)>

몸에 손상됨은 없는지요[不瑕有損][43]? 매우 염려됩니다. 한스러운 것은 즉시 달려가서 배알하지 못하는 것입니다.

시생(侍生)은 묵은 병이 다행스럽게 조금 나아졌는데, 일전에 어머니께서 두풍을 앓는다는 소식을 받고 약물만 보내드리고 돌아가지 못했으니, 타들어가는 근심을 형용하기 어렵습니다.

신량(新凉)[44]이 멀지 않았으니, 문하에 나아가는 것도 또한 가까워진 듯합니다. 삼가 체도(體度)가 절서에 따라 강녕하시길 빕니다. 갖추지 않으니, 살펴주시기 바랍니다.

1844년 6월 23일에, 시생 소필기(蘇弼基) 올림.

【피봉】 謹再拜上書 侍生 蘇弼基 謹封

因人口傳語, 伏聞月前患宿症, 雖幸旋卽平復, 而比來溽暑次骨, 靜攝氣體, 不瑕有損, 下誠伏念, 恨不能卽地趍謁也. 侍生, 宿祟幸得稍可, 日前承慈候患頭風, 付送藥物而未歸, 焦悶難狀. 新凉不遠, 得晉門下, 亦似在邇. 伏祝體度對序康寧. 不備, 伏惟下鑑. 甲辰六月念三, 侍生 蘇弼基 上書.

위 편지는 소필기의 나이 34세 때로, 기정진은 47세였다. 기정진은 병환 중에 있었는데, 특히 여름에는 그냥 지내기 힘들 정도였다. 그래서 지난 해 여름에는 남암에서 피서하며 <납량사의>를 저술하기도 했다.

에 "공자들 생각할 때마다 무슨 해나 있지 않을까[願言思子, 不瑕有害]"라고 하였다.

44) 신량(新凉) : 초가을의 서늘한 기운. 7월을 말함.

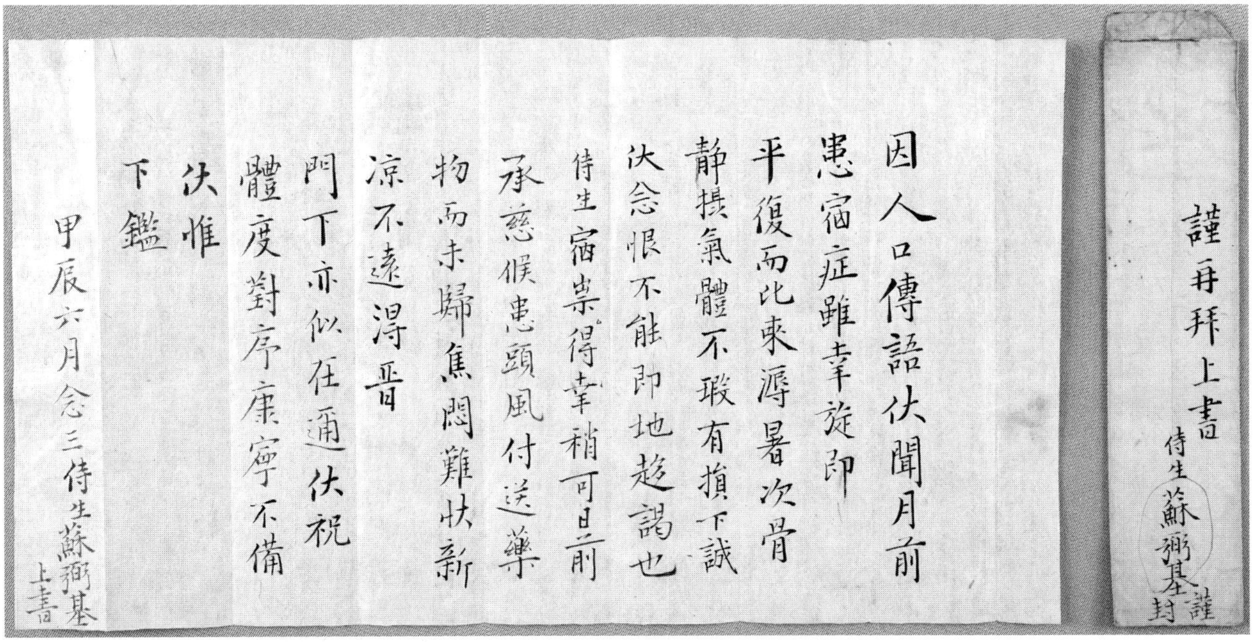

謹再拜上書
侍生蘇衡基謹封

因人口傳語伏聞月前
患宿症雖幸旋即
平復而比來溽暑次骨
靜攝氣體不瑕有損下誠
伏念恨不能即地趍謁也
侍生宿祟得幸稍可日前
承慈候患頭風付送藥
物而未歸焦悶難狀新
凉不遠渴晉
門下亦似在邇伏祝
體度對序康寧不備
伏惟
下鑑
甲辰六月念三侍生蘇衡基上書

Ⅱ. 기양연의 왕복 편지

Ⅱ. 기양연의 왕복 편지

노사 문인들 간의 편지는 고산서원 외에도 장성 행주기씨 금강종가(錦江宗家)와 그 일파인 연파(蓮坡) 기노백(奇老柏, 1891~1962)의 집안에 다수 남아 있는데, 이것은 모두 금강가의 종손 기양연(奇陽衍, 1827~1895)에게 온 편지이다. 본서에서 사용한 간찰 중 장성 행주기씨 금강종가에 소장된 간찰은 '금강'이라고 표기하고, 연파 기노백가에 소장된 간찰은 '연파'라고 표기하도록 한다.

기양연의 초명은 행연(行衍), 자는 자민(子敏), 호는 백석(柏石)이다. 아버지는 윤진(允鎭)이고, 어머니는 반남 박씨(潘南朴氏) 종한(宗漢)의 딸로, 금강(錦江) 기효간(奇孝諫)의 종가인 장성 황룡면 아곡리 하남마을에서 태어났다. 종숙부인 노사의 문하에 들어가 수학하였다. 서울에서 과거시험을 공부하던 중에 병인양요가 일어나자 <척양사론(斥洋邪論)>을 지어 올렸고, 다음 해인 1867년에 문과에 급제하여 전적, 정언, 예조정랑을 하루에 제수 받았으며, 1878년에 다시 장령을 거쳐 부교리·부수찬을 역임하였다. 1880년에 <삼정책(三政策)>을 진달하였으나 임금이 싫어하는 것을 보고 바로 귀향하였다. 그의 성리학에 대한 이해는 <용학서언 심언성책(庸學序言心言性策)> 외에 잘 나타나지 않고, 다만 위정척사의 성격이 강했음을 알 수 있다.

기양연의 관직생활은 그리 흡족한 것은 아니었다. 아버지 기윤진이 사망한 1874년에 낙향하였다가 그 후 언제 서울에 올라갔는지는 자세히 알 수 없으나 『승정원일기』에는 1878년부터 1880년까지 기록이 있어서 이때 관직생활을 다시 했던 것으로 보인다. 이후 1882년 4월의 기록에 기양연이 장성에 있으니 불러올리라는 내용이 나온 것으로 보아 1881년부터는 거의 장성에 있었던 것으로 보인다. 그런데 계속해서 조정에서 부름이 있자 1883년과 1885년에 서울을 오고간 것으로 보이며, 이후에는 완전히 귀향한 것으로 추정된다. 기양연은 1895년 봄에 가족을 이끌고 방장산에 들어가 은거했는데 그곳에서 병을 얻어 사망하였다. 그 후 1897년에 반장하였다.

유고로는 『백석헌유집(柏石軒遺集)』 2권 1책이 있는데, 보성 죽곡정사에서 편집하고 1975년에 권용현(權龍鉉)의 서문과 안종선(安鍾宣)의 발문을 받아 1978년에 장성에서 석인본으로 간행하였다. 여기에는 시 23수와 편지 55통 및 약간의 잡저가 실려 있고, 부록에는 만장과 제문이 붙어 있는데, 조성가, 정재규, 최숙민 등이 지은 만사와 조성가, 이승학 등이 지은 제문이다. 이것 외에 『백석헌집』 초고본이 남아있는데, 여기에는 기양연이 고향에 내려와 있을 때 백석헌(柏石軒)과 농소(農巢)를 경영하면서 지인들로부터 받은 기문과 차운시 100여 수가 실려 있다. 현재 백석헌이나 농소는 남아있지 않지만 호를 백석헌이라 이름한 것은 살고 있는 집에 잣나무와 바위가 있는 것을 인연해서 지은 것이라 한다. 원운시는 다음과 같다.

<吾家庭前有柏, 柏下有石, 柏有歲寒之節, 石有壁立之像, 取以扁其軒以備警策> 우리집의 뜰앞에는 잣나무가 있고 잣나무 아래에는 바위가 있다. 잣나무는 세한지절이 있고, 바위는 벽립의 상이 있어서 이것을 취하여 그 건물에 편액하고 경책으로 삼고자 한다.

老柏挺然老石蒼　　늙은 잣나무는 우뚝하고 오래된 바위는 푸르러
撑吾庭砌蔭吾堂　　내 뜰의 섬돌 받들고서 나의 집에 그늘지우네.
貞姿豈肯受磨泐　　정정한 자태는 어찌 손괴됨을 즐겨 받아들이겠는가.
勁榦偏能傲雪霜　　굳센 줄기는 도리어 눈서리도 이겨내네.
正直由來吟杜老　　정직함은 두로[두보]를 읊조린 데서 오고,
古奇可使拜元章　　예스럽고 기이함은 원장[미불]을 절하게 할 만하네.
楣軒取物諒非偶　　문미에 이름한 것은 진실로 우연이 아니니,
棲息殘年二友良　　여생을 살아감에 두 벗이 최고라네.[45]

위 시의 서문에서 말한 것처럼 백석헌은 잣나무의 세한지절과 바위의 우뚝함을 취하여 이름하였음을 알 수 있는데, 기문에서 뜻하는 내용과 비슷하다. 위 시가 이루어지자 동문들이 차운시를 보내왔는데, 그 사실을 『백석헌집』 초고본과 고문서 더미 속에서 살필 수 있다. 백석헌에 대해서는 나도규(羅燾圭)가 1881년에 지어준 기문이 있으며, 주인이 지은 양(陽)운자 시에 김녹휴(金祿休), 박만채(朴萬采), 기삼연(奇參衍) 2수, 이정서(李鼎緖), 김채정(金綵楨), 기후진(奇後鎭) 2수, 정학원(鄭學源), 박양동(朴陽東), 강천수(姜天秀), 노응현(盧應鉉), 양상형(梁相衡), 박노술(朴魯述), 오계수(吳繼洙), 김의현(金義鉉), 김한익(金漢翼), 김한직(金漢稷), 정용원(鄭龍源), 정석(鄭潚), 기홍연(奇弘衍), 윤태헌(尹泰鑓), 기재(奇宰), 이돈형(李敦亨) 2수, 조성가(趙性家), 김이권(金以權), 이교문(李敎文), 이교행(李敎行) 등의 차운시가 있다. 이밖에 이용헌(李龍憲)의 문집에도 차운시가 보인다.

이후 기양연은 거처하는 집이 논밭과 멀리 떨어진 산허리에 위치하고 있어서 농사지으러 다니기가 불편한 까닭에 마을 동구 밖 두어 마장 되는 곳에 하나의 작은 집을 짓고 '농소'라고 이름하고

---

45) 『백석헌유집(柏石軒遺集)』 권1 「시」 <柏石軒>

기거하게 된다. 농소를 경영하게 된 까닭과 의미는 다음과 같이 기양연이 지은 <농소>시에 잘 나타나 있다. 이후에 지은 '농소'는 종질인 기재(奇宰)가 지은 기문과 14영, 벗인 정재규가 지은 기문이 있고, 원운시는 주인이 지은 동(冬)운자 시 3수와 사종제 기홍연이 지은 한(寒)운자 시가 있다.

> 내가 본디 가난한데, 흉년을 맞은 후에는 더욱 쓸쓸해지게 되어서 농지를 확대하고자 하여도 거처하는 곳이 산허리여서 들판에서 멀고, 농사를 짓는 여러 가지 일이 방해되는 것이 많았다. 이에 동구 밖 두어 마장 되는 곳에 하나의 작은 집을 얻어서 늙은 처를 끌고 가 우거하니, 농로가 가까운 것 때문으로 협소한 것은 불평할 것이 없었다. 따라서 그 집에 편액하길 '농소'라 하였으니, 대개 그 사실을 적은 것이다. 마침내 시 3수를 짓는다.
>
> 經理心田亦一農　　마음 밭을 경영하는 것도 또한 하나의 농사이니,
> 茲農勝似野人農　　이 농사가 야인들의 농사보다 나은 것 같네.
> 仁耕義耨孜孜地　　仁을 갈고 義을 김매며 부지런히 힘쓰는 것이
> 可做人間最上農　　인간세상의 가장 좋은 농사라 할 수 있네.46)

위와 같은 농(農)자 시는 원래 3수가 연작으로 지어졌는데, 여기에서는 한 수만을 예시하였다. 위 내용을 통해서 농사가 단순히 농민들이 들판에서 땀 흘리며 일하는 것만을 의미하는 것이 아니라, 심전(心田)을 경영함에 비유하였음을 알 수 있다. 때문에 인과 의로써 열심히 밭 갈고 김매듯이 해야 한다는 내용이다. 원운시가 이루어지자 동문들이 차운시를 보내왔는데, 대부분 백석헌 차운시를 보내온 사람들이다. 『백석헌집』 초고본에 실려 있는 사람으로는 기후진 12수, 박양동 3수, 박노술 3수, 기홍연 3수, 김채정 3수, 윤태헌 3수, 조성가, 이돈형, 이정서, 김한익, 김한직, 박만채, 김녹휴, 기량연, 정학원, 김재황 등 37수가 있다.

그런데 농소에 대한 시는 사종제인 기홍연에게 먼저 부탁하였음을 알 수 있다. 그 사실을 기홍연의 농소시와 기양연의 농소시에서 볼 수 있다. 기홍연은 다른 운을 사용하여 다음과 같이 농소시를 지었던 것이다.

<農巢翁旣自號農巢, 以詩命弘衍, 弘衍不能詩何敢爾, 雖然翁之事, 弘衍竊有所感何哉(中略)>

---

46) 『백석헌유집』 권1 「시」 <農巢>, "余素貧, 歉荒後尤索然, 欲爲廣農計, 而所居腰於山, 遠於野, 耕種耘穫, 擧多妨礙. 乃於洞口外數帿地, 借得一小屋, 挈老妻來寓, 爲其農路便近, 陋窄不足嫌矣. 因扁其屋曰'農巢', 蓋記實也. 遂賦三絶."

농소옹이 이미 자호를 '농소'라고 하고서 시 짓기를 나 홍연에게 명령하니, 나는 시를 짓지 않고서는 어쩔 수 없었다. 비록 그렇더라도 농소옹의 일은 내가 가만히 느끼는 바가 있으니 왜인가?

河南地少廣農難	하남은 땅이 좁아 광농이 어려운데,
近野斯村取別般	들이 가까운 이 촌락은 특별하다네.
累世有傳幸田在	대대로 전해오는 땅 다행히 있어서
小亭爲作好坪看	작은 정자를 보기 좋은 곳에 지었네.
雖衰量力鋤堪荷	비록 노쇠했더라도 괭이는 맬만해,
縱餒躬耕心則安	굶주리며 몸소 밭을 갈지만 마음만은 편안하네.
仍號農巢歡得所	이에 농소라고 부르며 마음에 든 것을 기뻐하니,
湖堂非復舊時官	호당은 다시는 옛날의 관직이 아니라네.[47]

주인 기양연이 관직을 내버리고 귀향하여 농사를 짓고자하는 뜻을 종제는 잘 이해하고 있다. 이에 주인 기양연이 화운시를 짓는데, 그 서문에 "농소가 이미 이루어지자 사종제 홍연이 마침내 4수의 시를 지어 주었다. 이에 그 시로써 원운을 삼고 따라서 화운한다."[48]라고 밝히고 있다. 이를 통해 농소시는 '농(農)'자로 끝나는 시와 '관(官)[한(寒)운]'자로 끝나는 시 두 가지가 있게 되었다. 관(官)자 시에 차운을 한 사람은 기양연 외에 조성가, 김녹휴, 박만채, 기삼연, 기재, 기후진, 이돈형, 이정서, 박양동, 정용원, 강천수, 박노술, 오계수, 오준선, 정석, 김채정, 김한익, 김한직, 기량연, 노응현, 김이권, 김재황, 이교문, 이교행, 정학원 등이 있다. 역시 백석헌시와 다른 농소시에 차운시를 지었던 사람이 대부분임을 알 수 있다.

47) 「백석헌집」 초고본.

48) 『백석헌유집』 권1 「시」 "巢旣成, 四從弟弘衍, 遂以四律賦事相贈, 仍以其詩爲原韻, 從以和之."

1. 기양연(奇陽衍)의 편지

〈1885년 기양연(奇陽衍)이 예동의 이규찬(李圭燦)에게 보낸 편지〉(금강)

삼가 답장 편지 올립니다[예동]

계정(啓程, 길을 떠남)하신 후에 비가 계속해서 내렸기 때문에 멀리에서 발섭(跋涉, 고생스럽게 길을 감)하시는 어려움을 생각하고, 하루도 걱정되지 않은 날이 없었습니다. 그런데 뜻밖에 여정 중에 보내주신 편지를 문득 받고, 처음에는 놀랐다가 곧 감사함을 말로 다 형용할 수 없을 정도였습니다. 바삐 뜯어보고 근래 집안에 관액(官厄)이 있다는 것을 알고 매우 의아하고 분하였습니다. 세상일을 헤아리기 어려운 것이 이렇게까지 심할 수 있는 것인지요? 다만 바닷가 험로를 아무 일 없이 잘 돌아가시기만을 빌 따름입니다.

편지를 본 후에 즉시 낙동(駱洞)에 갔으나 대감을 만나지 못하였기에 다음날 아침에 다시 찾아가서 호판(戶判)의 편지를 얻고자 한다고 하였더니, 심히 난색을 표하면서 다만 "단지 심 오위장(沈五衛將)에게 부쳐서 재차 부탁하면 반드시 실효가 있을 것인데, 어찌 호판에게까지 해야 할 필요가 있겠는가?"라고 말하였습니다. 때문에 더 이상 간청하지 못하고, 다시 오위장 편지를 간청하기로 하고 오늘아침으로 서로 약속을 하였는데, 아까 심부름꾼을 보냈더니 그 사람이 막 토사(吐瀉)를 하여 인사불성인 상태라 어쩔 수없이 다음날 아침에 찾아가겠다고 했다고 합니다.

이번 인편이 매우 바빠해서 형세 상 하루를 기다리며 머물러둘 수 없고, 또 어제 밤에 동촌(東村)의 정우(鄭友)가 왔기에 그에게 자세히 들으니, '심(沈)의 간찰을 전해 드린 후에야 그 힘을 얻을 수 있을 것 같다'고 하고, 동촌편(東村便)도 내일 출발한다고 해서 동촌 편에 부치기로 하였습니다. 때문에 이번 인편을 먼저 출발하게 하였으니, 그리 아시는 것이 어떨지요?

관(官)에서 혹 끝내 선의(善意)가 없다면, 즉시 회행(會行)49)에 나서시고, 처음 도모할 때 비용 계산한 것을 즉시 호판찰(戶判札)을 부친다면 근심할 것이 없음을 보장할 수 있으니, 이로써 헤아리시는 것이 어떻겠습니까?

저는 전과 같이 지내고 있고, 집안이 편안하다는 소식을 들어서 다행입니다. 제 자식의 회행(會行)은 이미 출발한 것 같으니, 함께 갈 계획은 아마도 틀어진 것 같습니다. 멀리에서 안절부절할 따름입니다. 나머지는 내일 편에 하기로 하고, 이만 줄이며 답장편지 올립니다.

1885년 7월 7일, 서울에 있는 아우 양연 올림.

謹謝上 禮洞

啓程後, 雨事霖霖, 趣想跋涉之艱, 靡日不謇奉拱慮. 匪意忽承在途惠書, 始驚旋感, 不容名言. 忙審近有家中官厄, 極訝且憤. 世事之叵測, 至於此極耶? 但水國險路, 無擾旋旆, 是庸叶祝. 覽書後, 卽往駱洞而未逢, 翌朝再往, 要得戶判札, 則甚有難色, 但曰'只付沈五衛將再託, 必有實效, 何必戶判爲也'云, 故不復懇, 更圖衛將札爲請, 而以今朝相約, 俄者專伻, 則某人方吐瀉不省人事, 不得不明早覓去云. 此便甚忙, 勢不可留待一日, 且昨夜, 東村鄭友來到詳聞, 則沈札傳納後, 似得其力云, 而東村便明日發去云, 故付之伊便, 而此便使之先發, 諒之如何? 官或終無善意, 則卽發會行, 圖初計所費, 卽付戶判札, 可保無虞, 以此諒之如何? 弟狀依前, 而聞家信之安幸也. 迷豚會行, 似已登程, 偕作之計, 恐或左矣. 遙切憧憧. 餘在明便, 故不備謝禮. 乙酉七夕日, 在京弟 陽衍 拜謝.

1885년 7월 7일에 기양연이 서울에서 관직생활 중에 고창의 예동리에 사는 매형 이규찬에게 보낸 편지로 보인다. 예동(禮洞)은 고창군 고수면 예동리를 말하며, 기양연의 둘째 누나가 예동에 사는 이규찬(李圭燦)에게 시집을 갔다. 편지 내용으로 보아 이규찬 역시 시험을 보러 서울을 올라 다녔으며, 그 와중에 송사에 걸려 기양연에게 고관의 편지를 얻어 보내길 부탁했던 것을 알 수 있다. 이규찬의 아들에 이종택(李鍾澤[50])이 있는데, 기우만의 문하에서 수업하였다.

49) 회행(會行) : 회시(會試)를 보러가는 것. 회시는 초시(初試)에 합격한 사람이 두 번째 단계로 보는 시험을 말한다.

50) 이종택(李鍾澤, 1868~1938) : 자는 성진(聲震), 호는 복재(復齋)·성암(醒巖), 본관은 경주(慶州)이다. 재사당 원(黿)의 후손으로, 아버지는 감찰 규찬(圭燦)이다. 고창군 고수면 예동리에서 출생하여 일찍이 기우만의 문하에서 수업하였고, 1897년에는 최익현의 문하에도 나아가 수학하였다. 문집에 『복재유고(復齋遺稿)』 4권 2책이 있다.

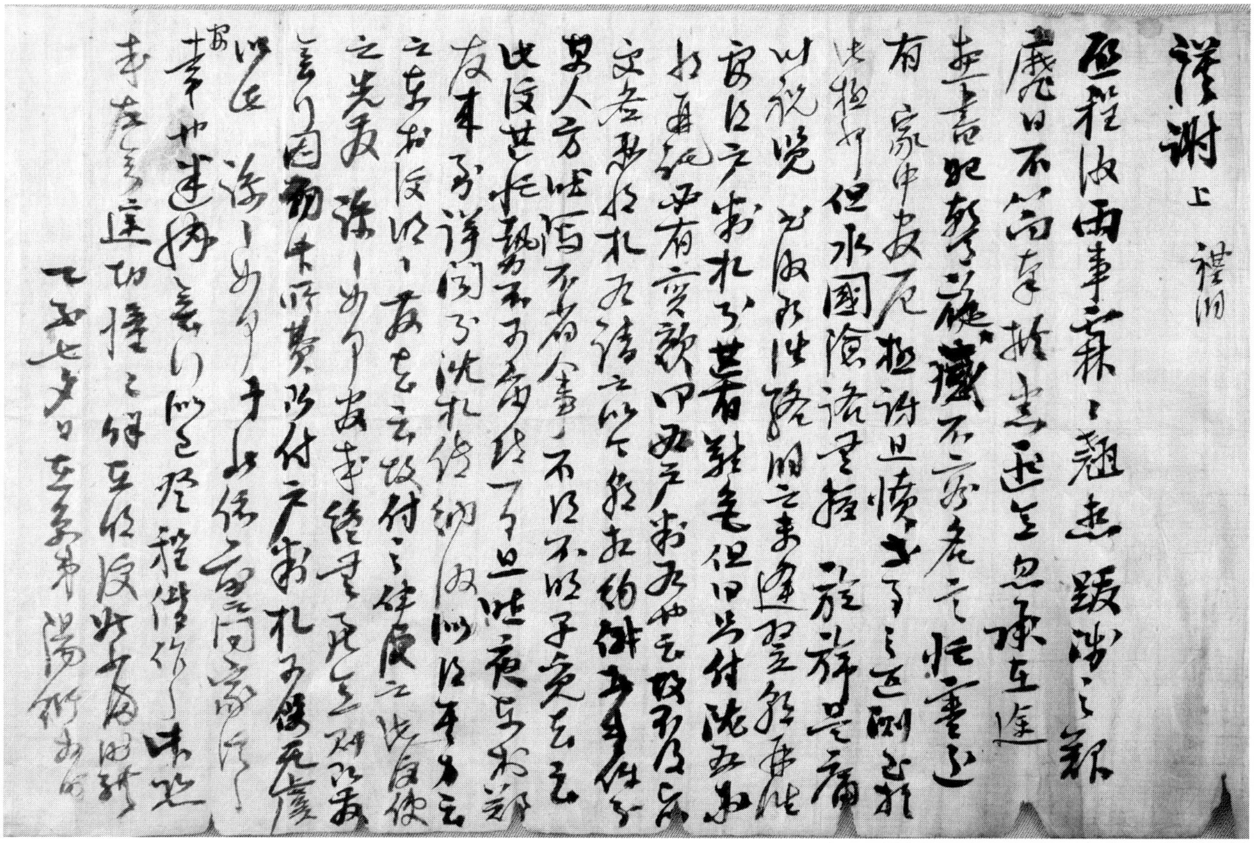

2. 안중섭(安重燮)의 편지

안중섭(安重燮, 1812~1883)의 자는 순화(舜華), 호는 연상(蓮上), 본관은 죽산(竹山)이다. 아버지는 주욱(周郁)이고, 어머니는 선산인 김광현(金光顯)의 딸로, 고창군 고수면 연동(蓮東)에서 태어났고, 노사의 문하에서 수업하였으며, 1880년에 진사가 되었다. 그의 문하에서 유준철, 김기풍, 정만원, 안정수, 이병학, 유구현 등이 나왔다. 문집에 『연상집(蓮上集)』 6권 2책이 있는데, 서문은 1905년 기우만이 쓰고, 발문은 1905년에 문하생 유준철(柳浚喆)이 써서 1905년에 목활자본으로 간행하였다.

문집에는 시 180여수와 편지 65통, 서·기·발 28편, 상량문 9편, 제문·축문 13편, 행장 4편, 책문 1편과 부록문자가 실려 있다. 책문은 임술년에 지어올린 <삼정책>으로, 안중섭의 경륜을 볼 수 있는 자료이다. 문장 중에는 향교의 교육과 양사재·사마재 관련 글이 많은 것으로 보아 안중섭이 고창의 중추적 역할을 했음을 알 수 있다. 고창은 향교 주변에 1821년에 건물을 세우고 한쪽은 양사재, 한쪽은 사마재라고 이름하고, 각각의 계안을 만들었으며, 또한 향약을 설치하고 향음주례를 행하였던 것이다.

안중섭은 그의 선친이 소요하던 장소에 용강정사(龍岡精舍)를 짓고 여기에서 강학활동을 하였으며 <용강정사기>와 원운시를 남겼다. 그 기문의 대략적인 내용은 다음과 같다.

> 증봉의 서쪽이 연동이고, 연동의 동쪽 튀어나온 곳이 용강이다. 지난 갑신년(1824)간에 우리 선군자께서 아침저녁으로 소요하면서 험하지 않고 깊지도 않은 것을 사랑하여 하나의 모정을 지었다. 모정 곁에는 샘이 있어서 샘물을 끌어다 방지를 만들고, 방지 가운데 작은 섬을 만들고서 화목을 심었다. …소자에게 명하여 강습지소로 삼게 하였으며, 이름을 만재(晩齋)라고 하였다.… 아버지가 돌아가신 후 폐하게 된 것을 정미년(1847) 9월에 중수를 시작하여 1849년 봄에 낙성을 하게 되었다.[51]

즉 용강정사는 원래 안중섭의 아버지가 지은 만재가 있던 곳인데 아버지 사후 폐하게 된 것을 애석히 여겨 1848년에 다시 짓고 '용강정사(龍岡精舍)'라고 이름한 것이다. 다음은 안중섭이 지은 용강정사 원운시이다. 주희의 백록동 시운을 본 따 지은 것이다.

---

51) 『연상집(蓮上集)』 권4 「記」, <용강정사기> 부분

<龍岡精舍> **擬紫陽夫子白鹿洞佳句　용강정사　주회의 백록동 시를 본뜸**

平岡容一小堂成	평평한 언덕에 하나의 작은 집 세우니,
添得寒泉繞枕鳴	한천까지 있어 머리맡에서 물소리 듣네.
地與自家皆有分	땅과 자신은 모두 각자의 직분이 있고,
天應無物不爲誠	하늘은 정성스러움에 감응하지 않음 없네.
依山月輒當軒出	산에 의지한 달이 문득 정사에서 솟아오르자,
入柳風多隔水生	버들에 드는 바람 대부분 물가에서 생겨나네.
欲識先君初刱意	선군께서 초창한 뜻 알고자 하니,
斯文珍重此心盟	사문은 진중하게 이곳에서 마음속으로 맹세하네.[52]

연동리의 용강에 용강정사를 짓고 주희의 백록동 서원과 같은 곳으로 만들고자 하였음을 짐작할 수 있다. 주희는 여산 오로봉 아래에 백록동 서원을 재건하고 학문의 요람으로 가꾸면서 백록동규 즉 학칙을 만들어 게시하였는데, 주자 성리학을 국시로 내세운 조선 성리학자들은 당연히 주희의 백록동 서원을 모방하였다. 우리나라에서 가장 먼저 세워진 영주 순흥의 백운동서원(白雲洞書院, 紹修書院)도 바로 백록동서원을 본따 주세붕이 세운 것이다. 그도 용강정사에서 교육에 힘썼음을 알 수 있는데, 바로 다음 시는 그 모습을 잘 보여준다고 할 수 있다.

<龍岡春帖>	**용강 춘첩**
一臥龍岡六十年	한 번 용강에 누운 지 60년이라,
年年春睡夢先天	해마다 봄잠 잘 땐 선천[53]을 꿈꾸었네.
今年正値寅賓日	금년도 바로 인빈일[54]을 당했으니
門外何人立雪[55]邊	문밖에는 어떤 사람이 눈 속에 서있나.[56]

---

52) 『연상집(蓮上集)』 권1 「시」

53) 선천(先天) : 태어나기 전의 배태(胚胎)를 말한다. 『의종금감(醫宗金鑑)』의 「삼부탕(參附湯)」 아래 주석에 의하면 "몸보다 먼저 생긴 것을 선천이라 하고, 몸보다 뒤에 생긴 것을 후천이라 한다.[先身而生, 謂之先天, 後身而生, 謂之後天]"라고 하였다.

54) 인빈일(寅賓日) : 『서경』 「요전(堯典)」의 "떠오르는 해를 공경히 맞이한다.[寅賓出日]"라는 구절을 말한 것으로 보인다. 송의 유학자 채침은 이 구절을 "인(寅)은 공경함이요, 빈(賓)은 빈객을 맞듯 예로 대접하는 의미이다."라고 주석하였다.

55) 입설(立雪) : 정문입설(程門立雪)을 뜻하는 것으로 보인다. 송(宋)나라 유조(游酢)와 양시(楊時)가 처음 정이(程頤)를 뵈었는데, 정이가 눈을 감고 오랫동안 명상에 잠겨 있었다. 두 사람은 스승을 공경한 나머지 물러간다고 말씀드릴 수가 없어 그대로 모시고 있었다. 얼마 후 정이가 눈을 떠 두 사람을 보고는 "자네들 아직도 여기에 있었는가. 이제 나가게."라고 하였다. 두 사람이 그제야 나오니, 문밖에 눈이 한 자나 쌓여 있었다 한다. 스승을 찾아가 가르침을 받으려는 정성을 뜻한다.

56) 『연상집(蓮上集)』 권1 「시」

60세 무렵 입춘일에 입춘첩으로 지은 시이다. 지금 쉽게 볼 수 있는 입춘첩은 대부분 복이 들어오길 바라는 내용이다. 그런데 조선시대 유학자들은 입춘을 맞이하여 시를 읊으며 한 해의 소망을 담았던 것은 아닌가싶다. 위 시에는 떠오르는 해를 공경히 맞이하는 날인 입춘일을 당해서 올해는 어떤 제자가 가르침을 받기 위해 올 것인가라는 큰 기대감이 들어 있다. 제자를 길러낸다는 것은 바로 공자의 인생삼락 중 하나인 "유붕이 자원방래면 불역낙호아![有朋自遠方來不亦樂乎]"가 아니겠는가. 붕우란 뜻이 같은 사람을 일컫는 말인데, 자신의 뜻을 키워주고 뜻을 함께한 스승이 돌아가시자 애통한 마음을 영전에 올렸다.

<誄蘆沙奇先生>	**노사선생을 애도한 만사**
南國諸賢哭失聲	남쪽의 제현들 곡하고 비통해하며,
黃岡山下葬先生	황강의 산 아래에 선생을 묻네.
先生若喪斯文喪	선생의 상은 사문의 상과 같으니,
天意胡然忍此行	하늘은 어찌하여 차마 이런 일을 하나.[57]

만사(挽詞)는 만장(輓章)이라고도 하는데 죽은 사람을 애도하는 글로, 대부분 운문으로 되어 있으며, 비단이나 종이에 적어 기(旗)처럼 만들고 상여가 떠날 때 앞세우고 장지로 향한다. 망인이 살았을 때의 공덕을 기려 좋은 곳으로 갈 것을 인도하게 한다는 뜻이 담겨 있다. 사람이 죽게 되면 위 만사 외에도 제문을 지어 영전에서 읽기도 한다. 제문은 만사와 달리 산문이라고 할 수 있다. 안중섭은 스승의 죽음을 바로 유학의 사망과 같은 것으로 보았으며, 기정진의 무덤은 장성 황산(凰山)에 있는데, 이것을 황강으로 표현한 것 같다.

호남의 큰 스승인 노사 기정진이 돌아가시자 제자들이 애통해 하며 만사와 제문을 지어서 애도하였다. 고산서원에 소장된 고문서 중 만사는 모두 320건 정도 남아있고, 제문은 560여 건이 남아있는데 대부분 기정진이나 기우만을 애도한 글이다. 그런데 이중에서 제문의 경우는 작성한 날짜를 정확히 적고 있어서 누구를 애도한 글인지 확실히 알 수 있지만,[58] 만사의 경우는 대상을 정확히 밝히지 않은 경우가 대부분이어서 만사 중 어떤 것이 기정진을 애도한 만사인지 정확히 가려내기가 쉽지 않다. 그러나 내용이나 문인록을 참조해서 가려 뽑으면 100여건이 된다. 여기에 안중섭의 만사는 들어있지 않다.

---

57) 『연상집(蓮上集)』 권1 「시」

58) 고산서원 소장 고문서 중 기정진을 애도한 제문은 모두 132건이 소장되어 있다.

〈1866년 안중섭(安重燮)이 기양연에게 보낸 편지〉(금장)

【피봉】 청음정의 혼정신성하는 자리 아래[하현의 회진댁 작은 사랑]

연동에서 편지 올림

서양 오랑캐들이 모두 궤멸된 후 겨울 날씨가 날로 위세를 떨치고 있는데, 부모님을 모시면서 공부하시는 생활은 만 가지로 화목하고, 가족들도 모두 경사스러운지요? 그립고 그렇게 되길 비는 마음 배나 더합니다. 저는 한결같은 모습인데, 돌아가신 어머니의 묘 이장일이 22일로 정해진 관계로 모든 일에 있어서 근심스럽고 답답함을 형용할 수 없습니다.

동리설(東里說)은 예서(禮書)에 쓰여 있는 것인가요? 예(禮) 또한 변화를 따르는 것인데, 미칠 겨를이 있을지 없을지 모르겠습니다만, 다만 그 뜻은 상당부분이 기미를 따라야한다는 것입니다. 일간에 나아가서 자세하게 아뢸 것입니다. 대가(大家)가 빠뜨린 글자는 생각건대 이미 유념해서 빠진 곳을 보충했을 것이니, 검사하여 던져주시는 것이 어떻겠습니까? 나머지는 어수선함이 심하여 갖추지 않고 편지 올립니다.

1866년 11월 9일, 아우 중섭(重燮) 올림.

【피봉】 淸音亭 定省座下 河峴會津宅 小軒

蓮東 拜候上

洋醜宵潰, 冬候日舒, 仰詢, 省餘做體履, 玆万穆, 都節勻慶? 傃祝自倍. 弟狀一如, 而先慈緬葬, 卜以念二, 凡節愁悶, 不可狀也. 東里說, 自禮有書耶? 禮亦有踐變, 未知暇及否, 而第其意象, 頗多逡巡底機微矣. 日間當晋細探耳. 大家落字, 想已加意補漏, 檢擲如何? 餘擾甚, 不備上. 丙人至月九日, 弟 重燮 拜拜.

1866년 11월 9일에 고창 연동(蓮東)에서 안중섭이 청음정(淸音亭)의 기양연에게 보낸 편지이다. 양요를 일으킨 무리가 소멸되었다는 인사와 함께 자신은 어머니 묘소의 이장일을 22일로 받아놓고 있어서 근심스럽고 번민스럽다는 말을 하였다.

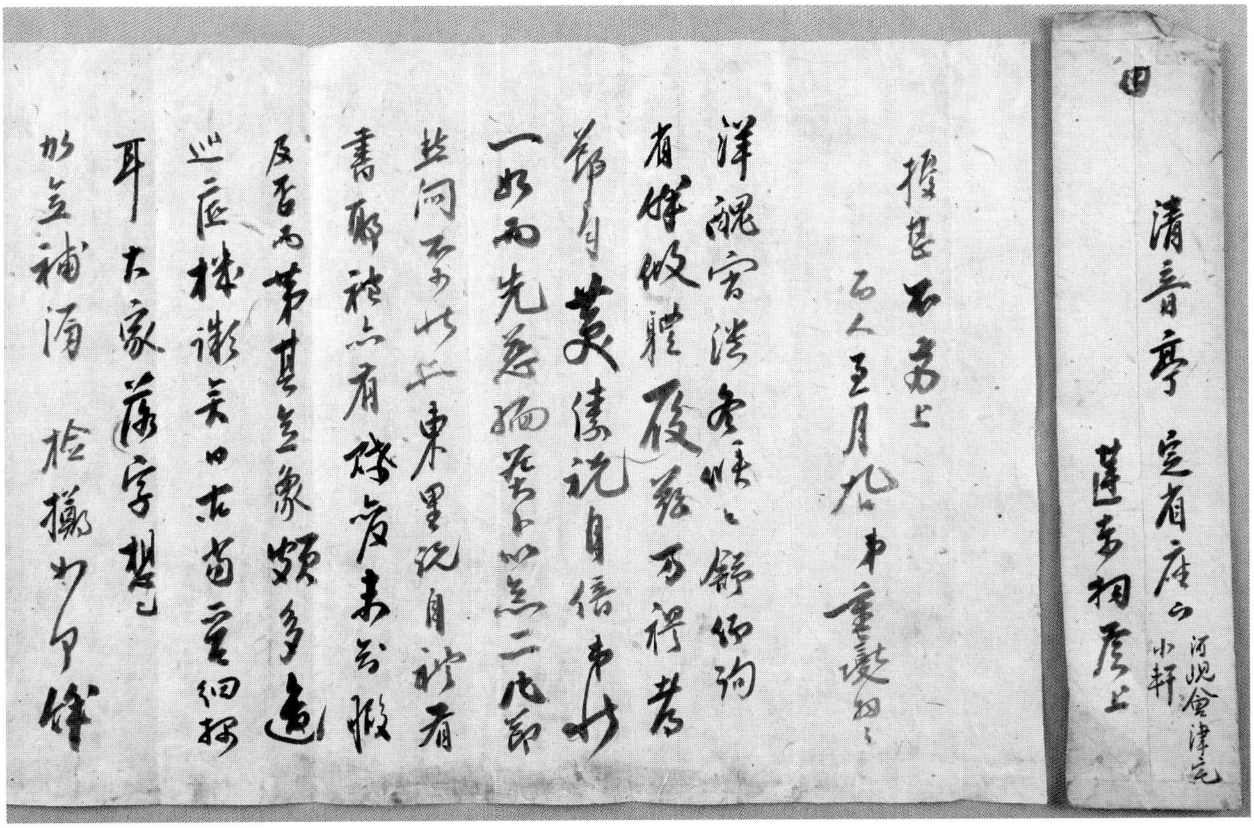

3. 강인회(姜寅會)의 편지

강인회(姜寅會, 1807~1880)의 자는 태화(太和), 호는 춘파(春坡), 본관은 진주(晉州)이다. 아버지는 재형(在衡)이고, 어머니는 함평이씨(咸平李氏)로, 무장현 행정[고창군 성송면 암치]에서 출생했다. 1824년 18세 때 노사의 문하에 나아가 수업하였는데, 24세 때 부친의 상을 당하자 돌아와 탈복을 한 후 1832년에 다시 가족을 이끌고 스승이 살고 있는 장성으로 이사하여 이후 스승이 돌아가실 때까지 조석으로 모시고 학문하였다.

당시 스승의 문하에는 초기 제자들인 남파 이희석(李僖錫)·장호 박만채(朴萬彩)·노포 정면규(鄭冕奎)·남보 문동황(文東璜)·송대 기문현(奇文鉉)·연상 안중섭(安重燮)·송남 유성렬(庾成烈)·귤은재 김유(金瀏)·역와 이돈형(李敦亨)·월고 조성가(趙性家) 등 쟁쟁한 인물들이 있었기 때문에 그들과 도의(道義)로써 사귀며 학문에 정진하였다.

1879년 12월 29일에 스승이 돌아가시자 병이 깊어 걷지도 못하면서 자리를 만들어 곡하였다. 이듬해 2월 하순에 장사지낼 때 제문을 짓고 병 때문에 가마를 타고 황룡강(黃龍江)을 지나 상여가 멈춘 자리에 가서 곡하였다. 귀가하자 과연 병이 더하여 그해 3월 3일에 죽으니, 향년 74세이다. 임시로 집 뒤에 장사했다가 1891년 4월 1일에 장성(長城)의 금계봉(金鷄峯) 오좌원(午坐原)에 안장하였다. 1889년에 향천(鄕薦)과 도천(道薦)으로 조산대부 동몽교관에 증직되었고, 그 뒤 1982년에 영광(靈光) 묘량(畝良) 대왕산(大王山) 선영 아래의 임좌(壬坐)에 안장하고 비문을 세웠다.

문집으로 『춘파유고(春坡遺稿)』 1권 1책의 석인본이 있다. 손자인 강천수(姜天秀)가 수집한 것을 1974년에 후손 강복원(姜福遠) 등이 편집하여 간행하였다. 여기에는 시 96수, 부(賦) 6편, 서(書) 5편, 잡저 8편, 서(序) 6편, 기(記) 5편, 축문 2편, 제문 7편, 부록으로 시 4수, 서(書) 8편, 제문 5편, 만장(挽章) 15수, 행장 1편, 묘갈명 3편 등이 수록되어 있다. 부록에는 노사선생왕복시서(蘆沙先生往復詩書), 기우만(奇宇萬)이 찬한 행장, 조성가(趙性家)가 찬한 묘갈명, 최윤환(崔允煥)이 찬한 묘표 등이 있다.

잡저 중 삼정책(三政策)은 1862년 삼남(三南)에 민란이 발생하자 삼정에 대한 개선책으로 올린 글인데, 삼정의 문란을 바로잡기 위해서는 국왕이 먼저 성학에 힘쓰고 습속을 바르게 하고, 어진 인재를 등용되어야 한다고 주장하였다. 이어 그는 삼정 자체에 대한 개혁을 주장하였는데, 전정에서는 농민부담을 줄이기 위해 궁중이나 부자들에게 보다 많은 과세를 주장하였으며, 군정에서는 정예병을 육성하고 호포제로의 전환을 주장하였고, 환곡에서는 상평창의 도입을 주장하였다.

강인회는 노사의 다른 초기 제자들과 함께 스승과의 관계가 매우 돈독했으리라 본다. 스승이 서석산을 장인산이라고 하면서까지 부모가 묻힌 산을 공경하여 시를 읊자 차운을 하여 스승의 뜻을 응원해주었다.

<次蘆沙先生丈人山韻>	**노사선생의 장인산 시에 차운하다(6수 중 1수)**
山名瑞石指山宗	산 이름 서석은 산중에 으뜸임을 가리킨 것이니,
從古看山但取隆	예로부터 산을 볼 땐 높음만을 취하였네.
欲識箇中仁者樂	그 중에 인자가 좋아하는 것 알고자 하니,
丈人厚重異凡公	장인산의 후중함은 일반 산과는 다르네.[59]

기정진은 만년에 지금의 고산서원 자리에 담대헌을 짓고 강학을 하였는데, 담대헌이라 이름한 것은 무등산을 담담히 대한다는 뜻이라고 했다. 기정진이 지은 담대헌기나 장인산 시는 앞에서 이미 살펴보았다. 스승의 시에 대해 몇몇 제자들은 차운시를 남긴 것이다. 아마도 스승과 제자가 시로 수창한 것은 위의 장인산 시가 마지막이 아닌가싶다. 그 전에 강인회는 52세 때 기정진의 회갑을 맞이하여 수연시를 지었다.

<次蘆沙先生回甲韻>	**노사선생 회갑 축하 차운시**
山樊高義振頹風	산림에서 높은 의기로 퇴폐한 풍조 진작시키니,
吾道如何未送窮	우리의 도가 어찌 곤궁함을 보내버리지 못하리.
三命只循銘鼎誡	삼명[60]은 다만 솥에 새겨진 계명(誡命)만을 따르고,
一麾慳試濟民功	일휘[61]는 백성 구제하는 공을 시험하기 아꼈네.
摳衣冉冉青春去	스승 문하에서 어느새 청춘 다 보내고,
侍坐看看白髮同	시봉하는 사람들 보아하니 모두가 백발이네.
再拜詩賡週甲日	회갑 일에 두 번 절하고 수연시를 수창하니,

59) 『춘파유고(春坡遺稿)』 권1 「시」

60) 삼명(三命) : 주나라 때 관작(官爵)을 아홉 등급으로 나누어 구명(九命)이라 하였는데, 공(公)후(侯)백(伯)의 경(卿)을 삼명이라 하였다. 명(命)은 관작을 말한 것으로서 삼명은 높은 벼슬을 뜻한다.

61) 일휘(一麾) : 진(晉)나라 완함(阮咸)이 한 번 배척을 당해 수령으로 나갔다는 '일휘출수(一麾出守)'의 준말로, 외방의 관원을 가리키는 말이다.(『문선(文選)』 권21 「오군영(五君咏)」 <완시평(阮始平)>)

閔曾孝思列仙中　열선들은 민자 증자 자사 같은 사람이네.[62]

노사선생의 회갑연은 초기 제자들이 주체가 되어 열었을 것으로 보인다. 제자들이 모두 스승에게 절을 올리고 축하시도 올리는 모습이다. 이때 시봉하는 제자들은 거의가 흰머리가 난 사람들이다. 제자들의 시가 가장 많이 남은 것은 바로 회갑 축하시이다.

노사 또한 이러한 제자들이 무척 애틋했을 것으로 보인다. 『노사집』에는 노사가 강인회를 생각하며 지은 시가 몇 수 있다. 애틋한 스승의 정을 느낄 수 있다.

<寄春坡>	**춘파에게 주다**
折草有靈否	구절초는 영험이 있는가.
連環夢必休	연환의 꿈도 반드시 좋으리라.
觸寒無恙好	추위를 당해서도 별 탈 없이 좋으니,
餘事復何求	이밖에 다시 무엇을 구하리오.[63]

일상생활이 편안한지를 묻고, 자신은 추위를 당해서도 별탈이 없으니 이보다 더 좋을 것은 없다는 말을 하였다. 일상 안부를 시로서 표현하였다.

〈1868년 강인회(姜寅會)가 기양연에게 보낸 편지〉(금강)

삼가 절하고 편지 올립니다

정주(政注)[64]는 어찌 그토록 맑게 뽑았는지, 당일에 괴원(槐院, 승문원)에서 한 등급을 뛰어넘어 관직이 주어지고, 춘부장께서도 자품이 더해졌으니, 이것이 어찌 보통의 은총이겠습니까? 성대한 대우를 받음에 도 전체에 광채가 더해졌으니, 백열(栢悅, 친구의 좋은 일을 함께 기뻐하는 것)의 마음을 어찌 타인과 비교할 수 있겠습니까? 매우 축하드립니다.

삼가 묻건대 아직 쌀쌀한 날씨에 객지에서 벼슬살이하는 생활은 아름답고 복되신지요? 매우 위로되고 그리워하는 마음 하루라도 해이해지지 않습니다. 저는 궁벽한 오막살이에서 세월을

62) 『춘파유고(春坡遺稿)』 권1 「시」
63) 『노사집』 권2 「시」

보내고 있는 것이 이미 엄자산(崦嵫山, 태양이 들어가 쉰다는 전설의 산)의 모습이니, 다시 무슨 소망이 있겠습니까? 형 같은 사람은 언젠가는 공업(功業, 성과)이 성대해지게 될 것인데, 또 어찌 반드시 세상에 오래도록 남아 있어서 형이 하늘 높이 날개 떨치는 것을 볼 수 있을 것입니까? 다만 스스로 가련할 따름입니다.

다름이 아니오라, 영광 땅의 산송(山訟, 묏자리에 관한 송사) 일은 별지에 써서 부쳤으니, 덕수형(德叟兄)과 함께 서로 의논하여 본아(本衙)에서 하나의 긴찰(緊札, 긴요한 부탁을 한 편지)을 얻도록 도모하고, 그것을 회편(回便, 돌아가는 인편)에 보내주셔서 실효를 얻을 수 있도록 해주시길 간절히 바랍니다. 나머지는 몸을 아끼고 덕업을 닦아가서 멀리에서 바라는 정성에 부합해주시길 바라며, 이만 줄입니다.

1868년 1월 28일에, 아우 인회 드림.

謹拜上

政注何等清選, 而當日槐院超銜, 椿府榮資, 是豈尋常恩寵也? 際遇之盛, 全省增輝, 栢悅之心, 豈他人比哉? 聳賀萬萬. 伏詢, 惻惻之寒, 旅宦動止, 懋祜? 區區慰溯, 靡日敢懈. 弟, 窮廬日月, 已是崦嵫景色, 復有何所望, 而如兄倘來功業之盛, 又何必久存於世, 以視其雲衢振翼耶? 只用自憐. 第以靈光地山訟事, 錄紙付呈, 與德叟兄, 相議存拔, 圖得一緊札於本衙, 而下送回便, 期有實効, 切企切企. 餘冀保啬進修, 以副遠誠. 不備狀禮. 戊辰正月二十八日, 弟 寅會 拜.

1868년 1월 28일에 강인회가 기양연에게 보낸 편지이다. 기양연 아버지의 증직을 축하하고, 이어서 영광 땅의 산송 사실을 적은 종이를 부치니, 덕수(德叟) 기량연(奇亮衍)[65] 형과 상의하여 본관아에서 긴찰(緊札)을 얻어가지고 돌아오는 편에 보내주시면 실효가 있을 것이라는 내용이다. 기량연 역시 기정진의 제자이자 기양연과 6촌간인데 아마도 이때 무장현감과 긴밀한 관계에 있었던 듯하다.

64) 정주(政注) : 정(政)은 인사행정을 말하는 것으로, 어떤 사람을 어떤 관직에 보임(補任)하기로 내정(內定)하여 상신(上申)하는 일.
65) 기량연(奇亮衍, 1831~1911) : 자는 덕수(德水), 호는 사상경수(沙上耕叟)이다. 봉진(鳳鎭)의 아들로 태어나 만진(萬鎭)에게 입양되었다. 1858년에 진사시에 합격하고, 옥구현감 등을 역임했다. 젊은 시절에는 자신이 나고 자란 부근에 일감정을 경영하고, 만년에는 장성군 서삼면 취암리로 이거를 하여 육일정을 경영한 것으로 추정된다. 기량연의 이러한 사실은 그의 아들 기우채(奇宇采)가 편찬한 『호남누정총람(湖南樓亭總覽)』과 『호남고금시집(湖南古今詩集)』을 통해서 확인할 수 있다.

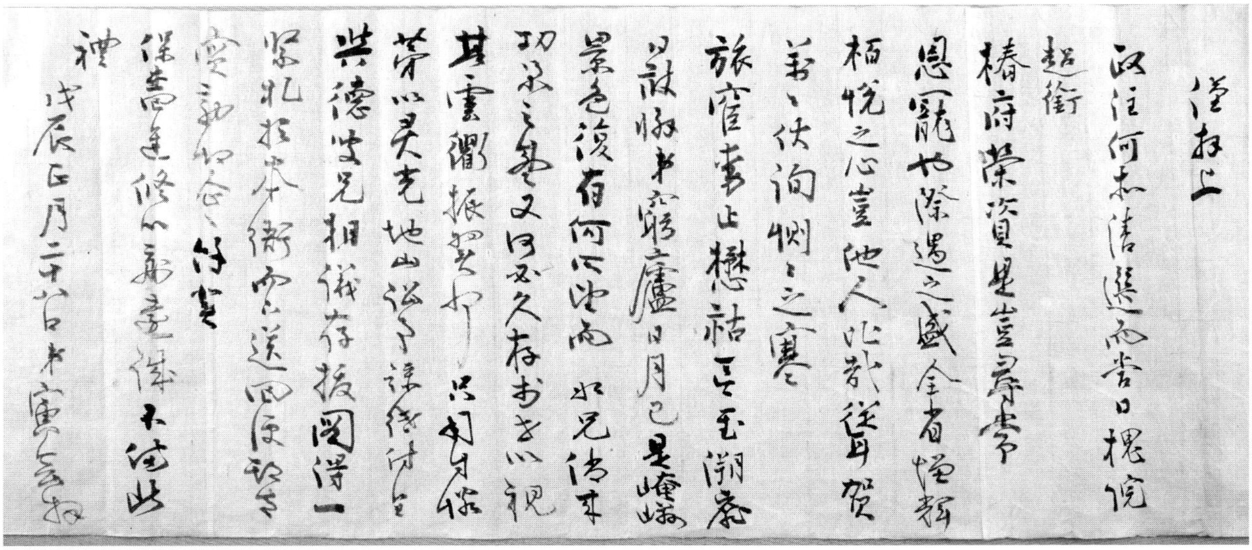

4. 이최선(李最善)의 편지

이최선(李最善, 1825~1883)의 자는 낙유(樂裕), 호는 석전(石田), 본관은 전주이다. 양녕대군의 후손으로 아버지는 규형(奎亨)이고, 어머니는 상산인 김문기(金文起)의 딸이며, 장전[담양군 창평면 장화리]에서 태어났다. 15살[1839년]에 스승에게 나아갔는데, 스승과 아버지 이규형(李奎亨)과의 우의가 작용했기 때문으로 보인다. 이러한 세의는 계속되어서 기우만의 아들과 이최선의 손녀[이승학의 딸]가 결혼하기에도 이른다.

이최선은 기정진의 고제이기는 하지만 그가 제자를 기른 것에 대해서는 잘 나타나지 않고, 「노사문인록」에도 4명밖에 올라있지 않다. 또한 저술도 얼마 남아있지 않은데, 기우만이 찬한 행장을 통해 그의 시문이 대부분 화재로 소실되었음을 알 수 있다.66) 『석전집(石田集)』은 이최선의 사후에 아들 이승학이 시문을 모아 영재 이건창(李建昌)에게 교정과 발문을 받았으나 간행에 이르지 못하였고, 손자인 이광수가 부록문자까지 덧붙여 4권 2책으로 만들었으나 역시 간행하지 못하였으며, 증손자 이혁에 의해 1963년에 연활자본으로 간행하게 되었다. 서문은 1931년 권재규(權載奎)가 쓰고, 발문은 1892년 이건창이 쓴 것과 연대미상 정기(鄭琦)가 쓴 것이 붙어 있다. 이 책은 최근에 호남고문헌연구원에서 국역하여 출간하였다. 여기에는 시 130수 가량과 약간의 문장이 있고, 부록에 여러 사람이 쓴 시문이 들어있다.

그의 학문과 사상에 대해서는 <삼정책(三政策)>, <통고인읍제종문(通告隣邑諸宗文)>, <독외필(讀猥筆)> 등을 통해서도 충분히 엿볼 수 있다. <삼정책>은 1862년 진주민란을 시작으로 전국에서 농민들이 봉기하였는데 그것을 무마시키기 위해 전국적으로 삼정, 즉 전정(田政)·군정(軍政)·환곡(還穀)에 대한 개혁책을 모집한 것에 대해 써서 올린 대책문이다. 그는 책문에서 삼정의 폐단보다 습속(習俗)의 폐가 더 심한 것이 두 가지가 있으니, 하나는 기강이 무너져 해이해진 것이고, 하나는 염치를 모두 잃은 것이라고 지적하고서 위에서부터 기강이 바로서고 염치를 격려하는 일에 힘쓴다면 삼정의 폐단은 저절로 바로잡힐 것이라고 말했으며, 인재를 얻어서 폐단을 바로잡는 근본으로 삼아야 됨을 역설했다. 그런데 이최선의 이 글은 담양부사가 기각시켜버려서 올라가지 못했다.

<통고인읍제종문>은 1866년 병인양요가 일어나자 종인들에게 돌린 통문으로, 국가가 위기에 처하자 분연히 일어나 의병을 모아가지고 국난에 나아갔음을 알게 해준 내용이다. 이최선이 의병을

66) 화재는 이최선의 장례 때 일어난 것으로, 이때 안채와 서적, 유품 등이 모두 타버렸다고 한다.(금장태·고광직, 『유학근백년(1) 기호계열의 도학』, 한국학술정보(주), 2004, 363쪽.)

모아 출발하려할 때 스승 노사는 편지와 전별시를 지어주면서 격려해주었다. 그러자 이최선도 시 두 수를 지어 답하였다.

<謹步二蘆沙先生二首>	삼가 보운(步韻)하여 노사 선생께 올림(2수 중 1수)
仗劍西風一放歌	서풍에 검을 차고 목청껏 노래하니,
蒼黃時事奈如何	창황[67]한 작금의 일을 어찌할까요.
臨危成敗非吾度	위기에 임하여 성패는 제 헤아릴 바 아니나,
快死男兒問幾多	쾌히 죽을 남아는 그 얼마나 많을지요.
是日方承催血詔	오늘 바야흐로 피로 쓴 조서를 받들고,
晩天容易脫漁蓑	모년에 도롱이 쉬이 벗어 던졌습니다.
師門贈別慇懃意	스승께서 작별시[68]로 은근한 뜻 보이시니,
歸泊江都誓白波	강화도에 배 댈 것을 흰 파도에 맹세합니다.[69]

<독외필>은 그의 성리학적 깊이를 알 수 있는 문장으로, 그는 이 글의 끝에서 "올라탄 이후에야 그것을 이(理)라고 하는 것은 주자의 본의가 아닐 것이며, 사람이 넓히는 것을 기다린 후에야 그것을 도(道)라고 말하는 것도 공자의 본의가 아닐 것이다. 그러므로 노옹(蘆翁)이 말한 '리에는 능연(能然)의 힘은 없을지라도 필연의 묘용은 있다[理無能然之力而有必然之妙]'라는 12자는 명백하고 정확하여 넘어뜨리고 때려도 깨지지 않으리니, 실로 앞사람이 발하지 못한 것을 발하여 성문(聖門)에 크게 공을 세운 것이다."라고 하였다. 훗날 이 <외필>에 대해서 간재 전우(田愚) 등의 신랄한 비판이 있었고, 이에 대해 노사의 제자들은 재 비판을 가하는 일이 일어났다.

이최선은 1859년에 진사시에 합격하고, 1861년에는 대대로 살던 장전마을 앞에다 문일정(聞一亭)을 지었는데, 이때 스승인 기정진이 기문을 지어 주었다. 기문에서 "대저 말하길, '종친들끼리만 무리를 짓는 것은 넓은 벌판에서 여러 사람을 사귀고 뜻을 같이 하는 것만 못합니다. 그래서 장차 이 정자에서 벗들과 친족 등 저보다 나은 사람들을 맞이하여 듣지 못했던 것을 잘 듣고자합니다.'라고 했다."[70]라고 한 것을 볼 때, 문일정을 들판에 지은 것은 넓은 곳에서 좋은 사람들과 서로 교유하며

67) 창황(蒼黃) : 어찌할 겨를이 없이 매우 급함.
68) 증별(贈別) : (떠나는 사람에게)정표로 시나 노래 따위를 지어 주면서 작별함.
69) 『석전집(石田集)』 권1 「시」
70) 『노사집』 권21 「기」 <문일정기> "蓋曰, 同人于宗不若同人于野, 將以斯亭延賓友親勝己, 以益聞所不聞也."

화합하고자 하는 마음에서 지었음을 알 수 있다. 여기에 정자를 지은 그의 사상이 드러나 있다고 볼 수 있다. 그가 동인(同人)하고자 하는 정신은 임술년 농민항쟁이 일어났을 때 개선책을 내놓은 점이나 병인양요가 일어났을 때 종인들에게 힘을 합쳐 난국을 타개하자는 격문을 내고 의병을 일으킨 사실들과 부합된다.

이 정자는 현재까지 잘 보존되고 있으며, 3×2구조의 가운데에 방이 한 칸 있는 마루중심의 건물로, 호남누정의 형태적 특징을 잘 이어받고 있는 정자이다. 문미의 액자는 <문일정기> 하나만 걸려 있는데, 스승이 지어준 것으로, 이 기문을 통해서 '문일정'이라는 정자 이름도 스승이 지어줬음을 알 수 있다. 다음은 궁(窮)자[동(東)운]를 사용하여 주인이 지은 문일정의 원운시이다.

<聞一亭>	**문일정**
數間亭子告新功	몇 칸의 정자 새롭게 짓고 나니,
瑞石雄奇盡此中	서석산의 웅장함이 이곳에 다하였네.
護得松筠村上下	마을 위아래로는 소나무와 대나무가 둘러있고,
界來山野路西東	길은 동서로 나있어 산야와 경계 짓네.
雲烟呈態朝晡別	구름과 이내의 모양 아침저녁으로 다르나,
桃李關情老少同	도리에 관한 정은 노소가 같네.
自是平泉留後計	이로부터 평천장을 후세까지 남길 계획으로,
傳言花石永無窮	꽃과 돌에게 전하니 영원히 무궁할지라.71)

문일정을 짓고 나서 읊은 시로, 서석산의 웅장한 모습이 바라보이는 곳에 세워진 정자 모습과 소나무 대나무가 보호하고 있는 마을의 경관 등을 담담히 잘 담아내고 있다. 위 시만을 두고 볼 때 노사학파적 특징을 찾아내기는 쉽지 않은데, 학문적 성향이 시문에 잘 드러나지 않은 것은 보편적인 현상이다. 이 문일정에 대한 시문은 많지 않아서 주인의 작품 외에 기정진, 김만식, 이일, 이승학, 고정주의 시문이 각자의 문집에 남아 있을 뿐이다. 누정 차운시는 같은 운에 같은 글자를 사용하고 있어서 제목이 없더라도 차운시 임을 한눈에 알 수 있다.

그러나 남아있는 시문은 많지 않을지라도 문일정의 역할은 매우 컸음을 부정할 수 없다. 먼저 문

71) 『석전집』 권1 「시」

문일정

일정에서는 스승을 모시고 큰 강회를 열어서 향촌에서 학문의 중심적인 역할을 하였다. 또한 종족들을 회합하는 장소로써 활용되어 문중의 구심점이 되었다. 이러한 것이 바탕이 되어 문일정은 위정척사운동이나 의병활동의 산지가 되었다. 이최선은 문일정 외에도 <석전재(石田齋)>라는 자신의 정사를 경영했던 것으로 보이는데, 그 예를 그의 문집에서만 찾아볼 수 있다.

<石田齋>	**석전재**
居吾精舍鑿吾田	내 정사에 살고 내 밭을 일구며,
歸臥雲林樂更全	돌아와 운림 속에 누우니 즐거움 더욱 오롯하네.
物外藏蹤惟適意	물외에 자취 감추고 뜻 가는 데로 살면서,
卷中有友可忘年	책속에 벗이 있으니 나이를 잊을 수 있네.[72]
…	

72)『석전집』권二「시」

자신의 호로써 정사의 이름을 삼았는데 운림 속에서 책과 함께 늙고자 하는 소박한 마음가짐을 표현한 시이다. 문일정에 대한 시가 정자와 자연의 승경에 대해 읊고 있다면, 석전재의 시는 자신을 수양하는 내용이 담겨 있다.

고산서원에는 이최선이 보내온 편지가 소장되어 있지 않다. 다만 노사의 죽음을 애도하여 지은 만사가 1편 남아있을 뿐이다.

〈1875년 이최선(李最善)이 기양연에 보낸 편지〉(연파)

편지의 예식은 생략합니다[省禮][73]. 세월이 달리는 말과 같이 빨라서 소기(小朞, 죽은 지 일 년 만에 지내는 제사)가 이미 지나갔으니, 효자(孝子)[74]의 무시지통(撫時之痛, 계절에 따라 그리워하는 애통함)이 배나 더 새로울 것이라 생각됩니다. 삼가 생각건대 요즘 애체(哀體)[75]는 만지(萬支)[76]하시겠지요? 매우 그리운 마음 감당할 수 없습니다.

면복(緬服)[77] 중에 있는 저는 그간에 돌아가신 부모님의 양례(襄禮)[78]를 치렀는데, 애통함이 끝이 없을 따름입니다. 친구들의 힘으로 무사하게 일을 치를 수 있었으니, 마음에 새겨져서 잠시도 잊을 수 없습니다. 가까운 곳을 지나가면서도 한 번도 나아가 위로 드리지 못했는데, 혹시 풍편(風便, 간접적으로 들음)으로 이미 들으셨으리라 생각합니다. 오는 그믐날 전에 찾아가서 직접 뵙고 말씀드리려고 하지만, 이 또한 가필할 수 있겠는지요? 밝게 살펴주시길 바라면서 이만 줄이고, 삼가 편지[疏][79] 올립니다.

1875년 3월 13일에 면복 중인 아우 이최선 올림.

省禮. 居諸迅駛, 小朞已過, 孝子撫時之痛, 想一倍如新矣. 伏惟比辰, 哀體萬支, 不任伏溸之摯. 緬服人, 間經先父母襄事, 痛隕罔極而已. 莫非知舊之力, 以得無事, 而小心耿耿, 一刻難忘. 所以經過近地, 不得一者進慰, 想或有便風入聆矣. 擬欲來晦前面陳, 而此亦何可必也? 統惟哀亮, 不備謹疏上. 乙亥三月十三日, 緬服弟 李最善 拜拜.

73) 생례(省禮) : 상대방이 상중에 있을 때 인사말을 생략하는 대신 쓰는 말.
74) 효자(孝子) : 친상(親喪) 중인 상제(喪制)를 일컫는 말.
75) 애체(哀體) : 상중 생활. 수신인이 상중(喪中)에 있을 때 '애(哀)'를 쓴다.
76) 만지(萬支) : 모든 일이 평안함. 상중에 있는 사람의 안부를 물을 때 상투적으로 쓰는 표현.
77) 면복(緬服) : 부모의 무덤을 옮겨서 다시 장사를 지낼 때, 석 달 동안 입게 되는 상복(喪服).

1875년 3월 13일에 이최선이 기양연에게 보낸 편지이다. 기양연의 아버지 기윤진(奇允鎭)이 지난해 3월 8일에 사망하여 올해 소상(小祥)을 지낸 것에 대해 '효자의 애통함이 더욱 새로울 것'이라는 인사말을 하고, 자신은 그동안 부모님의 묘지를 이장하였는데 애통함이 망극하다는 소회를 전하였다. 이최선의 아버지 이규형은 1851년에 사망하였었다.

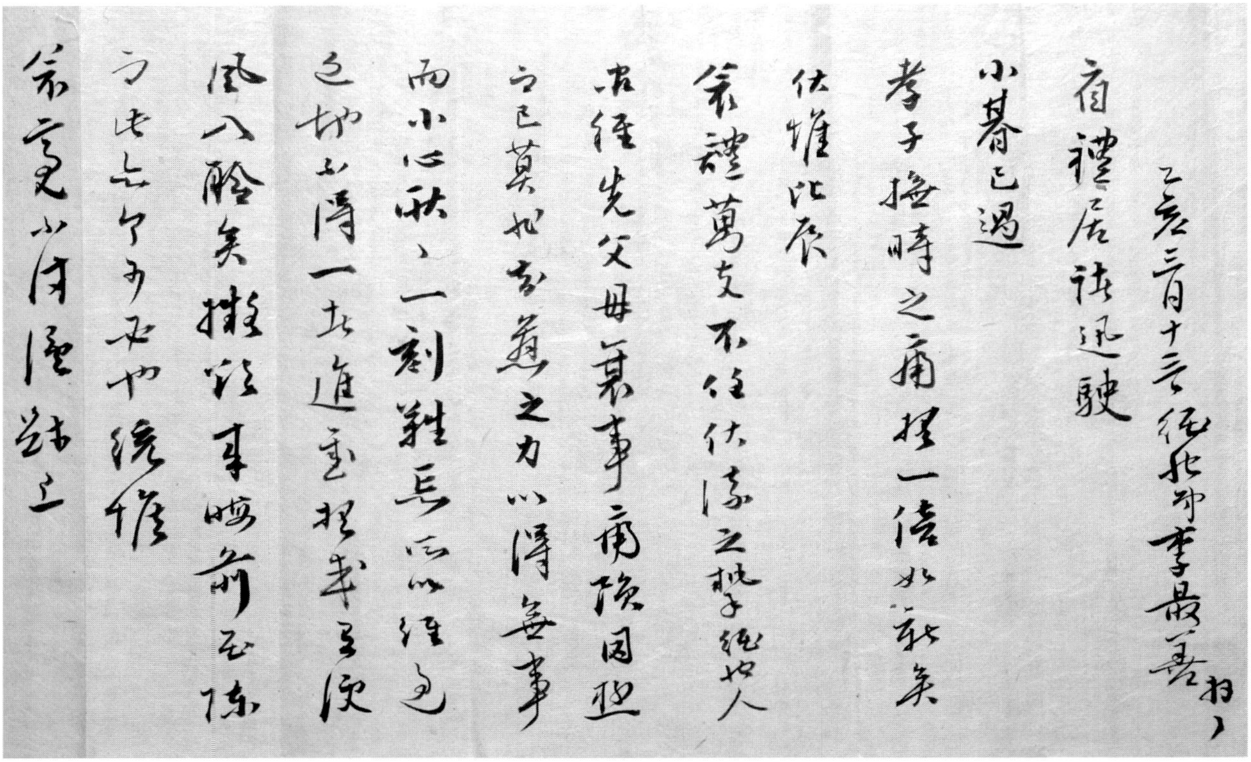

78) 양례(襄禮) : 죽은 사람의 장사를 지내는 일. 여기에서는 이장(移葬)을 뜻함.
79) 소(疏) : 상중에 있는 사람이 쓴 편지, 또는 상중에 있는 사람에게 보내는 편지를 지칭하는 용어.

5. 조의곤(曺毅坤)의 편지

조의곤(曺毅坤, 1832~1893)의 자는 사홍(士弘), 호는 동오(東塢), 본관은 창녕이다. 아버지는 현위(炫瑋)이고, 어머니는 죽산인 안광영(安光暎)의 딸로, 검암리[고창군 고창읍 월암리]에서 태어났다. 10세 때 고제만(高濟萬)의 문하에서 공부하고, 1847년 16세 때 노사 기정진의 문하에 들어가 수학하였다. 그 후 30여년을 선생을 모시고 공부하면서 스승의 오묘한 학문의 심법을 전수하였다. 장성 고산서원에 배향되었다.

유집으로 『동오유고(東塢遺稿)』 6권 2책이 있는데, 기우만(奇宇萬)의 서문과 조석일(曺錫一)의 발문을 받아 1899년에 목활자본으로 아들 석휴(錫休)에 의해 간행되었다. 여기에는 시 87수, 서(書) 39편 및 기타로 이루어졌다. 비교적 저술이 많지 않은 편인데, 그중 「강상차록(江上箚錄)」은 기정진에게 수학하면서 스승의 훈회(訓誨)와 스승에게 들은 고사(故事)·고담(古談) 및 문답·견문들을 기록한 장편의 글로, 그의 학문적 깊이를 엿볼 수 있다.

조의곤의 유적은 고창의 석정온천 부근에 있는 동오정(東塢亭)에 고스란히 남아있다. 이 정자는 스승의 상사를 마치고 돌아와 지은 것으로 알려져 있는 것으로 보아 1880년 무렵에 축조되었을 것으로 추정된다. 이후 1947년에 유림과 제자들이 성금을 모금하여 중수하였는데, 그때 작성된 부조록(扶助錄)이 전하고 있으며, 조의곤의 손자인 조덕승(曺悳承)의 문집에도 <동오정중수토지축문(東塢亭重修土地祝文)>이 실려 있음을 볼 때 손자 대에 중수가 이루어졌음을 알 수 있다.

동오정은 '동오정사'라고도 하며, 원래 고창군 고창읍 석정리에 세워져 있었는데, 최근에 석정온천지구 관광개발사업이라는 명목하에 억지로 떠밀려 본래의 자리에서 약 700m 정도 떨어져 있는 월산리로 옮겨 세워지게 되었다. 원래는 흥선대원군이 써준 현판과 30여개의 시판이 걸려 있었다고 하나 도중에 도난당하였고, 현재는 새롭게 모각하여 건 현판과 시판이 그나마 절반가량만 걸려 있다. 건물은 3.5×1.5의 정사형 구조인데, 전남지역에서는 보기 드문 형태의 건물이다.

조의곤은 동강(東岡)에 정자를 지어놓고 시로써 친구들에게 그 사실을 알리고 있는데, 그 사실이 문집의 가장 첫머리에 실려 있다.

<新寓東塢以一絶詩寄江上諸友> 새로이 동오정을 지어 살며 1절의 시로 강상의 벗들에게 부치다

水石東岡正侈奢　　동강의 수석이 정히 사치스러운데,

如今最恨故人遐	지금 와서 가장 한스러운 것은 친구들과 멀어진 것이네.
他日相尋方丈下	다른 날 방장산 아래를 찾아오거든,
竹林缺處是吾家	죽림 속에서 비어있는 곳이 바로 우리 집이라오.[80]

그동안 정들었던 벗들과 헤어져서 고향에 돌아와 정자를 세웠는데, 바로 방장산 아래의 죽림 속에 지었음을 알 수 있다. 이러한 사실을 시로 지어 친구들에게 보내는 멋스러움이 잘 드러난다. 그는 동오정을 지은 후에 얼마 안 있어 다음과 같이 원운시를 지었다.

<東塢原韻>	**동오정 원운시**
飮我淸泉陟我岡	나의 맑은 샘물 마시고 나의 동산에 오르니,
山中逸樂較誰長	산중의 빼어난 즐거움을 누구와 비교하리.
童收落葉還籬外	아이는 낙엽을 거두어 울 밖에서 돌아오고,
客飽寒花宿月傍	손님은 가을꽃에 배불러 달 곁에서 자네.
千古良朋時對籍	천고의 좋은 벗은 때때로 대하는 서적이고,
十年活計晩栽桑	십년의 계획은 늦게 심은 뽕나무일세.
家人休說田無穫	집안사람들아 밭에서 수확하는 것 없다고 말하지 말라.
秋熟園林果蓏香	가을이 깊어가니 원림의 과일이 향기롭다네.[81]

위 시에서는 도연명과 같은 전원생활을 즐기고 있는 작자를 발견하게 된다. 늦가을의 정취가 가득히 묻어나는 시이다. 이 시에 대해서 제법 많은 사람들의 차운시가 있는데, 동오정에 현액된 시는 조성가(趙性家), 기홍연(奇弘衍), 오준선(吳駿善), 정재규(鄭載圭), 기기진(奇麒鎭), 이교응(李喬應), 이희석(李僖錫), 한진석(韓晉錫), 김수익(金秀益) 등의 시가 있고, 기양연(奇陽衍), 조성주(趙性宙), 최익현(崔益鉉), 조인석(趙寅錫) 등의 시가 각각의 개인 문집에 더 있다.

이밖에도 동오의 주변 경치를 연작으로 읊은 시가 주인의 문집과 기우만의 문집에 나온다. 조의곤은 <동오25영>을 읊었고, 기우만은 <동오18영>을 읊었는데, 그 제목은 다음과 같다.

80) 『동오유고(東塢遺稿)』 권1 「시」
81) 『동오유고(東塢遺稿)』 권1 「시」

<東塢25영>: 東塢精舍, 西峰新月, 梅川疎雨, 枕下溪流, 竹里暮烟, 石澗鳥語, 細流小砧, 臨空石屛, 官城暮角, 山外行人, 春圃荷鋤, 山庬吠人, 石泉, 蓮池, 竹床, 叢菊, 樵歌, 翠屛, 石逕, 松篁, 烟柳, 小柏, 鶴巖, 竹塢, 園果[82)]

<東塢18영> : 精舍, 石泉, 竹床, 叢菊, 松篁, 竹塢, 翠屛, 石逕, 小柏, 煙柳, 鶴巖, 園果, 西峯新月, 梅川疎雨, 臨空石屛, 枕下溪流, 石澗鳥語, 石田荷鋤[83)]

조의곤의 연작시에 기우만이 차운하여 지은 것인데, 기우만은 조의곤의 제영 중에서 '山外行人, 竹里暮烟, 細流小砧, 官城暮角, 山外行人, 山庬吠人, 蓮池' 등 7가지를 읊지 않았다. 두 사람의 연작시를 제목만으로 볼 때, 주변의 먼 경치를 읊은 소상팔경시적 요소와 가까운 자연물을 읊은 영물시적 요소를 함께 포함하고 있음을 알 수 있다. 이를 통해서 동호정이 약간 깊숙한 곳에 위치하고 있으며, 주변을 잘 가꾸어서 원림의 형태를 갖추었음을 짐작할 수 있다. 옛사람들은 대부분이 자신의 누정을 경영하고자하는 바람이 있었는데, 조의곤의 경우는 그것을 잘 실현하고 있는 것으로 보인다.

다음은 조의곤이 노사선생의 회갑 때 지은 수연시이다.

<謹次蘆沙先生回甲除夕韻>	**삼가 노사선생의 회갑 전날 시에 차운하다**
章甫爭趨洙泗風	선비들 다투어 달려오니 수사(洙泗)[84)]의 가풍이요,
壽星耀極道無窮	수성(壽星)[85)]이 빛나니 유도는 무궁하리라.
舊懷感處逢新日	옛 감회 가득한 곳에서 새로운 날 만나니,
來學開時繼往功	후학을 열어주고 전학을 이어가는 공 때문이라.
終慕劬勞體髮變	종신토록 사모하고 힘쓰면서 체발이 변해가고,
更將衰晩淵冰同	다시 노쇠한 만년에 연빙(淵冰)[86)]을 함께 하네.
微誠十載門屛下	작은 정성으로 문하에서 십년 생활은,
恐是光陰倏忽中	아마도 잠깐 동안의 세월 아닐런가.[87)]

82) 『동오유고(東塢遺稿)』 권1 「시」
83) 『송사집(松沙集)』 권1 「시」
84) 수사(洙泗) : 중국 노(魯)나라의 수수(洙水)와 사수(泗水)를 말한다. 『사기(史記)』 「공자세가(孔子世家)」에 "공자가 수·사(洙泗)의 사이에서 설교(設敎)하여 시서예악을 닦자 사방에서 제자가 많이 왔다."라고 하였다. 후세에 유가(儒家)의 대칭이 되었다.
85) 수성(壽星) : 남극 하늘 위로 떠 있는 별을 가리키는데, 사람의 목숨을 관장한다고 한다.
86) 연빙(淵冰) : 조심스러운 마음으로 매사를 신중히 처리하는 것을 말한다. 『시경(詩經)』 「소아(小雅)」 <소민(小旻)>에 "전전긍긍하여 심연에 임하듯 얇은 얼음을 밟듯 한다.[戰戰兢兢, 如臨深淵, 如履薄氷]"라고 했다.
87) 『동오유고(東塢遺稿)』 권1 「시」

동오정사

조의곤의 편지는 고산서원에는 남아있지 않고, 연파 후손가에 소장된 간찰첩에 한 통이 배접되어 있을 뿐이다.

〈1875년 조의곤(曺毅坤)이 기양연에게 보낸 편지〉 (연파 『회동한첩(會同翰帖)』[88])

예식은 생략합니다. 세월은 달리는 말과 같아서 선부군(先府君)[89] 영감(令監)[90]의 소상(小祥)이 문득 지났는데, 가만히 효사(孝思)[91]를 생각건대 더욱 개확(慨廓)[92]하여 다시 미치지 못한 듯할 것이니, 멀리에서 슬픈 생각만 더 복받쳐 오를 따름입니다. 다시 묻건대 상중(喪中)에 궤연(几筵)을 받드는 생활은 어떻게 지탱하고 계시는지, 가족들도 모두 건강에 손상됨은 없는지요? 자나 깨나 그리운 마음 실로 보통이 아닙니다.

---

88) 서울 행주기씨 연파가에서 소장하고 있는 『회동한첩(會同翰帖)』은 간찰 등을 모아 책자로 만든 간찰첩으로, 전체 39장, 包背裝으로 만들어져 있다. 간찰첩은 크게 세 부분으로 나누어볼 수 있는데, 앞부분은 奇陽衍과 그 아들 奇宇承에게 보내온 편지와 시문을 배접한 것으로, 趙性家, 金祿休, 李志容, 羅燾圭, 鄭載圭, 李最善, 曺毅坤, 吳繼洙, 高光善, 安成煥 등의 글인데, 거의가 노사 奇正鎭의 고제들이자, 기양연과 절친한 벗들이다. 가운데 부분은 주로 奇老柏에게 온 편지와 시문을 배접해놓은 것이고, 끝부분은 기노책과 기노백의 아버지 奇炳度 등에게 보내온 편지로, 사돈이나 장인에게서 온 편지가 많으며, 시문 등 잡다한 글도 많이 들어있는 것이 특징이다. 이때 발신자는 吳駿善, 閔大鎬, 宋基晃, 金基尙, 沈璿澤, 李斗洙, 李孔雨, 金俊植, 李學淳, 曺憙承, 金重洙, 金演夏, 林哲周, 金漢禧, 裵錫麟, 崔濬, 朴荷聖, 閔泳老, 金炳奎 등과 몇몇의 장인어른이다. 끝에는 호구단자도 붙어있다. 뒷부분에는 기노백의 아들과 관계된 글이 있는 것으로 보아 이 간찰첩은 기노백 사후에 만들어진 것으로 추정된다.

89) 선부군(先府君) : 사망한 상대방의 아버지를 높여 이르는 말.

심제(心制)[93]인 저는 지난달 초에 이곳에 객으로 왔는데, 완루(頑縷)[94]를 아직도 지탱하고 있으면서 다만 광성(曠省, 혼정신성을 못함)한 날이 오래되고 있으니, 이 어찌 늙은 부모님을 모시고 사는 사람의 도리이겠습니까? 죄인이고 죄인일 따름입니다.

다름이 아니오라, 노사수계(蘆沙修稧)[95]는 근래 어떻게 구획하고 있는지요? 대저 이 일을 창설한 것은 오직 형을 의지해서 한 것이니, 일을 끝맺는 자도 그 누가 될 것입니까? 그동안 일을 주선하여 그 지극함을 쓰지 않음이 없는 것이 마땅한데도 아직도 소식을 듣지 못하고 있으니, 답답합니다. 여기에서 가는 인편에 일의 대략을 알려주셔서 답답한 마음을 깨뜨려주시는 것이 어떻습니까? 신평(新平)에 사는 선비 김치규(金致奎)는 그간에 혹 왔다갔는지요? 나머지 많은 것은 한 장의 편지로 다할 수 없으니 이만 줄이고, 소례(疏禮)[96]를 갖추지 않고 편지 올립니다.

1875년 3월 14일, 심제인 조의곤 올림.

省禮言. 日月如駛, 先府君令監, 祥朞奄過. 竊想孝思, 慨廓益復靡逮, 遠外悲念, 只增忉怛. 更伏惟, 哀體奉筵, 何以支持, 諸節大都無損否? 哀溯憧憧, 實非尋常. 心制弟, 去月初來客于此, 頑縷尙支, 而但曠省日久, 此豈篤老下人理耶? 是罪是罪. 就蘆沙修稧, 近得如何區劃耶? 大抵此事創設, 惟兄是賴, 結之者其誰? 這間周旋, 宜無不用其極, 而尙未之聞, 爲鬱. 此便略爲示破如何? 新平金雅致奎, 間或有來往否? 餘萬非一幅可究, 不備疏禮. 乙亥三月十四日, 心制弟 曺毅坤 拜疏

1875년 3월 14일에 심제인 조의곤이 기양연에게 보낸 편지이다. 노사 문인들이 기양연을 필두로 내세워서 노사 문인계를 만들고자 했음을 알 수 있다. 그런데 이 문인계는 이 무렵에 만들지 못하

---

90) 영감(令監) : 조선시대 종2품 또는 정3품의 당상관을 부를 때 쓰는 말. 기양연의 아버지 기윤진(奇允鎭)은 기양연으로 인해 1868년 2월 5일 정사에서 종2품인 오위장(五衛將)에 제수되었다. 기윤진(奇允鎭, 1798~1874)은 초명이 우진(右鎭)이고, 자는 치중(致中)이다. 아버지는 재의(在懿)이고, 어머니는 부녕김씨 규성(圭成)의 딸이다. 동생 익진(益鎭)과 함께 1831년에 나란히 진사시에 합격하였다.

91) 효사(孝思) : 어버이에게 효도하려는 생각. 『시경』「대아(大雅)」<하무(下武)>에 "영원토록 효도를 생각하시니, 효도는 선왕을 본받으신 것이네.[永言孝思 孝思維則]"라고 했다.

92) 개확(慨廓) : 부모의 상(喪)을 당했을 때 자식이 슬퍼하는 모습을 나타낸 말. 개(慨)는 소상(小祥)을 당하여 세월이 빠른 것을 탄식하는 마음을 말하고, 확(廓)은 대상(大祥) 때 정의(情意)가 허전한 것을 표현한 말.(『예기(禮記)』「단궁(檀弓) 上」 참조)

93) 심제(心制) : 복은 입지 않았으나 복을 입었을 때와 같은 마음으로 근신하는 심상(心喪). 상복은 벗었으나 슬픔이 가시지 않아 대상(大祥)이 지난 뒤 담제(禫祭)까지 입는 복.

94) 완루(頑縷) : 모질고 질긴 목숨. 상주가 쓰는 상투어.

95) 노사수계(蘆沙修稧) : 노사 기정진(奇正鎭)의 문인들이 스승 노사를 추숭하는 일을 하고자 하여 만든 계이다. 장성 고산서원에는 조의곤(曺毅坤)을 시작으로 하여 70명의 인명이 기록되어 있는 책자가 남아 있는데, 여기에 기양연의 이름이 없는 것으로 보아 기양연 사후에 만들어진 계안으로 보인다. 이 계안에는 주로 장성사람들의 인물이 기록되어 있다.

96) 소례(疏禮) : 편지의 예식. 상중에 있는 사람, 또는 상대방이 상중에 있을 때 사용하는 표현이다.

고 뒤에 만들어진 것으로 보인다. 고산서원에 소장된 고문서 중 표지가 뜯긴 선장본이 한 건 있는데, 바로 <노사수계안>으로 보인다. 여기에는 조의곤을 시작으로 하여 70명의 인명이 기록되어 있다. 그런데 여기에는 기양연이나 앞서 살핀 노사의 초기 제자들의 이름이 없는 것으로 보아 조의곤의 만년에 작성되었을 것으로 보이며, 이때 기양연은 방장산으로 이사한 뒤여서 실리지 못한 것으로 추정된다.

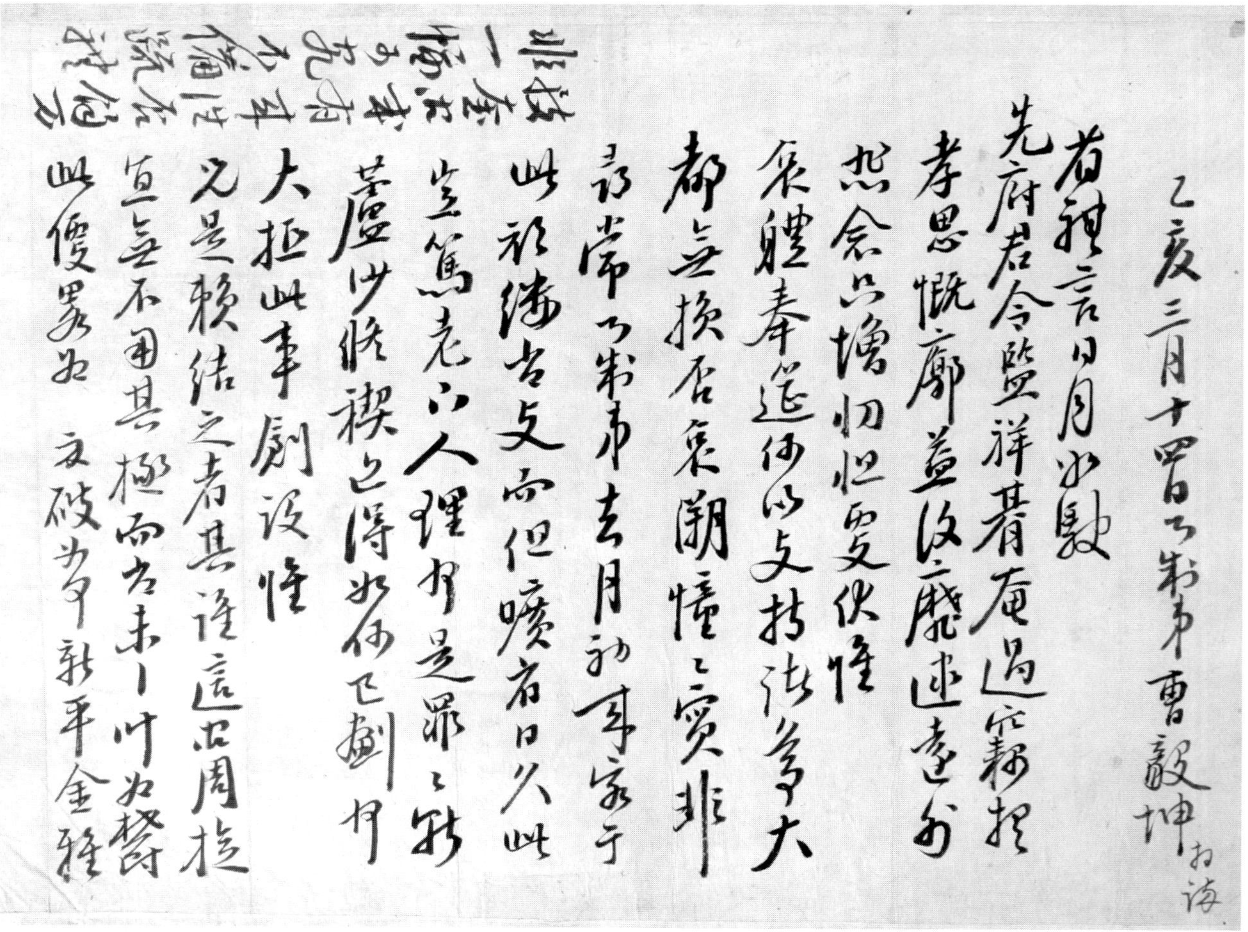

6. 나도규(羅燾圭)의 편지

나도규(羅燾圭, 1826~1885)의 자는 치문(致文), 호는 덕암(德巖), 본관은 나주(羅州)이다. 아버지는 희집(禧集)이고, 어머니는 전주인 이현임(李鉉臨)의 딸로, 1826년에 광주 계촌면(桂村面) 내동리(內洞里)에서 출생했다. 현재의 광주광역시 남구 석정동 내동마을이 된다. 그의 상계를 살펴보면 나주 나씨는 부(富)를 시조로 삼고 있으며, 조선조에 기묘명현인 일손(逸孫)이 유명하다. 일손의 손자대에서는 동인과 서인의 갈림이 있게 되었는데, 나도규의 가문은 서인편에 좌정하여 송도공 해륜(海崙)을 파조로 삼는다. 해륜은 강항(姜沆) 문인으로, 병자호란 때 나해봉(羅海鳳, 1585~1638) 등과 함께 의병을 일으켰다. 고조(高祖)는 재옥(在沃)이며, 이때 영광에서 광주 석정동으로 이거해온다. 이전까지의 선대 묘소는 대부분 나주시 보산동 장골에 있다.

장년기에는 바로 옆 마을인 석정마을로 이사를 하였는데, 그의 강학 활동은 주로 이곳에서 이루어졌다. 만년에는 고내상면(古內廂面) 도산촌(道山村)[광주광역시 광산구 도산동]으로 이거하여 그곳에서 생을 마감하였다. 유고에 『덕암만록(德巖漫錄)』 상하 2책이 있다. 1921년 고광익(高光益)의 서문을 받고, 1975년 홍석희(洪錫熹)의 발문을 받아 영인본으로 간행한 것이다.

나도규가 노사 기정진의 문하에 들어간 것은 1879년 54세 때로 보인다. 그는 이때 태극(太極) 음양(陰陽)의 이치를 논하는 과정에서 노사선생으로부터 많은 칭찬을 받았다고 한다. 즉 그의 학문은 스승인 노사 기정진과 한 계열이었으며, 그럼으로써 스승에게 인정을 받았던 것이다. 이후 노사 선생이 돌아가셨을 때 영호남의 석덕숙유가 많이 모였으나 모두 그에게 장문(狀文)을 맡도록 추천하였는데, 그의 거침없는 문재(文才)에 놀라지 않은 사람이 없었다고 한다. 노사 문도 사이에서 위상이 확고해진 것은 이 무렵으로 생각되며, 노사 문인들과의 사귐도 이 이후에 이루어진 것으로 보인다.

그는 만년에도 끊임없는 자기성찰을 해갔는데, <성기잠(誠幾箴)>(1879)이나 <자경사(自警辭)>(1883) 등을 통해 살펴볼 수 있다. <성기잠>은 노사선생을 찾아뵙고, 주돈이(周敦頤)의 '성(誠)은 작위 함이 없되 선과 악이 갈리는 기미가 된다.[誠無爲幾善惡]'는 글에 대해 물음으로써 '성(誠)'을 종신토록 행할 요체로 삼고자 한 내용이고, <자경사>는 58세 때 지은 것으로, 안으로는 성인이 되는 학문도 완성을 못하고, 밖으로는 입신양명도 못한 채 나이만 들어버린 것을 돌아보면서 자신을 스스로 경계하고 있는 내용이다. 이것을 통해 그가 평생 동안 스스로를 점검하고 단속하면서 살았음을 알 수 있다.

나도규는 스승인 노사 기정진이 돌아가신 뒤 56세 되던 1881년에 거처하던 집 주변에 남덕정(覽

德亭)을 세웠는데, 현재 광주광역시 남구 석정동 석정마을에 있다. 여기에는 주인이 지은 기문이 남겨져 있어서 이 누정의 상황을 잘 알 수 있다.

> 신사년(辛巳年, 1881), 학동(學童)들이 나를 찾아와서 가르침을 청하나 나의 집이 너무나 좁고 누추하여 많은 학동들을 수용할 수가 없었다. 이로 인하여 마침내 이 정자를 연못의 위쪽에 지었으니, 모두가 다른 사람들의 협조에 의해 이루어진 것으로, 나의 힘만으로는 할 수 없는 것이었다. 돌로 주초를 하고 가래나무로 기둥을 세웠으며, 띠로 지붕을 이었다. 집의 가운데는 매우 툭 트이고 막힘이 없어서 산이 비록 높다고 하여도 접할 듯하고, 못이 아래에 있다고 하여도 또한 당길 수 있다. 하물며 또 달이 금성산에서 떠올라 용이 서린 듯 연꽃이 피어난듯하여 장차 이 정자와 원기가 융회하려고 함에 있어서랴.97)

그동안 강학했던 봉양서실이 너무 협소하고 낡았으며, 배우러 오는 학생들도 넘쳐났음을 알 수 있다. 이때 나도규는 이미 노사선생에게 집지한 이후이다. 그의 명성이 널리 알려졌음을 짐작할 수 있다. 위 기문을 통해서 남덕정의 정자는 다른 사람이 지어주었으며, 초가집으로 지었으되, 가운데가 툭 트이게 하는 전형적인 정사 형태였음을 알 수 있다. 이러한 정사형(精舍形)은 근대기에 들어 많이 애용되던 형태이다. 주로 강학공간으로, 학문을 연마하고 정신을 수양하던 곳이라고 할 수 있다.

대체로 '정사(精舍)'나 '재(齋)'라는 이름이 붙어있는 누정이 정사형에 해당된다고 할 수 있다. 입지 조건은 여러 가지 경우가 있지만, 조선말이나 일제강점기의 어지러운 시대에 세워진 누정은 마을과 떨어져 있거나 산속이나 산중턱에 위치하고 있는 경우가 많은 것이 특징이다. 이러한 정사의 건물은 대개 일자형에 마루가 있는 방 중심의 건물이고, 가운데에 대청을 두는 경우가 많다. 이것은 주변 경관의 조망이 유리하며, 여름을 나기에 적당하고, 여러 사람이 한 곳에 모이기에 유리하다. 이처럼 정사형 건물인데도 '정(亭)'자가 붙어있는 건물로는 남사정[이계선]이나 자락정[박봉혁], 상월정[고정주], 일송정[안극] 등이 더 있다.

이번에는 주인이 지은 원운시를 보도록 하겠다.

---

97) 『덕암만록(德巖漫錄)』 下 <覽德亭記>, "歲辛巳, 蒙來求我, 弊廬湫隘, 不能相容. 遂亭於潭之上, 皆人之助, 非吾力信得. 及礎以石棟以檟蔭之茅, 軒于中甚敞豁無遮礙. 山雖高若可接, 潭斯下亦可挹, 矧又月出錦城, 如龍盤如蓮花, 若將爲此亭融會元氣者然."

<題覽德亭步杜律韻>[覽德亭原韻]	남덕정에서 두보의 시에 맞추어 짓다.[남덕정 원운시]
潭上飄然一小亭	못 위에 표연히 선 하나의 작은 정자
林端高出洗塵冥	숲 위로 우뚝 솟아 티끌을 벗어났네.
深園花樹山仍紫	깊숙한 동산에 꽃나무 심어 산은 자주빛 되고,
短岸篁梢水蘸青	짧은 벼랑의 대 끝 잠긴 물은 푸르게 변했네.
隨鳳翺翔明德覽	봉황새 날개 짓 따라 밝은 덕 보게 되고,
觀魚活潑此心醒	물고기 뛰노는 것 보고 이 마음 깨우네.
輔仁賴有諸君子	격려하며 덕을 닦음에 의지할 군자들 있어,
淸渭同流戒濁涇	맑은 위수와 함께 흐르며 흐린 경수 경계하네.[98]

봉주담 위에 서 있는 정자가 매우 소쇄한 정경을 이루고 있음을 알 수 있다. 이곳에서 봉황새가 나는 모습과 물고기가 뛰노는 모습, 즉 연비어약(鳶飛魚躍)을 보고 마음 공부하는 재료로 삼아 서로 도와가며 인을 닦고, 잘못된 것은 서르 경책하는 공간이 되길 바라고 있다. 이 역시 단순하게 경관을 구경하거나 소요하는 장소가 아니라, 강학하는 공간이었음을 나타낸 시라고 할 수 있다.

남덕정에 대한 시는 다른 사람의 문집에서는 찾아지지 않는다. 1883년에 도산촌(道山村)으로 이거하였기 때문이다. 다만 나도규의 다른 시 <남덕정에서 노닐면서 느낌이 있어 읊조림[逍遙覽德亭有感口號]>만이 있을 뿐이다. 이것은 나도규의 남덕정 생활은 그리 오래가지 못하였음을 보여준다. 광주지역에 사는 벗들이라도 남덕정을 찾아들었을 법하지만 누구의 글에도 남덕정에 대한 시문이 남아있지 않다. 만년에 정자가 이루어지다보니, 벗들이나 제자들과 수창을 할 여유가 없었던 것은 아닌가 한다. 지금의 건물은 그의 손자인 송암(松巖) 나종우(羅鍾宇)와 여러 문인들의 협력에 의해 1950년에 중건된 것이라고 한다.

남덕정

98) 『덕암만록(德巖漫錄)』 上

한편으로는 이러한 정사형태에는 시문이 걸려있지 않은 것이 보편적인 현상이기도 하다. 남덕정보다 뒤에 지어진 고광선의 엄이재(掩耳齋)·봉산정사(鳳山精舍)와 오준선(吳駿善)의 용진정사(湧珍精舍)는 광주지역의 대표누정인데, 모두 정사형태로, 역시 시문이 걸려있지 않다. 이것은 정사형의 건물이 독서하는 공간으로서의 의미가 강하고, 여러 벗들과 어울려 시를 주고받는 일은 거의 행해지지 않았기 때문이 아닌가 한다.

고산서원에는 나도규의 편지[慰狀] 1통만 남아있고, 기양연에게 보낸 편지 7통이 금강종가에 소장되어 있다.

〈1880년 나도규(羅燾圭)가 기양연에게 보낸 편지〉(금강)

삼가 절하고 편지 올립니다[교리댁에 보내는 편지]

일전에 월문(月門)[99]에 나아가 선사(先師, 돌아가신 스승)의 영연(靈筵, 영전)에 곡(哭)을 하고, 이어서 존형(尊兄, 상대방을 높여 부른 말)의 근절(近節, 근래의 안부)를 물으니, 며칠 동안 머물다 돌아가셨다고 하였습니다. 그 사실을 귀로 듣고는 서글픔이 마치 무언가를 잃어버린 것 같아서 어떻게 말해야 될지를 알지 못했습니다. 저 혼자 가만히 노형(老兄)의 출처(出處, 출사와 은퇴)를 생각해보건대, 크게 시운(時運)의 성쇠와 관계되어 있으니, 반드시 헤아림에 들어갈 것이므로 크게 기다리는 마음 결코 얕지 않습니다. 아드님은 근래 공부가 정밀해짐을 얻었는지요? 비록 반걸음에 지나지 않다고 할지라도 일찍이 잡되지 않고 줄자로 친 것처럼 발라서 이미 그 예봉이 드러났습니다. 다만 한스러운 것은 함께 서로 공부하고 토론하며 나의 의심난 곳을 떨쳐버리고 나를 나아가게 하는 이익이 없는 것입니다.

저는 타고난 기질이 매우 천박하여 온갖 말하고 행동하는 것이 어깨에 짊어지지도 못하고, 다만 쉬운 곳만을 가리고 있으며, 조수(操守, 몸가짐)가 어려운 곳에 이르렀을 때는 퇴보만 있고 진보는 없을 뿐입니다. 더군다나 또 개인적으로 사색해도 얻지 못하고, 매양 '들불도 다 태우지는 못하니, 봄바람 불자 또 살아나는구나.[野火燒不盡, 春風吹又生]'[100]라는 구절만 외우면서 나도 모르게 두려워한지가 오래되었습니다. 혹시 인편이 있는 대로 가르침을 주셔서 이러한 병통을 통렬히 제거해주실 수 있는지요? 길가는 도중에 대략 써서 몇 자 부치는데, 붓은 거칠고 말은 졸렬하니 매우 부끄럽습니다. 갖추지 않고 편지 올립니다.

1880년 3월 25일, 복인(服人)[101] 나도규(羅燾圭) 올림.

謹拜候書 [校理宅]

日前進月門, 哭先師靈筵, 仍問尊兄近節, 留數日駕旋, 屬耳悵然如失, 不知何以爲說. 竊嘗念老兄出處, 大關時運盛衰, 必當有量入個義, 顒俟甚不淺尠. 允哥近得尋數精密否? 雖蹞刻跬步, 未嘗雜了, 繩墨規矩, 已見其鋒穎, 而恨不與之相守講討祛吾疑進吾益也. 弟, 受氣甚薄, 凡百云爲, 扛夯不得, 只揀易處, 操守到了難處, 有退無進. 矧又私思慮不能按伏得, 每誦'野火燒不盡, 春風吹又生'之句, 不覺懼然久之. 倘隨便賜誨, 痛去這箇病痛耶? 行中草草, 奉付數字, 筆荒辭拙, 甚愧. 不備候上. 庚辰三月念五, 弟服人 羅燾圭 二拜.

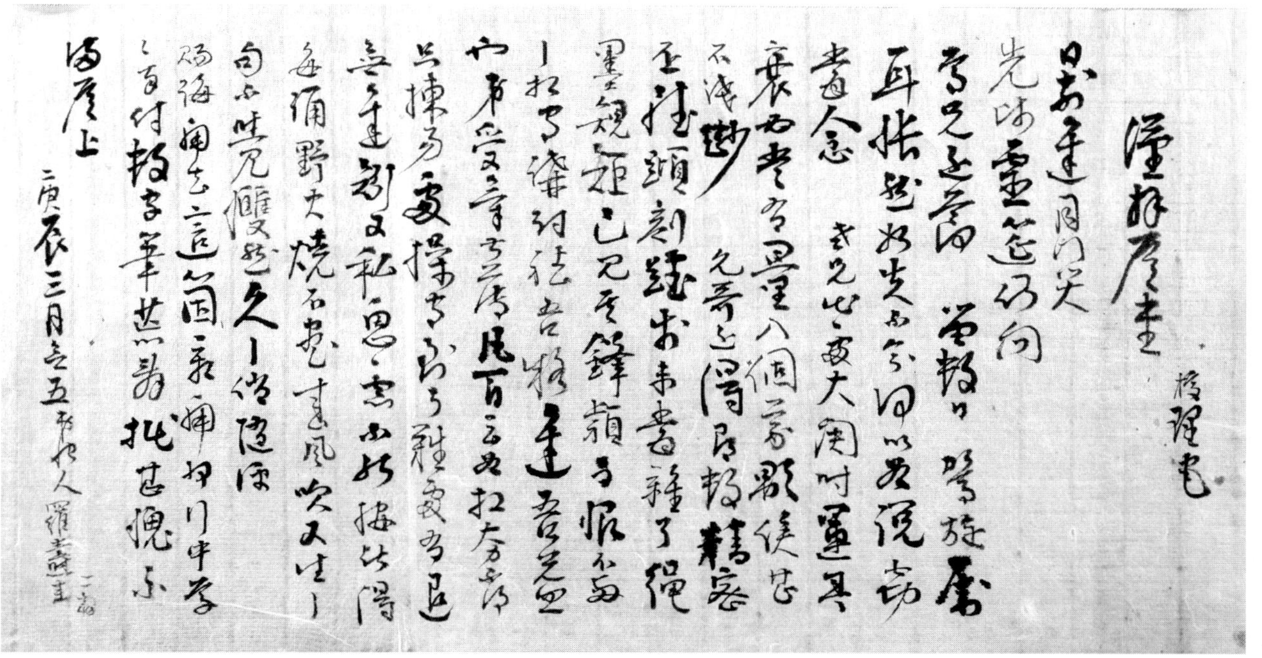

99) 월문(月門) : 월송리 문하, 즉 노사 기정진 선생의 문하. 월송리는 현재 전남 장성군 진원면 진원리 고산마을에 해당한다.
100) 백거이(白居易)의 시 <부득고원초송별(賦得高原草送別)>에 나옴.
101) 복인(服人) : 상복을 입은 사람을 말한다. 친가 쪽 복인의 범위는 고인의 8촌 이내의 친족이며, 외가는 외사촌 이내, 처가는 부모에 한한다.

〈1883년 나도규가 기양연에게 보낸 편지〉(금강)

【피봉】 백석헌(栢石軒)[102]에서 경전 공부하는 자리의 집사에게

도산(道山)[103]에서 편지 올림

초여름에 이미 서울[洛][104]로 명가(命駕, 수레를 타고 출발하다)하셨다는 소식을 들었는데, 혹염에 길은 멀어서 실로 걱정이 되었습니다. 가을에 들어서자 또 안탈(安稅, 여행에서 편히 돌아온 것)하셨다는 소식을 들었는데, 영위(榮衛, 신체)의 화실(華實, 겉과 속모양)이 다른 사람과 비할 바가 아님을 비로소 알게 되었으니, 이것은 존양(存養, 존심양성)이 본래 갖춘 데서 얻어지는 것이 아니겠습니까? 국화가 노랗게 피어있으니 꽃송이를 따면서 서글피 바라볼 따름입니다.

삼가 묻건대 덕을 기르는 도체(道體, 도학을 공부하는 중의 안부)는 더욱 강녕하신지요? 아드님도 부모님 편안히 모시면서 책자 위의 공부를 열심히 익혀 끝내 입신(入神)의 경지에 드는 정미한 뜻을 보게 되었는지요? 요즈음 사설(邪說)이 치성하여 우리의 도가 은미하고 위태롭기가 한 올의 터럭과 같은데, 평상시의 모든 일이 자신의 분수 위에 있을 뿐이니, 진실로 덕업을 증진시키는 데 힘쓰는 것이 마땅합니다. 하물며 이처럼 양(陽)이 미미한 날에는 표치(標幟, 표지)를 엄하게 세우지 않을 수 없습니다. 노형께서는 강독에 익숙하시니, 반드시 사문(斯文, 유학자)을 부식(扶植, 붙들어 세움)하는 일은 달리 누가 그 책임을 맡을 수 있겠습니까? 바라건대 모름지기 노력하소서.

저는 천질(賤疾)이 침심(侵尋, 점차 심해짐)하여 약간의 과업(課業)도 오로지 몰파비(沒巴鼻, 근거할 것이 없음)하니, 다만 단(丹, 단약)이 이루어지지도 않았는데 솥이 먼저 깨질까 두려울 뿐입니다. 어찌하면 황기탕(黃芪湯)을 한 번 시험하여 저의 신학(新學)하는 내장을 씻어낼 수 있겠는지요? 저를 위해 조제해주시길 바랍니다. 나머지는 마침 원여(元汝)[105]가 그곳에 간다고 하는데, 갑자기 간다고 하여 대략 쓰고 갖추지 못합니다. 도를 위해 더욱 진중하시길 빕니다.

계년(1883) 중양일 이튿날(9월 10일)에 아우 도규 올림.

【피봉】 栢石軒 經座 執史

道山 候書

夏初, 聞已命駕於洛, 酷炎修道, 實用悶慮. 入秋來, 繼又聞安稅, 始知榮衛華實, 非餘人可比, 而此非得於存養有素耶? 菊有黃華盈把悵望而已. 伏問, 養德味道體益康寧, 允哥安侍, 冊子上尋數, 定應慥慥溫繹, 終見得入神之精義也. 見今邪說橫熾, 吾道之微危如一髮, 凡在平常, 在自家分數上, 固當懋進德業, 而況此陽微之日, 不得不嚴立標幟也. 老兄必當有熟講, 而扶植斯文, 抑誰任其責耶? 幸須努力焉. 弟, 賤疾侵尋, 如干課業, 專沒巴鼻, 只恐丹未成鼎先破. 安得一試黃芪湯, 以洗吾新學之腸耶? 幸爲弟劑之焉. 餘適有元汝行, 行遽略此不備. 惟祝衛道加毖. 癸重陽翌, 弟 熹圭 二拜.

1883년 9월 10일에 나도규가 기양연에게 보낸 편지이다. 요즈음 사설(邪說)이 치성하여 우리의 도가 위태로운데 이처럼 양(陽)이 미미한 날에는 표치를 엄하게 세우지 않을 수 없으니 노형께서는 사문을 붙들어 세우는 일을 맡아주시라는 내용이다.

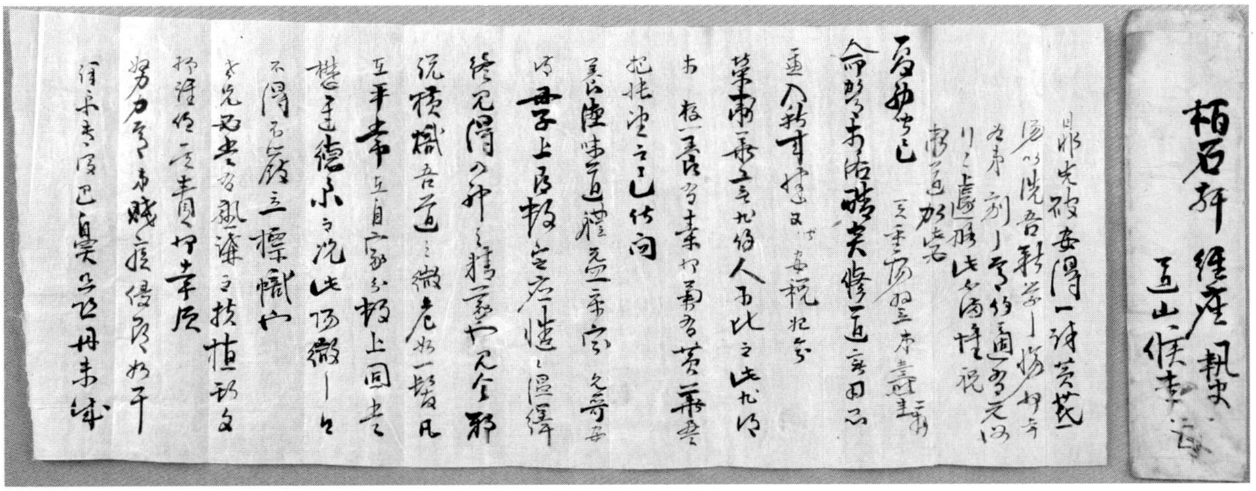

102) 백석헌(栢石軒) : 기양연(奇陽衍)의 호(號)이기도 함.
103) 도산(道山) : 현재 광주광역시 광산구 도산동을 말함.
104) 락(洛) : 주(周)나라 도읍 이름으로, 전하여 도성, 즉 서울을 가리킬 때 사용한다.
105) 원여(元汝) : 나도규의 제자인 고광선(高光善)을 말함.

7. 조성가(趙性家)의 편지

조성가(趙性家, 1824~1904)의 자는 직교(直敎), 호는 월고(月皐), 본관은 함안(咸安)이다. 아버지는 동몽교관에 증직된 광식(匡植)이며, 어머니는 김해인 김석신(金錫信)의 딸로, 하동군 옥종면 회신리에서 태어났다. 1883년에 선공감감역에 제수되었고, 1902년에 수직으로 통정대부에 올랐다.

27세 때인 1851년에 기정진에게 집지하여 노사학파 내에서 영남지역을 대표하는 문인 중 한 사람이 되었다. 성리학적인 문제에 있어서 리의 주재성을 강조하여 스승의 학설을 계승하였으며, 스승의 저술인 <외필>을 가장 먼저 접하였는데, 스승으로부터 학문적 수준을 인정받은 것이다. 그의 학문적인 내용은 문집 권19에 실려 있는 「사상일기(沙上日記)」(1859년)에도 잘 나타나 있다. 그는 스승 사후에 스승의 행장을 짓기도 하여 노사의 고제로써 문인들도 인정했음을 알 수 있다. 사상적으로도 스승의 위정척사사상을 이어받아서 1895년 을미사변이 일어나자 지리산으로 들어가 두문불출하였는데 이때 최익현이나 송병순, 기우만 등이 그를 찾아왔으며, <부정척사론(扶正斥邪論)>을 짓기도 하였다. 1902년 신안정사에서 『노사집』을 중간할 때는 노사학설을 비판하는 중심에 있었던 송병선에게 연명으로 편지를 내어 비난을 자제해줄 것을 요구하기도 하였다.[106]

유집으로 『월고선생문집(月皐先生文集)』 20권 10책이 있는데, 1929년에 목활자본으로 간행된 것이다. 이중 다섯 권은 시로, 모두 1100여수나 되는데, 노사의 제자들 중 가장 문학성이 뛰어나다는 평이 전해지고 있다. 두류산[지리산]이나 변산 일대를 유람하면서 지은 시가 시간 순으로 수록되어 있고, 특히 연작시가 많음을 볼 때 시흥이 도도했음을 알 수 있다. 거의 30년 동안을 매년마다 스승을 찾아가 학문을 점검받았는데, 이때 호남의 기양연, 기홍연, 김녹휴 등과 매우 친밀하게 지냈다.

1852년에는 하동군 옥종면 월횡리로 이사하여 살았으며, 1887년경에 이곳 월봉산(月峰山) 아래 도덕천 가에 취수정(取水亭)을 지었는데, 그 원운시는 다음과 같다.

<取水亭>	취수정
道德川邊佳士山	도덕천 가의 가사산에,
主人茅棟鎖三間	띳집이 주인되어 삼 칸이 우뚝하네.
寒松瘦竹新開逕	찬 솔과 여윈 대나무 새롭게 길을 열고,

106) 박학래, 「월고 조성가의 생애와 학문」, 『동양학』 42집, 단국대학교 동양학연구소, 2007, p.268 참조.

啼鳥游魚摠識顔	우는 새 뛰노는 물고기 모두가 얼굴을 아네.
萬卷詩書甘自分	만권의 시서는 스스로의 분수를 달게 하고,
百年天地少吾閒	백년의 천지는 나의 한가로움을 적게 하네.
水哉是取取何意	물이여! 에서 취한 것은 무슨 뜻을 취하였나.
此義曾聞洙泗還	이 뜻은 일찍이 수사에서 온 것이라 들었네.107)

위 시는 누정이 서있는 주변의 정경과 함께 누정명 및 그 이름을 취한 까닭 등에 대해 읊고 있다. 즉 공자는 흘러가는 물을 보고서 '가는 것들은 실로 이 강물과 같도다! 밤낮을 쉬지 않는구나.[逝者如斯夫! 不舍晝夜]'라고 물을 칭송했으며, 맹자는 그 뜻에 대해 "웅덩이를 다 채운 후에야 비로소 앞으로 나아가 사해에 이른다.[盈科而後進, 放乎四海]"라고 풀이했다. 이 말은 끊임없이 흐르는 물처럼 학문도 단계를 밟은 뒤에 앞으로 나아가야 함을 뜻하는 것으로, 이 의미를 취하여 누정명으로 삼은 것이다.

이 시에 대해 같은 노사 문인이었던 동생 조성택(趙性宅, 1827~1890)과 조성주(趙性宙, 1841~1918)가 지은 차운시(1888)가 그들의 문집에 남아 있다. 동생 조성택도 1887년에 월횡리 마을앞 도덕천 가에 함월정(涵月亭)이라는 정자를 지어 강학을 하였는데, 이 함월정에 대해서는 조성가, 조성주, 기홍연, 조덕승 등의 차운시가 있고, 조성가, 조성택, 조성주 삼형제가 지은 <함월정 8영시>도 각각의 문집에 남아 있다.

조성가의 많은 시 중 재미난 시도 있는데, 그중 한 수를 예로 들어보겠다.

<六月觀張谿谷集, 詩有各樣體, 忘拙效之, 亦撥悶之事也. 十三首> 6월에 장유의 계곡집을 보는데 시에 각양의 문체가 있는 것을 보고 졸렬함을 잊고서 그것을 모방하니 또한 근심을 없애버리는 일이다. 13수이다

數詩	**숫자로 읊은 시**
一生吾亦言	일생을 또한 내 말해보리.
童穉攻詩文	어려서부터 시문을 익혀서
二十稍刷翮	20살에 조금 날개를 다듬었으나,

107) 『월고선생문집(月皐先生文集)』 권3 「시」

場屋被猳鞁	과거시험장에서 찢어지고 말았네.
三十前數歲	30살을 앞둔 나이에는,
始及師門熏	비로소 스승께 나아가 훈도를 입었는데,
四集襟紳列	사방에서 배우려는 선비들 모여드니,
亦旣挹蘭薰	또한 아름다운 벗들과 인사 나누었네.
五經非不讀	오경을 읽지 않은 것 아니나,
眞同鶻呑云	참으로 흐리멍텅했다고 할 수 있으니,
六十六十化	60살에 60번을 변했다고 하는 거백옥을
何敢望一分	어찌 감히 일부분이라도 바라리오.
七十胡輥到	70살은 어찌 구차히 이르렀나.
咄咄愧白紛	쯧쯧! 늙도록 성취없음이 부끄러운데,
八牕玲瓏處	팔방의 창문이 영롱한 곳에,
泰然臨天君	태연스레 천군이 임하였네.
九州雖博大	구주가 비록 넓고 크다고 하지만,
不越方寸垠	마음의 한계를 넘지 못하리니,
十分用工地	십분 공력을 들여야 할 곳에서,
操存白首勤	몸가짐을 백발이 되어도 힘쓰려네.[108]

70세인 1893년경 6월에 장유(張維)의 『계곡집(谿谷集)』을 보다가 잡체시를 보고 따라 지은 시인데, 그중 첫 수인 <수시(數詩)>는 그의 인생을 시 한 수로 집약했음을 알 수 있다. 이 시는 『계곡집(谿谷集)』 권34 「잡체시」에 있는 여러 문체 중[109] 첫 수인 <우연히 포조의 수시를 읽고는 그냥 어설프게 흉내를 내 보다[偶讀鮑照數詩, 漫爾效顰]>를 따라한 것이다. 제목대로 숫자 1부터 10에 이르기까지 순서대로 숫자를 들어 읊은 시인데, 어려서부터 70살에 이르기까지 인생 여정을 잘 드러냈다. 어느덧 70살의 나이에 이르러 지난날이 부끄럽지만 여전히 변함없이 몸가짐에 힘쓰겠다는 다짐이 들어 있다.

108) 『월고선생문집』 권4 「시」
109) 『계곡집(谿谷集)』 권34 「잡체시」 "數詩, 閒居遣興五平體, 五仄體, 人名體, 苦熱星名體, 卦名體, 八音體, 建除體, 藏頭體, 郡望姓名字離合詩. 藥名離合詩, 十二辰詩, 二十八宿歌"

고산서원에는 조성가의 편지는 소장되어 있지 않다. 연파가에 4통의 편지가 소장되어 있는데 1통은 낱장으로 존재하고, 3통은 간찰첩『회동한첩(會同翰帖)』에 배접되어 있다.

〈1880년 조성가(趙性家)가 기양연에게 보낸 편지〉(연파)

머리 조아리고 여쭙니다[稽顙白][110). 겨울 사이에 환산(還山, 致仕)하신다는 소식을 민현(閔賢)군에게 듣고 마음속으로 기대하고 있었습니다. 혹시 봄 사이에 말한 것이 사실이라면, 효리(孝里)로 가시는 길이 광양을 거쳐 가게 될 것이니, 그때 혹시 지나가시는 길에 저의 오두막을 찾아주지 않을까 했는데, 지금은 한 해가 다 끝나가게 되었으니, 애초에 출발하지 않았음을 알 수 있습니다.

요즘 건강은 어떠신지요? 형이 계획했던 것처럼 집에서 밥을 먹는 것도 또한 좋으신지요? 생각건대 모두 살로 가게 되어, 열심히 공부한 것이 반드시 날로 진보하게 하리라 봅니다. 봄 사이에 우연히 안탑(鴈塔)에서 누락되게 되었지만 포부로써 보자면 오래지 않아 이삭을 줍게 될 것입니다. 하물며 또 태통(泰通)한 집안이겠습니까?

스승의 상기(祥朞)가 문득 다가오니, 문하의 제자들은 애통하기가 모두 같을 것입니다만, 하물며 노형은 문하의 자제 대열에 있던 사람인지라 마땅히 어떠하겠습니까? 상중에 있는 저는 위(位)를 설해놓고 멀리에서 곡을 하며 더욱 마음을 어찌할 수가 없습니다.

문집은 과연 내년 봄에 개간할 수 있는지요? 의논을 발하고 일을 주관할 사람으로 반드시 노형을 추대할 것인데, 이것은 시간으로 일을 이룰 수 있는 일이 아닙니다. 여름 사이에 저도 가서 의논하는 자리의 끝에라도 참석하고자 하니, 자리를 열기 전에 절목(節目)을 보여주시는 것이 어떻겠습니까?

상중에 있는 저는 질긴 목숨을 살아가면서 늙으신 어머니를 봉양하는 것 외에는 어찌 우러러 알려드릴 것이 있겠습니까? 경황이 없어서 이만 줄입니다.

1880년 12월 17일에 고자(孤子)[111) 조성가(趙性家) 올림.

문어 두 마리를 보내드립니다.

稽顙白. 冬間還山之報, 聞於閔君賢, 區區懸望. 以爲儻實春間之言, 駕言孝里, 逶向光陽, 則或者不鄙歷路, 辱臨敝廬, 而今焉蛇尾盡矣, 初不啓行, 可知也. 比來體節何如? 爲兄計者, 家食亦吉? 伏惟冲腴, 令似勤學必日進. 春間偶漏鴈塔, 然以若所抱匪久拾芥, 矧又泰通之家耶? 師門祥朞奄届, 及門諸子, 痛迫惟均, 而矧如老兄在門子弟之列者, 當何如哉? 孤子, 設位遠哭, 尤無以爲懷也. 文集果以明春開槧耶? 發議尸役, 必推老兄, 而此非時月可濟. 夏間不佞, 竊欲往則議未, 而開座前, 節目, 不難示及, 如何如何? 孤子忍頑喘, 奉老慈外, 豈有仰溷者也? 荒迷, 不備. 庚辰臘月十七日, 孤子 趙性家 疏上.

文魚二尾, 呈似.

1880년 12월 17일에 상중에 있는 조성가가 기양연에게 보낸 편지이다. 스승의 상기(祥朞)가 다가오는데 문하의 제자들은 애통하기가 모두 같을 것이지만 특히 문하의 자제 대열에 있던 사람은 어떠하겠냐는 인사와 함께 문집은 과연 내년 봄에 개간할 수 있는지, 그전에 절목(節目)을 보여주라는 말을 한 내용이다. 노사 기정진은 1879년 12월 29일에 타계하였고, 그후 곧바로 제자들이 문집 만드는 일에 착수했음을 알 수 있다.

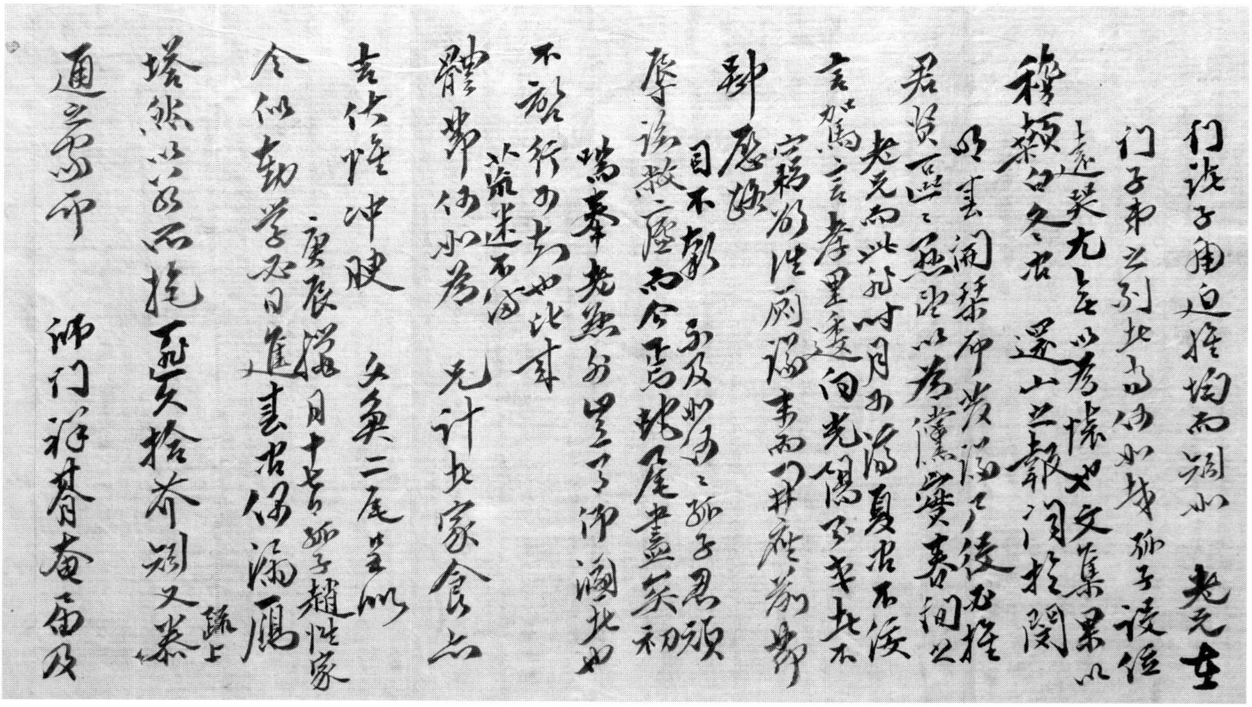

110) 계상백(稽顙白) : 이마를 조아리고 아룀. 옛 편지에서 상중에 있는 사람이 윗사람에게 편지할 때 서두에 쓰는 표현.
111) 고자(孤子) : 아버지는 돌아가시고 어머니만 계신, 상중에 있는 사람이 자칭(自稱)하는 말.

〈1891년 조성가(趙性家)가 기양연에게 보낸 편지〉(연파『회동한첩(會同翰帖)』)

하남(河南)[112]의 경전 공부하는 책상에

백수가 되어 생각해보아도 잊을 수 없는 친구로는 노형보다 더할 사람이 누가 있겠습니까? 지난 가을에 찾아와 주신 것은 다만 저의 오랫동안의 바람이 거의 이루어진 것 뿐만이 아니었고, 또한 노형께서도 일찍부터 먹었던 마음의 나머지가 아닌 것이 없었을 것입니다. 화개(花開)의 동구에서 석양에 헤어지자니, 강령(江令)[113]이 말한, '암담하게 사람의 혼을 녹여낸다'[114]는 것이 바로 이때를 두고 한 말이겠지요? 가을이 된 후에 제가 호상(湖上, 호남)에 가겠다고 한 약속은 몇 달 동안 이질에 걸려있느라 마침내 빼앗기고 말았습니다.

저의 아이에게 들으니, 귀향(貴鄕)의 거유(擧儒, 과거시험을 보는 유생)로 도성에 이른 사람이 파다하였으나 현윤(賢胤)[115]인 효술(孝述)[116]만은 오지 않았다고 하니, 의방(義方, 아버지가 아들에게 주는 가르침)의 가르침이 반드시 분주히 경쟁하는 시험장에 들어가지 못하게 해서 그럴 것입니다. 또한 흠탄할만한 것으로, 그 문행(文行, 문학과 덕행)의 진진(進進, 계속 진보)함을 상상할 수 있을 따름입니다.

하사리(下沙里)[117]의 심부름꾼이 영남으로부터 넘어갔다는 것을 형께서도 대개 들으셨을 것인데, 입으로 전하는 각처의 소식이 어찌 소상할 수 있겠습니까? 입부(立夫)[118]에게도 또한 한 자도 부친 것이 없었으니, 간환(簡驩, 홀대함)하다고 말할 만합니다. 한탄스럽습니다. 삼가 생각건대, 임하(林下, 林泉)에서 소요하시면서 도(道)와 이웃을 삼고 간완(看玩)하는 공부는 날마다 연빙(淵氷)[119]의 맛을 얻고 있겠지요? 농소(農巢)[120]는 없애지 않고 있는지요? 막내딸이 굶주림[季女斯飢][121]으로 녹봉을 대신하니, 힘쓰지 않을 수 없을 것입니다.

「답문유편(答問類編)」[122]은 아직 보지 못했는데, 형께서 서문을 썼다고 들었습니다. 스승의 문자 중 전할 만한 것은 빠뜨리지 않고 후학에게 전하게 되었으니, 이것이 우리들의 큰 다행입니다.

저는 올 여름에 조카의 죽음을 당하였는데, 망제(亡弟, 죽은 아우. 여기에서는 조성택을 말함) 인수(仁叟)의 유식(遺息,남겨놓은 자식)으로, 군종(群從, 당형제(堂兄弟) 및 그 조카들)들 중에서 가장 뛰어난 사람이었습니다. 가운(家運)이 막힌 것은 이미 말할 만한 것이 없겠지만, 이 노물(老物)은 실로 살고자하는 마음이 없습니다. 내년 봄에는 노쇠한 몸을 이끌고 스승의 묘에 성묘하러 갔다가 동문의 벗들도 찾아보려고 하는데, 단지 말만 낼뿐 몸이 따라주지 못할까 두렵습니다.

추한 껍데기가 지난 가을에 비해서 쇠잔해짐이 더욱 심하니 우습습니다. 농소의 절구[시]는 지난 가을에 지어 올렸었는데, 종자(從者)가 잊어버리고 거두어가지 않았었는지 도리어 저의 가방에 있기에 이에 다시 올립니다. 많은 이야기는 붓으로 어찌 다하겠습니까? 나머지는 열심히 덕을 이루시는 몸이 자중하시길 빕니다. 이만 줄입니다.

1891년 11월 동짓날. 복중인 아우 조성가(趙性家) 드림.

河南 經几

白首思而不忘之友, 孰踰於老兄哉? 去秋枉駕, 匪直弟之積年庶幾之望, 而亦老兄不無夙心之餘也. 花開洞口, 夕陽分手, 江令所云, '黯然銷魂', 此時之謂乎? 秋後賤迹湖上之約, 數月痢疾, 竟奪之矣. 聞於吾兒, 則貴鄉擧儒, 戾洛頗多, 而賢胤孝述, 獨不來, 義方之敎, 必使之不入奔競場也. 亦欽歎處, 而其文行之進進, 可想也已. 下沙伻踰嶺, 兄槩聞, 而口傳各處消息, 何能消詳? 立夫亦無一字所寄, 可謂簡驩也. 可歎. 宓惟林下婆娑, 與道爲隣, 看玩工夫, 日得淵氷之味否? 農巢不輟否? 季女斯飢代祿, 恐不可不務也. 「答問類編」, 尙未得見, 而聞老兄序之, 師門文字之可傳者, 無漏傳後, 此吾黨之大幸也. 弟, 今夏遭侄兒之慽, 亡弟仁叟之遺息, 而渠之群從中, 拔其尤者也. 家運之索, 已無可言, 而老物實無欲生之念也. 明春, 竊欲策衰朽作行, 往省師墓, 歷訪同門友, 而只恐言出而躬不逮耳. 醜殼比去秋澌敗忒甚, 可笑. 農巢絶句, 去秋奉贈者, 從者忘而未收耶? 反在吾橐地還呈. 千緖筆何旣. 餘蘄懋德自重. 不備. 辛卯南至日, 服弟 趙性家 拜拜.

---

112) 하남(河南) : 장성군 황룡면 아곡리 하남마을.

113) 강령(江令) : 남조(南朝) 때 양(梁)나라의 강엄(江淹)을 말한다.

114) 강엄(江淹)이 지은 <별부(別賦)> 첫머리에 "암담하게 사람의 혼을 녹여 내는 것은 오직 이별 때문이로다.[黯然銷魂者, 唯別而已矣]"라는 말이 나온다.

115) 현윤(賢胤) : 상대방의 아들에 대한 존칭.

116) 효술(孝述) : 기양연의 아들 기우승을 말함.

117) 하사리 : 장성군 황룡면 장산리 하사마을. 노사 기정진이 오랫동안 강학하던 곳이다.

118) 입부(立夫) : 기재(奇宰, 1854~1921)의 자. 호는 식재(植齋)이다. 아버지는 진연(晉衍)이며, 기정진의 문인이다. 유고로 『식재집(植齋集)』이 있다.

119) 연빙(淵氷) : 조심스러운 마음으로 매사를 신중히 처리하는 것을 말한다. 『시경(詩經)』 「소아(小雅)」 <소민(小旻)>의 "전전긍긍하여 심연에 임하듯, 얇은 얼음을 밟듯 한다.[戰戰兢兢, 如臨深淵, 如履薄氷]"라는 말에서 나옴. 한편으로는 증자(曾子)가 임종 전에 문인들을 불러 놓고서 자신이 평생 동안 몸가짐을 '깊은 물가에 임한 듯이 엷은 얼음을 밟은 듯이 조심했다.[如臨深淵如履薄氷]'(『논어』 「태백(泰伯)」)라고 한 말에서 나온 것으로, 스승이 임종 전에 제자에게 마지막으로 남긴 말이라는 뜻이다.

120) 농소(農巢) : 기양연이 벼슬에서 물러나 지었던 집.

121) 막내딸이 굶주림[季女斯飢] : 『시경(詩經)』 「조풍(曹風)」 <후인(候人)>에 나오는 말. "어리고 예쁜 소녀여, 막내딸이 이에 굶주리도다.[婉兮孌兮, 季女斯飢]"라고 했다.

1891년 동짓날에 조성가가 기양연에게 보낸 편지이다. 화개장터 부근에서 헤어질 때는 가슴이 녹아내린 것 같았다는 말, 그리고 호남에 한 번 가려는 계획은 설사병에 걸려 무산되었다는 말을 하고, 제일 뛰어난 조카의 상을 당했다는 소식도 전하면서 농소는 아직 없애지 않고 있는지, 농소 차운시를 보내드린다는 내용이다.

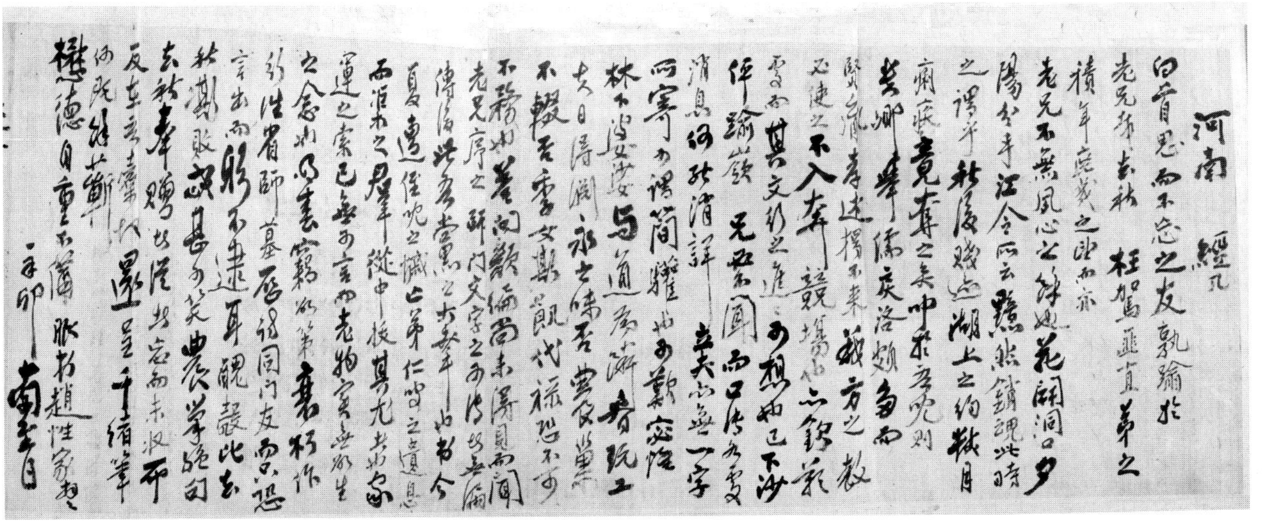

122) 답문유편(答問類編) : 기정진(奇正鎭)이 지구(知舊)·문인(門人)들과 편지로 문답한 학문적 내용을 모아 내용별로 분류해 엮은 책. 1891년에 기양연(奇陽衍)·정재규(鄭載圭)·정의림(鄭義林) 등의 문인들에 의해 목활자본으로 편집·간행되었다. 이후 1902년에 경상남도 단성의 신안정사(新安精舍)에서 목판본으로 중간되었다. 기양연의 서문과 정의림의 발문이 붙어있다.

8. 김녹휴(金祿休)의 편지

김녹휴(金祿休, 1827~1899)의 자는 치경(穉敬), 호는 신호(莘湖), 본관은 울산(蔚山)이다. 김인후의 후손으로, 장성 황룡면 월평리(月坪里)에서 태어나 20살인 1846년에 스승의 문하에 나아갔다. 그때 기정진은 하사리에서 살고 있었는데, 그곳과 가까이 가기 위해 황룡강 건너에 있는 황룡면 신호리(莘湖里)로 이거하였다. 1877년에 학행으로 선공가감역에 제수되었으나 나가지 않았다. 조성가(趙性家), 기홍연(奇弘衍)과 친밀했던 것으로 보인다.

그의 문집으로 『신호집(莘湖集)』 3권 1책이 있는데, 무슨 연유인지 1981년에 간행되었으며, 분량도 매우 적다. 그래서 성리학에 대한 저술도 찾아보기 힘들고, 그의 누정활동도 거의 알려져 있지 않다. 그런데 그는 산천 유람하기를 좋아하여 명승지를 두루 여행하였으며, 몇 곳에는 정사(亭榭)를 지어두고 동지들과 함께 즐겼음을 알 수 있다.

그는 금강산도 다녀와서 「동유록」을 남겼는데, 이 책자는 문집 속에 없고, 필사본이 곡성 도동묘에 보관되어 있음을 발견했다. 겉장에 지은 사람의 이름이 전혀 적혀있지 않아서 그동안 그대로 묻혀있던 것이다. 그러나 앞부분에 노사의 서문이 있어서 그것과 내용을 잘 읽어보면 저자가 바로 김녹휴임을 알 수 있었다.

그의 문집에는 상외정(象外亭)과 문향정(聞香亭) 관련 시가 나타난다. 상외정은 1882년에 고창군 부안면 상암리 상포(象浦)에 세웠고, 문향정은 1892년 무렵에 신호리와 가까운 곳에 세웠던 것으로 추정된다. 현재 이 누정들은 사라지고 없다.

상외정에 대한 기문은 주인 김녹휴가 지은 것이 남아 있어서 전반적인 상황을 이해하기 용이하다. 그가 지은 기문에 의하면 김녹휴가 변산에 거처한 것은 1878년부터인 것으로 나오는데, 과거에 대한 마음을 접고 난 뒤의 일로 추정된다. 상외정의 기둥에 달았을 법한 주련시가 그의 문집에 남아 있는데, 6언시 16구로 되어 있다. 여기에서는 산(刪)운자를 사용하여 지은 상외정 원운시를 살펴보겠다.

<象外亭韻>	**상외정 시**
晩暮一亭隔海灣	만년에 정자를 바닷가에 지어놓으니,
百年泉石渾相關	백년의 천석이 모두 서로 관여하네.
象裏還收象外景	세속에선 도리어 물외의 경치 거둬들이고,

海窮兼得海中山　　바다 끝은 바다 가운데의 산을 함께 얻었네.
過去千帆吳楚遠　　지나가는 수많은 돛단배 오나라 초나라처럼 멀고,
浮來白鳥水雲寒　　떠오는 백조는 물과 구름처럼 박정하네.
時有倚欄遐意在　　때때로 난간에 기댄 채 뜻이 먼 데 있으니,
閒情除是出塵寰　　한가한 정은 바로 세속을 벗어날 때라네.123)

주인인 김녹휴가 지은 시로, 바다가 굽어보이는 해안에 정자를 지어놓으니, 자연과 하나가 되어서 선경을 이루고 있음을 표현하고 있다. 먼 바다에 배들이 아스라이 멀어져가는 모습은 세속을 초탈한 한가로움이 묻어난다. 정자 주변의 경관과 작자 자신의 심경을 문학적으로 잘 승화한 시라고 할 수 있다. 위 시와 같은 운을 가지고 차운한 시로는 조성가(趙性家)와 오계수(吳繼洙)의 작품이 각각의 문집에 남아있는데 모두 뛰어난 시이다. 상외정 관련시는 위의 시와 같이 산(刪)운자인 것 외에 우(尤)운자와 진(眞)운자인 시가 더 있는데, 기홍연(奇弘衍)과 조성가가 지은 차운시가 각각의 문집에서 보이고, 한편 김녹휴의 문집에서는 보이지 않는다. 위 시 내용으로 보았을 때 상외정은 강학의 공간보다는 다정한 벗들과 함께 경관을 감상하거나 소요하는 공간으로 이용되었음을 알 수 있다.

김녹휴는 만년에 장성으로 돌아와 자신이 사는 곳과 가까운 곳에 문향정을 경영하였는데, 여기에서는 강학활동도 함께 하였을 것으로 추정된다. 조성가가 지은 <문향정기>가 남아 있는데, 1892년에 지은 것이다. 그 내용에서 '문향정'이라고 이름붙인 뜻과 세워진 위치를 알 수 있다.

> 금년 봄에 또 집과의 거리가 몇 궁(弓)되는 높은 곳을 차지하였는데, 언덕이 오르락내리락 늘어지는 가운데 새 정자가 날아갈 듯하였다. 장차 이곳에서 늙어가고자 하여 정자 아래에는 연못을 파고 연못에는 연꽃 천여그루를 심고서 아침저녁으로 정자에서 향기를 맡고자 하였다. 그래서 이로써 이름도 문향정이라고 지었다.124)

집과 가까운 언덕에 정자를 짓고, 그 아래의 연못에는 연꽃을 가득히 심었음을 알 수 있다. 군자를 상징하는 연꽃은 주돈이의 애련설 이후 많은 선비들의 사랑을 받으며 연못에 심어지게 되었다.

---

123) 『신호집(莘湖集)』 권1 「시」
124) 조성가, 『월고선생문집』 권13 「기」 <聞香亭記>, "今年春, 又占爽塏於距家數弓許, 陂陀蔓延之中, 新亭翼然, 將送老於斯, 而亭下鑿沼, 沼中種蓮千餘本, 風晨月夕, 香聞於亭, 故亭以是名."

문향정의 작자 김녹휴도 역시 처렴상정(處染常淨)하고자 하는 뜻을 여기에 붙였다. 다음은 주인이 지은 한(寒)운자 시이다.

<聞香亭>	**문향정**
山水之情消磨難	산수에 대한 마음 사그라지기 어려워,
非茅伊屐費多般	띳집은 아니어도 나막신 신고 대부분을 소비했네.
一亭已是生伎倆	하나의 정자는 이미 기량대로 나온 것이지만,
獨處何須繫喜歡	홀로 거처함이 어찌 반드시 기쁘기만 하겠는가.
遐意常從形外去	뜻은 먼 데 있어 항상 물외로 좇아가나,
眞心還頓箇中看	참 마음을 도리어 문득 그 속에서 보네.
峰圍窈窕侵晨爽	산봉우리는 그윽하게 새벽 기운에 잠겨있고,
荷吐丰茸浥露寒	연은 꽃을 피워 찬 이슬에 젖어있네.
五更泉響玄根淨	새벽녘 샘물소리는 현근(玄根)을 정화하고,
牛畝潭心鏡水安	반이랑 못 물은 거울처럼 고요하네.
烟霞密邇經營足	연하가 가까우니 경영하기 족하고,
時聽咿唔便做官	때때로 읊조리는 소리에 문득 마음이 곧추서네.[125]

문향정이 마음을 맑히고 내면을 관조할 수 있는 공간임을 밝혔다. 상외정의 시가 선경과 같은 자연을 읊은 것이라면, 문향정 시는 자신을 수양하는 내용임을 알 수 있다. 즉 자연과 경물을 통해서 마음을 맑히고 곧추세우고 있다. 문향정 시에 대해서는 기홍연의 문집에 <문향정> 2수가 있고, 조성가의 문집에 <문향정즉사(聞香亭卽事)>, <문향정연화연구(聞香亭蓮花聯句)>가 있는데, 운이 각각 다른 시이다. <문향정연화연구>는 5언 절구 6수로, 조성가, 김녹휴, 기홍연, 이정서(李鼎緖) 네 사람이 문향정의 연꽃을 대상으로 번갈아가며 지은 시이다. 이들은 자주 주변의 정자를 찾아다니며 연구로 시를 짓곤 한 시우(詩友)들이다. 특히 조성가는 김녹휴 누정의 주요 작자로서 그 공간을 더욱 빛나게 하였다.

김녹휴의 누정은 비록 많은 사람들의 왕래는 없었을지라도 다정한 벗들의 좋은 교유처가 되었음

125) 『신호집』 권1 「시」

을 알 수 있다. 여기에서는 인사치레르써의 작시가 아니라 진정 자연을 느끼고 즐긴 사람들의 시임이 드러나는데, 16~17세기의 누정에서 많이 보였던 현상이다.

김녹휴는 기정진의 초기 제자에 속하기 때문에 회갑시(<次丈席回甲韻>戊午)와 장인산시가 남아 있다.

<謹次丈人山韻>	**삼가 장인산 시에 차운하다**
南國諸山瑞石宗	남쪽의 여러 산 중에서 서석이 으뜸이니,
丈人之號一時隆	장인이란 호도 함께 동시에 성대하여라.
從此先生不敢唾	이로부터 선생께서는 감히 침도 뱉지 않으니,
青城非獨少陵公	두소릉[杜甫]이 청성산에 대한 것뿐만이 아니네.[126]

당나라 때의 시인 두보(杜甫)는 사천성 성도에서 살 때 청성산(青城山)을 신성시하여 '장인산'이라 부르며 "청성의 나그네가 되면서부터, 청성 땅에 침도 뱉지 않았네[自爲青城客, 不唾青城地]"라고 읊었다고 한다. 노사가 서석산을 대하는 것은 두보가 청성산을 대한 것과 같았음을 알 수 있다.

고산서원에는 김녹휴의 간찰이 소장되어 있지 않고, 다만 제문 1편이 남아 있다.

〈즉일에 김녹휴(金祿休)가 기양연에게 보낸 편지〉(연파 『회동한첩(會同翰帖)』)

삼가 절하고 답장편지 올립니다

정운(停雲)[127]의 생각이 간절하지 않은 날이 없지만, 매양 분발하였다가 끝내 그치고 마는 것은 세상의 정리(情理)입니다. 형의 알과(戞過)[128]도 또한 세상의 정리에서 나온 것인지요? 얼핏 듣고는 서글픔이 마음속에 연기처럼 피어올랐습니다.

오늘 보내주신 편지를 받고 요즘 형의 건강이 계속해서 신의 보호를 받아 좋으시다는 것을 알고 위로됨이 우러러 그리는 마음에 흡족하였습니다. 편지도 막힌 지 1년이 넘었는데, 듣는 바와 같다면 일찍이 기대하지 않은 것이 아니었지만 소년의 사례가 대부분 이와 같으니, 어찌 깊이 벌하겠습니까? 저는 참느라 낮잠도 자지 못하고 매양 달려가고자 하였으나 봄추위에 웅크리

126) 『신호집』 권1 「시」
127) 정운(停雲) : 멈춰 있는 구름이라는 뜻으로, 정겨운 벗을 그리워하는 것을 말한다. 진(晉)나라 도잠(陶潛)의 시에 <정운시(停

고 있느라 아직도 꿈틀대지 못하고 있을 따름입니다.

『일지록(日知錄)』[129]이 경도(景道)[130]에게 있다고 들어서 빌려다 보려고 했는데, 아직 그러지 못한 것은 잘못 생각인가 싶어서 그런 것입니다. 갖추지 않고 답장편지 올립니다.

편지 온 날에, 아우 김녹휴(金祿休) 올림.

謹拜謝上

停雲之思, 靡日不切, 每奮然而終止者, 世情也. 兄之戞過, 亦出於世情否? 乍聞, 悵不無烟過心頭矣. 卽承耑翰, 備審此際, 兄體候連護萬相, 慰愜瞻望. 直敎書面之阻積有年, 所聞有若, 未嘗不企待, 少年事例多如是, 何庸深誅? 弟, 耐不得午睡, 每欲枉奔, 爲春寒所蟄伏, 姑未能蠢動耳. 日知錄, 聞在於景道邊, 擬欲借看, 未果者, 恐是誤念耳. 不備謝禮. 是旋, 弟 金祿休 拜.

작성 날짜를 기록하지 않은 편지로, 이른 봄에 김녹휴가 기양연에 보낸 답장 편지이다. 벗을 그리워하는데 형은 그냥 내 집을 지나쳐버렸다는 원망의 마음도 들어있다.

雲詩)> 4수가 있는데 그 서(序)에서, "정운은 친구를 생각하는 것이다.[停雲思親友也.]"라고 한 데서 비롯된 말이다.

128) 알과(戞過) : 친한 사람의 집 앞을 지나면서 들르지 않고 지나가 버림.

129) 일지록(日知錄) : 청(淸)나라의 고염무(顧炎武)가 지은 책.

130) 경도(景道) : 기홍연(奇弘衍, 1828~1898)의 자이다. 호는 용산(龍山)이며, 중진(重鎭)의 아들이다.

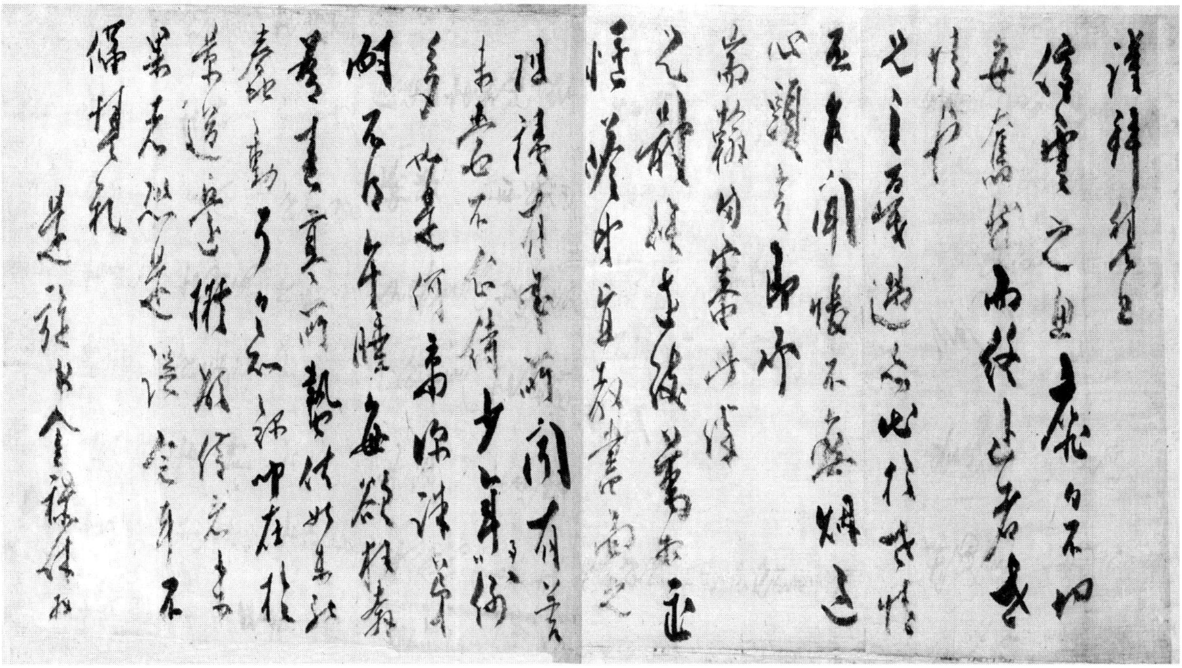

<부록> 9. 기홍연(奇弘衍)의 편지

기홍연(奇弘衍, 1828~1898)의 자는 경도(景道), 호는 용산(龍山), 본관은 행주이다. 아버지는 중진(重鎭)으로, 노사 문인이다. 장성 용산에서 산 것으로 인해 호로 삼았다.

그의 행장을 사종제 기우만이 찬술하였는데, "젊어서 과거시험 공부를 한 것은 부모를 기쁘게 해드릴 계획으로 그런 것인데, 부모가 돌아가신 후 곧바로 포기하고 서적으로 필생의 업으로 삼았다. …공은 근신 세밀한데다 성격이 호탕하고, 사방이 소쇄하였다. 문밖에 위류(渭柳) 한 그루가 심어져 있었는데 또 '위류헌'이라고 칭했다. 헌 앞에는 포도나무 한 그루를 시렁으로 해두고, 매화와 국화를 몇 이랑 심고, 물동이에 연꽃을 심어놓고 그 사이에서 읊조렸다. …매양 따뜻한 봄날과 서늘한 가을날이 되면 붕우를 이끌고 명산으로 놀러 나갔다가 열흘이나 한 달이 지나 돌아오기도 하였다. …지행(志行)을 말하자면 대중가운데 뛰어난 것이 군계일학과 같았고, 지취(志趣)는 고고하여 한겨울의 송백(松柏)과 같았다."라고 했다.

유집에는 『용산유고(龍山遺稿)』 7권 3책이 있는데, 기우만(奇宇萬)이 서문을 쓰고, 기우승(奇宇承)이 발문을 써서 1905년에 목활자본으로 간행하였다. 여기에는 시 267수와 편지 51통, 잡저 12편, 서(序)·기(記)·발(跋) 19편 등이 실려 있고, 부록에 만사와 제문이 각 5편씩 수록되어 있다.

그는 문장보다는 시를 많이 남긴 편인데, 시는 절기나 제야에 지은 시가 특히 많다. 시가 시간순으로 배열되어 있음을 알 수 있다. 그가 마지막 해에 지은 마지막 절기시를 보겠다.

<戊戌秋分>	**무술년 추분**
歲有戊戌屬秋分	무술년이요 추분인 때라,
雨順風調昔所聞	우순풍조는 옛날부터 들은 것이네.
田疇豈有枯焦者	밭두렁에 어찌 시든 것 있으랴.
堤堰元無潰決云	제방은 원래부터 무너지거나 터진 곳 없으리.
苗蕃地掃螟蝗類	싹이 우거지니 땅은 멸구같은 무리 쓸어버리고,
穗秀天驅鳥雀群	이삭 패자 하늘은 참새무리를 쫓아버리네.
左海百年逢大熟	우리나라 백년 만에 큰 풍년 만나서
山翁野老擧欣欣	시골의 늙은이들 모두가 기뻐하네.[131]

1898년 추분 때 지은 시로, 자연을 벗 삼아 담담히 살아감이 엿보인다. 이 시를 지은 해에 사망하였으니, 위 시가 아마 마지막 시라고 할 수 있다. 진정 풍년이 든 것인지, 아니면 풍년을 기원한 것인지 모르겠다. 기홍연의 시는 제독에 소서(小序)가 붙어있는 경우가 많아 시를 짓게 된 경위를 잘 알 수 있는 것이 외형적 특징이다. 다음은 기홍연이 스승의 묘를 찾고 나서 지은 시이다.

<凰山拜先師墓>	**황산에서 선사의 묘에 절하며**
凰山何處先生墓	황산의 어느 곳이 선생의 묘인가.
松樹蒼蒼萬古秋	소나무가 창창한 만고의 가을이라.
山光紆蔚靈羅境	산 빛은 영라의 경계에 울창히 둘러 있고,
月影徘徊龍鳳洲	달빛은 용봉의 물가를 배회하네.
晦疑塞腹開無地	의심난 점 배에 가득하나 펼 곳이 없고,
詖遁盈眸闢有疇	삿된 학설 눈에 가득하나 막아설 두둑 있구나.
獨抱曠懷來踽踽	홀로 열린 흉금 안고 쓸쓸히 걸어와서,
拜瞻塋域淚空流	무덤에 절하니 눈물만 부질없이 흐르네.[132]

나이가 들어야 학문도 익어서 의심처도 많은 것인데 스승은 이미 무덤에 계시니 물어볼 곳이 없다. 이 마음을 학문하는 사람은 대부분 느끼리라 생각한다. 스승이 돌아가신 것도 슬픈데, 물을 곳 없는 것은 더 서글프고, 또 사설까지 난무하니 더더욱 외로운 심정이었음을 알 수 있다. 기홍연은 조성가와 기양연과 특히 친하게 지냈는데, 기양연이 백석헌과 농소를 짓자 여기에 화답하여 많은 시를 지어서 보내주었다. 다음도 그중 한 수이다.

<步農巢翁農字疊韻>	**농소옹의 농자첩운 시에 보운[133]하다(2수 중 1수)**
先生拙計大爲農	선생의 소박한 계책은 크게 농부 되는 것이니,
恐與農違自號農	농자가 자호의 농자와 서로 위배될까 두렵네.
聞而拊掌龍山老	듣고서 박수치는 용산의 늙은이,

131) 『용산유고(龍山遺稿)』 권1 「시」
132) 『용산유고(龍山遺稿)』 권2 「시」
133) 보운(步韻) : 다른 사람의 시의 운을 써서 화답하여 시를 지음.

安有瀛仙却事農　　어찌 영주 신선이 도리어 농사일 할 수 있을까.[134)]

기양연은 벼슬살이를 그만두고 하향하여 농소를 짓고 이제 농사꾼이 되 보고자 하는데, 신선같은 사람이 농사일을 할 수 있을지 의문스럽다는 내용이다. 한편 기홍연이 남긴 문장은 그리 많은 편은 아닌데 성리학을 공부하면서 나름대로 인간의 성(性)에 대해서 이론을 펼친 것이 있다.

<인성선악변(人性善惡辨)>

성(性)에 대해 맹자는 선이라고 했고, 순자는 악이라고 했으며, 양웅(揚雄)은 선악이 섞여 있다고 말했고, 한유(韓愈)는 3품이 있다고 했다. 정명도(程明道)는 맹자의 말이 본원을 궁구한 논이라고 말하고, 이어서 '성을 논하고 기를 논하지 않으면 갖추어지지 못한 것이고, 기를 논하고 성을 논하지 않은 것은 밝지 못한 것이다'라고 했다. 주자는 순자·양웅·한유의 말은 다만 기를 얻어서 말한 것이고, 장횡거(張橫渠)는 그 가운데서 기질지성을 분별해 내고 형체가 이루어진 다음에 기질(氣質)의 성(性)을 갖추는 것이니 본래의 선(善)한 성품으로 되돌아가면 천지의 성이 있게 된다고 여겼다. 이로부터 본연의 성과 기질의 성이 각각 귀착이 있게 되었다. 그리하여 맹자께서는 본연의 위치를 점하였고, 순자·양웅·한유는 모두 기질의 과목으로 돌아갔다. 이것은 혹 기질로 본연의 경계를 범한 것이 있는 것이니, 주자가 엄금하여 통렬히 배척하고, 장횡거와 정자의 기질지론을 크게 후학에게 공이 있다고 여겼다.

내가 일찍이 논하건대, 본연이란 것은 태극의 묘함이며 순수하고 지선한 것이다. 기질이란 것은 음양오행의 정기가 응취되어 형상으로 변한 것이다. 순수한 것이 응취된 가운데로 떨어지면 곧 이른바 성이란 것이다. 응취한 것은 다름이 없을 수 없으니 성이 그 가려진 바가 되어 선악이 나뉘게 된다. 이에 그 가려짐이 없는 것을 가리켜 본연지성이라고 하고, 가려진 바가 있는 것을 가리켜 기질지성이라고 하기 때문에 그 본연지성으로 말하면 선하지 않음이 없고, 그 기질지성으로 말하면 악이 없을 수 없다. 순자와 양자는 그 가려짐이 없는 것을 보지 못하고 다만 그 가려짐이 있는 것만을 보았기 때문에 마침내 분분한 설이 있게 되었고, 모두 도를 어지럽히는 데로 돌아가게 된 것이다.[135)]

134) 『용산유고(龍山遺稿)』 권2 「시」

135) 『용산유고(龍山遺稿)』 권4 「잡저」 <인성선악변(人性善惡辨)>, "性, 鄒訓善, 荀云惡, 揚言善惡混, 韓謂有三品, 明道以鄒訓謂極本窮源之論, 仍謂論性不論氣不備, 論氣不論性不明. 晦翁以荀揚韓謂只說得氣, 橫渠去其中分別箇氣質之性出來, 以爲形而後有氣質之性, 善反之則天地之性存焉, 於是本然之性氣質之性, 各有著落, 而鄒夫子占本然之位, 荀揚韓皆歸氣質之科目, 此或有以氣質犯本

기홍연은 성에 대해서 맹자·순자·양웅·한유·정명도·장횡거의 말을 살펴서 이로부터 성이 본연의 성과 기질의 성으로 귀착하게 되었다고 밝히고, '본연이란 것은 태극의 묘함이며 순수하고 지선한 것이다. 기질이란 것은 음양오행의 정기가 응취되어 형상으로 변한 것이다.'라고 자신의 생각을 정리하였다.

〈1898년 기홍연(奇弘衍)이 추정 조성가에게 보낸 편지〉(고산)

방장옹께서는 정으로 살펴주십시오

중추에 두 번이나 말 울음소리가 있었으니, 6월 26일에 써주신 편지를 가지고 강노인(姜老人)이 들러준 것으로, 펼치고 봄에 이미 막힌 가슴이 트였고 강노인의 말도 또 상세하였습니다. 이를 통해 먹고 자는 생활이 총명하고 강건하여 갈수록 더 씩씩해진다는 것을 알았습니다. 방장산의 신선은 그 말을 듣고 그 사람을 보겠군요. 곡식을 끊는다고 하는데, 신선되는 방법이 본래 이와 같으니 무슨 해가 있겠습니까?

고요함 속에서 천지가 크고 한가한 가운데 일월이 길다고 하니, 이것이 소강절(邵康節) 선생의 선향(仙鄕)이 아니겠습니까? 방장산의 별천지는 진실로 범속한 사람이 이를 수 있는 곳이 아닐 것입니다. 이 고을도 방(房)과 떨어져 있지 않아서 저 같은 사람도 또한 혹 바랄만 하지만, 용장(冗長)[136]에 막혀서 끝내 이뤄낼 수 없으니, 어찌 진선(眞仙)이 내려다보고 조롱하는 것을 면할 수 있겠습니까?

주서(朱書)를 보신다는 것은 더욱 좋은 일입니다. 기억할 수 없더라도 바로 그 자리에 자신을 일깨우는 데는 넘어설 것이 없습니다. 저는 책을 그 주인에게 돌려주고 다시 볼 수 없었습니다. 혹 그간에 『국어(國語)』[137]를 보았는데, 그 문장이 평이하고 끝없이 넓어서 내전(內傳)[138]과는 다르니, 날마다 본 것이 지엽에 그쳤습니다. 형은 열에 여덟아홉은 잊어버린다고 하는데, 이는 오히려 한 둘은 얻는 것입니다. 그런데 저는 열에 열을 잊어버리니 얻은 것이라곤 저생(楮生)의 면목일 뿐입니다. 비록 그렇더라도 완전히 끊어버린다면 다시는 나와 더불어 입담(立談)할 사람이 없을 것이므로 어쩔 수없이 상종하는 것입니다.

然界分者. 晦翁嚴禁而痛斥之, 以爲張程氣質之論, 大有功於後學. 竊嘗論之, 本然者太極之妙, 純粹至善者也. 氣質者二五之精, 凝聚形化者也. 純粹者, 墮在凝聚之中, 卽所謂性, 而凝聚者, 不能無殊, 則性爲其所蔽, 而善惡乃分, 於是指其無蔽者而謂之本然之性, 指其有蔽者而謂之氣質之性, 故自其本然之性言之, 則無有不善, 自其氣質之性言之, 則不能無惡, 苟揚不見其無蔽者, 而但見其有蔽者, 故遂有紛紜之說, 而同歸於亂道也."

'형이상'과 '형이하'에서 '상하'자는 위에 있다는 상이고 아래에 있다는 하인지, 아니면 상승하는 상이고 하강하는 하인지요? 『어록해(語錄解)』[139]에 이르길, "형으로 상에, 형인 하에"라고 했는데, 그 뜻 또한 불분명하니, 혹 명백하게 알려주실 수 있으신지요?

<심헌기(心軒記)>는 혹 생각하고 계시는지요? 단지 심(心)자 한 자만을 거는 것은 그 뜻이 갖추어지지 못한 것이니, 대개 해가 더욱 깊어짐에 칠정이 모두 담담해져서 곧 다시 무(無)자를 이어 쓰고 '심무헌(心无軒)'이라 하였습니다. 그러니 형께서도 혹 생각이 떠오른다면 이 기로써 보내주시는 것이 좋을 것입니다. '심무'와 '무심'은 다르니, 이 뜻 또한 알아주시길 앙망합니다. 졸렬한 말로써 스스로 밝힌 것이 있어서 이에 감히 베껴서 올립니다.

翁心所無事	늙은이의 마음에 일 없으니,
木偶卽身家	나무 인형이 곧 내 몸이네.
性則任而已	성은 맡겨둘 따름이요,
情於淡奈何	정은 담담한 걸 어찌할거나.
團團江底月	둥글고 둥근 강 속의 달이요,
歷歷鏡中花	역력한 거울 중의 꽃이로다.
莫使荷珠落	연잎의 물방울을 떨어지게 하지 말라.
方塘恐起波	네모난 연못에 물결 일까 두렵다.

이것이 바로 헌(軒)에 현판을 거는 본 뜻이니, 비평해주시길 앙망하고, 화운해서 보내주시길 앙망합니다.

형의 시계(詩戒)는 정중하지 않음이 없으나, 반드시 수창하길 기다린 후에야 짓는 일이 있다면 시 300편을 편마다 수창할 자 누가 있겠습니까? 매양 문득 생각한 것은 반드시 여러 구의 언어에 형상화되니, 굳게 지키며 거만하게 경계하는 것은 가만히 형을 위해서 취하지 않겠습니다. 매우 조송합니다. 이만 줄입니다.

1898년 8월 27일에 아우 기홍연(奇弘衍) 올림.

【추신】 앞의 편지에서는 '볏짚을 두드리는 자는 곡식을 얻고, 말의 뿌리를 캐는 자는 싸움을 얻는다'고 말하였고, 이번 편지에서는 '세상일을 한탄하느니 웃어버리는 것만 못하고, 웃어버리느니 말하지 않은 것만 못하다'고 말했는데, 이 두 단락의 말은 정확히 이치에 닿는 말로, 인(仁)으로써 자기 임무를 삼는 자가 아니라면 할 수 없는 말이니, 대형(大兄)이 만년에 기른 것

을 알 수 있습니다. 비록 심무헌기(心無軒記)로 삼는다고 해도 더할 것이 없습니다. 감히 복응하지 않겠습니까? 마음에 말할 것이 없다는 것은 마음속에 일이 없다는 것이니, 형의 가르침을 말하지 않아도 서로 부합됩니다. 그러니 옛말에 '심교(心交)'라고 하는 것이 이를 두고 한 말이겠지요? 매우 우러러 감사드립니다. 역옹(櫟翁)은 더욱 강건하시고, 또 종종 서로 만나고 있습니다. 석천(柘泉)도 또한 무고하다고 합니다.

方丈翁 情照

仲秋之二有嗚馬, 姜老人以六卄六書封歷投, 展看旣豁, 姜老人之語又詳. 以審, 寢食起居, 聰明康健, 愈往愈壯. 方丈神仙, 聞其語而見其人也. 絶穀之云, 仙方本來如此, 何害也? 靜裏乾坤大, 閒中日月長, 此非邵先生仙鄕耶? 方丈別天, 固非凡俗所可到也. 此鄕則不離於房, 如弟者亦或可庶幾, 而困於冗長, 終不能做得, 烏得免眞仙之俯笑也. 朱書之覽尤好, 縱不能記得, 當場喚惺, 無出其右. 弟則冊還其主, 不得復看耳. 或間看國語, 其文平易汪洋, 與內傳不同, 日看一葉而止. 兄則十忘八九, 是猶得其一二也, 弟則十忘其十, 所得者楮生面目而已. 雖然與之絶交, 則無復有與我立談者, 是以不得不相從耳. 形而上形而下, 這箇上下字, 是在上之上, 在下之下, 抑上升之上, 下降之下, 語錄解云, 形으로上에, 形인下에, 其義亦不分曉, 或可明白指示耶? 心軒記, 或入思否? 單揭心字, 其義不備, 盖歲益深, 七情都是淡淡, 乃更以无字聯之, 而謂之心无軒, 兄或意到, 以此記送爲好. 心无與无心別, 此義亦領會仰望, 有拙言以自明, 玆敢謄上.

翁心所無事, 木偶卽身家.

性則任而已, 情於淡奈何.

團團江底月, 歷歷鏡中花.

莫使荷珠落, 方塘恐起波.

此是軒揭本義, 批評仰望, 和送仰望. 兄之詩戒, 非不鄭重, 而必待酬唱而后有作, 則三百篇, 篇篇酬唱者, 誰也? 每忽然想思, 必形諸句語, 膠守慢戒, 竊爲兄不取也. 主臣主臣. 不備. 戊戌仲秋卄七, 弟 奇弘衍 拜.

【추신】 前書言'打藁秸者得粟, 采言根者得鬪', 今書言'世事嘆之, 不如笑之, 笑之不如不言', 此兩段語, 的是理到之言, 非以仁爲己任者說不到, 大兄之晩年所養, 可知. 雖以爲心無軒記, 蔑以加矣, 敢不服膺? 心無云者, 心內無事云爾, 盛敎不言而相符, 古所謂心交者有是耶? 仰感仰感. 櫟翁益康健,

又種種相逢耳，柘泉亦無故云.

1898년 8월 27일에 기홍연이 추정컨대 조성가에게 보낸 편지이다. 강노인이 전해준 편지를 통해 형이 방장산에서 신선과 같이 지내고 있음을 알고 부럽다고 하면서 형이 독서를 하면서 10분의 8~9를 잊어먹는다고 하는데 자신은 10분의 10을 잊어먹는다고 하면서 그렇다고 독서를 하지 않는다면 다시는 나와 대화를 나눌 사람이 없으니 어쩔 수 없다는 말을 하고 있다. 이어서 형이상(形而上)과 형이하(形而下)의 글자풀이에 있어서 서로 다른 번역을 하고 있는데, 어떤 것이 옳은지를 알려달라는 말과 함께 이전에 말했던 심헌기(心軒記)에 대해서도 생각을 한 것이 있으면 알려주고, 또한 심헌에 걸 시를 이처럼 지었으니, 이것에 대해 비평해주고 화운해서 보내주길 바란다는 말을 하고 있다.

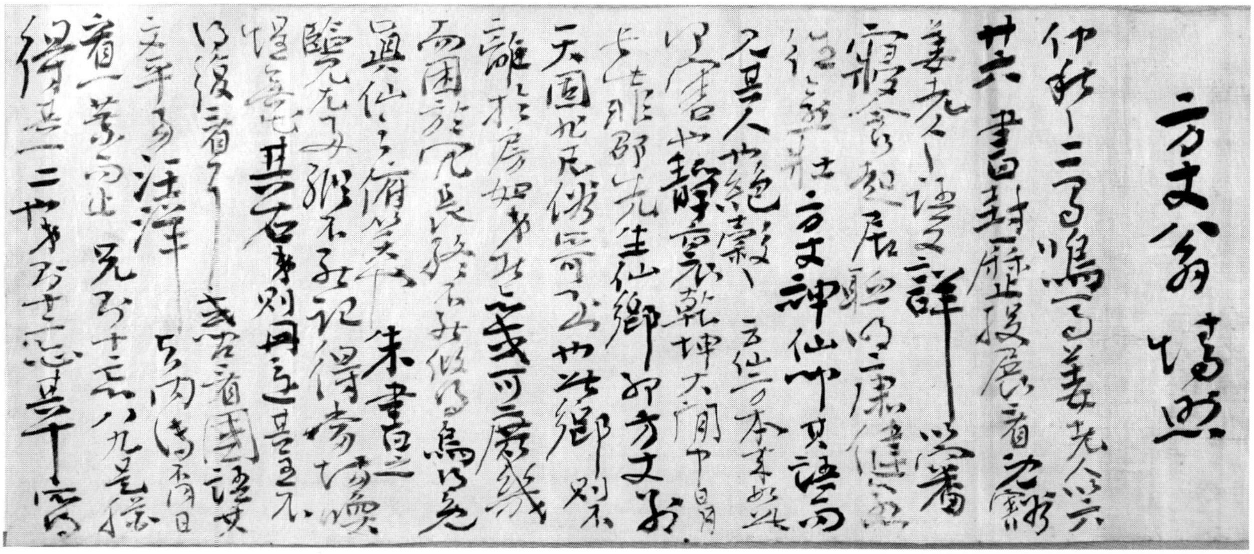

136) 용장(冗長) : 잉여무용(剩餘無用)을 이름. 육기(陸機)의 <문부(文賦)>에 "要辭達而理擧 故無取乎冗長"이라 하였고, 또한 관(官)의 무용을 용장관(冗長官)이라고 함.

137) 국어(國語) : BC 350년경에 좌구명(左丘明)에 의해 만들어진 전 21권의 역사서이다. 『춘추좌씨전』에 비견되는 춘추시대 열국사의 고전으로, 춘추시대의 열국에서 일어난 일을 나라별로 정리한 책이다. 『춘추좌씨전』이 '춘추내전'으로 불리는 데 반해, 이 책은 '춘추외전'으로 불린다.

138) 내전(內傳) : 『춘추좌씨전』을 말함.

139) 어록해(語錄解) : 이황(李滉)과 유희춘(柳希春) 등이 송나라의 『주자어록(朱子語錄)』을 한글로 옮긴 책. 조선 1652(효종 3)년에 정양(鄭瀁)이 이황과 유희춘의 주해를 수정하고 증보하여 펴낸 뒤, 1669년(현종 10)에 남이성(南二星), 송준길(宋浚吉) 등이 발문을 붙여 다시 간행하였다. 1책이다.

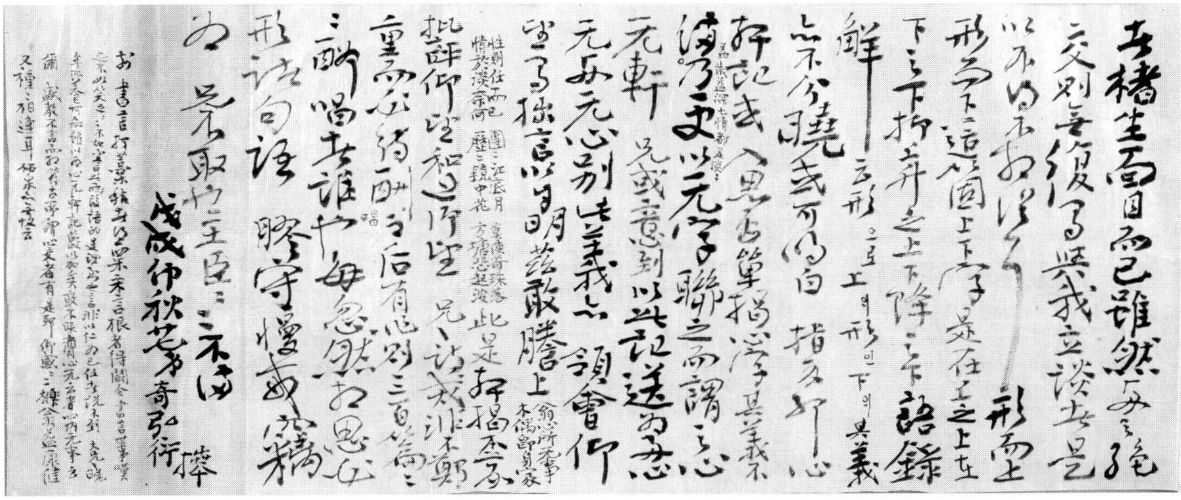

<부록> 10. 안국정(安國禎)의 편지

안국정(安國禎, 1854~1898)의 자는 순견(舜見), 호는 송하(松下), 본관은 죽산(竹山)이다. 조부 때 장흥에서 능주로 이거했으며, 아버지는 영(潁)이고, 어머니는 해주최씨 최수완(崔粹玩)의 딸이다. 생부는 협(浹)으로, 능주 칠송리[화순군 춘양면 회송리]에서 태어났다. 스스로 노사선생의 문하에 나아가 수학하지 못한 것을 한으로 삼고, 노사 문하생인 일신재 정의림, 송사 기우만, 애산 정재규, 계남(溪南) 최숙민(崔琡民) 등과 종유(從遊)하면서 도덕(道德)과 의리(義理)를 강마하였다. 후에 면암 최익현에게 편지로 집지했다.

영호남의 여러 벗들과 함께 재숙을 택하여 폭넓게 강학하였는데, 삼가의 뇌룡정(雷龍亭), 단성의 신안사(新安社), 장성의 담대헌(澹對軒), 능주의 영귀정 등과 같은 곳에서 회강을 하였다.

사설(邪說)이 치성해지자 강회석상에서 말하길, "우리들 중 만약 사학(邪學)에 물든 사람이 있다면 마땅히 북을 울려서 공격할지어다."라고 단호히 말하였다. 1894년 동학이 치성할 때 영귀정도 동학도들의 점거지가 되자 분함을 이기지 못하여 이들을 없앨 계책을 올렸고, 얼마 되지 않아 적들이 대거 능주 관으로 진입하여 화를 예측하기 어려워지자 자제 족척들 및 동지 5~6인과 함께 영평 땅으로 피난을 갔다가 난이 평정되자 돌아왔다.

1895년 겨울에 단발령이 매우 촉박해지자 마침내 동지들과 입산하여 자정하였고, 1896년 1월에 정재규가 호남에 편지를 보내어 함께 원수를 물리치자고 하고 기우만도 이미 대의소를 설치하고 도내에 통문을 보내어 2월 30일에 광주에서 각 고을의 의병이 모이기로 하자, 그도 곧 달려가 거의를 도왔다. 능주에서 또 정의림이 거의를 일으키자 그도 광주에서 돌아와서 자못 비용을 대었으나 얼마 되지 않아 향의가 합치되지 않아 파하였으며, 의병이 궤멸되자 마침내 정의림과 함께 보성과 동복 등으로 피신하였다.

다음은 이 무렵 지은 시이다.

<丙申春自義所還>	**1896년 봄에 창의소로부터 돌아오다.**
士氣崢嶸赴義聲	선비의 기개 드높아서 의거에 나아갔으나,
嗚乎恨未答昇平	아, 한스런 것은 승평(昇平)에 답하지 못한 것이라.
歸來高臥衡茅下	돌아와 누추한 띠집 아래 누웠으니,
只恐時人知我名	다만 사람들이 나의 이름 알까 두렵네.140)

기개 있게 의병에 나아가긴 했으나 목적을 이루지 못하고 돌아왔으니 그 마음이 매우 답답했으리라. 그래서 다른 사람이 이름 알까 두렵다고 했다.

1887년 가을에는 정의림 및 여러 친구들과 무등산 일대를 유람하였는데, 이 때 유람한 인물들과 영귀회(詠歸會)를 조직하였다. 즉 서석산의 유람을 마치는 도중 광주 증심사에서 묵을 때 정의림이 모임을 만들자는 제안을 하고, 화순 만연사에서 쉴 때 문송규가 그 이름을 영귀로 하자는 제안을 한다. 그리고 중양일에 안국정의 집에서 만나기로 약속을 하는데 곧 안국정의 생일날이기 때문이다.[141] 이때 사실을 <1887년 중양일에 비로소 영귀회를 설하고 밤들도록 수창하다[丁亥重陽始設詠歸會入夜唱韻]>라는 시로도 나타냈다.

이때 정의림이 동지들이 함께 모여 다만 풍영하는 데 그치지 말고 강규(講規)를 정하고 강습(講習)할 것을 제안하여 모임이 성립되고 회장을 정의림이 맡게 되었으며, 회원이 금방 40~50명이 되기에 이른다. 1888년 봄에는 칠송리에서 모여 향음례(鄕飮禮)와 강례(講禮)를 행하고 시 2~3편을 노래하였는데 이때 많은 사람이 빙 둘러싸고 구경하였다. 1889년 가을에는 침수정에 모여서 설강을 하였고, 각자 의심난 곳을 물어 서로 증명해주었다. 10월에는 기우만과 그 동생 기우몽(奇宇蒙), 그리고 기동립(奇東立) 등도 와서 6~7일을 함께 하였으며, 그들도 이 모임에 함께 하고자 함을 밝혔다. 1890년 봄에는 벽산에서 모여 향음례를 행했으며, 가을에는 가승동에서 모였는데, 기우만이 와서 참석하였고, 1891년 봄에는 화산에서 모였는데 강원(講員)들이 많아짐에 여러 곳을 돌아가며 모임을 갖는 것이 난처하여 강당을 경영하자는 말이 나왔다. 기우만부터 10냥의 돈을 내자, 각자 출력하여 1000여 냥을 모으기에 이르렀고, 강당은 여러 곳을 점치다가 결국 칠송리로 정하고 8월부터 일에 들어갔다. 각 마을에서 일꾼을 내고, 또 도와서 1893년에 대략 일을 마치고, 다음해 2월에 드디어 정의림이 주석하며 날마다 제생들과 강마를 하였다.[142]

안국정과 정의림의 교분은 매우 깊었다. 두 사람은 의기가 투합하여 함께 강론도 하고 함께 산수를 유람하기도 하였는데, <여정일신급영정제우유남산(與鄭日新及詠亭諸友遊南山)>이나 <동정일신유대원사치영정강일술회(同鄭日新留大原寺値詠亭講日述懷)> 등의 시가 그때 지은 것이다. 또한 영귀정에 대한 시가 상당수 들어 있는데, 이를 통해 영귀정은 안국정과 정의림이 함께 가꾸어갔음을 추정할 수 있다. <영귀정강파후작(詠歸亭講罷後作)>이나 <영귀정강파부시일절(詠歸亭講罷賦詩一

---

140) 『송하집(松下集)』 권1 「시」

141) 『송하집(松下集)』 권5 「잡저」 <영귀정전말실기(詠歸亭顚末實記)>.

142) 『송하집(松下集)』 권5 「잡저」 <영귀정전말실기(詠歸亭顚末實記)> 참조.

絶)>, <여정월파정애산양장동제(與鄭月波鄭艾山兩丈同題)> 등의 시는 모두 영귀정에서 읊은 시이다. 그도 또한 다음과 같은 영귀정 원운시를 지었다.

<詠歸亭原韻>	**영귀정 원운시**
此亭賴有瑞山靈	서석산의 영기(靈氣)에 힘입어 이 정자를 세우고,
風浴歸來志氣淸	바람 쐬고 돌아오니 지기(志氣)가 맑아지네.
泗上春風吹不盡	사수(泗水)의 봄바람은 불어오길 다하지 않으니,
願同鼓瑟鏗如聲	비파 타는 소리와 어우러지길 바라네.[143]

위 원운시는 정의림도 지은 바가 있다. 같은 운을 쓰고 있는데, 두 사람의 문집에는 모두 '원운시'라고 표기하였다. 이것은 두 사람이 다 주인이라고 생각했음을 알 수 있다. 안국정의 사후에 정의림은 그를 매우 그리워하여 <영귀정에 9성현의 진영을 봉안하며 벗 안순견을 생각하다[詠歸亭奉安九聖賢遺眞因憶安友舜見]>와 <영귀정에서 벗 안순견과 이인환을 생각하며[詠歸亭憶安友舜見李友德哉仁煥]> 등의 시를 지었는데, 이를 통해 처음 영귀정을 경영할 때 안국정의 힘이 지대했음을 알 수 있으며, 정의림이 얼마나 안국정에 의지하였는지 짐작할 수 있다. 영귀정에 있는 풀이나 꽃도 모두 죽은 사람을 떠올리게 하여 더욱 쓸쓸함을 느끼게 함을 알 수 있다.

안국정은 죽기 전까지도 강학활동을 쉬지 않은 것으로 보이는데, 1898년 봄부터는 정창림(鄭昌林), 윤자선(尹滋宣), 김장석(金章錫), 이병섭(李秉燮), 김기수(金基洙), 이기백(李祺白), 이인환(李仁煥) 및 정의림과 함께 한 달에 한 번 모여 학문을 강(講)하기로 하여 10월 12일에도 윤자선 집에 모여 근사록(近思錄)을 강하고 하룻밤 자고 헤어졌는데, 그 다음날 근사록을 손에 든 채 별세하였다.

『송하집(松下集)』은 최익현의 서문과 기우만의 발문을 받아 1909년에 간행되었다. 6권 2책의 연활자본으로, 권1에는 시 70여 수, 권2~권4에는 서(書) 158통, 권5에는 행장·제문 등 12편과 잡저 3편이 수록되어 있다. 부록에는 정의림이 찬한 행장과 기우만이 찬한 묘갈명, 그리고 정재규가 찬한 묘지명이 수록되어 있다. 다음 편지는 필자가 우연히 고서방에서 구입한 것이다.

---

143) 『송하집(松下集)』 권1 「시」

〈1890년 안국정(安國禎)이 정재규에게 보낸 편지〉(필자)

【피봉】 토동의 정사문 효려(孝廬)144)에 드림

칠송리의 안생이 삼가 절하고 안부편지 올림

2월 보름사이에 일신(日新) 형이 그곳으로부터 돌아온 것으로 인해 보내주신 답장편지를 받았는데, 모두 예서(禮書) 밖의 것으로, 한 통의 가르침을 두터이 내려주신 것이었습니다. 천하고 비루한 자신을 돌아볼 때 어떻게 이럴 수 있겠습니까? 이것은 바로 '대군자는 더러운 것까지도 포용하는 도량이 있다'는 것이니, 매우 감사하고 축하드립니다.

영남의 소식은 다행히 일신형으로 인해서 자세히 듣게 되었습니다. 근래 노성 숙덕들이 엄연하게 세상에 함께 나서, 뛰어난 선비들 한 무리가 따라 배우니, 일령(一嶺) 수천 리 지역이 강회하는 모임이거나 시례의 집안 아님이 없고, 문풍은 울연하여 옛날을 이어서 크게 떨치니, 금일의 추로(鄒魯)가 됨을 볼 수 있습니다. 매우 흠앙해 마지않습니다. 친히 스스로 가서 보고 느낀 것과 다름이 없으니, 전날의 풍격을 듣고 사모하며 그리는 것이 또 한층 더해집니다.

영남의 선비들은 문학에 있어서는 진실로 천성적인 것인데, 만일 금일의 현덕(賢德)이 없었다면 고무 진작시키는 기풍이 어찌 이와 같았겠습니까?

엎드려 생각건대 존애(尊哀)145)께서는 문학이 모여든 가운데서도 빼어나게 선명하시니, 후학을 거두어서 연마시키고 성취시키는 것은 바로 금일의 책임입니다. 다시 바라옵건대 남은 은택을 호남에도 줄 수 있는지요?

말씀하신 '서로 믿고 마음이 투합된 지 여러 날이니, 일신형처럼 집사를 대하겠다'는 등의 말은 어찌 감히 바란 일이겠습니까? 어찌 감히 바란 일이겠습니까? 저를 인도함이 있는 것 같았습니다. 일신형이 한 번 영남에서 노닐고는 '우물 안의 개구리와 진흙탕의 장구벌레가 대해(大海)를 바라본 것'이라는 말을 하였는데, 듣고는 매우 놀라고, 더욱 존경함을 깨닫지 못하였습니다.

천한 제가 일신형을 바라보는 것 또한 이와 같이 등급이 떨어지기가 몇 단계나 되니, 일신형과 종유하며 항상 누를 끼치지 않을까 두려운데, 하물며 감히 고명(高明)에게 누를 끼치겠습니까? 부끄럽고 두려운 마음 가득합니다. 망령되게 일신형이 저를 버리지 않은 것만을 믿고 혹 고명께서도 버리지 않기를 바랬으니, 어찌 스스로 다행이 아니겠습니까?

동쪽으로 천리 밖 두류산의 구름을 바라보며 사모하고 그리는 마음 더욱 간절하게 반짝거립니다. 엎드려 바라옵건대 상중의 생활을 때에 따라 보중하셔서 사림의 바람에 부응해주십시오.

나머지는 남겨두고 갖추지 않고 편지 올립니다. 살펴주시기 바랍니다.

1890년 4월 8일에 안국정(安國禎) 올림.

【피봉】 兎洞 鄭斯文 孝廬 入納

七松 安生 謹拜上候疏

二月望間, 日新兄自那上還, 伏承答疏, 儘是禮書之外, 優賜一副盛教也. 自顧賤陋, 何以得此? 仰認大君子包洪含垢之盛度, 而感賀感賀. 嶺中消息, 幸因新兄得聞詳悉. 近來老成宿德, 儼然併世, 英妙秀士, 一塚從學, 環一嶺數千里, 無非講會之社, 詩禮之家, 而蔚然文風繼古大振, 可見今日之鄒魯也. 欽誦萬萬, 無異親自觀感, 而前日之聞風慕仰, 又復一層矣. 嶺士之於文學, 固天性, 而如無今日賢德, 鼓作之風, 豈如是耶? 伏惟尊哀, 以文學淵藪中, 翹翹之楚, 收拾後生, 磨礱成就, 正是今日之責也. 更望, 餘波之及於湖耶? 所喩'托契有日, 以新兄待執事'云云, 何敢望何敢望? 如吾有道之. 新兄一遊嶺中, 有井蛙泥蚯望大海之語, 聞極瞿然, 尤不覺欽欽. 賤生之於望新兄, 亦如此等是隔幾重階級然, 則從遊新兄, 常恐貽累, 況敢於貽累高明乎? 愧懼萬萬. 妄恃新兄之不棄我, 而或有望於高明之不棄, 則曷不自幸? 東望頭流千里之雲, 引領慕仰尤切耿耿. 伏惟哀體候, 循序保重, 以副士林之望. 留不備疏上, 伏惟哀鑑. 庚寅四月八日, 生 安國禎 再拜上.

1890년 4월 8일에 안국정이 정재규에게 보낸 편지이다. '서로 믿고 마음이 투합한 지 여러 날이니, 일신형처럼 집사를 대하겠다'는 말에 감격해하며 멀리에서 그리운 마음을 전달한 내용이다.

---

144) 효려(孝廬) : 효자[상중에 있는 사람]의 여막

145) 존애(尊哀) : 상중에 있는 상대방을 높여 이르는 말. 존(尊)은 상대방을 높여서 이르는 말이고, 애(哀)는 상중에 있는 상대방을 이르는 대명사이다.

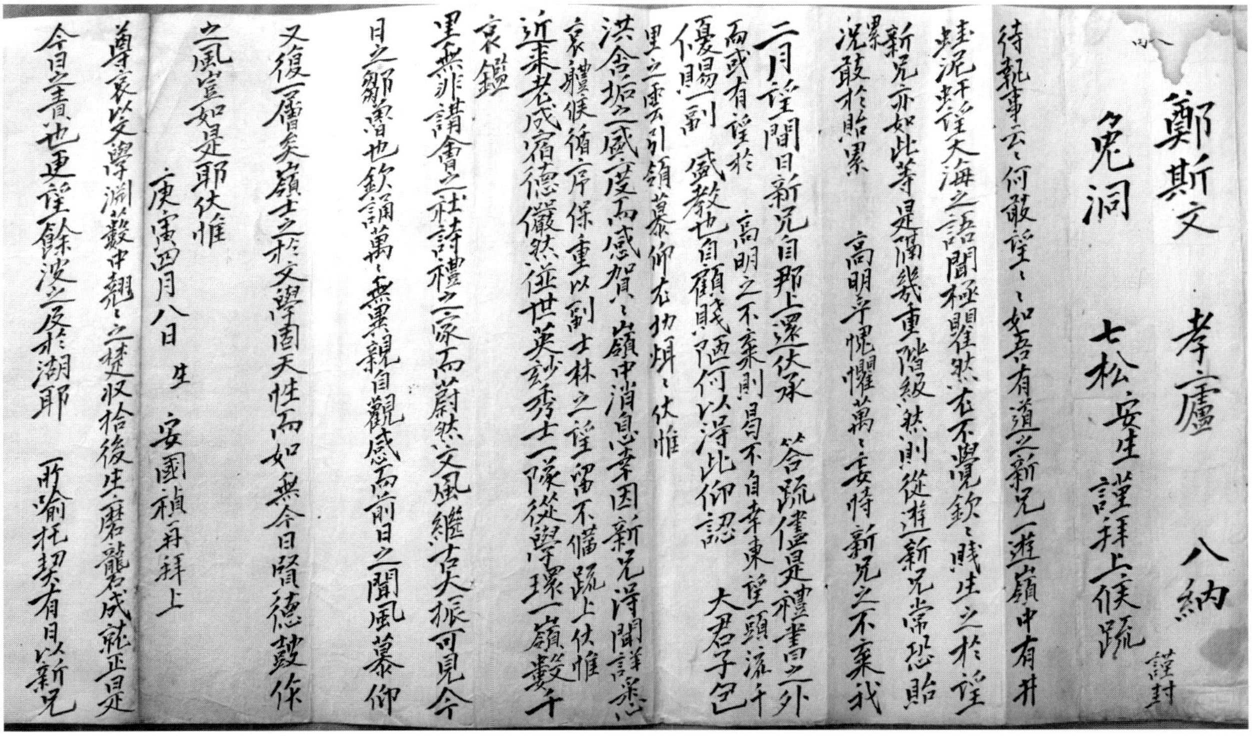
鄭斯文 孝廬 八納
謹封
兎洞 七松安生 謹拜上候疏
侍翫事云云何敢望望如吾有道之新兄一遊嶺中有井
蛙泥蚌望大海之語聞極矍然亦不覺欽欽賤生之於望
新兄亦如此等是隔幾重階級然則從遊新兄常恐貽
累況敢於貽累 高明乎愧懼萬萬妄恃新兄之不棄我
二月望間日新兄自那上還伏承 答疏儘是禮書之外
而或有望於 高明之不棄則曷不自幸東望頭流千
優賜一副 盛教也自顧賤陋何以得此仰認 大君子包
里之雲引領慕仰不物炳炳伏惟
洪含垢之盛度而感賀感賀嶺中消息寔因新兄得聞詳悉
哀體候循序保重以副士林之望留不備疏上伏惟
近來老成宿德儼然從世英妙秀士一隊從學環一嶺數千
哀鑑
里無非講會之社詩禮之家而蔚然文風繼古大振可見今
日之鄒魯也欽誦萬萬無異親自觀感而前日之聞風慕仰
又復一層矣嶺士之於文學固天性而如無今日賢德鼓作
之風豈如是耶伏惟
庚寅四月八日 生 安國禎再拜上
尊哀以文學淵藪中翹翹之楚收拾後生磨礱成就正是
今日之責也更望餘波之及於湖耶 所喻托契有日以新兄

Ⅲ. 기우만의 왕복 편지

Ⅲ. 기우만의 왕복 편지

기우만(奇宇萬, 1846~1916)의 자는 회일(會一), 호는 송사(松沙)로, 기정진의 손자이다. 장성 탁곡(卓谷)에서 태어나 일찍부터 할아버지 밑에서 수학을 하였으며, 기정진이 거처를 자주 옮김에 따라 손자 기우만도 역시 옮겨 다닐 수밖에 없었는데, 할아버지가 돌아가신 후에도 여전히 자주 옮겨 다녔다. 기우만이 노사 사후 옮겨 다닌 노정을 보면 1883년에 담대헌이 있는 월송리에서 나주 초지로 이사하여 이곳에서 10년을 살다가 1893년에 고진원의 중동으로 이사하여 살았다. 단발령이 내려지고 아관파천이 일어났을 때 격렬한 상소를 올렸으며, 이때 의병을 일으켜 호남의병장에 추대되었으나 선유사의 해유에 의해 의병을 파할 수밖에 없게 되자, 그 해 1896년에 담대헌이 바라보이는 삼성산에 들어가 삼산재(三山齋)를 짓고 은거하였다. 그는 삼산재 북쪽에 단을 설치하여 선성(先聖)과 선사(先師)를 모셔두고 봄가을로 석채(釋菜)를 행하였는데, 오계수의 『난와유고(難窩遺稿)』 속의 <단향(壇享)을 지낸 후 다시 2절을 지어서 송사에게 올리다. 소서[壇享後追賦二絶呈松沙 小序]>에서 "사설(邪說)이 크게 치성하고 원기(元氣)가 주림을 당함에 삼산정사의 왼쪽에 단을 설치하고 늦은 봄 상정(上丁)일에 석채례를 행하였다."[146]라는 말에서도 알 수 있다.

1904년에는 담대헌에서 그리 멀지 않은 광주 갈전면(葛田面)[현재 담양군 대전면과 수북면 지역] 주홍동(朱興洞, 중흥촌)으로 옮겨 살았고, 여기에서 한천정사(寒泉精舍)를 경영하였으며, 이후 을사늑약이 체결되자 다시 의거할 계획을 세우고, 이듬해 동문인 정재규와 곡성에서 의거할 것을 도모했으나 뜻을 이루지 못하고 얼마 후 구금되었다. 1911년에는 일본으로부터 회유를 피해 섬진강가에 있는 남원시 대강면 사석리로 옮겨가 살았다. 1914년에는 이곳에 사호정(沙湖亭)이라는 정사를 경영하였고, 1916년에 그곳에서 죽었다. 그가 죽은 뒤 1928년에는 장성의 고산서원에 배향되었다.

그는 형제들이 많았지만 두 형과 막내 동생은 일찍 죽고 바로 아래 동생도 먼저 죽었다. 아버지도 할아버지보다 일찍 사망하였기 때문에 기우만은 일찍부터 집안의 경제 등을 책임져야 했고, 조카들도 돌보아야 하는 등 가장역할을 해야 했다.

그는 조부 기정진의 영향을 받아 위정척사사상을 강하게 드러냈다. 또한 할아버지가 돌아가신 후에는 호남유학자들에 의해 호남의 문유(文儒)로 추대되었다. 이제부터 그의 행동은 개인의 행동이

146) 오계수, 『난와유고(難窩遺稿)』 권1 「시」 <壇享後追賦二絶呈松沙 小序>, "邪說大熾, 元氣見餒, 遂設壇于三山精舍之左, 以暮春上丁, 謹行釋菜禮于先聖先師之位."

아니라 호남 유림을 대표하는 행동이 된 것이다.

기우만의 문집은 문인인 양회갑(梁會甲, 1884~1961)의 주도로 편차되어, 1931년에 석인본으로 간행되었다. 초간본은 원집(原集) 50권, 속집(續集) 2권으로, 시 192제+16제, 소(疏) 5편, 편지 1,025통+10통, 잡저 176편+12편, 서(序) 285편+4편, 기(記) 420편+27편, 발(跋) 116편+7편, 묘도문 810여편, 기타 등이다. 연보와 행장은 1933년경 양회갑에 의해 지어졌으나, 일제의 감시로 간행되지 못하다가 1947년에 비로소 담대헌에서 2권 1책의 『송사선생문집부록(松沙先生文集附錄)』이란 이름으로 간행되었다.

기우만은 기정진의 영향을 받아 위정척사사상은 강하게 드러내고 있지만, 그의 학문적 경향은 관련된 저술이 거의 없어서 잘 드러나지 않는다. 그는 성리설에 관해서는 더 이상 논의할 필요를 느끼지 않을 만큼 노사를 따르는 것으로 자족하였던 것으로 보인다.147) 1902년 외필변(猥筆辨) 사건이 일어나서 혹자가 '글로써 변론을 명백히 하여 후학들로 하여금 잡는 바가 미혹되지 않게 해달라.'라고 청하였을 때에도 그는 '이 일은 문인들이 있으니 내가 관여할 바가 아니다.'148)라고 거절하고 아무런 변론을 남기지 않았다. 그러나 양회갑이 찬한 연보에 보면, 34세 때 '김석구, 정재규, 정의림 등과 함께 기정진의 저술인 <납량사의(納凉私議)>와 <외필(猥筆)>을 강론했다.'라는 기록이 있음을 볼 때 기우만은 성리학 관련 저술을 남기지 않았을 뿐이지 결코 학문적 소양이 부족한 것은 아님을 알 수 있다.

그의 철학적인 면모를 단편적으로나마 살펴볼 수 있는 것은 양회갑이 찬한 행장과 양회갑에게 답한 편지글 속에서이다.

> 도기(道氣)와 심성(心性)에 관하여 말씀하시길, "상도(上道)와 하기(下器)는 반드시 붙어서 위가 되기도 하고 아래가 되기도 하여 서로 분리될 수 없다. 그러므로 道 또한 器이고, 器 또한 道이니, 실로 상하의 층급이 있는 것이 아니다. …道와 氣 뿐만 아니라 心과 性도 이와 같다. 어찌 먼저 심이 있고서 성이 시령을 이룬다거나 먼저 성이 있고서 심이 둘레를 이루겠는가?"라고 하셨다.149)

147) 금장태·고광직, 『유학근백년(1)』, 한국학술정보, 2004, 381쪽.
148) 『송사선생문집부록(松沙先生文集附錄)』「行狀」, "或請先生, 著書立辨, 使後學不迷所擇. 答曰, 是則有門人在, 非吾所與也."
149) 『송사선생문집부록』「행장」, "論道氣心性則曰, 上道下器, 必着而上而下, 而未嘗相離. 故曰道亦器器亦道, 其實非有上下層級也. …不徒道器, 心性亦然. 豈有先有心而性來作門架, 先有性而心來作匡郭也."

도·기와 심·성에 대한 기우만의 입장을 정리한 글로, 이것은 서로 상하로 나뉘거나 선후로 차례 지을 수 없음을 명확히 드러냈다. 그는 또한 본연지성과 기질지성에 대해서도 그의 입장을 밝혔는데, 양회갑에게 답한 편지에서 볼 수 있다.

> "사람이 태어나 氣를 받을 때 理에 善惡이 있게 된다. 그러나 性 가운데 원래 이 두 가지 물건이 상대하여 생하는 것은 아니다."에 대해, 하늘이 목숨을 부여한 당초에는 선만 있고 악은 없는데, 氣稟이 막히고 걸린 후에는 악이 있게 되어, 성품을 부여받을 때와 기가 구애될 때가 같지 않은데 왜 그럽니까?
>
> 물에 비유할 수 있다. 성품을 부여받을 때는 발원지의 물과 같고, 기품이 구애될 때는 물이 그릇에 있는 것과 같다. 담는 그릇이 깨끗하면 물도 깨끗하고, 담는 그릇이 깨끗하지 못하면 물도 따라서 깨끗하지 못하게 되는 것과 같다.[150]

양회갑이 정자(程子)의 말을 들어서, 천명을 부여받은 당시에는 선만 있다가 기품이 구애받은 후에는 악이 생겨나는 이유를 묻자, 그것을 물에 비유해서 하늘이 부여해준 본성은 수원(水源)의 물과 같고, 기질 가운데 떨어진 것은 물이 그릇 속에 담긴 것과 같다고 말하고 있다. 즉 물을 담는 그릇에 따라 물의 청탁이 차이 나는 것처럼 기질도 그렇다고 설명하고 있는 내용이다.

한편 기우만은 호남지역에 누정문화가 흥성하게 하는 데 일조하였다. 그는 할아버지의 명을 받아 1878년에 담대헌을 지어서 학문의 요람이 되게 하였으며, 1896년에는 삼산재를 짓고 강학의 공간으로 만들어갔다. 삼성산(三聖山, 일명 성자산(聖子山))에 삼산재를 짓고 여기에 많은 사람의 차운시를 받음으로써 당대 문학 산실이 되게 하였다. 그는 호남의 누정에서 가장 많은 기문을 남기고 있는 사람으로서, 근대기에 세워진 많은 누정에 그가 지은 기문이 걸려있는 것을 보는데, 그만큼 기우만은 근대기에 큰 영향력을 미쳤던 사람이다. 그는 의병장으로서 뿐만 아니라 학자로, 또는 문장가로서 으뜸가는 위치를 차지하였던 것이다.

삼산재는 장성군 진원면 삼성산에 있었던 누정으로, 담대헌이 있는 고산서원 뒤편으로 보이는 산이 그것이다. 1896년에 의병활동이 좌절되자 이곳에 정사를 짓고 머물렀던 곳인데, 현재는 사라지고

150) 『송사집(松沙集)』 권9 「書」 <答梁元淑問目>, " '人生氣稟, 理有善惡, 然不是性中元有此兩物相對而生也. 天命賦予之初, 有善而無惡, 氣稟拘滯之後有惡, 賦性時氣拘時不同, 何歟?' '譬之水. 賦性時如源頭水, 氣拘時如水在器中. 盛之潔器則潔, 盛之不潔則從而不潔.' "

없다. 노사의 문인 송정묵(宋廷默)[151]이 지은 <삼산재기(三山齋記)>가 남아 있는데, "채미동, 강선대, 옥담계, 보도봉 등 뛰어나지 않은 것이 없다."[152] 라는 내용을 통해서 삼산재의 주변 경관을 이해할 수 있다.

삼산재는 강학처임과 동시에 문학의 생산지 역할을 했음을 여러 사람들의 문집과 고문서를 통해서 확인할 수 있다. 그의 연보에 "선생은 작시(作詩)를 좋아하지 않았으나 입산 후에는 충분울열(忠憤鬱熱)을 시로 표출하였다."라고 밝히고 있는 것을 볼 때 삼산재에서 작시활동이 가장 활발했음을 알 수 있다.

기우만의 삼산재 관련 시는 크게 '삼산재(三山齋)', '삼산구곡시(三山九曲詩)', '삼산가훼시(三山嘉卉詩)' 3종류로 나누어 볼 수 있다. 이것에 대해서 많은 사람들이 차운시를 남겼는데, 그 작품은 각 개인의 문집 또는 개인 및 고산서원에 소장되어 있는 고문서 속에서 찾아볼 수 있다. 먼저 <삼산재시>를 남긴 사람으로는 고광선, 오준선, 오계수, 임호응, 양회갑, 박노술, 이탁헌, 양회락, 노종룡, 기재, 문창규, 이효석, 최성철, 정철환, 배석면, 정봉현, 송정묵, 이광수 등이 있다. 그리고 <삼산구곡시(三山九曲詩)>를 차운한 사람은 고광선, 기경연, 기익현, 김기용, 김재황, 김정규, 김홍두, 나영집, 노종룡, 박광수, 박기덕, 박기동, 박내현, 박노면, 박노술, 박노춘, 박문규, 박양동, 서상열, 서진, 송정묵, 송한수, 안병택, 안중섭, 안택환, 양상태, 양상형, 양회갑, 오계수2, 오승규, 오준선, 오헌수, 운송(雲松), 위계민, 유창수, 유홍근, 이광수, 이규순, 이규영, 이근선, 이사선2, 이승규, 이승열, 이승원, 이승학, 이익선, 이종범, 이종택, 이탁헌, 이태열, 임기락, 임송주, 임호신, 임호응, 정도원, 정란, 정봉현, 정의림, 정인묵, 정재순, 정하원, 정학원, 제갈하백, 조석희, 조영만, 최병숙, 황간, 미상 6인 등 73명 750수가 있으며, <삼산가훼시(三山嘉卉詩)>를 차운한 사람은 고광선, 기우승, 기익현, 기재, 김택주, 나영집, 노종룡, 박기동, 박노술, 박노춘, 박문규, 박양동, 안규용, 안재희, 안중섭, 안택환, 양회갑, 오계수, 오준선, 위계온, 이광수, 이규순, 이승구, 이승열, 이승원, 이종택, 이탁헌, 이태열, 임호응, 전동기, 정도원, 정의림2, 정재순, 조영만, 조우식, 조인석, 한강 김정규, 호운(湖雲), 미상 5인 등 43명 440수가 있다. 이 사람들의 연작시와 주인의 작품을 모두 합하면 1300수 가량이나 되는 것을 볼 때 삼산재는 중요한 누정문학의 산지라고 할 수 있다.

기우만은 삼산재를 짓고, 가장 먼저 삼산재를 구곡에 비유하여 구곡시를 지었던 것으로 보인다.

151) 송정묵(宋廷默, 1855~1927) : 자는 명오(鳴吾), 호는 후해(後海), 본관은 홍주(洪州)이다. 송제민(宋齊民)의 후손으로, 아버지는 내규(來奎)이고, 어머니는 진주정씨(晉州鄭氏) 기찬(杞燦)의 딸이다. 광주에서 태어나 1874년에 기정진에게 집지하였고, 1891년에 거진(巨津, 광주광역시 북구 용두동)의 남쪽에 낙호정(樂乎亭)을 세우고, 여기에서 소요했다.

152) 송정묵, 『후해유고(後海遺稿)』 권4 「記」 <三山齋記>, "若洞之采薇, 臺之降仙, 溪之玉潭, 峰之保道, 無非奇絶."

구곡시는 무이도가(武夷櫂歌)를 모방하여 지은 것으로, '무이구곡가(武夷九曲歌)'라고도 하는데, 주자(朱子)가 학문하는 과정을 10수의 시로 읊은 것을 모방한 것이다. 우리나라에서는 성리학이 발전한 16세기 이후부터 줄곧 이어져온 것으로, 성리학자들은 자신의 은거지에서 구곡을 경영하고 구곡시가를 지으면서 자연과의 조화를 꾀하였다.

삼산의 9가지 경점은 삼산, 극락천, 보도봉, 옥계, 와룡암, 채미동, 학정봉, 죽림봉, 강선대 등이다. 기우만은 구곡시의 제목에서 <삼산재를 신축하였는데 집과의 거리가 1800보이다. 매 200보마다 한 구비가 이루어져서 모두 아홉 구비가 된다. 매 구비마다 시 한 수를 지었으니, 대략 무이도가를 모방한 것이다.[三山新築家距千八百步, 每二百步作一回, 凡九回, 每回賦一絶, 略倣武夷櫂歌云]>라고 하여 구곡시를 지은 뜻을 밝혔다.

…

源頭坐我便悠然	근원지에 앉아보니 마침 유유하여,
山月分明落萬川	산달이 온 냇물에 다 밝게 비친다.
到此人人能會得	이곳에 이른 사람마다 깨달음을 얻을 수 있으니,
鳶魚活潑見淵天	솔개는 하늘에서 날고 물고기는 연못에서 뛰놂을 본다.[153]

산 정상에 오르면 세상이 모두 한 눈에 보이듯 학문도 궁극의 경지에 오르면 전체를 통찰할 수 있음을 읊고 있다. 그 경지에 이르면 바로 연비어약(鳶飛魚躍)하게 됨을 드러낸 시이다.

기우만이 삼산재를 지은 이유는 <삼산재를 오르는 도중에 지음[登三山齋路中作]>이란 싯구에서 "입산한 것은 고상하게 지내기 위해서가 아니라, 봄이 오길 기다려서 온갖 꽃을 감상하기 위함이네."라고 밝혔듯이 풍류나 즐기기 위해서가 아니라 암울한 시대를 보내고 새 시대를 기다리기 위한 장소로써 임을 알 수 있다. 그는 이곳에서 자신만을 수양한 것이 아니라 제자들을 가르치기도 하였다.

현재 삼산재는 없어지고 그 옛터로 짐작되는 부분이 삼성산의 중턱에 남아 있다. 그 본모습을 자세히 알 수는 없지만 시문들을 통해서 주변에 여러 가지 식물들이 심어져 있었음을 추정할 수 있다.

153) 『송사집』 권1 「시」

<三山嘉卉十絶>	**삼산재의 아름다운 화초(10수 중 1수)**
一枝借植大明紅	한 가지를 빌어 와 심으니 대명홍이라,
劫後遺根渡海東	재난 후 남겨진 뿌리 해동으로 건너온 것이네.
一統皇壇消息斷	일통의 명나라 소식 끊어지니,
摩挲痛哭萬山中	만산에서 어루만지며 통곡하네.154)

위 시는 기우만이 매화에 대해 읊은 시로, 대명홍은 도통의 연원을 밝히는 식물인 것이다. 대명홍은 담양 고씨가에 전해오는 대명매를 말한 것으로 보이는데, 대명매는 현재 전남대학교 대강당 옆에 자리하고 있다.155) 매화나무를 만지며 통곡하는 것은 외세가 판을 치는 암울한 시대상을 표현한 것이라고 할 수 있다. 이렇듯이 기우만은 삼산재 주변의 식물에 자신의 심회를 대입하여 연속적으로 표현하였다. 여기에서 읊은 10가지 아름다운 식물은 솔[松], 매(梅), 오동(梧桐), 양류(楊柳), 미궐(薇蕨), 지(芝), 국(菊), 난(蘭), 연(蓮), 파초(芭蕉) 등이다.

고산서원에 소장된 간찰 중 기우만의 수신 간찰은 400여 통인데, 1869년부터 1917년 사이에 보내온 것이다. 크게 벗 또는 동문에게서 온 편지, 족인에게서 온 편지, 제자들에게서 온 편지, 일반인에게서 온 편지, 관직자에게서 온 편지 등으로 분류할 수 있는데, 가장 많은 것은 역시 벗 또는 동문들로부터 온 편지이다. 이외에 기우만의 사후에 온 조문편지가 46통이며, 그리고 기락도(奇洛度)나 기노선(奇老善) 또는 담대헌(澹對軒)의 이름으로 온 편지가 550통이 된다. 그 중 1927~1928년에 온 편지들은 노사선생의 위패 봉안과 노사 문인 6명을 추배하는 일에 관련된 내용이 대부분이고, 1928~1931년에 온 편지들은 담대헌에 설립했던 송사문집간소에 보내온 것으로, 문집 관련 내용이 대부분이다.

벗은 대부분이 노사 문하생들이다. 그중 정의림(鄭義林)이 보내온 편지가 35통으로 가장 많고, 조영만(趙泳萬) 31통, 정재규(鄭載圭) 17통, 오준선(吳駿善) 11통, 오계수(吳繼洙) 9통, 정면규(鄭冕圭) 9통, 기재(奇宰) 9통, 기우승(奇宇承) 8통, 기동준(奇東準) 6통, 안중섭(安重燮) 6통 등의 순서이다. 이에 비해 기우만의 발신간찰은 34건 밖에 소장되어 있지 않다. 그러나 『송사집(松沙集)』에 실린 발신간찰은 총 1035통이나 된다.

154) 『송사집』 권1 「시」
155) 대명매 : 월봉 고부천(高傅川, 1578~1636)이 1621년에 명나라 황제로부터 증정 받아 담양에 심은 것인데, 1918년 그 후손 고재천 박사가 취목으로 분주한 것이 오늘에 이르고 있다. 현재 전남대학교 대강당 옆에 심어져 있다.

1. 기우만(奇宇萬)의 편지

〈1895년 기우만(奇宇萬)이 양상형(梁相衡)에게 보낸 편지〉(고산)

초사(草史)[156] 문장(文丈)[157]의 조좌(調座)[158]에 절하고 답장편지 올립니다

시문이 편지가 함께 왔기에 이미 그리워한 나머지 손을 바삐 하여 편지를 열고 읽어보니, 문장은 이미 상세히 알겠고, 시는 간절하게 세상을 개탄해하였으니 포부가 저처럼 얕고 비루한 사람이 헤아릴 수 있는 것이 아니라는 것을 알았습니다. 다만 시속을 아파하고 병통으로 여긴 것은 변대아(變大雅)[159]와 한 가지임을 깨달았습니다. 간절하게 차운시를 지어 울적함을 풀고자 했지만 갑자기 지을 수 있는 것이 아니어서 시고를 우선 책상에 남겨두었습니다.

몸조리하시는 생활이 점점 좋은 경지에 들어가고 있다니, 실로 우러러 그리는 마음에 위로가 되었습니다. 그러나 대소가들이 연속해서 병의 침범을 받았다는 것에 대해서는 도리어 염려가 됩니다. 나(羅)씨의 묘비명은 애초부터 제 자신이 감당할 수 있는 것이 아니어서 한 번 고쳐도 좋은 것이 없는데, 두 번 고친들 어느 곳에서 좋은 문장이 나오겠습니까? 그냥 놔두고 다시 능수(能手, 잘 짓는 사람)를 구하는 것만 같지 못할 것입니다.

일전에 들은 향중의 논의는 한 번의 웃음거리도 안 되었습니다. 이것은 일생이 다른 사람 입술 위의 하나의 고깃점이 된 것이니, 어찌 다시 스스로 과오를 더하는 일을 하겠습니까? 삼가 이미 거절하였으니, 바라건대 죄로 여기지 말아주십시오. 찾아온 벗이 바쁘게 간다고 하여 여러 가지 많은 말은 모두 빠뜨리고, 갖추지 못한 채 답장편지 올립니다.

1895년 6월 21일에, 세생(世生)[160] 기우만 올림.

草史文丈 調座拜覆

擬碑數什, 伴來惠書, 旣懸之餘, 忙手開讀, 文旣詳悉, 詩切惻傷, 仰認所抱, 非淺陋可涯. 但覺傷時病俗之意, 與變大雅一規也. 切欲畵葫寫鬱, 而非卒乍可辦, 詩藁姑此留案矣. 調中體候, 漸入佳境, 實慰詹望, 而大小家延犯, 還爲之仰慮. 羅碑初非自家可堪, 一改無長物, 再改何處得好文來? 不如置之更求能手之爲允矣. 日前聞鄕議之不一笑, 此一生爲人脣吻上一塊肉者, 豈復自作添過也? 謹已辭謝, 幸勿以爲罪如何? 來友悤悤告別, 千萬都漏, 不備謝狀. 乙未六月卄一日, 世生 奇宇萬 拜手.

고산서원에는 양상형이 기우만에게 보낸 편지는 한 통도 소장되어 있지 않고, 양상형이 기정진의 죽음을 애도하여 지은 만사 1편만 소장되어 있다. 『송사집』에는 양상형에게 보낸 편지 1통이 실려 있는데, 위 편지와는 다른 것이다.

양상형(梁相衡, 1833~1907)의 자는 자평(子平), 호는 백하(柏下), 본관은 제주이다. 아버지는 찬영(纘永)으로, 나주 박산[현재 광주광역시 광산구 박호동]에서 출생하였다. 노사 문인이다. 문집으로 『백하유고(柏下遺稿)』 3권 3책이 있는데, 1948년에 이광수(李光秀)가 서문을 쓰고, 아들 양하묵(梁夏默)이 발문을 써서 석인본으로 간행하였다. 양상형이 쓴 편지는 그의 문집에는 전혀 실려 있지 않지만, 그가 시를 지어 기우만에게 준 시는 7제[52수]가 수록되어 있다. 삼산구곡시와 삼산재시 등이 있는데, 삼산재시를 보겠다.

<三山齋會話>	**삼산재에 모여 얘기를 나누다**
纔到玉潭覺爽凉	겨우 옥담에 이르자 상쾌해짐을 깨닫겠으니,
兩崖紅葉餙秋光	양쪽 벼랑의 홍엽엔 가을빛이 서렸네.
老人星彩輝南極	노인성의 별빛은 남극에서 빛나고,
瑞石山容出衆岡	서석산의 모습은 뭇 산중에서 우뚝하네.
棹歌閒聽武夷舍	무이정사에서 뱃노래 한가히 듣고,
蘭禊相傳曲水觴	곡수에 술잔 띄우며 난정회를 서로 전하며,
執經群秀躋攀日	경전 든 수제들 날마다 찾아오니,
矮屋還高數仞墻	작은 집이 도리어 몇 길 담장처럼 높아지네.161)

양상형이 삼산재를 찾아갈 때는 초가을 무렵인 것으로 보이며, 여기에서 서석산이 바라보인다는 것을 알 수 있고, 강학활동을 열심히 하면서도 난정 수계를 하고 있는 풍류도 엿볼 수 있다.

---

156) 초사(草史) : 양상형(梁相衡, 1833~1907)의 초호(初號)이다. 자는 자평(子平), 호는 백하(柏下), 본관은 제주이다. 아버지는 찬영(纘永)으로, 나주 박산리에서 출생하였다. 노사 문인이다. 문집으로 『백하유고(柏下遺稿)』 3권 3책이 있다.

157) 문장(文丈) : 재주와 덕이 높은 노인에 대한 경칭(敬稱).

158) 조좌(調座) : 조섭(調攝)하는 자리. 병중에 있는 사람에게 쓰는 말. 조리(調理). 한(漢)나라 육가(陸賈)의 『신어(新語)』 「도기(道基)」에 "기를 조절하고 성품을 기르니, 어진 자는 오래 산다.[調氣養性, 仁者壽長]"라고 하였다.

159) 변대아(變大雅) : 『시경』에서 「소아(小雅)」의 <6월(六月)>부터 <하초불황(何草不黃)>까지 58편을 '변소아(變小雅)'라 하고, 「대아(大雅)」의 <민로(民勞)>부터 <소민(召旻)>까지 23편을 '변대아(變大雅)'라 하는데, 통틀어 변아라 한다. 현인군자가 당시의 세상을 근심하고 개탄하여 지은 시를 모은 것이다

160) 세생(世生) : 집안 간에 대대로 교분이 있는 사람으로, 자신을 낮추어 이르는 말.

161) 양상형, 『백하유고(柏下遺稿)』 권1 「시」

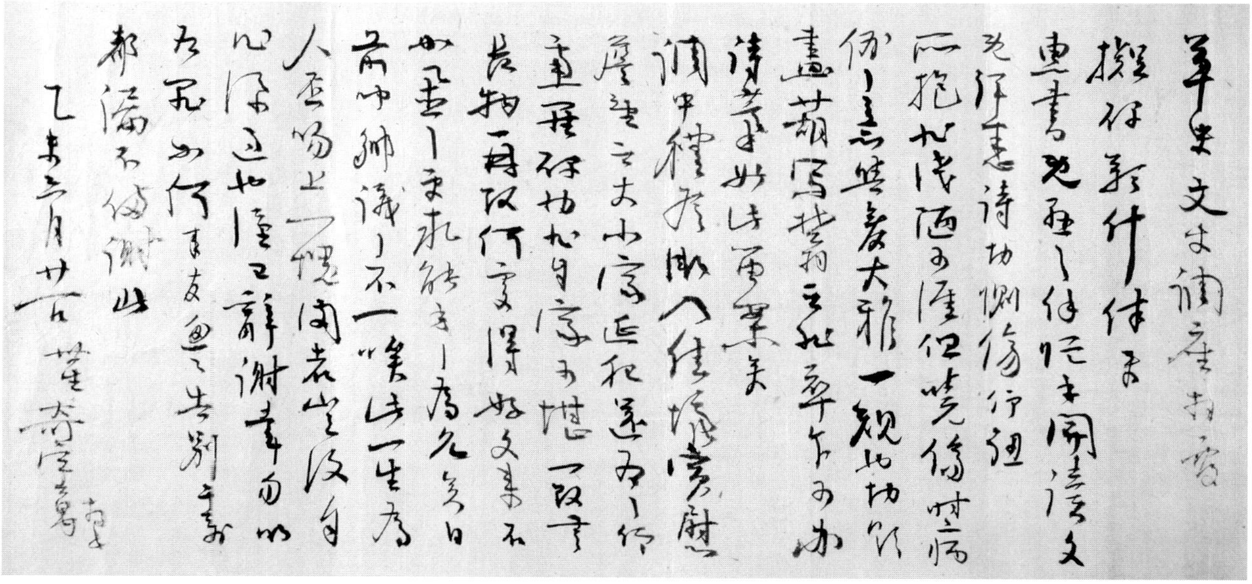

2. 정의림(鄭義林)의 편지

정의림(鄭義林, 1845~1910)의 자는 계방(季方), 호는 일신재(日新齋), 본관은 광산(光山)이다. 아버지는 제현(濟玄)이고, 어머니는 진원인(珍原人) 박치성(朴致聖)의 딸로, 능주 대덕리[화순군 이양면 초방리 대덕마을]에서 출생하였다. 그의 선조들은 조선조에 찬(纘) 이후 나주에 줄곧 거주하였으나 그의 증조 채(埰)가 영암으로 이주하고, 조부 가석(加錫)이 다시 능주에 이주하여 살게 되었으며, 조부와 부친은 각각 81세를 살아 수직(壽職)으로 통정대부를 받았다.

24세 때인 1868년에 노사 기정진의 문하에 나아가 스승으로부터 크게 인정을 받았는데, 김석구(金錫龜), 정재규(鄭載圭)와 함께 노사문하의 3대 제자로 일컬어졌고, 자체적으로도 거대한 문인집단을 형성하였다. 즉 『일신재집(日新齋集)』에는 265인이 수록되어 있고, 『일신재선생연원록(日新齋先生淵源錄)』에는 직전제자 336인이, 그리고 재전제자까지 총 4천인 가량이 실려 있다. 이 문인들은 대부분 자신이 살고 있는 마을에서 다시 교육에 힘쓰게 되어 능주와 인근 지역의 학풍을 부흥시켰는데, 화순지역에서 근대기에 특히 많은 인물들이 나온 것은 일신재 정의림의 역할 때문이다.

정의림은 노사 제자 중 기우만과는 절친이어서 많은 편지를 주고받았으며, 특히 영남 삼가에 살던 정재규(鄭載圭)와는 스승도 인정하였듯이 재성이 비슷하여 쉽게 의기투합하였으며, 영남지역의 문인들과 호남지역 문인들의 학문교류의 교량역할을 하여 영남과 호남에서 서로 함께 강회를 베풀기도 하였다. 그중 1891년 8월에 지리산 화엄사에서 있었던 대규모 강회는 영호남의 문인이 결집한 대사건인 것으로, 여러 사람의 문집에서 이 사실을 확인할 수 있다. 또한 동족(同族)이고 인근 보성에서 강학하던 정시림(鄭時林)과도 매우 가깝게 지내며 함께 학문을 연마하였으며, 이밖에도 화서학파 사람들과도 친밀하였는데, 특히 최익현(崔益鉉)과도 편지왕래를 자주하였다.

1902년 기정진의 문집 간행시에 영남의 노론들로부터 기정진의 <외필>이 이이의 학설을 부정한 것으로 간주하고 문집에서 삭제해야 한다고 주장하자, 노사학파 문인들을 결집시키고 반비판을 주도하는 데 핵심적인 역할을 담당하였다.[162] 영남과 호남의 각 읍에 통문을 보내 기정진은 이이(李珥)의 학설을 독신(篤信)하였으며 '기틀이 스스로 그럴 뿐이다[機自爾也]'고 한 이이의 주장이 주기(主氣)로 이해되는 것을 막기 위함이었다고 변론하였다. 일찍이 이이는 음양의 운동은 기의 영향에 따른 것이지, 그렇게 하도록 만든 것이 있지는 않다고 주장했는데, 기정진은 운동하는 것은 기이지

162) 박학래, 「일신재 정의림의 성리설 연구」, 『범한철학』 제41집, 범한철학회, 2006, 79쪽.

만 그렇게 만드는 것은 이(理)라고 규정함으로써 기의 자발성을 부정하고 이(理)의 근본적인 주재성을 다시 한 번 강조한 것이다.

정의림의 유집으로는 1927년에 박준기(朴準基)·홍승환(洪承渙) 등과 족인 정병해(鄭炳海) 등이 간행한 『일신재집(日新齋集)』 21권 10책과 1967년에 간행한 『일신재선생연원록(日新齋先生淵源錄)』 3권 2책이 있다. 『일신재집』에는 시 200수 가량, 서(書) 510여 통, 잡저(雜著) <변전우소저노사선생납량사의기의(辨田愚所著蘆沙先生納凉私議記疑)>, <변전우소저노사선생외필변(辨田愚所著蘆沙先生猥筆辨)> 등 120여 편, 기(記) 70여 편, 제문(祭文)과 묘갈명(墓碣銘) 등 100여 편, 행장(行狀) 50여 편, 유사(遺事) 50여 편 등이 수록되어 있다.

정의림은 사후에 영귀정 옆의 칠송사(七松祠)에 배향되었는데, 뒤에 그의 제자인 홍승환(洪承渙)·김윤형(金潤亨)·민병춘(閔丙春)·문제술(文濟述)·배현기(裵玄基)·임태주(任泰柱)·홍찬희(洪纘熹)·이승복(李承福) 등도 추배되었다. 이밖에도 문인들이 그의 학덕과 절의를 추모하기 위해 화순의 삼산사(三山祠)와 용산사(龍山祠), 동산단(東山壇), 담양의 금곡사(金谷祠) 등에 배향하였다.

현재 장성의 고산서원(高山書院)에 스승 기정진 및 정재규(鄭載圭), 조성가(趙性家), 김녹휴(金祿休), 조의곤(曺毅坤), 이최선(李最善), 기우만(奇宇萬), 김석구(金錫龜) 등과 함께 배향되어 있다. 그런데 고산사를 지어 노사와 여섯 제자를 배향할 당시인 1928년에는 그 대열에는 끼지 못했다. 그 당시에 이미 거론이 되었었지만, 아마도 경제적인 문제에 봉착하여 제외된 것으로 보인다. 그리하여 1928년 8월 28일에 화순 도림(道林)에서 홍찬희(洪纘熹)[163]가 담대헌(澹對軒)에 편지를 보내 항의를 하기도 하였다.

한편 정의림은 1893년에 화순군 춘양면 칠송리 칠송마을에 영귀정(詠歸亭)을 축조, 9성(聖)의 진영을 봉안하고 후학을 가르쳤다. 이 영귀정에서 호남의 유림들이 모여 스승의 이기론에 대한 변론을 하기도 하였다.[164] 이 영귀정은 현재에도 남아 있는데, 4×2구조의 가운데에 대청이 있는 정사형 건물이다. 정의림은 이 영귀정을 짓고 기문을 남겼는데, 그것을 통해서 영귀정이 지어진 과정과 그 이유를 알 수 있다.

임진년(1892) 봄에 칠송 마을에 강당 터를 정하고 가을에 역을 시작하여 다음해 겨울 12

163) 홍찬희(洪纘熹, 1882~1953) : 자는 동규(東奎), 호는 시헌(時軒), 본관은 풍산(豊山)이다. 종식(宗植)의 아들로, 정의림의 문인이다. 화순 도림(道林)과 남평 도천(道川)에서 살았으며, 유고에 『시헌유고(時軒遺稿)』가 있다.

164) 기우만, 『송사집』 권48 「행장」 <日新齋鄭公行狀>

월에 낙성하게 되었다. …아! 선비가 이 세상에 태어나서 위인(爲人)의 도리를 구하고자 한다면 학문이 아니고는 불가능하며, 학문의 도는 스승과 벗이 아니고서는 불가능하니, 사우에게 친히 도를 묻는 까닭이다. 배우는 자는 또한 그 장소가 없을 수 없다.165)

1893년에 낙성식을 하였다는 사실과 함께 스승과 벗이 모여서 학문하는 공간으로 지었음을 역설하고 있는 내용이다.

한편 고산서원에는 기우만에게 보내온 간찰이 많이 소장되어 있는데, 그중에서도 정의림이 기우만에게 보낸 편지는 문집에 실리지 않은 것이 30여 통이나 된다. 그 가운데 1894년에 보낸 편지에서는 "영귀정기는 감히 제가 지어놓은 것이 있는데, 결점이 많은 것 같아서 액자로 걸기에는 합당하지 않으니, 바라건대 손질해서 보내주시고, 상량문도 지금 함께 올리오니, 조금 첨삭을 가해주시는 것이 어떠하겠습니까?"166)라는 내용이 들어있다. 이를 통해서 누정건립과 함께 짓게 되는 누정시문은 주인과 교우들이 서로 탁마하여 만들며, 이런 역할을 노사학파 문인들은 특히 잘 수행해주었음을 알 수 있다. 한편 영귀정의 상량문은 기우만의 문집에 실려 있다. 영귀정의 원운시는 다음과 같다.

富春山水毓精靈　　부춘의 산수가 정령을 길러서,
多士蹌蹌講宇淸　　많은 선비 모여들며 강당도 맑구나.
欲識鳳來千仞像　　봉황새 천 길 나는 기상 알고자 한다면,
須將瑤瑟理餘聲　　모름지기 비파줄 골라서 여음을 다스려야 하네.167)

영귀정에서 강학하기 위해 선비들이 모여든 모습을 그린 것으로, 교육적인 내용이 다분함을 알 수 있다. 이것을 볼 때 영귀정은 강학공간으로써 확고한 위치를 점유하고 있었다고 할 수 있다. 위 시는 두 가지 의미로 볼 수 있는데, 봉황이 하늘을 나는 것은 태평성대가 이루어짐을 뜻하며, 그러기 위해서는 백성을 잘 다스려가야 한다는 내용과 봉황새처럼 자유롭게 비상하기 위해서는 먼저 자

165) 『일신재집』 권4, 「記」 <영귀정기(詠歸亭記)>, "壬辰春, 卜地于七松之里, 秋設役, 越明年冬十二月落之. …嗚乎! 士生斯世, 欲求爲人之道, 非學問不可, 學問之道, 非師友不可, 所以親師友而道問, 學者亦不可以無其所."

166) 고산서원 소장 고문서, <1894년 정의림 서간>, "詠歸亭記, 敢以鄙意有所搆就, 而疵纇想多, 不合揭板, 幸假鎔化而還之也. 上梁文, 今此併呈, 稍爲裁刪如何.… 甲午三月二十九日, 弟 鄭義林 拜"

167) 『일신재집』 권1 「시」

영귀정

신의 심성을 잘 다스려야 한다는 내용이다. 여기에서는 후자의 의미가 더 타당할 것으로 보인다. 위 경(庚)운자 시에 차운한 사람은 안국정(安國禎), 정재규, 정시림(鄭時林) 등의 동문들과 윤요중(尹堯重), 임호응(林鎬應), 배현기(裵玄基), 고광열(高光烈) 등의 제자들이 있는데, 영귀정에는 현판이 전혀 걸려있지 않아서 각자의 문집이나 읍지 등에서만 찾아볼 수 있다.

이밖에도 <영귀정강파음(詠歸亭講罷吟)> 2수, <영귀정증별제생(詠歸亭贈別諸生)> 5수 등의 시를 남겼는데, 대부분 영귀정이 강학의 공간임을 강하게 표명하면서 제자들에게 열심이 수양할 것을 당부한 내용이다.

〈1894년 정의림(鄭義林)이 기우만에게 보낸 편지〉(고산)

송사 대형의 장명자[168]에게 드림

월초에 구례(求禮)의 사람들이 강소로부터 돌아오면서 보내주신 답장편지를 가지고 왔고, 또 모든 일과 눈으로 본 모습을 말해주어서 상세히 알게 되었을 뿐만 아니라, 멀리 떨어져 있는 나머지 실로 그리워하는 마음에 위로가 되었습니다. 다시 묻건대 근래 건강은 어떠신지요? 이

사한 나머지의 고뇌와 토목공사의 모든 비용이 일시에 모두 일어나니 어떻게 감당하였는지, 지금은 모두 정돈되었는지요? 비석을 세우는 일은 장인이 와서 일을 시작하고 있는지요? 다만 염려가 될 따름입니다.

오호라. 산이 무너지고 대들보가 꺾인[山頹梁折][169]지 몇 년이나 되었는데도 역명지전(易名之典)[170]을 아직도 거행하지 못하고 있는데, 세상 꼴을 헤아려보면 왜 이와 같은지를 알겠습니다만, 또 연대가 점점 오래됨에 다시 어떤 사람이 일에 능하여 오늘 하지 못한 일을 해나갈 수 있을지 어찌 알겠습니까? 일전에 월파(月波)[171]와 논의하고, 삼가 통문 한 통을 작성해서 사방에 알리려는 뜻으로 하사리(下沙里)의 입형(立兄)[172]이 있는 곳에 보내기는 했습니다. 그러나 필법이 성글고 껄끄러운데다, 입언(立言)을 할 때 투식에 있어서 취사하는 것을 잘 알지 못하기 때문에 이에 먼저 형에게 보내니, 윤색을 해주길 바라고 바랍니다.

영귀정기(詠歸亭記)는 감히 저의 뜻으로 지어놓은 것이 있지만 결점이 많은 것 같아서 액자로 걸기에는 합당하지 않으니, 바라건대 용해를 더하여 보내주시길 바랍니다. 상량문도 지금 함께 보내드리니, 조금 깎아내 주시는 것이 어떻겠습니까? 너무 길어서 새길 때 불편함이 있을 것이기 때문입니다.

시동(尸童)처럼 사는 저는 짐짓 이 세상과 더불어 한 것이 없지만 종종 들리는 소식은 사람으로 하여금 듣고 싶지 않게 하는 것이 있습니다. 게다가 유학자 중 노성하여 후생들의 바람이 된 사람들이 차례로 돌아가시게 되니 지금에 이르러서는 우러를 만한 사람이 없습니다. 한 가닥 양맥(陽脈)이 포의(布衣)로 힘써 경전을 연구하는 사람 사이에 가늘게 이어져서 끊어지지 않았던 것도 또한 장차 오래지 않아서 박(剝)[173]이 다하고 순곤(純坤)의 날이 되고야 말 것입니다.

근래 용계(龍溪) 유기일(柳基一)[174]의 편지를 얻어 보았는데, 중암(重菴)[175]과 성재(省齋)[176] 두 문하의 뒤를 잇는 사람들이 단단히 더욱 격해져서 방패와 창이 날마다 찾는다는 뜻으로 끝없이 이야기를 한 것이었습니다. 그 또한 고군분투함으로써 스승의 은혜에 보답할 계책으로 삼은 것이니, 이 사람의 문망(聞望)이 기호지방의 유자들 중 최고가 됨을 알지만, 소견 또한 시속(時俗)의 속박 속에서 좌절되겠지요? 하물며 오늘날 꼴은 어떻게 된 것인지, 자잘한 잘못을 다투고 작은 허점을 찾아서 같은 방에서 칼날을 품음에 있어서이겠습니까? 한탄스럽고 통분할 일입니다.

오호라. 사문(斯文)에는 종주(宗主)가 없을 수 없고, 후학에게는 의방(依倣)이 없을 수 없으니, 오늘의 책임은 장차 누구에게 돌아갈 것입니까? 아마도 노형께서는 끝내 사양할 수 없을 것입니다. 그러니 바라건대 더 신경을 쓰고 더 자애하여 원근의 바람을 저버리지 마시기 바랍니다.

저는 외람되게도 선사(先師)의 두터운 은혜를 받았기에 만에 하나라도 우러러 돕고 싶지 않은 적이 없지만, 타고난 자질이 아름답지 못하여 붙들어 세울 방책도 전혀 없이 그럭저럭 세월만 보내고 있으니, 다만 간절히 죄송스러울 따름입니다. 그러나 소망하는 것 또한 오직 노형의 힘이 어떠한가에 달려 있을 뿐입니다. 나머지는 바빠서 대략 쓰고 이만 줄입니다. 살펴주시길 바랍니다.

1894년 3월 29일에 아우 정의림(鄭義林) 올림.

【추신】 편지를 써놓은 지가 오래되었으나 시요(時騷) 때문에 막혀 아직까지 전달하지 못했습니다. 통문(通文)은 이미 논의를 낸 것이라 중지할 수 없어서 이에 보내드리니 재량해주시는 것이 어떻겠습니까? 순견(舜見)[177]은 지금 무망(無妄)[178]으로 자리에 누운 지 여러 날이 됩니다. 때문에 편지가 없는 것입니다. 고원여(高元汝) 형에게 보내는 편지도 함께 부쳤으니, 인편을 찾아서 전해주시는 것이 어떻겠습니까? 시소(時騷)라고 하는 것은 지금 어떤 상황입니까? 만약 들은 것이 있다면 알려주시기 바랍니다. 벗 이덕재(李德哉)가 지금 막 부모상을 당했는데, 이미 들으셨을 것입니다. 아침저녁으로 상대하며 강습하길 매우 열심히 해서 위로된 것이 끝이 없었습니다.

松沙大兄 几席下將命

月初求之諸人, 自講所還爲致惠復, 且道凡百見狀, 不啻詳悉, 違闊之餘, 實慰懸情. 更問起居近節何如? 搬寓餘惱, 土木凡費, 一時併作, 何以堪了, 而今皆整疊見頓耶? 石役工來方作耶? 只庸仰慮. 嗚乎! 山頹梁折, 爲幾年矣, 易名之典, 尙此未擧, 揆以時象, 固知如是, 而又安知年代浸久, 復有何人能擧, 今日所未擧者哉? 日前與月波起論, 謹構通文一度, 以巡喩四方之意, 送于下沙立兄所. 然筆路疎澁, 其於立言時, 套不識去就, 故玆以先送於兄前, 如有未穩, 幸爲之潤色, 伏望伏望.

詠歸亭記, 敢以鄙意有所搆就, 而疵纇想多, 不合揭板, 幸加鎔化而還之也. 上梁文, 今此併呈, 稍爲裁删如何? 以其太長, 而於刻鏤有不便也. 尸居散蹤, 固無與於斯世, 而種種風色, 有令人不欲聞者. 加以斯文老宿, 爲後生之望者, 次第零落, 至於今日, 無可聊仰. 一線陽脈, 涓涓不絶於布素窮經之間者, 亦將不久而爲剝盡純坤之日也. 近得柳龍溪基一書, 以重省兩門脚下, 斷斷愈激, 戈戟日尋之意,縷縷說到, 而渠亦以孤軍血戰, 爲報答師恩之計, 此人聞望知爲纖儒之最, 而所見亦坐在時俗叢中耶? 況今日爻象爲何如, 而爭細過修微隙, 懷刃於同室耶? 可歎可痛.

嗚乎! 斯文不可無宗主, 後學不可無依倣, 而今日之責, 將歸於誰耶? 恐老兄終不得以辭焉, 幸加意加愛, 毋孤遠近之望也. 弟, 猥受先師厚恩, 非不欲仰補萬一, 而天質不美, 扶竪沒策, 荏苒歲月, 只切罪悚而已. 然所望亦惟老兄之力以爲如何. 餘忙草不備, 伏惟照察. 甲午三月二十九日 弟 鄭義林 拜

【추신】 書成已久, 而爲時騷所沮, 尙爾未達. 通文旣爲發論, 不容中止, 玆以送去. 兄須諒裁, 如何如何? 舜見今以無妄, 委席數日, 故未有書耳. 高兄元汝書, 倂付去, 覓便傳致如何? 時騷云云, 今作何狀耶? 如有所聞, 書示爲望. 德哉李友, 今方居憂, 想已聞之矣. 昕夕相對, 執業甚苦, 爲之慰用不已.

1894년 3월 29일에 정의림이 기우단에게 보낸 편지이다. 이사한 곳의 토목공사 비용을 어떻게 감당하였으며 지금은 모두 정돈되었는지, 비석을 세우는 일은 장인이 와서 일을 시작하고 있는지를 묻고, 스승이 돌아가신지 몇 년이 지났지만 증시의 일을 아직도 거행하지 못하고 있어서 통문을 만들었으니 살펴봐달라는 말, 사문(斯文)의 종주(宗主) 역할을 노형께서는 사양할 수 없을 것이니 원근의 바람을 저버리지 말라는 말을 하였다.

정의림이 기우만에게 보낸 편지는 1894년 3월 29일의 편지부터 1907년 6월 1일까지 35통이 된다. 한편 기우만이 정의림에게 보낸 편지는 문집에 실려 있는 것이 1889년부터 1905년까지 9통이 있다.

---

168) 장명자(將命者) : 명(命)을 받드는 자라는 뜻. 옛 편지에서는 편지를 전달해줄 사람이란 뜻으로 쓰인다. 수신자를 그냥 지칭하지 않고, 그 아랫사람을 지칭하는 경우가 많았다.

169) 산퇴양절(山頹梁折) : 스승이 세상을 떠난 것을 비유.

170) 역명지전(易名之典) : 시호(諡號)를 내리는 의식(儀式)으로, 시호는 정2품 이상을 지낸 인물의 사후에 생존 시의 행적을 바탕으로 하여 국왕으로부터 받게 되는 새로운 호(號)를 말한다.

171) 월파(月波) : 정시림(鄭時林)을 말함.

172) 입형(立兄) : 기재(奇宰, 1854~1921)를 말함 자는 입부(立夫), 호는 식재(植齋)이다. 아버지는 진연(晉衍)으로, 기정진(奇正鎭)의 문인이자 8촌간이다.

173) 박(剝) : 산지박(山地剝)괘를 말함. 박괘(剝卦)는 9월 상징, 음(陰)이 자라나서 양(陽)이 없어져 가는 괘로 간상곤하(艮上坤下)의 괘이다.

174) 유기일(柳基一, 1845~1904) : 자는 성존(聖存), 호는 용계(龍溪)·용서(龍西), 본관은 문화(文化)이다. 아버지는 병철(秉喆)로, 포천시 출신이며, 이항로(李恒老)와 김평묵(金平默)의 문하에서 수학하였다.

175) 중암(重庵) : 김평묵(金平默, 1819~1891)을 갈함. 자는 치장(穉章), 호는 중암(重菴), 본관은 청풍(淸風)이다. 아버지는 성양(聖養)이고, 어머니는 장수황씨(長水黃氏)로, 경기도 포천에서 살았으며, 이항로(李恒老)의 문인이다. 최익현(崔益鉉) 등과 동문수학하였으며, 문하에서 홍재구(洪在龜)·유인석(柳麟錫)·유기일(柳基一) 등을 배출하였다

176) 성재(省齋) : 유중교(柳重教, 1832~1893)를 말함. 자는 치정(穉程), 호는 성재(省齋), 본관은 고흥(高興)이다. 아버지는 진사 조(罍)이고, 어머니는 한산이씨(韓山李氏)이다. 김평묵(金平默)과 함께 이항로(李恒老)의 문하에서 수학했다. 만년에 들어서 스승의 심설(心說)에 반대했다. 즉 심을 기(氣)로 보아, 심을 이(理)로 본 이항로와 김평묵의 설을 비판했다.

177) 순견(舜見) : 안국정을 말함.

178) 무망(無妄) : 뜻밖에 우연히 걸린 병. 『주역』 〈무망괘(無妄卦)〉에 "무망의 병이니, 약을 쓰지 않으면 기쁨이 있으리라.[無妄之疾, 勿藥有喜]"라는 말이 있다

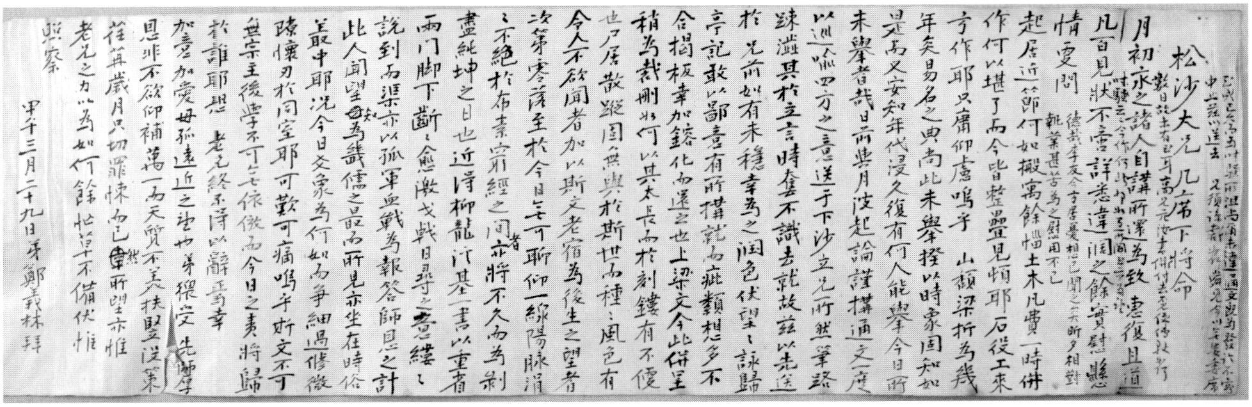

〈1904년 정의림(鄭義林)이 기우만에게 보낸 편지〉(고산)

삼산재의 고요한 안석에

같은 스승 밑에서 함께 수업 받던 벗들이 영성(零星)해지고 남은 사람은 단지 몇 사람에 지나지 않은데, 또한 호남의 골짜기와 영남의 모퉁이로 서로 멀리 떨어져 있습니다. 이와 같이 백수(白首)의 쇠잔한 지경과 시국 상황이 의지할 데 없는 날을 당해서는 정답게 찾아주리란 생각이 하루라도 마음속에 간절하지 않을 때가 없습니다. 한여름에 서로 본 것 또한 3년이나 오래된 것에서 나온 것이 아닌지요? 애초에는 낮과 밤이 끝나도록 말하고 논함을 다하여 이처럼 뱃속가득 쌓인 회포를 펼치려고 했었습니다만, 사람들이 가득하고 어수선해서 마침내 예대로 어려운 일에 봉착됨을 면하지 못하고 돌아오게 되었습니다. 궁산(窮山)에서 옛날처럼 칩거하고 있으면서 무료하게 나가도 갈만한 곳이 없고 들어와서도 더불어 말할 사람이 없어서 쓸쓸한 회포를 펼치기 어려우니, 매양 삼성산쪽을 바라보며 서글프게 정을 보낼 따름입니다.

오호라. 눈앞의 경색이 비록 매우 헤아리기 어렵다고 할지라도 오두막과 지게문이 있는 곳에서는 미리 알았던 것이겠지요? 다만 머리를 수그리고 말없이 묵묵하게 공부를 더해서 상유(桑楡)[179]에 많은 거둠을 보는 것, 이것이 안신입명(安身立命)할 곳[180]입니다.

영귀정을 세우는 것 또한 궁음(窮陰)속에서 한 가닥의 양맥에 기탁한 까닭으로, 원근의 벗들과 서로 지켜갈 계획이었습니다. 그러나 몇 년도 지나지 않아서 유가의 풍속과 선비들의 취향이 날로 분산되고 있어서 두드려도 응하지 않고 붙들어 세워도 일어나지 않으니, 그 형세가 장차 향리의 조롱거리가 됨을 면하지 못할 것입니다.

이 한 몸이 낭패를 당하는 것은 아까울 것이 없으나, 사문(斯文)의 일맥(一脈)에 있어서는 이것을 억지로 하면 저것이 어려워지는 처지이니, 염려가 되지 않겠습니까? 이것은 다른 일 때문이 아니고, 다만 덕망이나 우러러볼만한 것도 없는 사람이 앞에서 이끈 까닭으로, 결국 뜻과 마음이 가로막히고 해이해져서 수습도 못하게 된 데 이르게 되었기 때문입니다. 대저 백성들은 문왕이 아니면 흥기시킬 수 없는데, 사람마다 어찌 호걸로써 대할 수 있겠습니까? 이치와 형세를 살펴보아도 진실로 괴이할 것이 없습니다.

올 가을의 강회가 멀지 않았으니, 원컨대 노형께서 날듯이 와주셔서 사람들의 바람에 흡족한 위로가 있게 하고 사풍(士風)이 흩어지는 데 이르지 않게 해주시는 것이 어떻겠습니까? 한 지역의 선비들을 흥기 진작시키는 것 또한 작은 일이 아니니, 이는 나의 책임이 아니라고 여겨

홀시하는 일은 없으리라 생각합니다.

시국 소식은 근래 어떠합니까? 듣고 싶지 않아도 또한 듣지 않을 수 없습니다. 간재(艮齋) 무리들이 통문한다는 말은 혹시라도 있던가요? 진실로 믿을 수 없는 지가 오래되었는데, 길에 떠도는 말에 운운한 것들이 있을 따름입니다.

삼가 서늘한 가을에 때에 따라 보중하셔서 멀리에서 바라는 마음을 저버리지 마시길 빕니다. 나머지는 갖추지 않으니, 살펴주시길 바랍니다.

1904년 8월 7일에 정의림(鄭義林) 올림.

三山 靜几 將命

同門舊契零星, 餘存只不過若箇人, 而亦且闊遠於湖之曲嶺之隅. 當此白首殘境, 時象無賴之日, 而惠好覯降之思, 無日不切於中. 中夏相見, 其亦不出於三年之久耶? 初欲窮晝窮夜, 極言竭論, 以敍此滿腔積懷矣. 稠人擾擾, 竟未免循例逢着而歸, 蟄窮山依舊, 無聊出無可往, 入無與晤, 踽踽凉凉, 有難爲懷, 每瞻望三山, 悵然送情而已. 嗚乎! 目前風色, 雖極叵測, 而其蓬蓽圭竇之所,可預知者耶? 只是俛首無言, 默默加功, 以視桑楡多少之收, 此是安身立命處也.

詠亭之設, 亦所以寄一縷陽脈於窮陰之中, 而爲遠近知舊相守計矣. 行未幾年, 而儒風士趍, 日就渙散, 扣之不應, 扶之不起, 其勢將不免爲鄕里嗤嘲之資. 一身狼狽不足惜, 而其於斯文一脈, 强此艱彼之地, 不爲可慮哉. 此無他故耳, 只是無德望可仰之人爲之倡率, 以至於意闌心解而莫之收拾也. 凡民非文王不興, 人人豈可以豪傑待之乎? 揆以理勢, 固無足怪. 今秋講會, 行將不遠, 願老兄幡然賜臨, 使衆望有所慰浹, 使士風不至渙解, 如何如何? 一方士類, 興起振作, 亦非細事, 想不以爲非吾之任而恝之也. 時耗近何? 不欲聞而亦不可不聞. 艮徒通文之說, 或有之否? 固不足信久矣, 而途說有云云者耳. 伏祈秋凉, 爲時保重, 不孤遠望. 留不備, 惟照察. 甲辰八月初七日, 弟 鄭義林 拜.

1904년(광무8) 8월 7일에 정의림이 기우만에게 보낸 편지이다. 영귀정을 세운 것은 궁음(窮陰) 속의 한 가닥 양맥에 의지해서 원근의 친구들과 서로 지키며 살고자해서 그런 것이지만 얼마 되지

179) 상유(桑楡) : 뽕나무와 느릅나무. 해가 떨어질 때는 빛이 뽕나무와 느릅나무의 가지 끝에 걸린다고 하여, 일몰(日沒)이나 어떤 일의 마지막 단계를 가리킨다. 보통 만년(晩年)이나 노경(老境)을 비유하는 말로 주로 쓰이고, 간혹 이전에 실패한 것을 이후에 회복한다는 의미로도 쓰임.

180) 안신입명(安身立命)할 곳 : 몸을 편안히 하고 천명을 지킬 곳.

않아서 유풍(儒風)이 날로 흩어져서 부응하지 않으니 장차 향촌사람들의 조소거리가 될 것 같다는 것을 말하고, 이것은 덕망이 우러러볼만한 사람이 없어서인 것이니 이번 가을 강회에는 꼭 참석하여서 선비의 풍속을 진작시켜달라는 부탁을 하고 있다. 이어서 간재 전우 등이 통문을 돌린다는 설이 정말 있느냐고 묻고 있다.

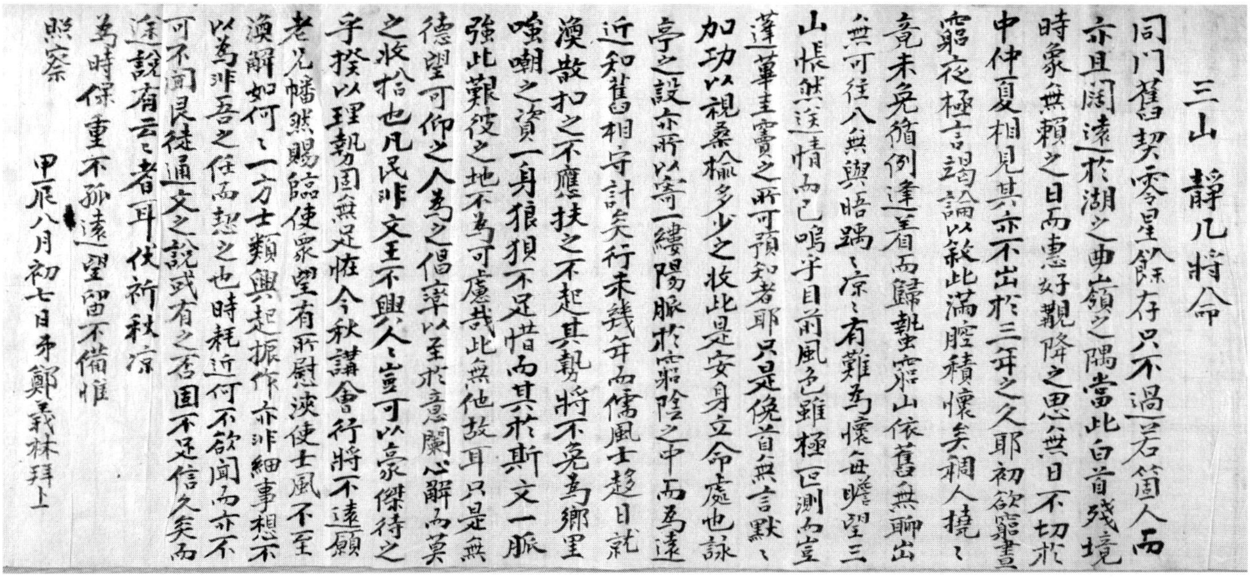

三山 靜几將命

同門舊契零星餘存只不過一二箇人而
亦且闊遠於湖之西嶺之隅當此白首殘境
時象無賴之日而惠好覯降之思無日不切於
中仲夏相見其亦不出於三年之久耶初欲窮晝
窮夜極言竭論以叙此滿腔積懷矣稠人撓撓
竟未免循例逢著而歸蟄處山依舊無聊出
無可往入無與晤踽踽凉凉有難爲懷每瞻望三
山悵然送情而已嗚乎目前風色雖極叵測而豈
蓬蓽圭竇之所可預知者耶只是俛首無言默默
加功以視桑榆多少之收此是安身立命處也詠
亭之設亦所以寄一縷陽脈於窮陰之中而爲遠
近知舊相守計矣行未幾年而儒風士趨日就
渙散扣之不應扶之不起其勢將不免爲鄉里
嗤嘲之資一身狼狽不足惜而其於斯文一脈
強此艱役之地不爲可慮哉此無他故耳只是無
德望可仰之人爲之倡率以至於意闌心解而莫
之收拾也凡民非文王不興人人豈可以豪傑待之
乎揆以理勢固無足恠今秋講會行將不遠願
老兄幡然賜臨使衆望有所慰浹使士風不至
渙解如何如何一方士類興起振作亦非細事想亦
以爲非吾之任而恝之也時耗近何不欲聞而亦不
可不聞艮徒通文之說或有之否固不足信久矣而
途說有云云者耳伏祈秋凉
爲時保重不孫遠望留不備惟
照察 甲辰八月初七日弟鄭義林拜上

3. 정시림(鄭時林)의 편지

정시림(鄭時林, 1839~1912)의 자는 백언(伯彦), 호는 월파(月波), 본관은 광산이다. 아버지는 한채(漢彩)이고, 어머니는 파주 염씨(坡州廉氏)로, 보성군 옥암면 노산리에서 태어났다. 나이 30세인 1868년에 기정진에게 집지하였으며, 매우 가난해서 한 곳에 정착하지 못하고 떠돌며 강학을 하다가 1894년에 향리의 부로들이 지어준 강습재(講習齋)에서 후학을 길렀다.

정시림의 주요 저술로는 <사문질의(師門質疑)>, <외필상질설(猥筆相質說)> 등이 있는데, 이것을 통해 그의 학문세계를 엿볼 수 있다. 그가 교유한 인물로는 최익현, 김평묵, 기우만, 정의림, 정재규 등이 있으며, 그 문하에는 이교천, 염재업, 송기만, 김인규, 염재진 등이 있다. 정시림은 일본이 주는 은사금을 계속 물리쳤다는 죄로 헌병대에 끌려가 곤욕을 치르기도 했다.

그의 유집인 『월파집(月波集)』은 원집과 속집이 있는데, 원집은 1913년에 기우만의 서문을 받아 제자들이 15권 5책의 목활자본으로 간행하였다. 여기에는 시 94수, 편지 114통, 잡저 5편, 설(說) 29편, 서발 54편, 기 56편, 묘도문 27편, 행장 30편 등이 수록되어 있다. 속집은 1940년에 정기(鄭琦)의 서문을 받고 김교헌(金敎獻)과 박용진(朴瑢鎭)의 발문을 받아 3책으로 간행되었는데, 여기에는 시 26수, 편지 44통, 서발 23편, 설(說) 9편, 기 32편 등이 앞에 실리고, 뒤에는 「답문편(答問篇)」과 「강습재강록편(講習齋講錄篇)」이 실려 있다.

강습재에 대한 기문은 벗인 정재규가 지었는데, 정재규의 문집 속에 남아 있다. 그것을 통해 1894년 봄에 낙성을 보았으며, 여기에 주자의 영정을 모셔놓고 삭망으로 첨배함으로써 무너져가는 윤강을 일으켜 세우려했음을 알 수 있다.

> 강습재는 보성 봉덕리의 동소산 아래에 있으며, 월파가 거처하는 곳이다. …그 재실을 이름한 뜻을 돌아보면 대개 태(兌)괘에서 취했으니, 태는 기뻐한다는 뜻이다. 무엇이 붕우와 강습하는 것과 같으랴? 강습으로 서로 도우니, 연못이 이어져 있어서 서로 도움을 주는 상이 있다. 상을 보고 따져보고 강학하고 익히니, 또한 즐겁지 아니한가? 그러나 태의 도는 바르게 함이 이로우니, 바르게 하면 이른바 화(和)해서 기뻐함이요, 미더워서 기뻐함이라. 길하고 또 후회가 없다.[181]

181) 정재규, 『느백헌집』 권34 「기」 <講習齋記>, "齋在山陽之鳳德里桐巢山下, 月波子之所居也. …顧其名齋之義, 蓋取諸兌, 兌說也. 天下之可說, 孰如朋友講習. 講習相益, 有麗澤互滋之象, 觀象擬議, 講而習之, 不亦說乎. 然兌之道, 利於貞, 貞則所謂和兌也孚兌也,

기문의 작자와 주인의 뜻이 같았는지는 모르겠지만, 정재규는 기문에서 강습재라고 이름한 까닭을 주역의 '태위택(兌爲澤, 重澤兌)'괘에서 찾고 있다. 상(象)에 이르기를 '이택태(麗澤兌)'라고 하였는데, 이는 아래 위의 연못이 이어져 있어 서로 물이 흐르며 높이를 함께 하니, 사제와 붕우 간에 서로 도와 학문과 덕을 닦는다는 뜻을 취한 것이다.

강습재가 지어지자 정시림이 원운시와 주련시를 지었는데, 원운시는 다음과 같다.

<講習齋原韻>	강습재 원운
林樊小大年	수풀 우거지니 크고 작은 나무들이요,
講習詩書客	강습하니 문학과 학문하는 객들이라.
此地堂廡成	이곳에 정사 이루어지자,
相觀禮巖石	서로 보며 바위에 예를 갖추네.[182]

이름에서 이미 강학공간임을 강하게 표명하고 있으며, 시의 내용도 교훈적임을 알 수 있다. 위 시를 통해서 어린이나 젊은 사람이 모두 함께 모여 강습하고, 마당에는 예석(禮石)이라 불리는 큰 바위가 있어서 서로 예를 행하였음을 추정할 수 있다. 주련시는 모두 7언시 10구로 이루어졌는데, 건물의 기둥에 빙 둘러 붙였을 것으로 보인다.

위 시에 차운시를 지은 사람은 벗들인 정의림, 기우만, 안택환 등과 제자들인 양회갑, 염재신, 윤자현 등, 그리고 이광수의 시가 각각의 문집 속에 들어 있다. 강습재 관련 글은 위 시들 외에도 기우만의 <강습재 석각 뒤에 짓다[題講習齋石刻後]>가 기우만의 문집(권22)에 실려 있고, 정재규의 기문에는 이건창이 상량문을 지은 것으로 나오지만, 전하지 않는 것으로 보인다. 여기에서는 정의림의 차운시 1수만 예로 들겠다.

<次講習齋韻>	강습재 시에 차운함
南方山水地	남쪽의 산수 좋은 곳에,
一代詩書客	일대 뛰어난 시서의 객들이라.
珍重箴規存	보배로운 잠규 남아 있어,

吉且悔亡."

182) 『월파집』 권1 「시」 <講習齋原韻 幷柱聯散句>

開門對禮石　　　　　　문을 열고 예석을 대하네.[183]

〈1899년 정시림(鄭時林)이 기우만에게 보낸 편지〉(고산)

노선생(老先生)께서 제생들과 소자를 버리고 떠나신지 이미 여러 해가 되었습니다. 이에 제생들과 소자가 의탁할 것은, 하나는 선생의 도가 문집에 실려 있는 것인데, 문집이 중간(重刊)되어 세상에 성행함에 길 가던 사람도 오히려 진작시키니 하물며 문인의 반열에 있는 사람에 있어서이겠습니까? 다른 하나는 노형께서 문장(門墻)[184]을 계승하고 지켜서 유림의 종장이 된 것이니, 이른바 '사방 사람들이 그대에게서 예를 볼 것이다[四方於子乎觀禮]'라는 것이 이것입니다. 저 시림과 같은 사람은 쇠잔하고 졸렬함이 말할 것이 없지만, 선생의 도에서 졸업할 수 있도록 중간본 전질을 보내주셨으니, 그 성대한 덕에 포용된 것이 오래되었습니다. 매우 감사함을 이길 수 없습니다.

살피지 못했습니다만 겨울에 도체는 평안하신지요? 수업 받고 있는 제현들도 모두 건강이 좋겠지요? 이곳에서 가는 노인은 곧 저의 새 사돈입니다. 노인의 둘째 아들을 강성군(江城君)의 부조사손(不祧祀孫)으로 출계시켰는데, 근래 강성군의 문집을 중간하게 되어서 책의 서문을 받는 일로 송사 어른에게 배알한다고 하기 때문에 이 행차가 있게 되었으니, 바라건대 수고로움을 잊고 그 청을 저버리지 마시기를 천만 번 엎드려 바랍니다. 나머지는 진덕(進德)하시는 몸이 자중자애하시길 빌면서 이만 줄입니다. 살펴주시기 바랍니다.

1899년 10월 13일에 정시림(鄭時林) 올림.

老先生棄諸生小子已有年, 于玆諸生小子之所依賴, 一則先生之道, 載在文集, 文集重刊, 盛行于世, 凡在途人, 猶可振作, 況在門人之列者耶? 一則老兄嗣守門墻, 爲儒林宗盟, 而所謂四方於子觀矣者此也. 如時林者, 殘劣無謂, 而使之得被卒業於先生之道, 惠以重刊全秩, 爲其盛德包容者久矣. 不勝感銘. 未審冬令, 道體安康? 受業諸賢, 計各休吉? 此去老人, 卽弟之姻婭新査也. 老人第二子, 出爲江城君不祧祀孫, 而近有江城君文集重刊, 以弁卷之文, 謁於松沙杖席, 故有此行, 惟願忘勞不孤其請, 千萬伏望. 餘惟祝進德自愛. 不備伏惟下照. 己亥十月十三日, 弟 鄭時林 再拜.

183) 정의림, 『일신재집』 권1 「시」

1899년 10월 13일에 정시림이 기우만에게 보낸 편지로, 노사선생이 돌아가신 후 우리들이 의지할 곳이 두 가지가 있는데, 그 첫째는 스승의 도가 문집에 모두 실려 있는데 지금 문집이 중간되어 세상에 성대하게 행하여지고 있다는 점이고, 둘째는 기우만이 스승의 문하를 이어 사림의 종장이 되준 것이라고 했다. 또한 강성군의 문집을 중간하려고 하여 그 서문을 받으러 사돈되는 사람이 그곳으로 가니 그 청을 저버리지 말아달라는 부탁을 하였다.

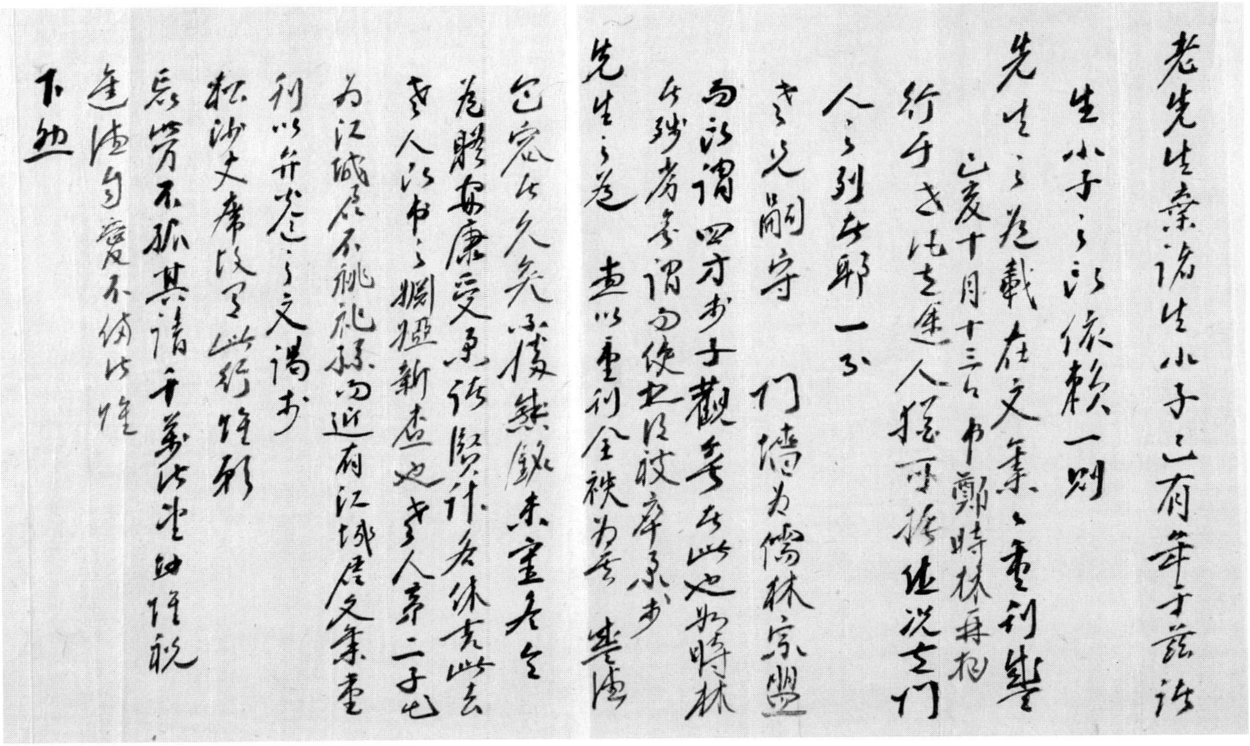

184) 문장(門墻) : 스승의 문을 말함. 노(魯)나라 대부 숙손무숙(叔孫武叔)이 조정의 대부에게 "자공(子貢)이 중니(仲尼)보다 어질다."고 하자, 자복경백(子服景伯)이 자공에게 고하였는데 자공이 "부자의 담은 몇 길이나 되어 문을 따라 들어가지 않으면 집 안에 있는 모든 아름다움을 볼 수 없다."라고 한 데서 유래한 말이다.(『논어』)

4. 정재규(鄭載圭)의 편지

정재규(鄭載圭, 1843~1911)의 자는 영오(英五)·후윤(厚允), 호는 애산(艾山)·노백헌(老柏軒), 본관은 초계(草溪)이다. 아버지는 방훈(邦勳)이며, 어머니는 교하(交河) 노위진(盧緯鎭)의 딸로, 합천군 쌍백면 물계(勿溪)에서 태어났다. 1864년에 노사의 문하에 들어가서 스승의 성리설과 위정척사사상을 계승하고, 활발한 강학 활동을 통해 정면규(鄭冕圭), 정기(鄭琦), 남정우(南廷瑀), 권운환(權雲煥), 이교우(李敎宇) 등 많은 문인을 배출하였다.

유고 『노백헌집(老柏軒集)』은 원집 49권 25책, 부록 5권 2책으로 구성되어 있는데, 1912년에 목활자로 간행되었다. 여기에는 시 397제(題)가 저작 연도순으로 편차되어 있고, 편지 959통이 수신자별 연도순으로 배열되어 있으며, 잡저 91편이 수록되어 있는데 스승 기정진과의 문답 및 언행 등을 기록한 <사상기문(沙上記聞)>과 <납량사의기의변(納涼私議記疑辨)>·<납량사의기의추록변(納涼私議記疑追錄辨)>·<외필변변(猥筆辨辨)>·<추록(追錄)>·<변무문 시제동지(辨誣文示諸同志)> 등 스승의 학설을 변론한 글이 들어 있다. 이밖에 서(序) 30편, 기(記) 73편, 발(跋) 71편, 묘도문 145편, 행장 27편 등이 있다. 끝에는 정기, 이교우, 남창희, 정현춘이 지은 발문이 붙어 있다.

1893년 호남지방을 유람한 적이 있으며, 1896년 의병을 일으키려다 실패하고 체포를 피해 호남지방으로 피신하여 정시림, 정의림 등과 함께 호남지방을 소요하며 호남의 인사들과 교유했는데, 이때 화순 등지에 그의 시문이 많이 남아있는 계기가 되었다. 한편 1901년에는 『노사집』과 『답문유편(答問類編)』의 판각을 신안정사에서 주도하여 1902년 목판으로 간행할 수 있게 하였다.

을사늑약이 이루어지자 곽종석과 호응하기 위해 제자들과 인근의 유림을 이끌고 상경했으나 곽종석이 상소를 포기하고 낙향함에 따라 뜻을 이루지 못하고, 다시 제자들을 거느리고 정산의 최익현을 찾아가 의병을 권유하기도 하였다. 1906년 1월에는 곡성의 도동묘에서 기우만과 함께 의병을 일으키려고 하였으나 사전에 발각되어 실패하고 말았다.

한편 만년에 노백서사(老柏書舍)를 세웠는데, 기우만과 문인 권재규(權載奎)의 기문이 남아 있다. 권재규가 지은 기문에 보면 "물계(勿溪)의 소덕동(小德洞)에 우뚝 솟은 삼칸 집은 우리 사문 정선생께서 은거하여 수양하시던 곳이다. 이곳은 일찍 노사 기선생이 지나간 적이 있으므로 첨과당(瞻過堂)이라고 하는데, 모두 노백서사이며, 선생께서 1870년(경오) 생일날 저녁 꿈에 지은 시를 인용한 것이다. 집은 높지만 깊이 숨어 있으며 형세는 깊지만 앞이 열리어 있고, 지척에 있는 마을은 서로 가로막혀 보이지 않으며 구름을 문으로 삼고 산을 울로 삼고 있으니, 이곳은 참으로 노백헌 선생께

노백서사

서 은거할 만한 곳이라고 할 것이다."라는 구절이 있다. 망한 나라의 선비로서 지조를 지키려고 했던 노백헌의 마음을 엿볼 수 있다.

한편 정재규가 노백서사에 대해 지은 시 17절이 있는데, 다음과 같은 글이 쓰여 있다.

<山居雜詠十七絶·書舍> 산거잡영 17절 중 서사(書舍)

庚午十一月十一日曉夢作詩, 其日我生朝也. 有'羣芳濯濯佳容失, 老柏亭亭本色新'之句, 今思之, 有若神之冥戒, 然豈敢忘諸. 경오년(1870) 11월 11일 새벽 꿈속에서 시를 지었는데, 그날은 나의 생일날이었다. '꽃들은 시들어 아름다운 모습을 잃었지만, 늙은 잣나무는 정정하여 본색이 새롭구나'라는 싯구가 있는데 지금 생각해보면 마치 신이 암암리에 훈계하는 것 같다. 그러니 어찌 감히 잊으랴.

老栢本相新　　늙은 잣나무의 본색이 청신함을 도우니,
神識良可質　　신의 징조를 진실로 물을만 하네.
玆心知者誰　　이런 마음 아는 자 누구인가.
作此爲容膝　　이곳을 지어 무릎 허용할 곳으로 삼네.[185]

1870년 11월 11일 생일날 꿈속에서 지은 시를 다시 지은 것으로, '노백'이란 시들지 않고 정정한 잣나무를 가리킴을 알 수 있다.

〈1898년 정재규(鄭載圭)가 기우만에게 보낸 편지〉(고산)

임부(臨夫)와 공립(公立)[186]이 형의 편지를 받들고 먼 곳까지 와준 것은 진실로 뜻밖이었는데, 이를 통해 요즘 건강이 좋으시다는 것을 알았습니다. 편지에서 다 못한 것은 두 사람이 말해주었는데, 조섭하고 있는 일상생활에서부터 문집을 간행하는 일에 대해서까지 처음과 끝을 물어서 알지 않음이 없었으니, 얼마나 위로되고 시원하던지요?

저 재규는 아들이 오랫동안 병을 앓고 있으면서 아직까지도 다 낫지 않은데다 저 자신도 독감에 걸려 묵은 병과 새 병이 서로 번갈아가며 발생하니, 정신은 사라지고 겉가죽만 남아서 스스로 가련할 따름입니다.

문집을 간행하는 일에서 재정이 고갈되는 것은 이미 예상했던 것인데, 땅은 멀고 힘은 결핍되어 한 팔의 도움도 드리지 못하니 부끄럽습니다. 이곳에서도 책을 구하는 사람은 많은데, 먼 곳에서 살거나 혹 재력이 궁핍해서 창졸간에 주선할 수 없는 관계로 우선 약간의 돈만을 부쳐드립니다.

삼산재(三山齋)에 단(壇)을 쌓고 석채례(釋菜禮)를 행하는 일은 지금처럼 잡목으로 천지가 막혀있는 날을 당해서는 한 지역의 이목을 깨우치기에 마땅하니, 어찌 좋은 일이 아니겠습니까? 다만 성인(聖人)의 괄낭(括囊)[187] 검덕(儉德)[188]의 훈계가 우리들의 오늘날 의제(義諦)[189]가 되는 것을 생각하면, 이러한 일은 혹 너무 높은 것을 표방하여 사람들의 청문(聽聞)을 장황하게 하는 데 이르지 않을까 두렵습니다. 그러니 우선 서서히 세상의 변화와 시의가 어떠한가를 보고서 대처하는 것이 어떻겠습니까? 하물며 형이 처한 바는 여타의 사람들과는 달라서 비록 행동을 검속하고 또 검속한다고 할지라도 감출 수 없을까봐 두렵습니다. 그러니 깊이 생각하는 것이 마땅합니다. 이미 물어주셨기에 감히 감추지 않고 말하는 것입니다. 나머지는 두 젊은이가 입으로 다 말할 것입니다. 갖추지 않고 삼가 답장 편지 올립니다.

1898년 11월 28일에 정재규(鄭載圭) 올림.

---

185) 『노백헌집(老柏軒集)』 권3 「시」

186) 공립(公立) : 김항순(金恒淳, 1858~?)의 자. 호는 월초(月樵), 본관은 김해이다. 대곡 김석구의 아들이다.

임부가 병 때문에 여러 날을 앓았으며, 기운이 아직 회복되지 못했는데 갑자기 출발하여 돌아가게 되었으니, 도리에 해롭지 않을까[190] 염려될 따름입니다.

臨夫公立, 奉令緘遠涉, 誠料外也. 伏審近節護重, 書所未悉, 二君言之, 自起居調度, 以至刊事, 始末無不叩知, 何等慰豁? 載圭, 兒病支離, 尙未完合, 身中寒毒, 舊痾新恙, 夾發交攻, 神亡皮立, 自憐而已. 刊役之財貫, 固所已料者, 地遠力乏, 無以奉助一臂, 忸怩. 此近求書者亦多矣. 或居遠或力窘, 不能倉卒周旋, 姑以若干付輸耳. 三山築壇釋菜, 當此榛蕪閉塞之日, 如可以醒一方之耳目, 則豈非好事? 第念聖人括囊儉德之誡, 爲吾黨今日義諦, 而此等事, 恐或涉於高揭標牓張皇聽聞也. 姑徐徐以觀世變時義之如何而處之, 如何如何? 況兄所處異餘人, 雖於德儉之又儉, 恐不可晦也, 切宜深思也. 旣蒙下問, 不敢隱也. 餘二君口悉, 不備謹謝上. 戊戌復月二十八日, 弟 鄭載圭 拜手.

臨夫病數日苦痛, 而氣猶未復, 遽發回程, 不瑕有害慮耳.

1898년 11월 28일에 정재규가 기우만에게 보낸 편지이다. 문집을 간행하는 일에 도움을 주지 못하고 다만 약간의 돈을 부친다고 했다. 스승 기정진의 『노사집』은 1899년에 담대헌에서 활자로 중간이 이루어졌는데, 이것을 말한 것으로 보인다. 기우만은 1896년에 의병활동이 좌절되자 장성군 진원면 삼성산에 삼산재(三山齋)를 짓고 은거하였으며, 1899년 3월에는 삼산재 북쪽에 단(壇)을 설치하여 선성(先聖)과 선사(先師)를 모셔두고 봄가을로 석채를 행하였는데, 이것에 대해 정재규는 좋은 일이긴 하지만 검속을 우선으로 해야 할 때이니 서서히 세상의 변화와 시의가 어떠한가를 보고서 대처하는 것이 좋겠다는 말을 하였다.

정재규가 기우만에게 보낸 편지는 1898년 7월 25일부터 1906년 윤4월 3일까지 17통이 남아있다.

---

187) 괄낭(括囊) : 주머니 주둥이를 잡아매는 것. 곧 입을 다물어 말을 조심한다는 뜻. 『주역』 「곤괘」 육사(六四)의 '괄낭무구(括囊無咎)'에서 따온 말이다.

188) 검덕(儉德) : 검소한 행실. 『서경(書經)』 「태갑(太甲)」에 "검약한 덕을 삼가셔서 영원한 계책을 생각하소서.[愼乃儉德, 惟懷永圖]"라고 하였다.

189) 의제(義諦) : 사물의 바탕이 되는 뜻이나 이유.

190) 불하유해(不瑕有害) : 『시경』 「패풍(邶風)」 <천수(泉水)>의 "간 땅에 나가서 잠을 자고, 언 땅에서 전별하였네. 수레에 기름치고, 굴대 꽂아 수레 돌려 달려가면 금방 위나라에 이르련만, 도리에 해롭지 않을까.[出宿于干, 飮餞于言. 載脂載舝, 還車言邁, 遄臻于衛, 不瑕有害]"라는 말에서 유래하였다.

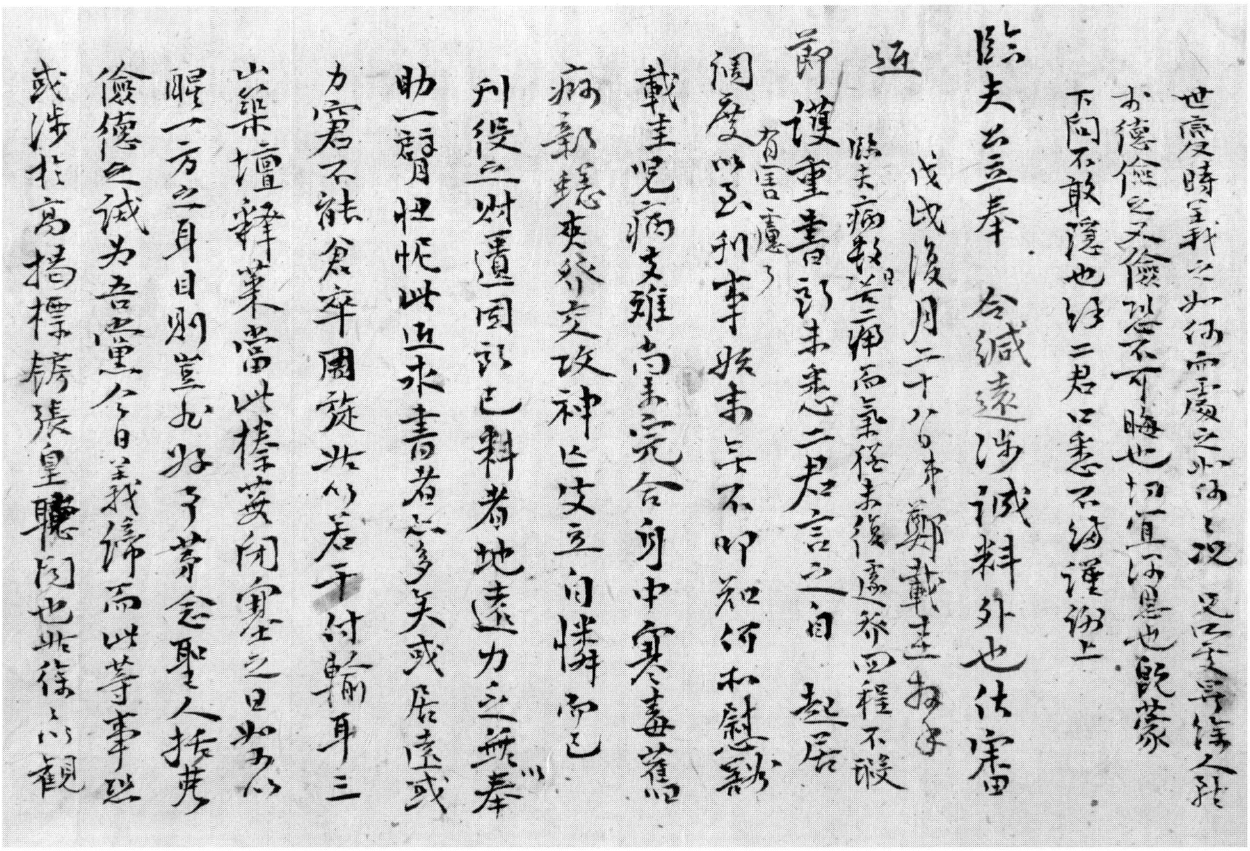

〈1905년 정재규(鄭載圭)가 기우만에게 보낸 편지〉(고산)

저번에 곡성에 사는 노군(盧君) 편에 부친 편지는 받아보셨는지요? 시국을 말하자면 나라는 아직 망하지 않았다고 할 수 있지만, 21일의 변고에 대해서는 우리 대한이 이미 나라가 없어진 것이요, 국민이 없는 것입니다. 장차 서로 거느리고 가서 원수 오랑캐의 포로가 되니, 통탄스러움을 어찌하리오. 다행인 것은 임금의 마음이 확고하여 병사의 협박에도 무서워하지 않고, 사직을 위해 몸 바칠 것을 맹세하니, 이것이 오히려 신민들이 목숨을 의지할 곳이 됩니다. 이 때에 미쳐서 급급하게 이구동성으로 떨쳐 일어나 앞 편지에서 뜻한 것과 같게 한다면, 오히려 만분의 일이라도 바라볼 것이 있을 것인데, 호남의 사론은 장차 어떻게 하기로 했는지 모르겠군요. 형께서는 온 나라 사람들이 기대하는 것이 실로 다른 사람과 견줄 바가 아닌데, 더욱이나 퇴축하여 자정하는 계획은 마땅치 않습니다.

이곳은 면우(俛宇)[191]가 이미 임금의 명을 받아 달려 나갔고, 문무의 조정 신하들도 또한 대부분 분문(奔問)[192] 하였으며, 각 군에 사는 유생들도 차례로 서울로 달려가 대궐 앞에서 성토하는 일을 하려고 합니다. 그러니 저처럼 병들어서 목숨이 간들간들한 사람이 어찌 집의 들창문 아래서 생을 마칠 계획을 하겠습니까? 형께서도 천만 분발하시기 바랍니다.

마침 능주로 가는 인편이 있어서 일신(日新)[193]에게도 알렸는데, 그 밖의 여러 벗들에게는 각각 쓰기가 어려워 별도로 몇 줄의 통문을 지어서 올리니, 번거롭더라도 형께서 널리 전파해 주시기 바랍니다.

정자를 세우는 일은 어찌 꾸짖어서 제지시키지 않았습니까? 비록 이미 이루어진 일이라고 할지라도 정지시키는 것이 좋을 것입니다. 만약 그렇지 못하다면 형은 이른바 '나를 잘못되게 하는 것은 바로 너희들 두세 사람이구나.'[194]라는 것이 장차 '두세 사람을 그릇되게 하는 것이 나이구나'가 될까 두렵습니다. 이러한 시기에 어찌 이러한 소리가 있는 것이 마땅하겠습니까? 면암이 고친 16자는 전보다 나을 것 같으니, 이것에 의해서 개정하는 것이 어떻습니까? 나머지 말할 겨를이 없는 것은 모두 줄이고 이만 씁니다.

1905년 11월 17일에 정재규(鄭載圭) 올림.

頃因谷城盧君便付書, 獲關聽未? 時則國猶未亡矣. 至於廿一日之變, 我韓已無國矣, 無民矣, 將相率而爲讐虜之俘, 痛哭何言? 所幸, 上心確然, 不怵於兵脅, 矢以殉社, 此猶爲臣民依命之地. 及此時汲汲齊聲奮起, 如前書中之意, 則猶有望於萬分有一之中, 未知湖南士論, 將何爲之所? 兄擧國之注望, 而實非餘人比, 尤不宜退縮自靖計也. 此近俛宇已赴命, 文武朝士, 亦多奔問, 列郡儒生, 亦次第西赴, 以爲叫閽討道之擧. 如弟之抱疾奄奄者, 亦豈爲終死牖下之計哉? 願兄千萬自勵. 適有綾城便人, 書告日新, 至於諸友處, 難以各幅, 別作數行, 輪告文以呈, 煩兄布示也. 亭役曷不呵禁? 雖遂事, 停止好矣. 若不然, 則恐兄所謂'非我也二三子也'者, 將爲非二三子也我也. 此時豈宜有此聲? 勉菴所改十六字, 恐勝於前, 依此改正如何? 餘不暇言都縮, 不宣. 乙巳十一月十七日, 弟 載圭 拜手.

1905년 11월 17일에 정재규가 기우만에게 보낸 편지이다. 을사조약이 이루어진 후 보낸 편지로, 나라가 아직 망한 것은 아니지만 이미 나라가 없어진 것과 같음을 통탄하였다. 통문을 지어 보냈으니 여러 지역에 알리고 함께 대궐 앞에 나아가 성토하자는 내용이다.

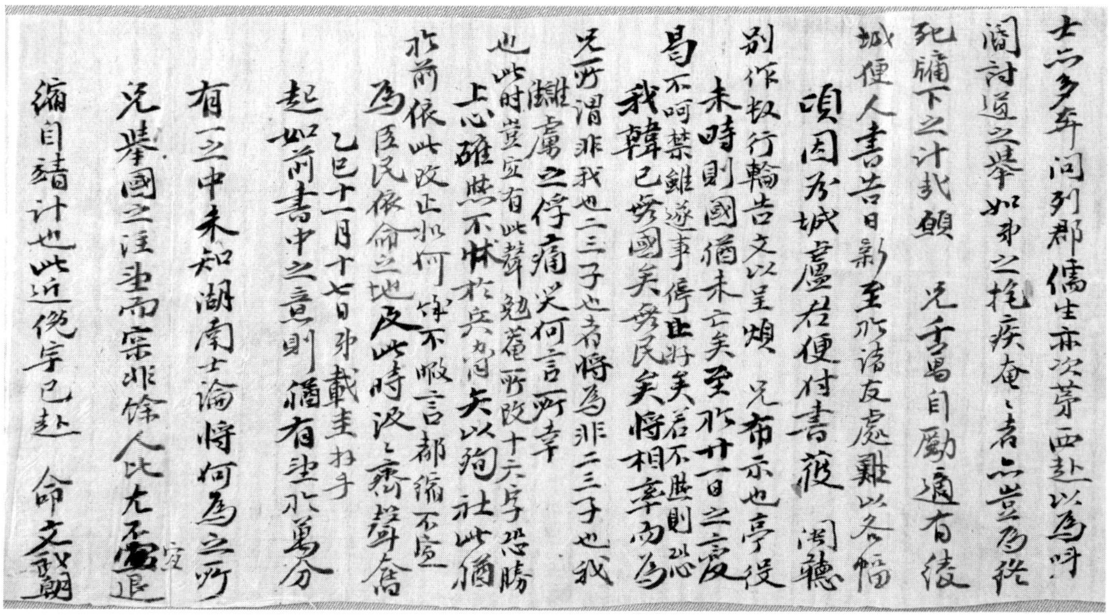

191) 면우(俛宇) : 곽종석을 말함.

192) 분문(奔問) : 난리를 당한 임금에게 달려가서 문후(問候)하는 것을 말한다. 주(周)나라 양왕(襄王)이 난리를 피해 정(鄭)나라 시골 마을인 범(氾)에 머물면서 노(魯)나라에 그 사실을 알리자, 장문중(臧文仲)이 "천자께서 도성 밖의 땅에서 먼지를 뒤집어쓰고 계시니, 어찌 감히 달려가서 관수(天王)에게 문후하지 않을 수 있겠습니까.[天子蒙塵于外, 敢不奔問官守]"라고 대답한 고사에서 유래한 것이다.(『춘추좌씨전』「희공24년」)

193) 일신(日新) : 정의림을 말함.

194) 나를 잘못되게……두세 사람이구나 : 『논어』「선진편」에 나온 말. 안연(顔淵)이 죽자 문인들이 후하게 장사 지내려 하니, 공자가 옳지 않다고 하며 한 말이다.

5. 조영만(趙泳萬)의 편지

조영만(趙泳萬, 1847~1923)의 자는 화일(和一), 호는 소산(小山)·동사(東沙), 본관은 옥천(玉川)이다. 아버지는 창희(昌憙)이며, 어머니는 함안인 조정일(趙廷一)의 딸로, 곡성군 동산리에서 살았다. 기정진의 문하에서 수학하였다.

유집에 『총계집(叢桂集)』 6권 2책이 있는데, 1966년에 석인본으로 간행되었다. 서문은 족질 조민식(趙敏植)이 1966년에 쓰고, 발문은 증손 조태훈(趙泰勳)이 썼다. 여기에는 시 218수, 편지 87통, 기(記) 12편, 행장 15편, 기타 10편, 축둔 18편, 제문 20편 등이 실려 있다. 조영만에 대해서는 부록문자가 없어서 자세히 알 수 없다.

그러나 족제 조장섭(趙章燮, 1857~1934)의 문집인 『위당선생문집(韋堂先生文集)』에 조영만의 죽음을 애도한 제문(祭文)을 보자면 "향년 77세에 이르러 회근(回巹)례를 잘 행하였는데, 또 지란(芝蘭)과 옥수(玉樹)가 뜰아래 가득하였으니, 모두가 원하는 바이지만 반드시 얻을 수 없는 것인데 공은 이것을 모두 겸했다. 일찍 노사의 문하에 들어가서 얻어들은 것은 이(理)가 주인이고 기(氣)가 종이 된다는 정론(正論)과 내화외이(內華外夷)의 엄변(嚴辨)이 아님이 없었으며, 더불어 노닌 자들은 모두 석덕과 박학한 선비들이었다. 세상은 변해서 사설(邪說)이 가득하고 화이(華夷)와 금수가 어지럽게 섞여있었지만, 공은 의연하게 스스로를 지키며 조금도 높은 곳에서 내려와 깊은 곳으로 들어가는[出喬入幽] 뜻이 없었으니, 내 어찌 공경하지 않을 수 있겠는가."라고 기술하고 있어서 어느 정도 이력을 짐작할 수 있다. 또한 석정 조인석(趙寅錫, 1863~1931)의 문집 『석정집(石汀集)』에도 제문이 남아 있는데, 여기에서 "공께서는 비록 쾌활하게 사셨다고 할지라도 제가 어찌 눈물 흘리지 않을 수 있겠는지요. 평생에 배운 것을 백에 하나도 시험해보지 못하셨네.[公雖快活, 我何不淚, 平生所學, 百無一試]"라고 하며 그가 뜻을 펴보지 못한 것을 슬퍼했다.

그는 『노사집(蘆沙集)』을 영남에서 삼간할 때 어느 정도의 역할을 담당했던 것으로 보인다. 그가 1900년 1월 20일에 기우만에게 보낸 편지에 보면 "선사집(先師集)과 답문유편을 증보 인쇄한다고 하는 말씀은 잘 알았습니다. 다만 '노력하여 열심히 주간하라'는 말씀은 그것에 마땅한 사람이 아닐까 두렵습니다. 그러나 사람치고 또한 변해가는 이 세상에 스승의 문장이 백세토록 전파되길 원하는 자가 감히 말씀에 부응하지 않을 수 있겠습니까?[先師集竝類編, 加印云云, 謹悉下書, 但努力勤幹四字, 恐非其人, 然而人也, 亦願布師文於滄桑百世者, 敢不副敎.]"라고 하는 내용이 나온다.195)

노사문인 중 조영만에 대해서는 잘 알려져 있지 않다. 그러나 고산서원에는 조영만이 기우만에게 보낸 편지가 1898년 윤3월 19일부터 1914년 윤5월 15일까지 31통이나 소장되어 있다. 이에 반해 기우만의 문집에는 2통밖에 실려 있지 않고, 조영만의 문집에는 1875년에 작성한 편지부터 시작하여 11통이 실려 있는데, 31통의 편지 중 1통만 겹친다.

조영만은 기우만의 아버지 기만연(奇晩衍)[196]이 사망하였을 때는 만사 6수를 지었고, 기우만이 사망하였을 때는 만시 22수를 짓는 등 기우만과의 우정을 매우 소중히 여겼던 것으로 보인다. 그의 시 중에는 송사를 생각하는 싯구가 자주 나오는데 다음은 그중 한 수이다.

<秋夜憶奇松沙>	**가을밤에 송사 기우만을 그리며**
一別三山過幾時	한 번 삼산에서 헤어진 지 얼마의 시간이 지났나.
秋來無日不想思	가을 되자 그리워하지 않은 날 없네.
蒼葭白露人何處	푸른 갈대에 흰 이슬 내리는데[197] 사람은 어느 곳에 있나.
挑盡寒燈誦古詩	찬 등에 심지 돋우고 고시를 외울 뿐.[198]

찬바람이 일면 그리운 사람이 떠오르기 마련인데 조영만은 나이 비슷한 기우만을 매우 그리워하고 있다. 가을뿐만 아니라 여름에도 매미소리 들으면서도 기우만을 떠올리며 지은 시도 있다. 마음속으로 송사를 많이 의지하였던 듯하다. 한편 그는 기우만이 의병을 일으키자 매우 자랑스럽게 생각한 듯하다.

<丙申聞盧應奎擧義於嶺, 奇松沙傳檄於湖, 奮義口號> 1896년 노응규가 영남에서 거의하고 기송사가 호남에 격문을 띄웠다는 소식을 듣고 의분하여 곧바로 짓다

蠻夷逆黨即同流	오랑캐와 역적은 곧 한 부류이니,
當世誰能爲國謀	지금 세상에 누가 능히 나라위해 일을 꾀할까.
何面戴天瞻日月	어떤 얼굴로 하늘을 이고 일월을 올려볼 수 있을까.
此心無地讀春秋	이 마음으로 춘추를 읽을 곳 없어라.

195) 『노사집(蘆沙集)』은 1883년에 초간본이 간행되었고, 1898년에 중간본이 간행되었다. 『답문유편(答問類編)』은 1890년에 초간본이 간행되었다.

196) 기만연(奇晩衍, 1819~1876) : 자는 노희(魯喜), 호는 오서(鰲西)이다. 기정진의 아들로, 이시성(李蓍成)의 딸과 결혼하였다.

197) 창가백로(蒼葭白露) : 사람을 구하고자 하나 얻을 수 없다는 뜻이다. 『시경(詩經)』 「진풍(秦風)」 <겸가(蒹葭)>에 "갈대가 푸르니 흰 이슬이 비로소 서리가 되었구나."라고 한 데서 나온 것이다.

198) 『총계집(叢桂集)』 권1 「시」

大君安在俄沙館	대군은 어찌하여 아라사 공관에 있어서
壯士爭登矗石樓	장사들 다투어 촉석루에 오르게 하나.
最喜奇卽傳義檄	가장 기쁜 소식은 곧 의병의 격문을 띄운 것이니,
書燈擊節氣相求[199]	등불 아래서 무릎 치며 같은 기운 서로 찾네.[200]

이밖에도 문집에는 면암이 의병을 일으켰다가 구금되고 대마도에 구금되었을 때 지은 시, 면암과 함께 의병에 나갔다가 붙잡힌 후 석방되어 고향에 돌아온 조영선과 조우식을 기려 쓴 시, 면암의 죽음을 애도한 만시 등이 있다.

조영만은 1890년경 곡성 동산리에 총계정사를 운영하였는데, 이런 사실은 정의림과 정면규의 문집에도 보인다. 동산리는 옥과에서 흘러온 섬진강과 남원에서 흘러오는 요천과 수지천이 합해지는 곳에 위치한 마을로 경치가 매우 아름답다. 강 언덕에는 노사의 제자 김규태(金圭泰)가 1871년에 지은 동산정(東山亭)이 현재까지 남아 있다. 그는 동산리의 소산서숙에 '총계정사'라는 이름을 붙이고 자신이 기문을 지었다. 그의 문집에는 1890년에 지은 <총계정사기>가 있다.

<총계정사기>

내가 '소산(小山)'으로 서숙(書塾)을 이름한 지는 오래되었다. 동지들과 벗들 중에는 회남자(淮南子)의 초은(招隱) 조(操)에 빗댄 사람이 있기에 내가 반대하여 말하길, "어찌 군자가 되어서 회남자의 초은을 하는 자가 있겠는가?"라고 했다. 대개는 좌태충(左太冲, 左思)과 육사형(陸士衡, 陸機)이 지은 은둔지사(隱遁之辭)를 취하여 반대한 것이다.[201] 또 내가 거처하는 동산 또한 작은 산이기 때문에 땅으로 인해 뜻을 붙이고 스스로 호를 한 것이다. 동산은

199) 기상구(氣相求) : 같은 기운끼리 서로 찾다. 『주역(周易)』 「건괘(乾卦)」 <문언(文言)>의 "같은 소리끼리 서로 응하고 같은 기운끼리 서로 찾나니, …이것은 각자 자신에 맞는 성향을 따르는 것이다.[同聲相應, 同氣相求,……則各從其類也]"라는 말에서 나온 것이다.

200) 『총계집(叢桂集)』 권1 「시」

201) 한(漢) 나라 회남 소산왕(淮南小山王) 유안(劉安)이 옛 풍도를 좋아하여 숨어 사는 천하의 위걸(偉傑)들을 불러 모으자, 모두 그 덕을 사모하여 그에게 모여든 뒤 자칭 소산(小山) 대산(大山)이라고 일컬었다. 『초사(楚辭)』에 나오는 유안(劉安)의 시 <초은사(招隱士)>에 "계수나무 부여잡고 서성이며 머무르네.[攀援桂枝兮聊淹留]"라는 구절이 나오는데, 적막한 산속에 범과 곰이 으르렁거려 무섭기만 할 뿐 사람이 오래 머물 곳이 못되니 빨리 돌아가야 한다는 뜻이 표현되어 있다. 육사형(陸士衡, 진(晉)나라 육기(陸機)의 자)과 좌태충(左太冲, 진나라 좌사(左思)의 자)도 모두 초은시(招隱詩)를 지었는데, 이것은 거꾸로 산중 생활의 한적한 흥취를 일컬으면서 이곳에 와서 은둔하라는 내용을 담고 있다. 또 왕강거(王康琚)도 반초은시(反招隱詩)를 지었는데, 이것이 육, 좌의 뜻과 반대되는 것이기는 하나, 그 주제(主題)가 소산과는 완전히 다르게 되어 있다. 주자(朱子)에 이르러 초은(招隱)과 반초은(反招隱)의 2조(操)가 세상에 나오면서 비로소 소산(小山)의 본지(本旨)가 다시 드러나게 되었다. (장유, 『계곡만필(谿谷漫筆)』 권2 <초은(招隱)>)

중국의 소산이 아닌지라 토산이 같지 않기 때문에 일찍이 한 그루의 계수나무도 없고 오직 있는 것은 수백그루의 성긴 소나무뿐이다. 소나무와 계수나무의 기미와 절조는 날이 추워진 후에야 시든 것이 같지 않다고 말할 수 없으니, 풍상에 홀로 빼어남을 상상할 수 있다. 군자 되는 사람이 사랑하고 아끼기 때문에 이로 인해 소산재의 이름을 바꾸어 '총계정사'라고 한다. 그러니 동산은 남산의 반대이고, 은둔은 초은의 반대이며, 성긴 소나무는 떨기 계수나무의 반대이다. 이에 4자를 걸어서 얼굴로 삼고, 또 주부자가 지은 반초은(反招隱) 1편을 취하여 자리 오른쪽에 두고 명심하는 자료로 삼는다. 곧바로 송사 기우만 형에게 나아가 질정하고 기문 써주길 청탁하니, 송사가 말하길, "이미 초은에 반대함이 있으니, 소산에 반대하고 총계에 반대한들 또 무엇이 잘못이겠습니까?"라고 했다.[202)]

총계정사의 원운시는 조영만의 문집에 들어있지 않고, 다만 <족숙인 자곡공이 총계정사 시를 지어 주심에 같은 시운을 써서 축하드리다[族叔紫谷公, 以叢桂精舍詩贈, 和用同韻奉賀]>라는 시가 들어 있을 뿐이며, 조창준(趙昌駿)의 『자곡문집(紫谷文集)』에 <족질 영만의 총계정 시에 차운하다[次族姪華一泳萬叢桂亭韻]>라는 시가 들어 있다.

이밖에 정의림과 농산 정면규의 문집에도 총계정사시가 들어 있는데, 여기에서는 정의림이 지은 것을 살펴보겠다.

<題趙友和一泳萬叢桂精舍>	**벗 조화일의 총계정사에 대해 짓다**
故人棲息一茅成	친구가 사는 곳에 하나의 떳집 이루었다는데,
邈若冥鴻雲外鳴	멀기가 하늘높이 나는 기러기 구름 밖에서 우는 것 같네.
拙構認看安宅廣	엉성히 엮었다니 안택이 넓은 줄 알겠고,
肯堂彌切慕親誠	가업을 이었으니 어버이 사모하는 정성 간절함을 알겠네.
通明山立高風動	통명산 높이 솟으니 바람이 생동하고,
鶉子江淸皓月生	순자강 맑으니 밝은 달 떠오르리.

202) 『총계집』 권4 「기」 <총계정사기>, "余以小山, 號書塾者, 久矣. 同志朋輩, 有以淮南子招隱操擬之, 余反之曰, '焉有君子而爲淮南子招隱者哉?' 盖取左太忠陸士衡之所作隱遁之辭, 而反之也. 且余之所居東山, 亦山之小者, 故因地寓意, 而自號者也. 東山非中國小山, 土産不同, 未嘗有一樹桂, 猶存者, 數百挺疎松. 松與桂之氣味節操, 不可謂不同於歲寒後凋, 風霜獨秀可想. 爲君子人愛惜, 故因改號小山齋曰, 叢桂精舍. 然則東山南山之反, 隱遁招隱之反, 疎松叢桂之反, 乃揭四字以顔之. 又取朱夫子所賦反招隱一闋, 以爲座右常目之資. 卽就正于松沙子奇道兄, 屬文以記之, 松沙曰, '旣有反招隱 則反小山反叢桂, 又何傷乎?'…"

世莫相招叢桂隱	세상 사람들 총계에 숨은 자라고 부르지 말라.
歲寒松柏是同盟	세한 후의 송백이 바로 동맹자일지니.[203]

조영만은 곡성에 살면서 기우만을 매우 의지하였고, 또 정의림이나 정면규와도 친하게 지냈는데, 자신의 정사를 지은 후 편지를 하여 축하시를 지어주길 바랬던 모양이다. 위 시를 통해서 총계정사는 바로 가업을 이어서 지은 것임을 알 수 있다.

〈1898년 조영만(趙泳萬)이 기우만에게 보낸 편지〉(고산)

【피봉】 삼산재(三山齋)의 서제소(書題所)[204]에
동산(東山)의 아우가 절하고 편지 드림

하산한 지 겨우 10일 되었는데, 산을 바라보니 또 백 리인지라 잊을 수 없고 붙잡을 수 없는 것입니다. 옥동(玉洞)의 산수가 마음과 눈 사이에 명료하게 있지만, 조롱 안의 새와 배롱 안의 매가 감히 날아서 이를 수 있는 곳이 아니니, 탄식한들 어찌 미칠 수 있겠습니까?

삼가 생각건대 윤달의 봄도 또 저물어 가는데, 형제들[棣體[205]]과 같이 지내며 연신(燕申)[206] 하는 생활은 인사하고 물러나온 날보다 손상됨은 없으시겠지요? 자사(子舍)[207]들도 또한 모두 경사스러운지요? 그리운 마음 간절합니다.

저는 그간에 집에 돌아올 때 발이 부르튼 증상이 생긴데다 아무 이유 없이 설사를 하여 아직도 완전한 사람이 되지 못하고 있지만, 부모님께서는 그럭저럭 편안하십니다.

근래 듣자하니 연재(淵齋) 어른께서 남유(南遊)를 하여 현재 임피(臨陂)에 이르렀고, 다음 달 초에는 상호정(相好亭)[208]에 이를 것이라고 했는데, 그간에 과연 서로 길에서 만나보았는지요? 거담(蕖潭) 오계열(吳啓烈)[209]과 후송(後松) 유기영(柳基永)[210]은 엊그제 비로소 돌아왔는데 중도에서 인사를 드렸다고 합니다. 유지평(柳持平)의 묘갈명에 선계와 이력이 행장에 상세하지 못한 것이 있어서 또 이 행차를 하게 되었다고 하니, 그 세속의 문장과 세속의 정이 어떻든 간에 헤아려주시기 바랍니다.

문집을 간행하는 일은 4권을 마쳤을 것으로 생각되는데, 지정(紙政, 종이 사정)과 새기는 사

203) 정의림, 『일신재집』 권1 「시」
204) 서제소(書題所) : 편지의 일을 맡아보는 곳.

람의 개인적인 일로 인해 다시 중간에 철거되는 단서는 없는지요? 간절히 듣고 싶습니다. 나머지는 체우(體宇)가 도를 위해 보중하셔서 우러러 바라보는 사람을 위로해주길 바랍니다. 이만 줄이고 인사 올립니다.

1898년 윤3월 19일에 조영만(趙泳萬) 올림.

운지(雲紙)[211]는 넓고 두꺼운 것은 쓸 만하지만 길이가 맞지 않고 값이 높으니 어찌할까요?

【피봉】 三山齋 書題所 開上

東山弟拜候緘

下山纔十日, 望山又百里, 不可忘不可攀者. 玉洞山水, 瞭然在心目間, 而非籠之鳥篝之鷹之所敢飛到也. 嘆何可及? 伏惟春閏又暮, 棣體上燕申候節, 無損於辭退日? 子舍諸節, 亦得均慶否? 伏溯切切. 弟, 間關歸巢, 足繭見證, 腹泄無何, 尙作未完人, 而省則僅寧耳. 近聞淵齋丈席, 南遊至臨陂, 方以開初, 擬抵相好亭, 間果相承於路次否? 蕖潭後松, 再昨始還, 而中路得拜云耳. 柳持平碣銘, 有以先系與履歷行狀未詳, 又有此行云, 其於俗文俗情何垂諒焉. 刊役想畢了四卷, 而紙政與鑄員私故, 更無中撤之端耶? 切切願聞. 餘祝體宇爲道保重, 以慰瞻仰. 不備禮候. 戊戌抈月十九日, 趙泳萬 弟 拜手.

雲紙廣厚可用, 而長差價高何哉?

1898년 윤3월 19일에 조영만이 기우만에게 보낸 편지이다. 근래 연재 송병선이 남유를 하고 있는데 그간에 길에서 만나 뵈었는지를 묻고, 『노사집』을 간행하는 일은 4권을 마쳤을 것인데 중간에 그만두게 되는 단서는 없는지 물었다. 기정진의 문집이 이 해 10월에 장성의 담대헌에서 중간되었다.

---

205) 체체(棣體) : 형제가 같이 지내는 사람의 안부를 물을 때 쓰는 말. 체(棣)는 형제를 뜻하는 말이니, 『시경』 「소아(小雅)」 <당체(棠棣)>에 "활짝 핀 산앵두꽃, 얼마나 곱고 아름다운가. 이 세상 모든 사람 중에 형제만한 이 없나니.[棠棣之華, 鄂不韡韡, 凡今之人, 莫如兄弟]"라고 하였다.

206) 연신(燕申) : 한가하고 편안히 쉼.

207) 자사(子舍) : 남의 아들을 높여 부르는 말.

208) 상호정(相好亭) : 전남 순천시 주암면에 있는 정자로, 15세기 후반에 조지산 형제가 건립한 것이다.

209) 오계열(吳啓烈) : 곡성 출신으로, 자는 도범(道範), 호는 거담(渠潭), 본관은 함양(咸陽)이다.

210) 유기영(柳基永, 1847~1916) : 곡성 출신으로, 초명은 시철(時喆), 일명은 인식(寅植), 자는 익삼(益三), 호는 후송(後松), 본관은 문화(文化)이다. 노사 기정진(奇正鎭)의 문인으로, 송사 기우만(奇宇萬)과 식재(植齋) 기재(奇宰)와 더불어 도의로써 사귀고, 곡성에 도장재(道藏齋)를 세우고 은거하고 도를 닦았다.

211) 운지(雲紙) : 구름무늬가 있는 특수 종이의 한 가지.

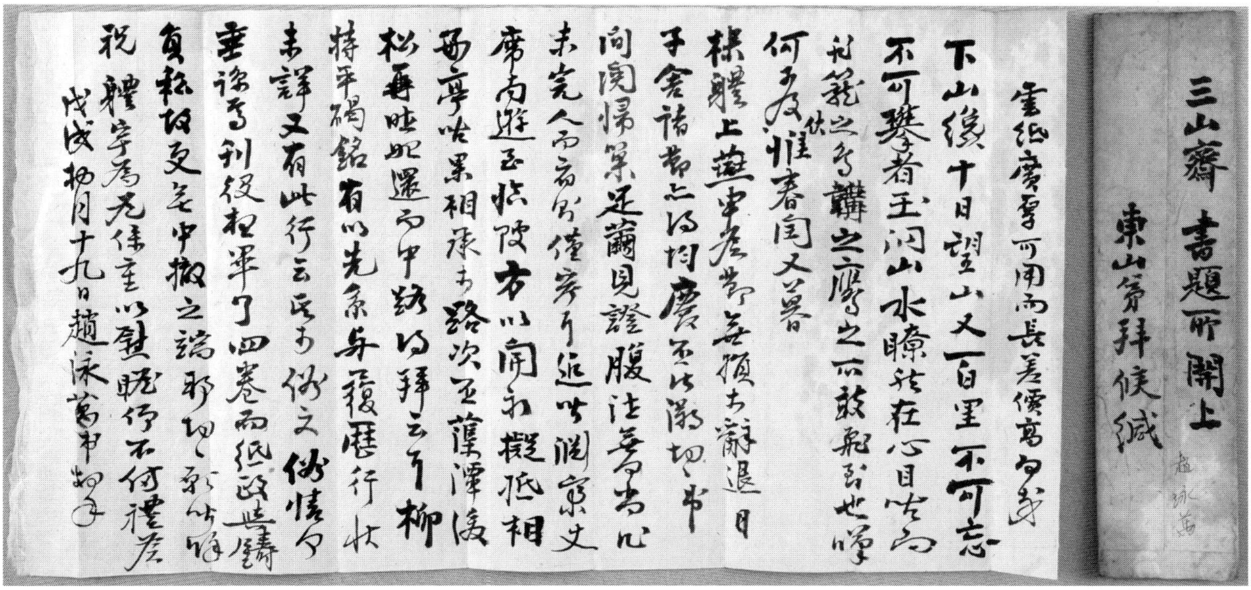
三山齋 書題所開上
東山弟拜候緘

〈1902년 조영만(趙泳萬)이 기우만에게 보낸 편지〉(고산)

【피봉】 삼산재의 책상 아래에서 명을 받드는 자에게 드림

동산에서 삼가 절하고 편지 올림

지난 그믐에 일두정(一蠹亭)[212]으로부터 집에 돌아왔는데, 보내주신 편지를 안자정(安子精)[213]이 받들고 왔습니다. 근일에 회옹(晦翁)의 영정을 모사하는 일을 다 마쳤고, 김여빈(金汝彬)이 선장(仙庄)을 향해간다고 하니, 보통의 편지에 대해서도 답장을 하지 않을 수 없는데, 하물며 영남의 소식이 놀랄만한 것에 있어서이겠습니까? 바야흐로 오늘 아들을 명하여 보내려고 했는데, 이것은 천편(天便)이라고 말할 수 있습니다. 종이를 대하니 더욱 서글픕니다.

엎드려 생각건대 국화의 계절에 체력은 어떠하신지요? 가족들도 신의 보호를 받고 있겠지요? 멀리에서 축원합니다. 저 영만은 늙으신 어머니가 그럭저럭 편안하시니, 내려주신 은혜를 잊을 수 있겠습니까?

서울 소식과 계(溪)의 소식은 근래 과연 자세히 듣고 있는지요? 듣자하니 영남사람들이 이달 11일에 좌·우도가 합하여 창녕에서 모임을 갖고 훼판(毁板)을 기도한다고 하는데, 이는 이학서(李學瑞)·김도중(金度重)·선장례(善長禮)·경사명(卿士明) 등이 한 입으로 내놓은 말이기 때문에 영남사람에게 우리 무리들이 변화에 응하여 신구(伸救)[214]하는지를 물어보니 고요하여 들은 것이 없는 것 같았습니다.

사람들이 말하길, "근래 애산(艾山)에게 들었는데, '저들이 줄곧 장황하게 키워 가면 우리 무리들도 복합 상소하여 신구(伸救)하겠다'고 하기 때문에 명령하여 알려주기만을 기다릴 따름이다."고 하여서 제가 "복합상소가 어찌 다만 영남 선비들만의 일이겠는가? 본도의 삼회소(三會所)에서도 또한 높은 소리로 함께 성토하길 의논하고, 또 인원을 정해서 대궐 앞에서 임금에게 하소연하기 위하여 모모일에 어디에서 모이자고 약속을 하였다."고 말하고 차례대로 다 전해주고 도동묘에서 낸 통문을 소매에서 꺼내어 전해주었습니다. 그리고 함양과 산청에 통문할 것은 애산에게 편지로 부탁을 하고, 또 편지를 써서 월고(月皐) 어른에게 모두 고하고 그날로 돌아오는 길에 올랐습니다.

호남 유생으로 동행한 사람은 강창수(姜昌秀) 한 사람으로, 강씨는 예교(禮校)의 임원인데 아직도 도회문(道會文)을 보지 못했다고 하기 때문에 곧바로 북쪽으로 향해가서 회옹영각(晦翁影閣)을 감독하는 일을 마치고, 또 남교(南校, 남원향교)로 들어가서 심부름꾼을 꾸짖어 각 군에

나는 듯 다시 다녀오게 한 후, 삼경에야 동산으로 돌아왔으니, 그 피곤함을 상상할 수 있을 것입니다.

임금에게 상주하고 얻은 비답을 편지로 한 번 알려주시겠습니까? 마땅히 곧바로 영남에 보낼 것입니다. 단발령은 추상과 같은데 서둘러 새겼다가 서둘러 없애기 때문에 인심이 의심하고 두려워하니, 서울 행차에 해는 없겠는지요? 진안(鎭安)지역은 심하게 휩쓸리지 않습니다만, 그러나 형에게는 그만둔 것보다 낫을런지요? 나머지는 계속해서 연락하기로 하고 이만 줄입니다.

1902년(광무6) 9월 7일에 조영만(趙泳萬) 올림.

【추신】 14일에 봉안할 때 참석하든지 안하든지 도회(道會)에는 별 이익이 없을 것이지만 강소에는 쇠미한 가운데 빛이 날 것입니다. 그리고 오지리 사람이 장차 종과 말을 보낸다고 하니, 헤아려서 대처해주시는 것이 좋을 것 같습니다. 다만 서울에 갈 인원이 정해졌으니 도움이 없지 않을 듯 싶습니다.

【피봉】 三山齋 文几下 將命者 入納

東山謹拜候書

客晦, 自一蠹亭抵巢, 安子精來奉竆牘. 近日摹晦翁眞訖工, 金汝彬云向仙庄, 昂常修書, 不可不謝, 況乎嶺信可駭? 方擬今日起命兒豚, 此可謂天便. 臨紙益悵. 伏惟菊令, 體力何似, 渾閤神護, 區區遠祝. 泳弟, 老慈依寧, 賜也可忘. 第京音溪毛, 近果詳聞否? 聞嶺人以今月旬一, 合左右道 會于昌寧, 期圖毁板, 此李學瑞金度重善長禮卿士明之一口出語, 故問嶺中吾黨之應變伸救, 如寂然無聞也. 僉曰, “近聞艾山, 曰‘彼輩一向張大則吾黨書伏閤伸救’云云, 故苦待知委如何耳.” 曰,“伏閤豈但嶺儒事? 本道三會所亦議高聲共討, 且定員叫閽次, 某某日某會約束.” 次第傳悉, 道東發文, 自袖傳給, 而咸淸所通書託艾山, 又上書具告于月皐翁, 卽日復路. 湖儒同行者, 姜昌秀一人, 姜是禮校任司, 而尙不見道會文云, 故直北向, 晦翁影閣, 監董了役, 又入南校, 責使飛發各郡再去, 三更東還, 顚倒可想. 湊上答字, 書示一通耶? 當津致嶺中矣. 剃令如霜, 趣刻趣銷, 人心疑懼, 不害於京行耶? 鎭安區域, 不甚流從然, 在兄則賢乎已耶否? 餘在源源, 不備禮. 壬寅菊月七日, 泳萬 弟 拜手.

【추신】 十四日奉安時, 參不參, 別無益於道會, 微有光於講所, 而梧人將命六足云, 諒處似好. 但定京行員, 則似不無助矣.

1902년 9월 7일에 조영만이 기우만에게 보낸 편지이다. 영남에 있는 일두정을 다녀왔다는 것과 도동묘에 주희의 영정을 봉안하는 일을 다 마쳤다는 소식을 알리고, 『노사집』을 훼판하려고 한 일에 대응하여 복합 상소를 해야 한다는 여론이 있음을 알렸다. 또한 단발령이 추상같으니 서울행은 해가 없을지 걱정된다는 말과 함께 9월 14일의 도동묘 봉안식에 참석해주길 바란다는 말을 하였다.

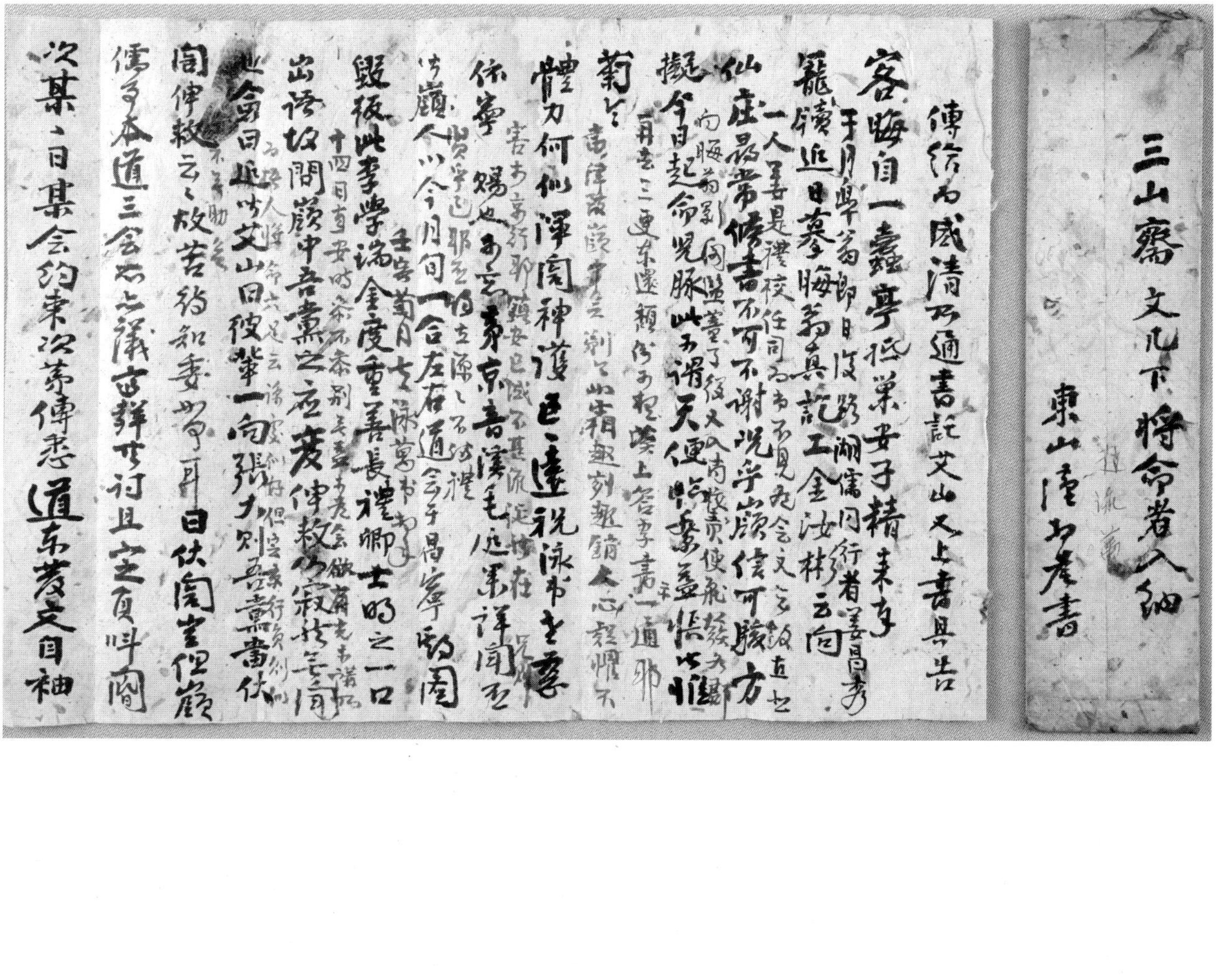

212) 일두정(一蠹亭) : 일두(一蠹) 정여창(鄭汝昌)을 기리기 위해 세운 정자로 보임. 함양군 지곡면에는 1802년에 정여창을 기념하기 위해 지은 군자정(君子亭)이 있다.

213) 안자정(安子精) : 안훈(安壎)을 말함.

214) 신구(伸救) : 죄가 없음을 사실대로 밝히고 누명을 벗겨 남을 구원함.

6. 유인식(柳寅植)의 편지

유인식(柳寅植, 1847~1916)의 이명은 시철(時喆)·기영(基永), 자는 익삼(益三), 호는 후송(後松), 본관은 문화(文化)이다. 재묵(在默)의 아들로 정묵(廷默)에게 출계하였다. 곡성군 신기리 출신으로, 노사 문하에서 수학 하였으며, 송사 기우만과 도의로써 사귀었다. 증조부 송계(松溪) 유형순(柳馨淳)의 유지에 도장재(道長齋)를 중건하였는데, 조인석이 지은 <도장재기(道長齋記)>와 기우만과 조영만이 지은 <도장재중건기(道長齋重建記)>가 각각의 문집에 들어 있다. 이밖에도 기우만이 지은 <송계처사유공묘갈명(松溪處士柳公墓碣銘)>이 있다.

유인식에 대해서는 문집 등 관련 자료를 발견하지 못해서 거의 알 수 없다. 그러나 나이가 비슷한 기우만이나 조영만과 친했던 것으로 보인다.

유인식의 작품으로는 단지 다음과 같은 곡성 동산리 동산정(東山亭)[215]에 남긴 누정시가 있을 뿐이다.

<謹次>	**삼가 차운하다**
廣野衆山獨屹亭	너른 들 뭇 산 가운데 정자 홀로 우뚝 서 있고,
一峰天削百年靑	하늘이 깎아 세운 한 봉우리 백 년 토록 푸르네.
松聲滴地凉於水	솔방울 땅에 떨어지는 소리 물보다 서늘하고,
石氣層空畵輒屛	바위에 켜켜이 서린 안개 병풍 그림 이루었네.
編額留心懸日月	편액에 머문 마음 일월처럼 걸려있고,
短簷入夜漏河星	짧은 처마에 밤이 드니 은하수 별 새어드네.
主翁聊得江南趣	주인옹은 이에 강남의 흥취 얻었으니,
把酒登臨每醉醒	술병 쥐고 올라와서 매양 취했다 깨었다 하네.
柳寅植稿	유인석 지음[216]

조인석(趙寅錫)은 <도장재기(道長齋記)>에서 "동악산 북쪽에 마을이 있어 신기리라고 하는데, 우

215) 동산정(東山亭) : 1871년 선산인 김규태(金圭泰)가 곡성읍 동산리 섬진강 가 언덕에 세운 정자이다. 이곳에는 노사 기정진의 기문 외에도 수많은 시판이 걸려 있다.

216) 동산정 현판시

리 곡성의 유씨들이 세거하고 있다. 후송 어른은 향촌의 고사이며, 도장재는 산의 그윽한 언덕에 있는데, 대저 어른의 증조부이신 송계처사가 축조한 것이고, 어른의 세대에 와서 중건한 것이다.[動樂山北有村, 曰新基, 吾鄕柳氏世居焉. 後松翁, 鄕之高士, 道長齋, 山之奧丘, 蓋翁曾王父松溪處士所築, 而及翁之世重建之.]"[217]라고 하였다. 유인식이 도장재를 중건하자 곡성지역의 인사들이 축하하는 의미에서 차운시를 지어 주었다. 다음 시도 그중 하나이다.

<次柳後松寅植道長齋韻>	**후송 유인식의 도장재 차운시**
靜裏乾坤樂此生	천지의 고요한 가운데 이곳의 삶을 즐기고,
白茅重構卽看誠	흰 띠집 중건하여 곧 정성을 보이네.
一區有主山川好	명승지에 주인 있어 산천이 좋고,
上棟無塵日月明	기둥엔 티끌 없어 일월이 밝네.
種授詩書開後計	갖가지 시서를 전수하여 후학을 일깨울 계획이고,
恭加桑梓繼先誠	공경히 상재를 더해 선조의 정성 이어가네.
今於叔季陽回泰	지금 같은 말세에도 삼양이 회태하리니,
道在新齋得是名	도는 새로운 재실에서 옳은 이름 얻었네.[218]

조창준(趙昌駿, 1834~1910)이 지은 시로, 조창준 역시 곡성의 4대 주요성씨[안·오·조·류]중 하나인 옥천조씨로서 문화유씨의 행사에 적극 참여했을 것으로 보인다. 유인식이 도장재를 지어서 선조의 뜻을 잇고, 또 온갖 시서를 갖추고서 후학을 이끌어갈 것임을 축하하였다.

〈1901년 유인식(柳寅植)이 기우만에게 보낸 편지〉(고산)

산사(山寺)에서 하룻밤 묵으면서 나눈 대화는 어찌 10년 동안 독서한 것보다 낫다 뿐이겠습니까? 헤어지고 나서 이미 달을 넘겼는데 정은 오히려 어제와 같습니다. 대인군자가 포용하는 큰 덕은 사람으로 하여금 보고 느끼게 하여 그 정을 잊을 수 없게 함이 이와 같이 깊은 것입니까? 계절이 중양에 이르러서 석채(舍菜)[219]일이 멀지 않았으니, 비록 직접 배우지 못한 사람이

217) 조인석, 『석정집(石汀集)』 권6 「기」
218) 조창준(趙昌駿), 『자곡문집(紫谷文集)』 「시」

라 할지라도 정성을 다함이 없지 않습니다.

이번과 저번에 아뢰었던 북인 양씨(北人楊氏)에게 산지를 구하여 주기로 약속한 일은 산지를 얻은 것의 여부는 분수에 맡기지만, 기회를 잃어버린 것 같으니 천리나 떨어진 얼굴을 다시 합하기는 어렵게 되었습니다. 제 아들을 대신 문하에 보내어 절하게 하고자 하였지만 그도 또한 구애된 바가 있어서 뜻을 이루지 못했습니다. 형세가 비록 그렇다고는 하지만 죄스런 것은 어찌 끝이 있겠습니까? 다만 스스로 구름 끝에 만 길이나 솟아있는 삼산만 우러러볼 따름입니다.

듣자하니 이사하는 일은 그냥 주저앉았다고 하는데, 힘이 미치지 못해서 그런 것입니까? 아니면 다른 소견이 있어서 그런 것입니까? 좌도의 한 모퉁이가 끝내 적막한 고을이 되고 말았습니다. 삼가 묻건대 도체는 매우 좋으신지요? 다만 오래오래 도를 위해 보중하시길 빕니다. 이만 줄이니 살펴주시길 바랍니다.

1901년 9월 7일에 손제(損弟)[220] 유인식(柳寅植) 올림

山寺一宿話, 奚啻十年讀? 別已逾月, 而情猶如昨. 大人君子, 包涵宏德, 使人觀感, 不能忘情, 如此之深耶? 節届重陽, 舍菜未遠, 雖使未學, 匪無如渴誠悃. 而際此時與曩時所告, 北人楊氏 約爲求山, 得地與否, 委之分數, 如失此階, 千里顔面, 難可復合. 欲使迷豚遞拜門下, 渠亦有所拘, 未得遂忱. 勢雖然矣, 訟愆曷已? 只自景仰三山萬丈於雲端而已. 聞搬移事安故云, 力不及而然耶? 抑有他所見? 左省一隅, 終爲寂寞鄕也已. 伏問, 比者, 道體崇茂? 只祝長時爲道保重. 不備伏維. 辛丑九月七日, 損弟 柳寅植 再拜上.

1901년 9월 7일에 유인식이 기우만에게 보낸 편지이다. 중양일이 다가오니 석채일이 멀지 않았을 것인데, 문하에서 직접 배우지는 않았지만 간절한 마음 없지 않다고 말하고, 이사하는 일은 제대로 되지 않았다고 하니 힘이 미치지 못해서 그런 것인지 아니면 다른 소견이 있어서 그런지를 묻는 내용이다.

---

219) 석채(舍菜) : 석채(釋菜), 석전(釋奠). 문묘(文廟)에서 공자(孔子)에게 지내는 제사. 음력 2월과 8월의 상정일(上丁日)에 지낸다. 『예기(禮記)』「왕제(王制)」 문왕세자편(文王世子篇)에 나오는 말로, 석(釋)은 '놓다[舍也]', '두다[置也]'의 뜻이고, 전(奠)은 '그치다[停也]'의 뜻이다. 처음에는 소박하게 채소만 놓고 제사를 지내다가 뒤에 고기와 과일 등 여러 가지 음식을 장만했다. 여기에서는 삼산재에서 선성과 선사를 제사 지낸 것을 말한다.

220) 손제(損弟) : 식견이나 덕행이 부족한 아우라는 뜻으로, 주로 편지글에서 친구에게 자기를 겸손하게 가리키는 말이다.

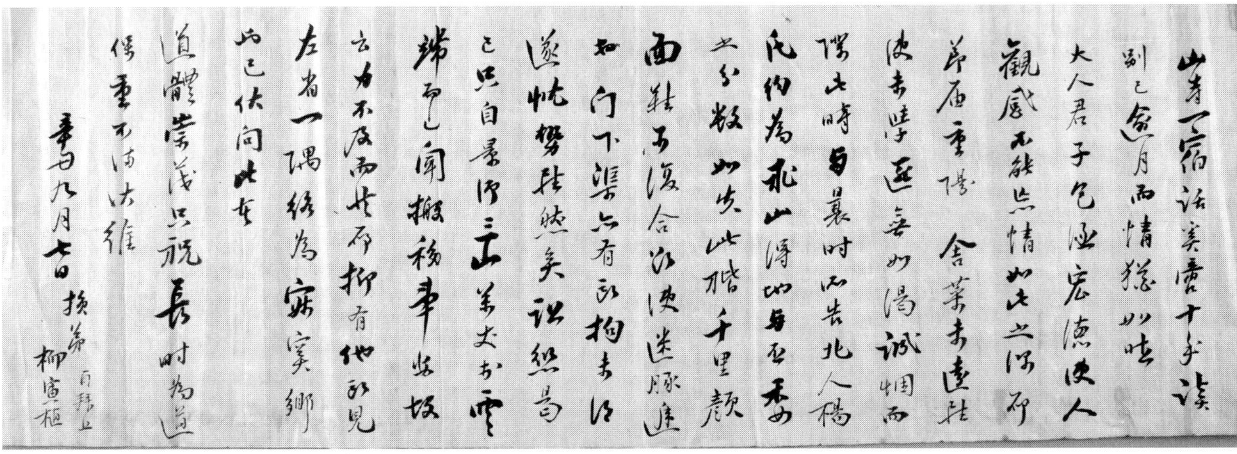

〈1905년 유인식(柳寅植)이 기우만에게 보낸 편지〉(고산)

송사 도형에게 올림

저번에 소산형(小山兄)[221]이 문하에서 돌아왔습니다. 안부의 예를 닦지 못하였는데, 나태함 때문이기는 합니다만, '전어(傳語)'라는 두 글자를 받고는 더욱 감사하고 송구하여 말할 바를 알지 못했습니다. 하물며 나라의 계책을 헤아릴 수가 없고 범국민이 거의 이적(夷狄)의 무리에 들어가게 됨에 있어서이겠습니까? 통곡하고 통곡할 따름입니다. 삼가 묻건대 일상생활은 어떻게 감내하고 계신지요? 상소문을 올리고 비답을 받는 것은 혹시 가망이 있는 것인가요?

저는 비록 보잘 것 없는 사람이긴 하지만, 또한 선성왕(先聖王)에게 화육된 한 물건이니, 이처럼 나라가 무너지고 임금이 망하는 날을 당하여 마땅히 백 번이라도 죽고 싶지만, 헛되이 죽는 것이 무슨 의미가 있겠습니까? 변고가 난 후 서양에서 전해온 말들은 대부분 차마 귀로 들을 수 없고 입으로 말할 수 없는 흉한 말들입니다. 만약 그렇게 된다면 백성이 남아날 수 없음을 하루도 지나지 않아서 보게 될 것입니다. 모르겠습니다만, 각지의 선비들이 모두 편안하게 앉아서 기다리고만 있겠습니까? 마땅히 계책을 내려주시길 기다렸다가 채찍을 잡을 것입니다. 나머지는 통분하여 울음을 삼기며, 대신 쓰게 하고 이만 줄입니다.

1905년 11월 29일에 유인식(柳寅植) 올림.

비 두 자루를 함께 보내어서 물 뿌리고 비질하는 일을 대신하고자 합니다.

松沙道兄 侍執開上

嚮於小山兄之自門下還, 未及修候禮, 爲其懶散然, 及承傳語二字也, 尤極感悚, 罔知所諭. 況乎國計罔測, 凡我民庶沒入爲夷狄耶? 痛哭痛哭. 伏問, 體上啓居, 何以堪處? 封章承批, 倘有可望耶? 植弟, 雖無狀, 亦是先聖王化育中一物, 當此國敗君亡之日, 欲死無地, 徒死何義? 變出後西來說, 多有不可耳不忍口之凶言, 若爾則民無孑遺, 不日可待. 未知方省人士, 皆欲恬然坐待而已乎? 當俟計敎執鞭矣. 餘痛惋飮泣, 倩草, 不備狀. 乙巳冬月小盡日, 柳弟寅植 拜手.

二芦箒伴似, 庸替灑掃之役也.

---

221) 소산형(小山兄) : 조영만(趙泳萬, 1847~?)을 말함. 자는 화일(和一), 호는 소산(小山), 본관은 옥천(玉川)이다. 창희(昌喜)의 아들로, 곡성에서 태어났으며, 노사의 문인이다. 『총계유고(叢桂遺稿)』 6권 2책이 있다.

1905년 11월 29일에 유인식이 기우만에게 보낸 편지이다. 나라가 무너지고 임금이 망하는 날을 당해서 백번이라도 죽고 싶지만 그냥 죽는 것은 의미가 없다고 통분하는 내용이다.

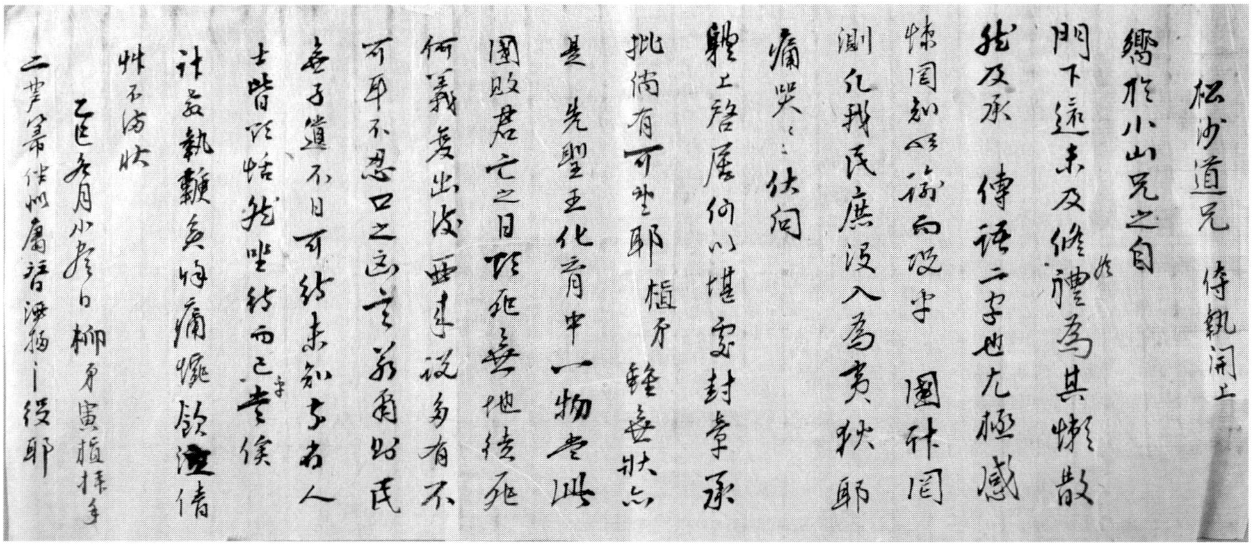

7. 안중섭(安重燮)의 편지

안중섭(安重燮, 1843~1909)의 자는 성심(聖深), 호는 해사(海史), 본관은 순흥(順興)이다. 제원(濟遠)의 손자로, 아버지는 병형(秉衡)이고, 어머니는 광산인 김경헌(金慶憲)의 딸이다. 곡성군 오곡면 오지리에서 태어났으며, 향약을 시행하여 풍속을 바로 세움에 사람들이 비석을 세워 송축하였다. 을미사변이 일어나자 1896년에 기우만과 더불어 창의하였으며, 1902년에는 영호남의 선비들과 더불어 주자의 진영을 도동묘(道東廟)에 걸어두고 봄가을로 강회를 하였다.

안중섭의 묘갈명은 유천(柳川) 이만규(李晩煃)가 찬하였는데, 『죽계세고(竹溪世稿)』에 들어 있고, 행장은 한 마을에 살던 종질(從姪) 분암 안훈(安壎)이 지었는데, 안훈의 문집 속에 들어 있다. 안중섭의 생애에 대한 일은 주로 이 행장을 통해 기술하겠다.

안중섭은 어렸을 때부터 기골이 빼어나고 목소리가 컸으며, 눈동자가 빛이 나 사람을 쏘는 듯했고, 영특했으나 병이 많아 아버지가 이를 걱정하여 심하게 공부를 시키지 않았으며, 역사서 읽기를 좋아하였다. 1882년에 진사시에 합격했으나, 천지에 재앙이 일어나고 있는 것을 보고 개연히 세상에 대한 생각을 끊고 다시는 과거에 응하지 않았으며, 집에 거처하면서 부모를 봉양하는 데 힘썼다. 가문이 불행하여 백숙계부가 일찍 돌아가심에 종제들이 모두 의지할 데가 없자 오래도록 경영해서 산소에 대한 일을 부모의 장례식과 같이 했으며, 선생을 택해주어 배우도록 했고, 작은 일이라도 반드시 모여서 의논하여 처리하였지 독단으로 하지 않았다. 마을에 학숙을 세워 학문을 흥기시키고 향약을 설치하여 향속을 인도하길 한결같이 할아버지 덕암공의 유지에 따랐다.

갑오년 동비가 창궐하고 이어서 을미년 변고와 병신년의 단발령이 있을 때, 기우만이 격문을 띄워 의병을 규합하였는데, 특별히 심부름꾼을 보내 시종 함께 도모하였으며, "군신의 의는 천지의 떳떳한 벼리인지라 직위가 있건 없건 간에 다를 것이 없다."라고 하고, 즉시 곡성향교에서 회맹하니 여러 종제들도 모두 따랐다. 세상의 도가 날로 떨어지고 사설이 날로 치성하여 천하의 말이 불교나 기독교로 돌아가게 되자 송사 기우만과 더불어 여러 선비들에게 물어서 주자 진영을 도동묘에 봉안하고, 춘추로 석채와 강(講)을 설행하니 영호남에서 흔쾌히 따르는 자가 수백 인에 이르렀다.

중년에 집안살림이 조금 펴지자 경전과 자사(子史)를 사서 쌓아두고 가까운 일가나 멀리 있는 향당 사람들이 빌려가서 보게 하였는데, 이에 힘입어 성취한 자가 지금까지도 칭찬한다. 을사늑약이 이루어진 후에는 술에 의지하여 날을 보냈으며, 특히 시를 잘 지었는데, 꾸미지 않고 성정 그대로를 표현하였으며, 충담(沖澹)하고 강개(慷慨)한 맛이 난다. 지금 집안에 보존된 것이 다만 5~6책이 있는데, 굴원의 초사와 제갈공명의 출사표와 같아 비장한 맛이 났으며 듣는 자들이 감흥을 일으킨다.

1906년 면암 최익현이 태인에서 의병을 일으키면서 안중섭의 이름을 듣고 병사를 40리 길을 돌려 곡성에 편지를 보내 먼저 묻고 이어서 종사관 몇 사람을 보냈는데, 이때 낙상을 당해 움직이기 어려운데도 격렬한 감정을 이기지 못하고 몸에 고통이 있는 것을 알지 못했다. 평생 동안 검약을 위주로 살다가 향년 67세로 사망하였으며, 남원 등동에 장사했다가 후에 오지리로 이장하였다.

그의 문집은 아직 접하지 못했으며, 다만 고산서원과 『죽계세고』에 기우만의 삼산재에 대해 지은 삼산구곡시와 삼산가훼십절 및 다음 시가 있을 뿐이다.

<奇松沙宇萬兄 要余一蘆笠 以二絶並付> 송사 기우만형이 나에게 삿갓 하나를 요구하기에 시 2수를 지어 함께 부치다.

衣冠非昔淚潸然	의관은 옛날이 아니니 눈물만 줄줄 흘리며,
寄子寒天一笠圓	그대에게 추운 날씨에 둥근 삿갓하나 부치네.
只恐儋州風雨屐	다만 풍우 속에 나막신 신고 고을 짊어질까 두려우니,
後人解事畵圖傳	후인들은 이 일 이해하고 그림으로 전하네.[222]

삼산구곡시는 대부분 제목을 달지 않았는데 안중섭의 시를 통해 그 제목을 알 수 있다. 안중섭은 기정진에게 직접 배우지는 못했지만 연배가 비슷한 기우만과는 매우 친하게 지냈으며, 곡성지역에 노사학이 굳건히 자리하는 데 큰 힘을 발휘하였다. 아마도 그의 사상이 노사학에서 추구하는 사상과 딱 들어맞았기 때문이리라. 다음은 안중섭이 곡성 동산리의 동산정에서 지은 시이다.

一拳土起置高亭	한 줌 흙 일으켜 높은 정자 세워 두니,
烟樹茫茫野艸青	안개 낀 나무는 아득하고 들판의 풀 푸르네.
此地明沙挽湘幅	이 곳의 모래 밝아 소상강의 그림 폭 당겨오고,
群仙戲墨寫巫屛	신선들 붓을 놀려 무산의 병풍 그려놨네.
天虛郊受三分月	들판은 텅 비어 삼경의 달빛 받아들이고,
夜淨汪涵萬點星	밤하늘은 깨끗하여 수만 개의 별을 보듬었네.

222) 『죽계세고(竹溪世稿)』 「해사유고(海史遺稿)」

도동묘

紅蓼晩風何處笛　　붉은 여뀌 저문 바람에 어디에서 피리 부나.

十年塵刹夢初醒　　십년 동안 티끌 꿈꾸다가 처음으로 깨어나네.

海史 安重燮　　해사 안중섭 지음[223]

동산정의 그림 같은 풍경을 잘 묘사한 시라고 할 수 있다. 동산정은 섬진강변의 최고처에 자리하고 있지만 관심 부족으로 거의 무너져 내릴 지경인데다 잡초만 무성하여 보는 사람으로 하여금 안타까움을 금할 수 없게 하고 있다. 다음은 같은 고을에 살던 벗 조영만이 지어준 안중섭의 수연시이다.

<安海史壽甲生朝>　　해사 안중섭의 회갑날 아침에

少登庠學老山人　　젊어서 성균관에 들어가 배우고 늙어서 산사람 되었는데,

223) 동산정 현판시

綠髮蘭衫玉潔身	푸른 머리칼에 난삼 입으니 옥같이 깨끗한 몸이로다.
懸戶蓬桑如昨日	지게문에 걸린 봉상(蓬桑)[224]은 어제와 같은데,
交庭竹栢葆先春	뜰에 우거진 대나무 잣나무 봄 앞서 간직하였네.
福兼壽富爲仁得	복과 수명 겸한 데다 인(仁)까지 얻었으니,
誠切劬勞倍痛新	진실로 구로(劬勞)[225]에 대한 애통함 배나 더 새롭겠네.
何幸江樓長笛客	어떤 다행으로 강루에서 장적(長笛)[226]의 객이 되어,
與君幷世又芳隣	그대와 한 세상에 나고 또 좋은 이웃되었나.[227]

위 시를 통해서 안중섭은 복과 부를 누리는데다 인(仁)까지 갖춘 인물이며, 부모님은 모두 안 계신 상황임을 알겠다.

〈1903년 안중섭(安重燮)이 기우만에게 보낸 편지〉(고산)

【피봉】 삼산재 집사에게 드림

오지리에서 편지 올림　　[윤달 14일에 하동의 두 선비 편에 부침]

저번에 답장한 것은 이미 받아보셨을 것으로 생각됩니다. 삼가 묻건대 요즘 경전공부하시는 생활은 편안하시고, 대소 집안사람들도 모두 복되신지요? 그리운 마음 감당할 수 없습니다. 저는 짐짓 예나 지금이나 같고 식솔들도 별탈이 없습니다. 농사에 대해 말하자면 보리농사는 재해가 이미 심하고, 모내기는 계책이 없으니, 눈에 보이는 광경이 참담합니다. 그곳의 농사도 보지 않아도 알 수 있겠으니, 앞으로 장차 어떻게 살아갈 계획입니까? 다만 간절히 답답해할 따름입니다. 나머지는 별지에 남겨두고 갖추지 않고 편지 올립니다.

1903년 윤5월 14일에 안중섭(安重燮) 올림

【별지】 저번에 장우(張友)편에 겨우 답장편지를 썼는데, 그날 곧 들려오는 소문이 있기에

---

224) 봉상(蓬桑) : 상봉지지(桑蓬之志)로, 유년 시절에 사방을 경륜하려는 큰 뜻을 품은 것을 말한다. 옛날에 남자 아이가 출생하면 뽕나무로 활을 만들고 갈대풀로 화살을 만들어[桑孤蓬矢] 천지 사방에 쏘았던 고사에서 유래한 것이다.(『예기(禮記)』「내칙(內則)」)

225) 구로(劬勞) : 낳아 주고 길러 주신 부모님의 은덕을 말한다. 『시경』「소아(小雅)」 <육아(蓼莪)>에서 "슬프고 슬프도다 부모님 생각, 낳고 길러 주시느라 얼마나 고생하셨던가.[哀哀父母, 生我劬勞]"라고 하였다.

226) 장적(長笛) : 긴 젓대소리로, 당나라 시인인 조하(趙嘏)의 <조추(早秋)> 시에 "성긴 별 몇 점에 기러기는 변방을 비껴 날아가고, 긴 젓대 한 소리에 사람은 누대에 기대었네.[殘星幾點雁橫塞, 長笛一聲人倚樓]"라고 하였다.

227) 조영만, 『총계집(叢桂集)』 권1 「시」

약간의 말로 다시 한 통의 편지를 써서 동계(東溪)로 종을 보냈더니 이 친구가 이미 출발하여 따라잡을 수 없었습니다. 오늘 김선비와 정선비 두 사람을 보게 되어 그 이면을 상세히 들어보니, 전에 들은 것과 차이가 나지 않아서 개탄스러움을 이길 수가 없었습니다.

다만 가만히 전후 일의 기미를 생각해보면, 저들이 비록 춘추의리를 잡아서 당당하게 임금의 좌우가 된다고 하지만 누가 정신을 수습해서 사문의 이(理)자와 기(氣)자를 분간할 수 있을 것입니까? 하물며 이유 없이 날뛰면서 한 곳에 아첨을 하여 성명을 후세에 남기고자 하니, 이 생각은 진실로 우활한 것이라서 이루어질 턱이 없습니다. 진실로 하나의 이(理)자는 천년의 전후에도 오히려 남아있을 것이니, 두려워 할 것도 없고 화를 낼 것도 없습니다.

현재 보이는 것은 깊은 도랑이나 높은 언덕에 지나지 않으니, 서서히 대적해 나가야 할 것입니다. 그러나 다만 오당(吾黨)이 점점 외로워져서 대면하여 팔을 걷어붙일 사람이 몇 백 명도 되지 않을 것이 두렵습니다. 거센 바람 앞에 굳센 풀과 같은 사람이 몇이나 있을지 모르겠으니, 다만 혀만 끌끌 찰뿐입니다. 저의 소견으로는 표리가 시종일관하여 죽더라도 변하지 않을 사람으로 오직 남원 후천(後川)에 사는 노병수(盧秉壽)[228] 문백(文伯) 형 한 사람밖에 없으니, 혹 인편이 있거든 그 안부가 어떠한가를 물어보십시오. 이 편지는 보는 즉시 태워버리시길 바랍니다.

【피봉】 三山齋 執事 入納

梧枝 謹候狀 [閏月旬四 付河東兩士便]

向也仰答, 想已登照. 第伏詢, 比天經體上萬衛, 大小諸節均禧? 拱溯不任賤悰. 弟狀, 姑如昔時, 率亦無大警. 年形, 麥災旣甚, 禾種無計, 卽景慘惔. 那上所農, 不見是圖, 前頭將何計料? 只切代悶. 餘留夾, 不備候禮. 癸卯閏月十四日 弟 安重燮 再拜

【별지】 向也, 張友便纔修仰答, 其日卽有風耳之聞, 以若干語, 更裁一書, 走伻于東溪, 則此友已發無及, 今見金鄭兩雅, 詳其裏許, 則與前聞無爽, 不勝慨惋. 第默想前後事機, 則彼雖執春秋義理, 堂堂可爲輦轂之左右, 孰有收拾精神, 分揀斯文上理字氣字乎? 況無故跳踉, 欲獻媚於一處, 不朽姓名於後世, 則此計誠迂矣. 萬無必成, 眞一理字, 尙存於千載前後, 不足畏也, 不足怒也. 目今所見, 不過深溝高壘, 徐徐應敵, 而只恐吾黨漸孤, 對面攘臂, 不下幾百人, 而疾風勁草, 未知有幾人. 還咄咄. 以愚見, 表裏終始如一, 至死不變, 惟南原後川, 盧兄秉壽文伯一人, 或有便, 則訊其安不如何, 覽卽付丙, 企企.

1903년 윤5월 14일에 오지리에서 안중섭이 삼산재의 기우만에게 보낸 편지이다. 1903년의 보리농사는 흉년인데다 모내기할 계책도 없다는 말을 하는 것을 보면 가뭄이 심했던 모양이다. 별지에서는 노사의 <외필>과 <납량사의>에 대해 간재측에서 강하게 비판하며 문집 훼판을 주장하고 나온 일을 말한 것으로, 이에 대해 안중섭은 '두려워할 것도, 화를 낼 것도 없지만, 오당(吾黨)이 점점 외로워져서 대면하여 팔을 걷어붙일 사람이 몇 백 명도 되지 않을 것이 두렵다'는 말을 하였다.

안중섭이 기우만에게 보내온 편지는 1900년 9월 7일부터 1905년 1월 19일까지 6통이 남아있다.

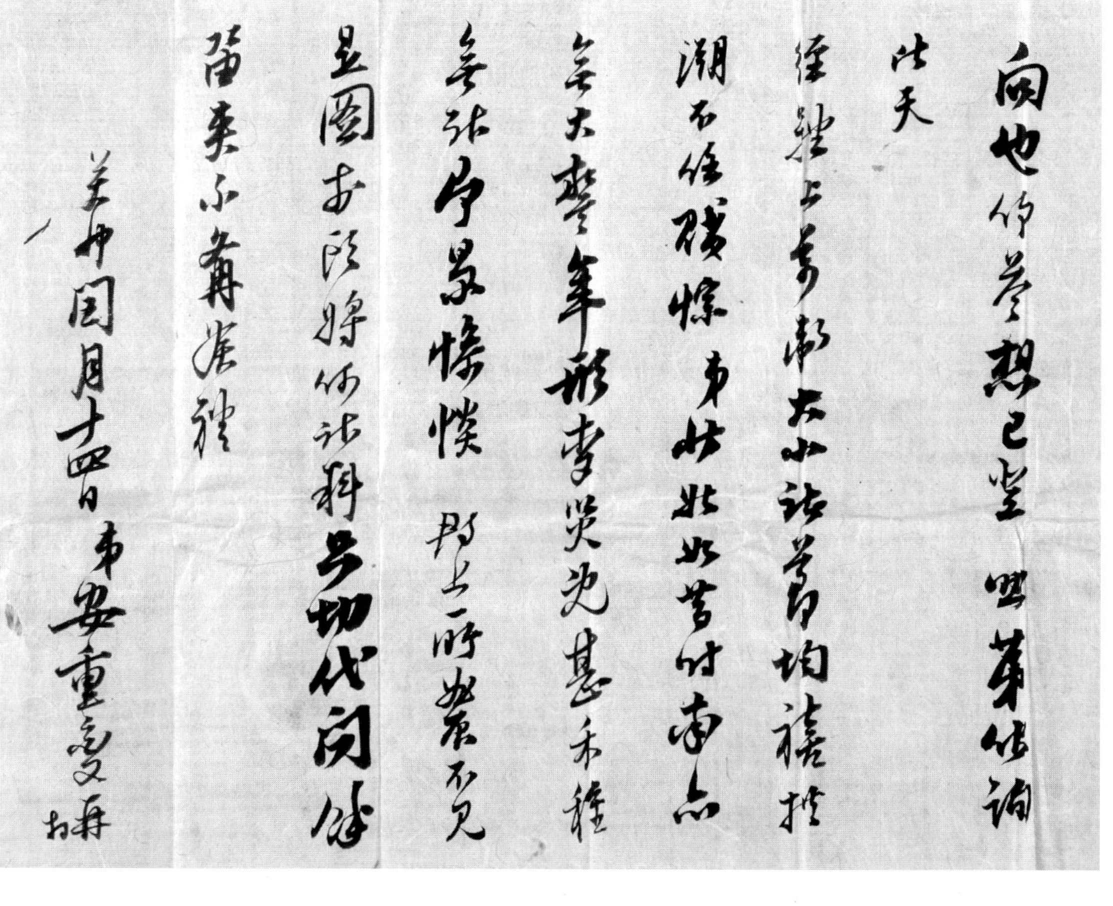

228) 노병수(盧秉壽) : 본관은 풍천(豊川)이다. 아버지는 노광정(盧光井)이다. 그의 형 노극수(盧極壽)가 1882년에 진사시에 합격했다.

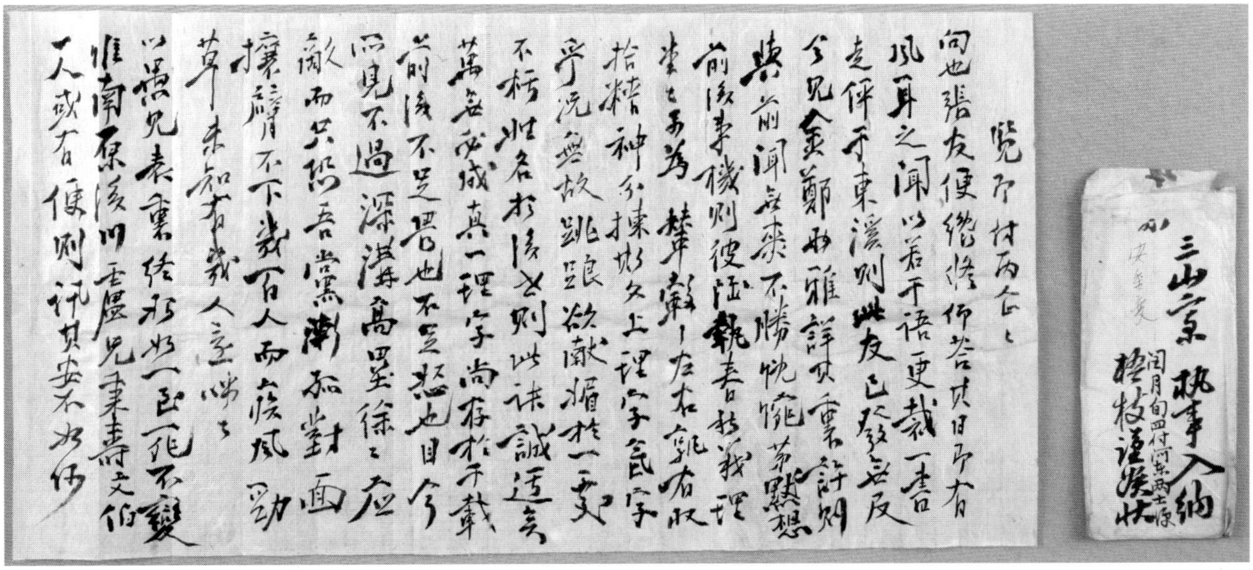

〈1903년 안중섭(安重燮)이 기우만에게 보낸 편지〉(고산)

【피봉】 삼산재에서 경전공부하시는 자리에 드림

오지리에서 편지 올림

가을에 들어선 이래로 소식을 알 길이 없었는데, 어느덧 달빛도 단정합니다. 삼가 생각건대 경전을 지키시는 생활은 여러 가지로 좋으시며, 가족들도 모두 복되시겠지요? 그립고 또 그렇게 되길 바라마지 않습니다.

저는 다만 무너져 내리는 졸렬할 사람일 뿐, 그 외 알려드릴만한 것이 없습니다. 농사는 작년에 비해 조금 나으니, 남에게 부탁하지 않을 계획이 헛되지 않게 되었는데, 그곳은 저번과 비교하여 광경이 어떤지 모르겠습니다. 항상 마음속에서 잊히지 않고 왔다 갔다 합니다.

다름이 아니오라 이번 가을의 강회는 다른 때와는 다른데, 주부자(朱夫子)의 진영을 봉안한 후의 모든 일을 아직도 상세히 의논하여 규정짓지를 못하고 있습니다. 춘향제(春享祭)때는 피혐하는 일이 있어서 감히 억지로 청하지 못했습니다만, 이번에는 비록 절사(節祀)와 상치된다고 할지라도 집에는 이미 형의 숙부가 계셔서 제사를 주관할 것이니, 종권(從權)[229]하여 변통한다고 해도 무슨 잘못이 있겠습니까? 조카를 대신 보내니, 모름지기 며칠 전에 출발하여 14일까지는 이곳에 도착할 수 있도록 해주시길 바랍니다. 나머지 많은 이야기는 협지에 남겨두고 이만 편지 줄입니다. 또 직접 뵙고 상세히 알려드리겠습니다.

1903년 8월 10일에 안중섭(安重燮) 올림.

【별지】 영남의 설이 근래 흉흉하여 헤아리기 어려운 것이 많은데, 또한 어찌 마음을 움직여 두려워할만함이 있겠습니까? 원근의 벗들 중 지극히 마음이 통하는 사람들은 오로지 석채(釋菜)의 일만을 위해서만 아니라, 선사(先師)의 일에 대해서도 한바탕 난만하게 의논하여 임기응변하는 일을 하지 않을 수 없으니, 형께서도 모름지기 모든 일을 제쳐두고 대중의 소망에 위로해주시길 매우 바랍니다. 직접 뵙지 않고 상세히 알리기는 어려워서 짐짓 빠뜨리고 대략 이와 같이 씁니다.

주부자의 진영을 봉안한 후에 한 마을의 입방아가 지금까지도 쉬지 않고 있으니, 저들이 어떤 마음인지 알지 못하겠습니다. 그러나 자처하는 도리로서는 또한 삼가고 두려워하지 않을 수 없으니, 반드시 고명(高明)의 가르침은 들을 것입니다.

좌우와 주부자 진영의 곁에는 어떤 글로 써야 마땅한지요? 도동묘(道東廟)는 신재(愼齋) 주세붕(周世鵬) 선생이 백운동의 소수서원(紹修書院)을 주창할 때 우리의 도가 동쪽으로 왔다는 것으로써 '도동구곡(道東九曲)'이라 짓고, 악장(樂章)으로 삼은 것입니다. 대개 공자와 주자의 도가 동쪽으로 왔다고 말한다면 해가 없을 것 같은데, 저들은 "왜 무이창주(武夷滄洲)라고 쓰지 않느냐?"고 합니다. 저들의 말이 과연 적당한 것입니까? 저들의 말이 적당하다면 당연히 자기 주장을 버리고 남을 따르겠지만, 이 또한 한바탕 대면하여 상세하게 하지 않을 수 없습니다.

묘당의 문에 걸 제목을 '주안(朱安)' 두 자로 하는 것은 별로 깊은 뜻이 있는 것이 아닙니다. 근래의 물정은 몇 칸의 기와집을 보면 부잣집이라고 여기지만, 객들이 문을 가득 채울 때는 지탱하기 어렵습니다. 이처럼 간신히 버틸만한 계책을 가지고 도리어 예가(禮家)을 깊이 연구한다고 하면서 흠을 찾고 심하게 꾸짖으니, 비록 오늘 철거한들 또 무슨 손해가 있겠습니까? 무슨 글자로 쓸 것인가에 대해서는 '주부자안문성영당(朱夫子安文成影堂)'이라고 쓴다면 또한 어떠하겠습니까? 묵묵히 헤아려서 답해주시길 매우 우러러 바랍니다.

【피봉】 三山經座入納

梧枝 謹候狀

入秋以來, 聲候莫憑, 遽爾月色端正, 伏惟衛經體上万護, 庇節次第均禧, 拱溯且祝區區之至. 弟, 只是潰劣, 無足仰瀆, 而年形比昨稍勝, 不虛不托之計, 而未知那上與曩時光景何如? 恒繫憧憧. 就今秋講會, 與他有異, 朱夫子眞像奉安後, 凡百姑無詳議定規. 春菜則有所嫌避, 不敢强請. 今番則雖與節祀相値, 在家則旣有令咸主祀, 從權通變亦何傷也. 一侄替送, 須以數日前發行, 期以十四日抵此, 伏企. 餘外多少說話, 留夾, 不備候狀. 且可面詳. 癸卯八月初旬日, 弟 安重燮 再拜.

【별지】嶺說近洶洶, 有多叵測, 亦何足動心畏惧? 遠近知舊至通心之人, 非專爲釋菜事, 於先師事, 不可無一場爛議應變之擧, 兄須措万以慰衆望, 甚企. 非面難詳, 姑闕紙面略此. 朱夫子眞像奉安後, 一里唇舌, 至今未息, 未知彼何心哉. 然自處之道, 亦不可不戒惧, 必聽高明指敎. 當左右朱夫子眞像之傍, 當以何書之, 道東廟, 則是周愼齋先生, 倡白雲洞紹修院時, 以吾道東, 製道東九曲, 以爲樂章, 蓋以孔朱之道東矣云, 則似無傷, 而彼曰何不以武夷滄洲書之云, 彼說果的當乎? 彼說的當, 則當捨己從人, 此亦不可不一場面詳. 門額之題, 朱安二字, 此非別有深意. 近來物情, 見數間瓦屋, 謂以富家, 暴客塡門, 亦難支當, 以此捱過之計, 反致知禮家之, 覓疵厚誚, 雖今日撤去, 亦何傷也. 當以何書之, 以朱夫子安文成影堂書之, 亦何如? 嘿思以教, 深所企仰.

1903년 8월 10일에 오지리에서 안중섭이 삼산재의 기우만에게 보낸 편지이다. 주요 내용은 도동묘의 가을 강회와 관련한 것이다. 즉 올 가을의 강회는 다른 때와는 달라서 주부자의 진상을 봉안한 후 모든 일이 아직 정해지지 않았기 때문에 봄의 석채례 때는 피혐하는 바가 있어서 감히 억지로 청하지도 않았지만 이번에는 비록 절사(節祀)와 겹치게 되더라도 꼭 와주어야 한다는 내용이다. 반드시 몇 일전에 출발하여 14일까지는 도착해야함을 당부하고 있다.

별지에서는 영남의 말이 흉흉하여 측량하기 어렵지만 동요할 필요는 없고, 한 바탕 난만한 의논을 해서 응대해야한다는 말과 주부자 진상을 봉안한 후에 한 마을의 입방아가 지금까지 쉬지 않으니 저들이 어떤 마음인지 알 수 없으며, 주부자 진상의 곁에 '주부자안문성영당(朱夫子安文成影堂)'이라고 쓰면 어떠하겠는가를 물었다. 1902년에 주자의 진영을 도동묘에 봉안하였는데, 이름을 어떻게 써서 붙일 것인가에 대해 말이 많았음을 짐작할 수 있다. 도동묘는 현재 전남 곡성군 오곡면 오지리에 있다.

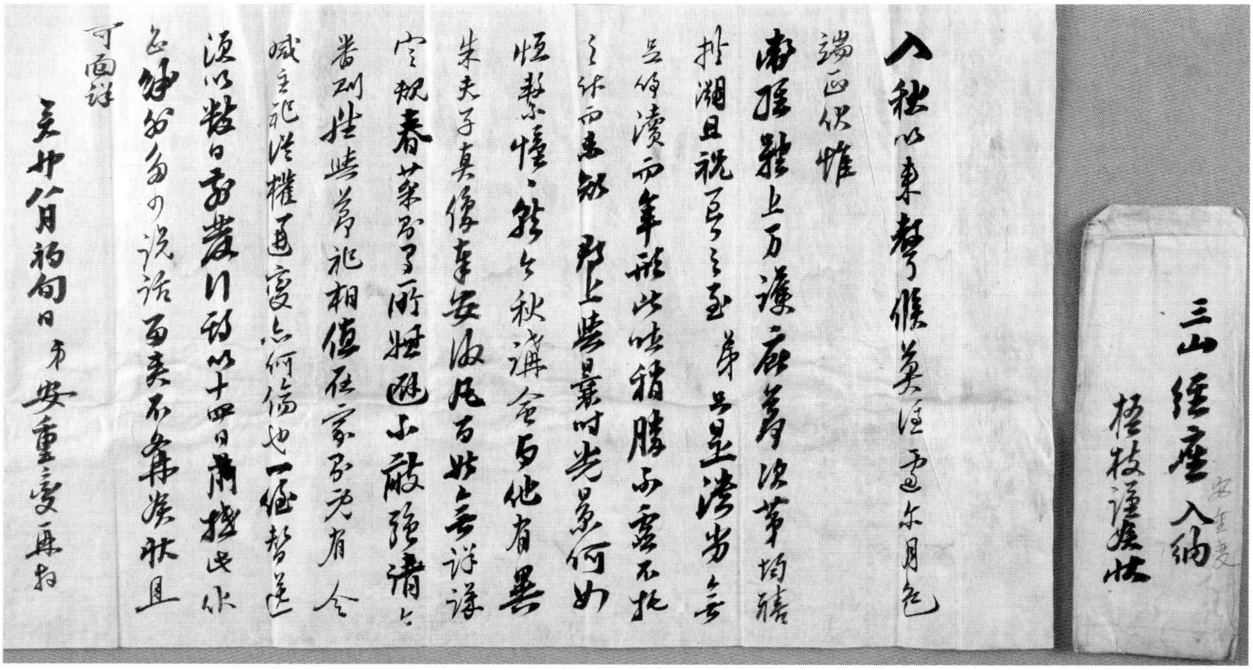

229) 종권(從權) : 그때그때의 사정이나 형편에 따라 알맞게 변통함.

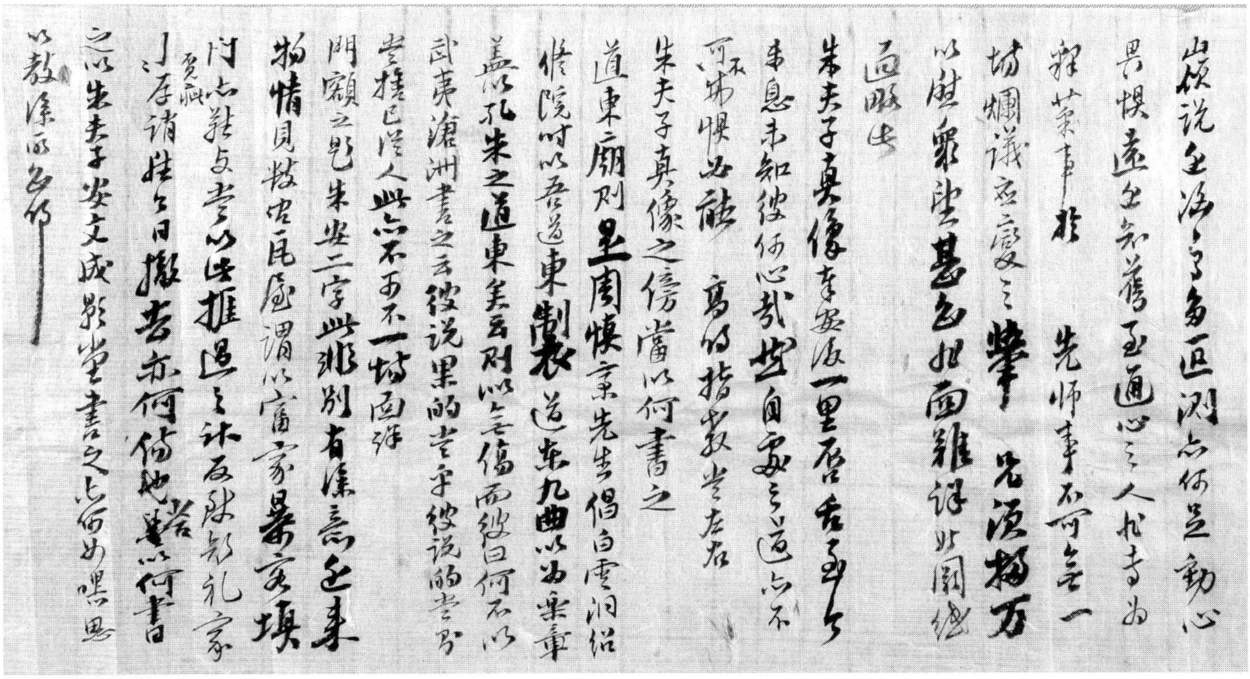

8. 기우승(奇宇承)의 편지

기우승(奇宇承, 1858~1907)의 자는 효술(孝述), 호는 보산(普山), 아버지는 양연(陽衍)이고, 어머니는 장택인 고귀진(高龜鎭)의 딸로, 장성 하남에서 태어났다. 사종형 기우만의 문하에서 수학하였다. 유고로 『보산유고(普山遺稿)』가 있는데, 김준식(金俊植)이 1956년에 쓴 서문과 문인 배종풍(裵鍾豊)이 1962년에 쓴 발문이 붙어있는 5권 2책의 연활자본이다. 문인 박봉구(朴鳳求)가 교정하고, 기노백(奇老栢)이 편차하였다는 기록이 앞에 있고, 시는 20수밖에 실리지 않았으며, 잡저 중 「경의답문(經義答問)」이 가장 많은 분량을 차지한다. 경전의 모른 대목에 대해 제자가 물으면, 기우승이 답한 형식을 취하고 있다. 그 한 예를 들겠다.

문) 『중용』과 『대학』은 서로 표리를 이루는데, 『중용』의 첫 장에서는 먼저 계신공구(戒愼恐懼)를 말하였지만 『대학』에서는 제6장에서 신독(愼獨)을 말한 것은 왜 그런 것입니까? 또 공구(恐懼)를 말하지 않은 것은 왜 그런 것입니까? 예악과 상형(賞刑)은 치평의 대법입니다. 예라는 것은 사치를 금하고, 악이라는 것은 안일함을 방비하며, 형이라는 것은 소인됨을 벌하고, 상이란 것은 군자됨을 권하는 것입니다. 하물며 『대학』 가운데는 군자와 소인, 모질(娼疾)과 교태(驕泰)가 있는데, 평천하장에서 예악과 상형을 말하지 않은 것은 왜 그런 것입니까? 예악과 상형을 버리고 평천하 할 수 있는지요? 『중용』 구경장에서는 지인용(知仁勇)을 말했는데, 『대학』에서는 치지인인(致知仁人)을 말하면서 용(勇)을 말하지 않은 것은 왜 그런 것입니까?[中庸大學相爲表裏, 而中庸首章先言戒愼恐懼, 而大學第六章, 乃言愼獨, 何也? 又不言恐懼何歟? 禮樂賞刑, 治平之大法也. 禮者禁其奢, 樂者防其佚, 刑者罰其小人, 賞者勸其君子也. 況大學中自有君子小人娼疾驕泰, 而平天下章不言禮樂賞刑者, 何歟? 舍禮樂賞刑, 而能平天下歟? 中庸九經曰言知仁勇, 而大學言致知仁人而不言勇, 何歟?]

답) 계구는 정존(靜存)이고, 신독은 동찰(動察)이다. 『중용』과 『대학』은 바로 서로를 발명해주는 것이지만, 『중용』은 성인이 마음을 전하는 법을 말하고, 『대학』은 학자가 공부해가는 요목을 배열하여 각각 말한 것이다. 『대학』 책은 모두가 공부의 차례를 말한 것으로 위정에는 미치지 않았다. 때문에 비록 예악과 상형에 대해서 분명히 말하지 않았을지라도 인양(仁讓)을 감발시키고 선을 들어서 불선한 것을 물리치는 뜻은 어찌 일찍이 절연히 상입(相入)하지 않았겠는가? 또한 지인(知仁)만을 말하고 용을 말하지 않은 것을 의심한 것 또한 함영은 하지 않고 오로지 강색(强索)에만 힘쓰는 병통을 보인 것이니, 어찌 '인자는 반드시 용맹함이 있다'고 말하지 않을 것인가?[戒懼是靜存, 愼獨是動察. 庸學正互相發明, 而但中庸論聖人傳心之法, 大學序學者用工之目, 以各言之耳. 大學一書, 皆論工夫次第, 未及爲政, 是以雖不明言禮樂賞刑, 而其感發仁讓學善退不善之意, 何嘗截然不相入乎? 且疑其言知仁而不言勇, 亦見其不要涵泳而專務强索之病, 豈不曰仁者必有勇乎?][230]

기우승은 당대 경학자로 이름이 났었다고 한다. 과거제도가 폐지된 후 1897년부터 1907년까지 나라에서 경의문대(經義問對)를 실시하여 인재를 시취하였다. 때문에 이처럼 사서에 대해 묻는 사람이 많았던 것으로 보인다.

잡저 중에는 <외필박변(猥筆駁辨)>이 있는데, 1902년 『노사집』 간행시 기정진의 <외필(猥筆)>에 대해 송병선 등이 율곡의 학설을 비판한 것이라고 하여 문집의 훼판을 주장하는 사건이 발생하였는데, 이때 이 글을 지어 신속히 대응하려 하였다.

고산서원에는 기우승이 기우만에게 보내온 편지가 8통이 소장되어 있지만 기우승의 문집에는 5통이 올라있는데, 그중 1통만 중복된다.

〈1903년 기우승(奇宇承)이 기우만에게 보낸 편지〉(고산)

저번에 오셨다 돌아간 후로 체도(體度)[231]와 생활은 신의 도움을 받아 보중하신지요? 달려가서 모시고 안부를 살펴야하는 생각이 하루라도 간절하지 않을 때가 없는데, 자잘한 일에 얽매어서 도외시함이 있는 것과 같으니, 어떤 송구함이 이와 같겠습니까?

보리농사는 흉년을 알리고 있으니, 백성들의 마음이 더욱 믿을 곳이 없을 것인데, 진실로 한 사람의 개인적인 근심이 아닙니다. 생각건대 우리처럼 곤궁하고 굶주림을 달게 보는 것이 본분인 자도 또한 어찌 관심한 바가 없을 수 있을런지요? 산중에서 조리하는 생활은 더욱이 예전과 같음을 얻기 어려울 것이니, 걱정됨이 깊습니다만, 그런다고 어떤 보탬이 되겠습니까?

근래 들으니 박도(駁徒)들이 다시 방자하게 서원을 빙자하여 사술을 부린다고 하니, 화(禍)가 생길 계제(階梯)가 이미 이루어진 것 같습니다. 이처럼 건곤이 매우 오그라든 때를 당하여 갱분

230) 『보산유고(普山遺稿)』 권1 「잡저」

231) 체도(體度) : 체후(體候). 남의 안부를 물을 때, 그 사람의 기거(起居)나 건강 상태를 높여 이르는 말이다.

(坑焚)의 참화가 의당 이르지 않은 곳이 없을 것이지만, 보존하기 어려운 일은 반드시 없을 것입니다. 하물며 옛 성현도 이 병에 걸린 자가 한둘로 셀 수 있는 것이 아님에 있어서이겠습니까? 마땅히 정돈되길 기다려야 할 것입니다. 그러나 저들이 장차 복합 상소하는 일이 있다면 한바탕의 변무(辨誣)하기를 우리도 또한 그만둘 수 없을 것입니다. 생각건대 저들의 기미를 살피고 탐문하여 통지할 곳은 통지하고 미리 응변할 방도를 강술하면 당일에 급박함은 면할 수 있을 것입니다. 그러나 이 일을 두 마음 없이 담당할 수 있는 서산(西山)[232]이나 석곡(石谷)과 같은 사람이 지금 과연 있을런지요? 이런 사람이 있다면 재용(財用, 재물)은 근심할 바가 아닙니다.

비록 저 우승 같이 미천함을 떨치지 못한 사람일지라도 밤낮으로 우분함을 거의 이길 수 없습니다. 진실로 달려가 교령(敎令)을 청하고자 하지만, 아직은 시무(時務)에 얽매인 까닭에 감히 아들을 대신 시켜 편지를 받들게 하였으니, 너그럽게 받아주시길 바라며, 상세한 기미를 답장으로 알려주시길 복망합니다. 나머지는 남겨두고, 얼마 있지 않아 찾아뵙고 말하겠습니다. 갖추지 않고 편지 올립니다.

1903년 5월 24일에 사종제(四從弟)[233] 기우승(奇宇承) 올림.

兄主前 上候書

向駕返後, 體度起居, 神勞保重? 趨奉伺候, 未嘗一日不切, 而奪於冗縶, 有若外之者, 何悚如之? 麥事告兇, 民情益無所恃, 固非一人之私憂, 而惟吾甘窮餓視本分者, 亦安得無所關心乎? 山中調度, 尤難得如前日, 拱念則深, 而有何裨益哉? 近聞駁徒, 更肆籍院騁邪, 禍階似已成矣. 當此乾坤極屈之時, 坑焚之慘, 宜無不至, 而難保其必無矣. 况古聖賢罹此患者, 非一二可數乎? 當靖以俟之. 然彼將果有伏閤之擧, 則一番辨誣, 我亦不可已也. 惟審探彼機, 可通知處通知, 預講應變之道, 可免當日紛跲. 然能擔荷無二, 如西山石谷者, 今果有之乎? 有此人, 則財用非所憂也. 雖以承之卑微不振, 日夕憂憤, 殆不能勝. 固欲走請敎令, 而姑爲時務所牽, 敢使兒少替奉咫尺之紙, 幸賜寬納, 詳機下覆, 伏望伏望. 餘留, 不多日間進拜, 不備上書. 癸卯五月卄四日, 四從弟 宇承 再拜.

232) 서산(西山) : 송나라 채원정(蔡元定, 1135~1198)의 호. 건양(建陽) 사람. 자는 계통(季通)이고, 호는 서산(西山)이며, 시호는 문절(文節)이다. 벼슬에 나가지 않고 학문과 강학에 몰두했다. 어려서 아버지 채발(蔡發)에게 배웠고, 장성하여 이정(二程)과 소옹(邵雍), 장재(張載)의 학문을 배웠다. 나중에 주희(朱熹)를 찾아가 수학했고, 주희는 강우(講友)로 대우했다. 영종(寧宗) 경원(慶元) 연간에 심계조(沈繼祖) 등이 주희를 공격할 때 그도 연루되어 도주(道州)로 귀양을 갔다.

1903년 5월 24일에 제자이자 사종제(四從弟)인 기우승이 기우만에게 올린 편지이다. 올 보리농사가 흉년이어서 걱정이라는 인사말과 함께 노사의 글을 가지고 비판하는 무리들이 복합상소까지 하려고 하니 우리들도 변무를 준비해야 한다는 말을 하였다. 역시 『노사집』 간행과 함께 나온 사건이다.

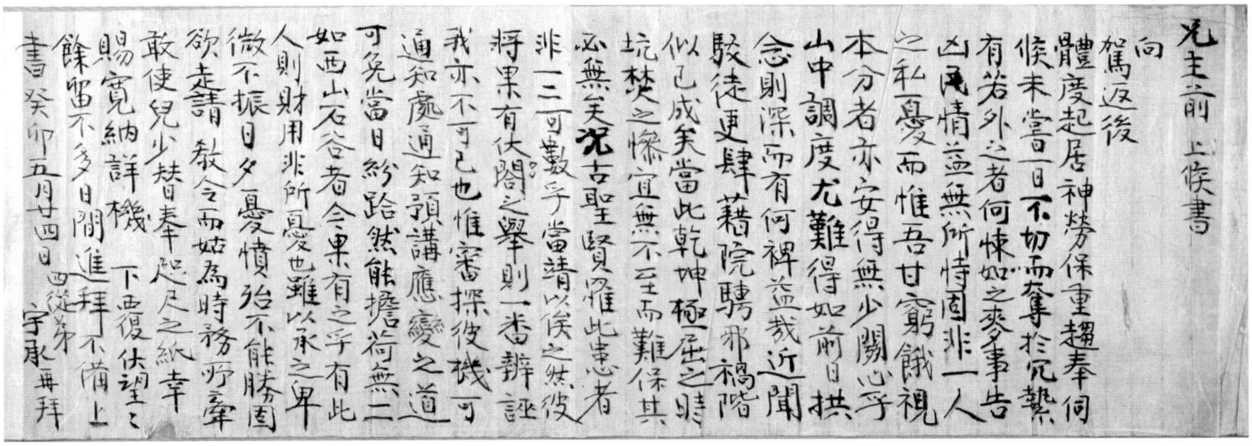
兄主前 上候書
向
駕返後
體度起居神勞保重趨奉何
候未嘗一日不切而奪於冗繁
有若外之者何悚如之麥事告
凶民情益無所恃固非一人
之私憂而惟吾甘窮餓視
本分者亦安得無少關心乎
山中調度尤難得如前日拱
念則深而有何裨益哉近聞
駁徒更肆藉院聽邪禍階
似已成矣當此乾坤極否之時
坑焚之慘宜無不至而難保其
必無矣況古聖賢罹此患者
非一二可數乎當請以俟之然彼
將果有伏閤之舉則一番辨誣
我亦不可已也惟審探彼機可
通知處通知預講應變之道
可免當日紛踏然能擔荷無二
如西山石谷者今果有之乎有此
人則財用非所憂也雖以永之界
微不振日夕憂憤殆不能勝悶
欲走請 教令而姑為時務所牽
敢使兒少替奉咫尺之紙幸
賜寬納詳機 下而復伏望々
餘留不多日間進拜不備上
書 癸卯五月廿四日 四從弟 宇承 再拜

233) 사종제(四從弟) : 10촌 아우, 즉 현조(玄祖)의 후손들이다.

9. 조성주(趙性宙)의 편지

조성주(趙性宙, 1841~1919)의 자는 계호(季豪), 호는 월산(月山), 본관은 함안(咸安)이다. 조성가(趙性家)의 동생이다. 1872년 32세의 나이로 백형 조성가를 따라 노사 문하에 나아가 제자의 예를 행하였다.

1901년 『노사집』을 강성(江城)의 신안재(新安齋)에서 중간하였을 때 참여하여 일을 주선하였다. 전집이 간행되자, 노사의 성리설이 율곡(栗谷) 이이(李珥)의 설과 다르다는 이유로 비난하는 여론이 일어남에 "옛 선현들도 이러한 일을 당한 적이 많습니다. 공론(公論)은 백세(百世) 이후를 기다려야 할 것이니, 저들과 어찌 다투어 변론할 필요가 있겠습니까?"라고 말하였다.

1895년 명성 황후가 시해되는 변고가 일어나고 백형 조성가가 지리산 중산리로 이주해 은거하자, 조성주는 집에서 50리나 떨어져 있고 가는 길이 험한 데도 해마다 서너 차례씩 백형을 찾아가 안부를 여쭙고 돌아왔다. 그 역시 나라가 국권을 잃고 난 후 세상에 살고 싶은 뜻이 없어 사림산(士林山)의 산재(山齋), 장성(長城) 백양산(白羊山)의 승사(僧舍), 남해의 금산(錦山), 지리산의 일월대(日月臺) 등지를 떠돌며 탄식을 토하고 울분을 달래었다. 또한 옛사람의 격언(格言)을 손수 써서 벽에 붙여 놓고 항상 보면서 자신을 살폈다.

문집에 『월산유고(月山遺稿)』 5권 3책이 있는데, 서문은 없고 발문은 1939년 아들 조진규(趙縉奎)가 써서 석인본으로 간행했다. 여기에는 시 646수가 실려 있는데, 사찰에서 읊은 시가 대단히 많고, 연작시가 많은 것이 특징이며, 또한 시간 순으로 배열되어 있어서 형식에 있어 그의 형인 조성가의 문집과 매우 유사함을 알 수 있다. 이밖에 편지 141통, 제문 13편 등이 더 실려 있다.

형인 조성가와 조성택이 1887년에 월횡리에 취수정(取水亭)과 함월정(涵月亭)을 각각 짓자, 이에 차운시를 지어 축하해주었다.

<取水亭>	취수정 1888년
對月幽軒近水居	월산을 마주하고 그윽한 집을 물가에 짓고 사니,
晩年遊息也何如	만년에 유식(遊息)[234]할 곳으로 또 어떠한가.

234) 유식(游息) : 장수유식(藏修游息)의 준말로, 언제나 학문에 마음을 두고 열심히 공부하는 것을 가리키는 말이다. 『예기』「학기(學記)」에서 "군자는 학문할 적에 장(藏)하고 수(修)하고 유(游)하고 식(息)한다."라고 하였는데, 그 주소(注疏)에서 "장이란 마음에 항시 학업을 생각함이요, 수란 수습(修習)을 폐하지 않음이요, 유란 일없이 한가하게 노닐 때에도 마음이 학문에 있음이요, 식이란 일을 하다 쉴 때에도 마음이 학문에 있음을 이른 것이니, 군자가 학문에 있어서 잠시도 변함이 없음을 말한다."라

岳親石舊緣應結	산굽이와 바위와 친구 되는 인연 응당 맺었으니,
竹韻松濤分不疎	대나무 소리 소나무 물결도 나뉘어 서먹하지 않으리.
…	

<涵月亭>	함월정
亭兼家塾不勞登	정자가 가숙과 겸해 있어 오르기 힘들지 않고,
檻外方塘月與澄	난간 밖 네모진 연못에는 달빛도 맑구나.
皓首塤篪相和席	백발 되어 훈과 지처럼 한 자리에서 어울리고,
靑箱書史共親燈	푸른 상자의 경서와 사서를 등 밝히고 함께 보네.235)
…	

앞의 시에서는 자연과 하나가 된 누정의 모습을 읊었고, 후자에서는 집결에 있는 정자에서 형제들이 함께 공부하는 화목한 모습을 읊었다.

그는 1892년 6월에 호남지역에 와서 식재 기재(奇宰) 등과 함께 변산 등지를 유람했는데, 이때 많은 시를 남겼다. 즉 내소사, 월명암, 낙조대, 채석강, 실상사, 직소폭포, 만금암, 조령, 격포, 법성포, 은선암, 망진루 등에서 읊은 시가 문집에 실려 있으며, 또 이 해 윤6월에는 송사 기우만 등 여러 친구들과 백양사의 여러 승경처를 구경하였다. 이때 지은 시 한 수를 보겠다.

<清流洞>	청류동
豔聞此地勝	이곳이 승지임을 부럽게 들었는데,
第一丹楓秋	단풍 드는 가을이 제일이라고 하였네.
石老千層勢	오래된 바위는 천 층이나 솟아있고,
溪澄百折流	맑은 시냇물은 백 번이나 굽이쳐 흐르네.236)

백양사 청류동에서 지은 시이다. 백양사의 단풍이나 계곡의 아름다움은 지금도 으뜸이라고 할 수

고 하였다.

235) 『월산유고(月山遺稿)』 권1 「시」

236) 『월산유고(月山遺稿)』 권1 「시」

있는데, 청류동의 맑은 모습을 가감없이 드러낸 시이다.

〈1904년 조성주(趙性宙)가 기우만에게 보낸 편지〉(고산)

예는 생략하고 아룁니다. 가문이 불행하여 흉화가 거듭 3대에 걸쳐 미치니, 이치상으로도 진정 헤아리기 어렵고, 운수도 실로 심하게 막힌 것인지라 비통하기 그지없습니다. 오열한들 어찌 미치겠습니까? 선형(先兄)[237]의 구계(舊契, 옛 벗)는 모두 호남에 있는데, 부고장을 곧바로 보내지 못했으니, 전담한 사람이 비록 상중에 있어서 그렇다고 하더라도 길이 멀고 형세 상 틈이 없어서 정과 예를 모두 빠뜨리게 되었습니다. 비록 스스로 문장을 쓰려고 해도 어찌 그럴 수 있겠습니까? 편지지를 대하고 있자니 더욱 송구할 따름입니다.

가만히 선형의 깊고 두터운 인덕을 생각해보면 도사(都事)께는 앞에서 효가 어그러진 것이고 진사께는 뒤에서 이어 꺾인 것이니, 하늘이 불쌍히 여기지 않은 것이 어찌 이처럼 끝이 없단 말인가요? 예월(禮月)[238]이 이미 박두하였는데, 길지를 아직도 정하지 못해서 바야흐로 이 골짜기에 권조(權厝)[239]를 하려하니, 마음이 애통 가련함을 어찌 다 말할 수 있겠습니까?

도사(都事)는 이미 5월말에 권감(權坎)을 하였는데, 이번에도 그 땅인데다 또 같은 언덕이니, 하나도 오히려 불가한데 하물며 두 번임에 있어서이겠습니까?

비록 그렇더라도 날자가 이미 정해졌기 때문에 이에 감히 형께 알리니, 형제분이 함께 와주시지 않겠습니까? 사랑해줌만을 믿고 무모하게 간청 드리니, 헤아려주시고 용서해주시길 바랍니다. 각처에 보내는 부고장도 또한 조속히 전해주셔서 때늦은 한탄에 이르지 않게 해주시는 것이 어떻겠습니까?

선형께서 평소에 왕복한 문자가 호남의 친구 여러 집에 있는 것은 모두 형한테로 거두어서 보내주라고 부탁하였으니, 모아서 잘 갈무리해두었다가 인편을 기다려서 부쳐주신다면 매우 다행이겠습니다. 기복중인 저는 이달 초에 또 이씨(李氏)에게 시집간 막내딸의 죽음을 보았으니, 심하도다. 금년의 액운이여. 노년에 험한 일을 맛보는 것이니, 탄식한들 어쩌겠습니까? 나머지는 살펴주시길 바라며 이만 줄입니다.

1904년 8월 23일에 기복제 조성주(趙性宙) 올림.

省禮白. 家門不幸, 凶禍之荐奄及三世, 理固難測, 運實甚否, 悲痛無已, 哽咽何及? 先兄舊契, 盡在湖南, 而訃書未卽, 耑人雖緣喪威, 因仍道塗脩遠, 勢有所未暇, 而情禮俱闕, 雖欲自文, 烏可得乎? 臨紙罙增悚仄. 竊念以先兄之深仁厚德, 而都事違孝於前, 進士繼折於後, 天之不吊, 至此何極? 禮月已迫, 吉地未卜, 方營權厝於此峽, 情事痛慨, 何可盡喩? 都事已經權坎於五月末, 而今與其地又同岡也. 一猶不可而況再乎? 雖然日子已定, 玆敢專告吾兄, 兄弟嗌肯頫臨否? 恃眷冒請, 諒恕是望. 各處啓訃, 亦望從速傳致, 無至後時之歎, 如何如何? 先兄平日往復文字之在於湖南知舊諸家者, 皆托以收送於兄所, 而捃拾善藏, 待便付來, 甚幸. 朞服弟, 今月初, 又見季女之適李氏者之慘, 甚矣, 今年之厄運也! 老喫崎險, 歎咄奈何? 餘惟冀癯照. 不宣狀禮. 甲辰八月卄三, 朞服弟 趙性宙 拜.

1904년 8월 23일에 조성주가 기우만에게 부친 편지이다. 형인 조성가가 죽은 사실을 알리고 있는 내용이다. 죽은 형의 친구들이 모두 호남지역에 있는데 길이 멀어서 아직 부고를 보내지 못했다는 것과 장례 일자가 이미 정해져서 알리니 다른 사람에게도 전해주길 바란다는 내용이다. 이어서 평일 왕복한 편지들 중 호남지역에 있는 것들은 모두 모아서 잘 보관하고 있다가 인편이 있는 대로 부쳐주길 바란다는 말을 하고 있다.

237) 선형(先兄) : 죽은 형. 조성가(趙性家, 1824~1904)를 말함. 조성가는 1904년 6월 6일 별세하였다.(『월고집(月皐集)』 권20 「부록(附錄)」 <가장(家狀)>)
238) 예월(禮月) : 초상(初喪) 뒤에 장사(葬事) 지내는 달을 이르던 말.
239) 권조(權厝) : 임시로 가매장하는 것.

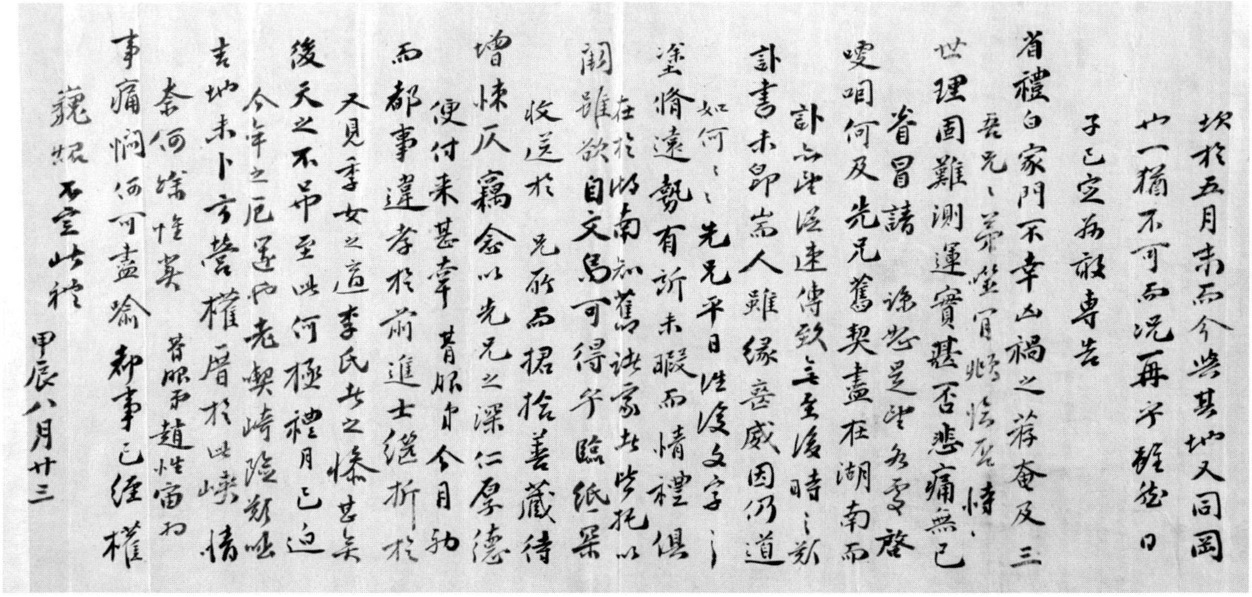

10. 오계수(吳繼洙)의 편지

오계수(吳繼洙, 1843~1915)의 자는 중함(重涵), 호는 난와(難窩), 본관은 나주이다. 갑선(甲善)의 아들로, 나주 도림(道林)에서 태어났는데, 현재는 광주시 광산구 삼도면 도림에 해당한다. 어려서 종숙부인 임리재(臨履齋) 오태규(吳泰圭)에게 수학하였고, 이후 기정진의 문인이 되었다. 종숙 오준선의 『후석유고』에 들어 있는 <사상지알록(沙上贄謁錄)>을 보면 1868년에 오준선과 함께 노사 문하에 찾아가 수학하였음을 알 수 있다. 사후에 그의 문인들에 의해 도림사(道林祠)에 배향되었다.

유고로 『난와유고(難窩遺稿)』 17권 8책이 있는데, 문인 오정선(吳禎善) 등에 의해 수집 정리되고 오재수(吳在洙)가 발문을 써서 1976년에 활자본으로 간행한 것이다. 여기에는 명옥헌 잡영(鳴玉軒雜咏)이나 삼산구곡시와 삼산화훼시 등 시 500여제, 편지 128통, 기 79편, 서발문 81편, 행장 34편, 묘도문 48편 등이 들어 있다.

그는 많은 누정에서 시문을 남겼는데, 기우만, 오준선, 고광선 등과 함께 호남의 대표 누정 작가라고 할 수 있다. 즉 남파정, 남사정, 불환정, 원풍정, 영사정(함평), 자락정, 외성당, 취가정, 난파정(나주), 반계정(나주), 영화정(무안), 화설당(무안), 오류정사(무안), 금은정(나주), 유산정(무안), 계산재(무안), 한수재, 최고정, 담대헌, 상외정, 명옥헌, 서벽암, 백석당, 죽포산정, 유산정, 영가정, 청일재, 송석헌, 역와, 면강재, 전춘재, 삼산재, 경암, 고암, 사죽헌, 침선재, 息營정, 연우당, 숙야재, 창주정, 지재, 오헌, 삼한당, 요산재, 쌍석헌, 지어재, 쌍석당, 묵화당, 세한정, 죽취정, 묵헌, 균헌, 영모정, 월악서재, 난석당, 난산정, 금양재, 이인정, 취정, 귀락재, 만회당, 매송당, 노포당, 만취정, 물기재, 금강정, 읍상정, 반계정, 호은정, 임리재, 영모재, 백화정, 공우재, 세심당, 옥련정, 팔현정, 수우당, 소안재, 영보재, 영하정, 만취정, 귀락헌, 몽심헌, 죽림당, 영이당, 양성당 등 주로 당시에 세워진 수많은 누정이 그로 인해 빛을 발하였다. 다음은 삼산재에서 지은 시 2수 중 한 수이다.

<三山齋二絶>	**삼산재**
枕下淸泉屋後山	침상 아래는 맑은 샘이요 집 뒤는 산이라,
高人心事白雲閒	고사의 심사는 백운처럼 한가롭네.
願言此地芳隣結	원컨대 이곳에서 꽃다운 이웃되어
夕夕朝朝往復還	아침저녁으로 왔다 갔다 하고 싶네.[240]

오계수 역시 나라가 망해가는 모습을 지켜보면서 산 세대이다. 노사의 제자로서 울분이 없을 수 없다. 그는 1906년에는 기우만과 함께 의병을 모집하였고, 의병 김준(金準)과 전수용(全垂鏞)의 항일 투쟁을 도왔으며, 1911년에는 나주 헌병대로 끌려가 곤욕을 치른 후 선조 생노당(生老堂)이 은거했던 영사재(永思齋)에서 두문불출하다 생을 마감하였다고 한다. 다음은 그가 의병장 김준의 죽음을 애도하여 지은 만시이다.

<哀金準>	**김준[241]을 애도하다(2수 중 1수)**
渴馬池邊飮馬回	갈마지 가에서 말 먹이고 돌아와,
舞洞村前戰場開	무동촌 앞에서 전투를 전개했네.
忽然千步一聲砲	홀연히 천보총 소리 한 번 울리자,
殲厥驕酋第二魁	저 무례한 왜놈 대장을 섬멸하였네.[242]

한말의 의병활동은 1908~9년 사이에 가장 치열했는데, 전남에서 접전 수가 가장 많았다. 호남 의병들 중 광주 인근 지역에서 활동한 사람으로 고광순, 기삼연, 김준·김율 형제와 전수용 등이 있는데, 오계수도 역시 이들과 무관하지 않다. 고광순, 기삼연, 김준이 죽자 애도시를 지어 이들의 의로운 죽음을 위로하였고, 또 전수용에게는 다음과 같이 부탁의 말도 하였다.

<寄全垂鏞>	**전수용[243]에게 부침**

240) 『난와유고(難窩遺稿)』 권3 「시」

241) 김준(金準, 1870~1908) : 자는 태원(泰元), 호는 죽봉(竹峰), 별명은 김참봉, 본관은 경주(慶州)이다. 백촌 김문기(金文起)의 후손으로, 나주 문평면 갈마지 마을에서 태어났으며, 아버지는 노학(魯學)이고, 의병장 김율(金聿)의 형이다. 순릉참봉(順陵參奉)을 지냈다. 1894년 동학농민전쟁이 일어나자 동학에 투신하였다. 그러나 동학군의 행태에 실망한 그는 잠시 수원에 옮겨 살다가 귀향하였다. 1906년 동생 율과 호남에서 의병을 일으켜 고창·영광 등지에서 활약하였다. 이듬해 기삼연(奇參衍)의 호남창의회맹소(湖南倡義會盟所)에 가담하여 선봉장이 되고 나주·함평 등지에서 활약하였다. 1908년 1월 김율과 합진하여 동복(同福)의 무동산(舞童山)에서 요시다[吉田勝三郞] 기병부대 150명과 접전하고, 요시다의 목을 베었다. 이때 기삼연이 붙잡혀 광주에서 총살당하였다는 소식을 듣고 호남의소라고 부대이름을 바꾸어 일진회원, 밀정, 자율단원 등을 처단하였으며, 납세거부투쟁을 유도하였다. 1908년 4월 25일 광주 어등산(魚登山)전투에서 전사하였다.

242) 『난와유고(難窩遺稿)』 권4 「시」

243) 전수용(全垂鏞, 1878~1910) : 전기홍(全基泓). 초명은 종기(鍾棄), 자는 수용(垂鏞), 호는 해산(海山), 본관은 천안(天安)이다. 임실 출신으로, 아버지는 병국(炳國)이며, 어머니는 경주김씨이다. 1907년 조선군이 강제 해산되자, 그 해 겨울 임실의 이석용(李錫庸)을 찾아가 기병하였다. 이때 호남 일대에서 제일 먼저 의거를 일으킨 고광순(高光洵)과 기삼연(奇參衍)이 붙잡히자, 그의 부하 김준(金準)이 의병을 재수습해 장성(長城) 일대를 중심으로 전세를 떨치고 있었다. 이에 해산은 이석용에게 김준과 연합할 것을 건의하였다. 김준을 뒤쫓아 장성에 이르니 김준 역시 순국하였다고 하므로 광주와 나주 사이에서 방황하다가 김준의 부장으로서 활약하던 오성술(吳聖述)과 연합하여 나주 도림(道林)에 주둔하였다가, 사천(沙川) 등지에서 적병과 교전하였다. 1908년 6월 광주에서 모군하고 있는데 정원집(鄭元執)이 부하를 거느리고 남하하여 부하되기를 청하였고, 계속 세력이 확장되었으므로 7월 29일 부하들의 추대를 받아 의병장이 되어 의진을 다시 구성하여 광주·장성 등지에서 일본군을 격파했다. 1909년 한때 의병을 해산하고 남원 고래산에서 서당을 열고 아이들을 가르치다가 체포되었으

知君才器世無儔	그대를 아노니 재주와 기량 세상에 짝할 자 없어라.
聲振湖南五十州	명성이 호남의 오십 고을에 자자하네.
此日安危須可仗	오늘날의 안위는 의지할 데 필요하니,
帷中莫負子房籌	장막 속에서 자방(子房, 張良)의 작전[244]을 저버리지 말지라.[245]

전수용의 재주와 기량을 칭찬하고 전투를 잘 계획해서 하라는 당부의 말을 전했다. 그런데도 기울어진 나라는 일어서지 못했으니 경술국치를 당하게 되었다. 매천 황현이 목숨을 끊었다는 소식을 듣고 그가 남긴 시에 차운시를 남기며 뜻을 함께 하였다.

<次黃梅泉玹絶筆詩>	**매천 황현의 절필시에 차운하다(4수 중 1수)**
漢江欲咽角山嚬	한강도 오열하고 삼각산도 찡그리려하고,
文物衣冠已喪淪	문물도 의관도 이미 망하였네.
苟不西登東可踏	진실로 서쪽으로도 동쪽으로도 갈 수 없으니,
淸風遠挹古之人	청풍을 멀리 받아들임은 옛 사람 일이 되었네.[246]

나라가 망하자 많은 우국지사들이 자결을 하였고, 의병활동을 하던 사람들은 토벌작전에 의해 거의 초토화되다시피 했다. 남은 사람은 일본의 회유를 피하여 산속으로 피해가기도 하고, 단발을 하지 않음으로써 저항을 했으며, 독립운동을 전개해가기도 하였다. 일본인의 블랙리스트에 올라간 유학자들은 마음대로 돌아다닐 수도 없었다.

<鰲山滯中偶成>	**오산리에서 잡혀있던 중 우연히 이루다(2수 중 1수)**
蜂蟻亦有尊君義	벌이나 개미도 임금을 높이는 의리가 있고,
犬馬猶知戀主誠	개나 말도 주군을 연모할 줄 아는 정성이 있다.
矧矣人生不如物	하물며 사람으로 태어나서 동물만도 못하랴,

며, 광주를 거쳐 1910년 정월 대구감옥소에 이감되어 박영근(朴永根)·심남일(沈南一)·오성술(吳聖述)·강무경(姜武景)과 함께 7월 18일 교수형으로 순국하였다. 저서로 『전해산진중일기(全海山陣中日記)』 일부가 남아있다.

244) 한고조(漢高祖)가 장량(張良)에 대해 "장막 속에서 작전 계획을 세워 천리 밖의 승부를 결정짓는 것은 내가 장자방보다 못하였다.[夫運籌策帷帳之中, 決勝於千里之外, 吾不如子房]"라고 칭찬한 고사가 있다.(『사기』 권8 「고조본기(高祖本紀)」)

245) 『난와유고(難窩遺稿)』 권4 「시」

246) 『난와유고(難窩遺稿)』 권4 「시」

西雲回首淚千行　　　서쪽 구름 바라보며 천 줄기 눈물만 흐른다.[247]

오계수와 종숙 오준선은 장성 사가리와 오산리에서 검문에 걸려 20일 동안을 잡혀있었는데, <사가체중우성(四街滯中偶成)>이란 시와 간찰을 통해서 확인할 수 있다. 기우만도 1911년에는 일본으로부터 회유를 피해 섬진강가에 있는 남원시 대강면 사석리로 옮겨가 살았다. 오계수가 기우만에게 보내온 편지는 1899년 1월 20일부터 1914년 8월 1일까지 9통이 있다.

〈1905년 오계수(吳繼洙)가 기우만에게 보낸 편지〉(고산)

송사 노형의 도 닦는 자리 아래에 편지 올립니다

초가을에 노형께서 교남(嶠南, 영남)에 행차하셨다는 소리를 듣고, 장마 무더위에 출발한 것이라 마음속으로 매우 염려가 되었습니다. 마침 영암에 사는 박참봉을 만나게 되어 별 탈 없이 잘 돌아오셨다는 것을 알게 되었으니, 이것은 노형의 건강을 위해서만 축하드리는 것이 아니라 실로 사문을 위해서도 축하할 일입니다.

그동안 많은 날이 지났는데, 삼가 묻건대 도체(道體)[248]의 동지(動止)[249]는 계절에 따라 강녕하신지, 아드님 또한 편안히 시봉하면서 진덕 수업에 날마다 힘쓰고 있는지요? 간절히 그리는 마음 아침저녁으로 조금도 해이해지지 않습니다.

저의 꼴은 어찌 말할만한 것이 있겠습니까마는, 이질로 한 달 동안을 고생하며 거의 죽음의 문턱까지 갔다 왔는데, 지금은 비록 머리를 들 수는 있지만 원기가 고갈되어 완전히 나을 기약은 없으니 다만 스스로 가련할 따름입니다. 이로써 단향(壇享)[250]의 열에 나아가 참여할 수 없으니 송구스런 탄식이 더욱 깊습니다.

운람(雲藍)[251]의 일은 실로 뜻밖에 나온 일로 소식을 듣고 매우 괴이했습니다. 사람을 안다는 것이 진실로 쉽지 않다는 것은 이것을 두고 하는 말이 아니겠습니까? 지금 후석(後石)[252] 족숙의 행차로 인해 대략 이와 같이 안부 인사를 대신하는데, 정신은 혼미하고 손은 떨립니다. 삼가 갖추지 못하고 편지 올리니, 살펴주시기 바랍니다.

1905년 9월 8일에 아우 오계수(吳繼洙) 올림.

247) 『난와유고(難窩遺稿)』 권4 「시」
248) 도체(道體) : 도(道)를 닦는 몸이라는 뜻으로, 상대편을 높여 이르는 말.

松沙老兄 道座下 候上

初秋, 老兄, 聞作嶠南行, 炎潦中跋涉, 心甚慮仰. 適逢靈巖朴叅奉, 承知返旆無撓利稅, 非直爲老兄賀康健, 實爲斯文賀也. 間經許多朝晡, 謹問, 道體動止, 若序康寧, 胤友亦安侍, 而進修日懋否? 區區溯仰, 昕夕靡懈. 弟狀, 何足道哉, 以痢證浹月沉苦, 幾涉鬼關, 今雖擡頭, 而眞元積敗, 蘇完無期, 秖自悶憐. 以是不得進叅於壇享之列, 悚歎采深. 雲藍事, 寔出料外, 聞甚怪駭, 知人固未易者, 非此之謂耶? 玆因後石族叔行, 略此替候, 神昏手戰, 謹不備上. 兄照. 乙巳九月八日, 弟 吳繼洙 拜手.

1905년 9월 8일에 오계수가 기우만에게 보낸 편지이다. 장마 무더위에 교남에 행차했다는 소식을 듣고 매우 걱정했는데 영암의 박참봉을 만나 무사히 잘 돌아왔다는 소식을 들었다는 인사와 함께 자신은 설사증으로 한 달 동안을 앓아서 거의 죽음의 문턱까지 다녀왔으며 아직 완전히 낫지 않아서 이번 단향에는 참석하지 못하겠다는 말을 하고 있다.

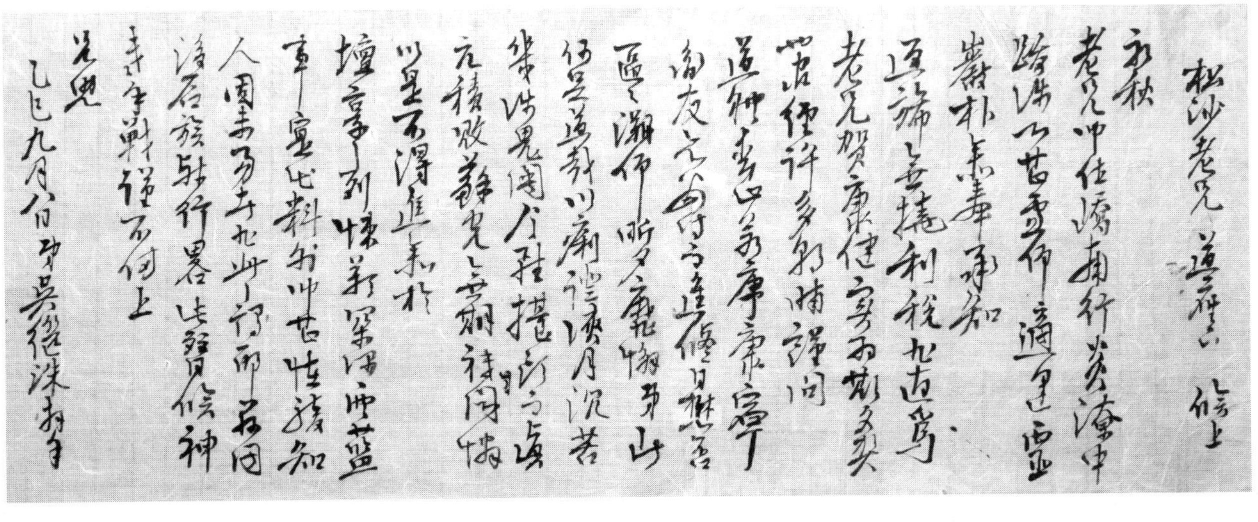

249) 동지(動止) : 기거(起居). 움직임과 멈춤을 아울러 이르는 말. 일상적인 생활을 말함.

250) 단향(壇享) : 단을 설하고 그곳에서 지내는 제사. 삼산재에 단을 세우고 석채례를 행한 일을 말함.

251) 운람(雲藍) : 정봉현(鄭鳳鉉, 1852~1918)을 말함. 자는 언국(彦國), 호는 운람(雲藍), 본관은 하동(河東)이다. 아버지는 호계(浩溪) 재중(在中)으로, 곡성 오산면에서 태어났다. 어려서부터 영특하여 12살에 처음으로 서울에서 과거시험을 보았는데, 사람들이 그의 신이한 재주를 칭찬하지 않음이 없었다. 13살에 노사(蘆沙) 기정진(奇正鎭) 문하에 나아갔다. 문집으로 『운람집(雲藍集)』이 전한다. 1905년에 무슨 일인지 모르지만 변절하는 사건이 있었던 것으로 보이며, 친일인명사전에 경학원 강사를 지낸 것으로 올라있다.

252) 후석(後石) : 오준선(吳駿善, 1851~1931)을 말함.

〈1911년에 오계수(吳繼洙)가 기우만에게 보낸 편지〉(고산)

송사 노형의 도 닦는 자리에

기억하건대 일찍이 은거하셨을 때도 오히려 절실하게 집은 가깝지만 사람은 멀다는 한탄을 하였는데, 하물며 지금은 남북으로 멀리 떨어져 있어서 산천이 더욱 멀어짐에 있어서이겠습니까? 덕인을 사모하는 마음이 날마다 간절하지 않을 때가 없었습니다. 저번에 조카분 인백(仁伯)[253]이 찾아와준 것으로 인해서 여름 이후의 동정을 듣게 되어 조금은 저의 마음에 위로가 되었습니다.

서림(西林)병참(兵參)의 대질 소식은 또한 하나의 새 소식으로, 도의가 있는 곳에서는 이류들 또한 존경할 줄 안 것입니다. 부자의 말씀을 믿을 수 있겠으니, "말이 충성스럽고 행동이 독실하면 비록 오랑캐의 나라일지라도 그 뜻이 행해질 수 있다."라고 한 것은 진실로 노형을 두고 하는 말일 것입니다. 저와 후석(後石) 숙부는 모두 이 일로써 사가(四街)와 오산(鰲山)[254] 두 곳에서 패지(牌紙)를 만나 감금된 것이 거의 20여 일이나 되며, 그동안 겪은 곤액은 70년 동안에 처음 있는 일이었습니다. 창랑(滄浪)[255]이 아닌 것이 없으니 말해서 뭣하겠습니까?

여기에서 가는 벗 면성(綿城, 무안) 박씨는 저와 본래부터 절친한 사이로 그 재종숙인 사간공(司諫公)[256]의 유고 문자의 일로 막 형의 문하에 나아가니, 그 정의가 가상합니다. 사간공이 집에 거처할 때의 행의와 조정에서의 이력은 행장과 묘갈을 보면 상세히 알 수 있을 것입니다. 백수(白首)의 충정(忠貞)이 환하게 단(丹)과 같아 임금에게 올리는 문장 사이에 잘 실려 있어서 보시면 알 수 있을 것이니, 어찌 저의 자잘한 말을 기다릴 필요가 있겠습니까? 바라건대 편지를 받으신 날 곧바로 특별히 책의 서문을 내려주셔서 백세의 뒤에까지도 드날릴 수 있게 해주시는 것이 어떻겠습니까?

늦더위가 기승을 부리는데, 삼가 도체는 때에 따라 만 가지로 왕성하시고, 가족들도 모두 평안하신지요? 그립고 그렇게 되길 비는 마음 낮이나 밤이나 조금도 해이해지지 않습니다. 저는 병이 날로 깊어지고 뜻은 날로 나태해져서 다만 스스로 가련할 따름입니다. 후석 숙부는 그럭저럭 지내고 계시는데 오늘이 곧 소상날입니다. 추모하며 비통해하는 모습이 사람으로 하여금 대신 민망하게 합니다. 나머지 많은 것은 살펴서 알아주시길 바랍니다. 갖추지 않고 삼가 안부 편지 올립니다.

1911년 7월 10일에 아우 오계수(吳繼洙) 올림.

松沙老兄 道座下

憶曾高隱, 尙切室邇人遐之歎, 況今南北涯角, 山川悠遠者乎? 戀德之私, 靡日不切. 頃因賢侄仁伯之惠顧, 備聞入夏以來動靜, 稍慰鄙悰. 西林兵參對質之報, 亦一新聞, 道義所在, 異類亦知尊敬, 信乎夫子之言, 曰'言忠行篤, 雖蠻貊可行'者, 儘老兄之謂也. 弟與後石叔, 俱以是事, 遭四街鰲山兩處牌紙, 留滯者, 殆二十餘日, 而所經困厄, 七旬年來初事, 莫非滄浪, 謂之何哉? 此去綿城朴友, 素所親切, 而以其再從叔司諫公遺稿文字事, 方造軒屛, 其誠意可尙, 而此公之居家行誼, 立朝履歷, 觀於狀碣可詳. 而白首貞忠, 炳然如丹, 備載於章奏之間, 覽可悉矣. 何待弟言之覼縷也. 幸望納書之日, 特下弁卷之文, 揄揚於百世之下, 如何如何? 老炎比酷, 伏不審, 道體度對時萬旺, 閤覃均休否? 區區溯祝, 昕夕靡解. 弟, 病日益深, 志日益惰, 祗自悶憐. 石叔僅支, 而今日卽其練期也. 追慕哀疚之狀, 令人代悶. 餘萬仰惟下照. 不備謹候狀. 辛亥流火月旬日, 弟 吳繼洙 拜手.

1911년 7월 10일에 오계수가 기우만에게 보낸 편지이다. 저번에 당신의 조카 인백(仁伯)[奇春度, 1876~1931]이 찾아와줘서 입하 이래의 근황을 알게 되었다는 내용과 자신과 족숙 오준선이 사가와 오산에서 패지유체(牌紙留滯)의 곤액을 만나게 되었는데 칠십 평생에 처음 있는 일이었다는 말을 했다. 이어서 이곳에서 가는 무안 박우(朴友)는 친하게 지내는 사이인데 이번에 그의 재종숙인 사간공(司諫公) 유고에 대한 일로 찾는 것이니, 그의 성의를 저버리지 말고 서문을 써주어서 백세이후까지 드날릴 수 있게 해주길 바란다는 내용 등이 담겨 있다.

253) 인백(仁伯) : 기춘도(奇春度)를 말함.

254) 사가(四街)와 오산(鰲山) : 장성군 북이면 사가리와 장성군 북이면 오산리를 말한다.

255) 창랑(滄浪) : 강호(江湖)를 물결처럼 떠돈다는 뜻.

256) 사간공(司諫公) : 박기종(朴淇鍾, 1824~1898)을 말함. 자는 공진(公振), 호는 죽포(竹圃), 본관은 무안(務安)이다. 아버지는 혁수(赫修)이고, 어머니는 여산송씨(礪山宋氏) 달재(達載)의 딸이다. 처음 김상철(金相轍)로부터 수학하다가 홍직필(洪直弼)의 문하에서 수학하였다. 1861년 식년문과에 급제하여 승문원부정자·사간원정언·이조정랑 등을 지냈다. 1890년에 치사(致仕)하였으며, 1894년 동학혁명이 일어나자 진압에 힘썼다. 저서로는 『죽포집』이 있다.

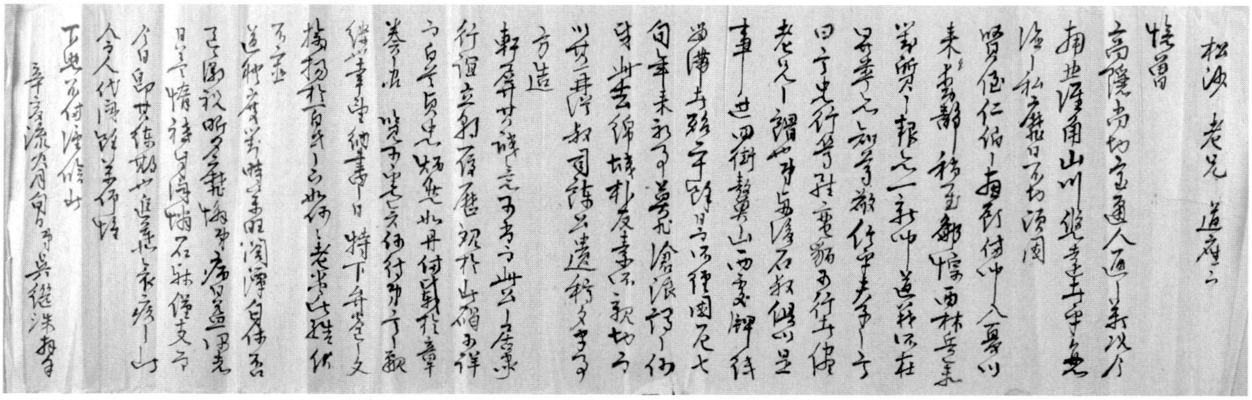

11. 오준선(吳駿善)의 편지

오준선(吳駿善, 1851~1931)의 자는 덕행(德行), 호는 후석(後石), 본관은 나주이다. 하규(夏圭)의 아들로 광산군 도림리에서 출생하였으며, 항규(恒圭)에게 입양되었다. 선조들의 재실이 있는 석문정사(石門精舍)와 영사재(永思齋)에서 족질 오계수와 함께 공부하였으며, 18세에 기정진의 문하에 들어갔다. 기우만과 협의하여 김천일의 문집을 간행하기도 했고, 또한 『송자대전』을 중간하기도 하였다. 1896년 기우만이 의병을 일으켰을 때나 1905년 기삼연(奇參衍)·고광순(高光洵) 등이 의병을 일으켰을 때 상중이거나 노모의 봉양 때문에 직접 의병활동에 참여하지 못하였지만 물심양면으로 도왔다. 61세 때에는 은사금을 받지 않았다는 이유로 구금되기도 하였다. 1917년 이후에는 제자들이 지어준 용진정사(聳珍精舍)에서 강학에만 몰두하면서 6백여 명의 제자를 배출하였다.

1919년 고종이 승하하자 용진정사 앞에 있는 바위에서 통곡하였는데, 이를 '읍궁암(泣弓巖)'이라고 부르며, 『용진지』[257]에 「읍궁암사실(泣弓巖事實)」이 실려 있다. <읍궁암사실기>는 문인 오필선이 지은 기문이며, <읍궁암운>은 오필선, 윤요중 등 28명이 지은 시이다. 그가 죽은 후 1939년에는 문인들이 강당 동쪽에 3칸의 용진영당을 세우고, 1924년에 채용신이 그린 초상화를 모셨다. 영당의 좌우벽에는 아들 오헌수와 오동수의 영정이 함께 걸려 있다. 『용진지』의 문인록에 올라있는 오준선의 문인들은 630여 명이다.

유집으로 『후석유고(後石遺稿)』 25권 13책이 있는데, 1904년 동수(東洙)과 종손 근호(根浩) 등이 편집하여 1934년에 간행하였다. 『용진지』의 기록에 의하면 고광선이 도유사를 맡고, 이종택이 교정을 하여 용진정사에서 30권 183질을 간행했으나 일본인에게 50여질을 압수당했다고 한다. 시 486수, 편지 365편, 잡저 26편, 서(序) 69편, 기(記) 156편, 묘도문자 167편, 행장 69편 등이 실려 있다. 많은 시를 남겼는데 특히 <명옥헌잡영>이나 삼산재 관련 시 등 누정 관련시가 많다. 오준선이 살았을 때 있던 누정에는 거의 모두 시문을 남겼기 때문에 이 당시 누정 현황을 알 수 있는 좋은 자료가 된다.

한편 그의 경학에 대한 이해는 잡저 중 <경의문해(經義問解)>나 <보만설 증이재춘(保晩說贈李載春)> 등에서 엿볼 수 있는데, <경의문해>는 바로 1903년 4월에 출제되었던 경의문대(經義問對)[258]의 일부분이다. 다음은 <보만설>의 일부이다.

---

257) 『용진지(聳珍誌)』 : 2권 1책의 석판본으로, 오근호(吳根浩) 등이 편찬하여 1949년에 간행한 책이다. 여기에는 오준선의 용진정사와 그를 모신 용진영당에 대한 관련 기록이 실려 있다.

> 공자께서는 '날이 추워진 연후에야 소나무와 잣나무가 뒤에 시듦을 알 수 있다.'라고 말씀하셨다. 소나무와 잣나무는 식물이다. 바야흐로 봄여름일 때는 비이슬의 도움과 밤낮의 기운으로 성대하게 자라 무성하게 되니 다른 풀들과 다르지 않다. 그런데 풍상이 내리치면 온갖 풀이 모두 시들어버리는데 홀로 빼어나 줄기와 잎을 바꾸지 않고 무성하게 늦도록 푸른 것은 숭상할 만하다. 사람도 또한 그러하니, 바야흐로 일이 없이 편안할 때는 군자와 소인이 크게 다를 것이 없으나 세상이 어지러울 때는 이기(利器)와 성신(誠臣)이 구별된다. 이것이 군자가 늦도록 절개를 지키기 더욱 어려운 까닭이니, 사물에 비견되는 것이 어찌 소나무와 잣나무뿐이겠는가?[259]

공자의 말씀인 '날이 추워진 연후에야 송백이 뒤에 시듦을 안다[歲寒然後知松栢之後彫]'라는 문구를 들어서 제자에게 경계하는 글을 써준 것이다. 바람과 서리가 내리면 온갖 풀들은 모두 시들지만 소나무와 잣나무는 홀로 빼어나 늦게까지 무성하다는 사실을 상기시키고, 인간도 무사할 때는 군자와 소인이 크게 다른 점이 없으나 혼잡하고 어지러울 때에야 이익을 추구하는 자와 진실된 신하가 구별된다고 말하고 있다. 어지러운 시대 속에서라야 진정한 군자가 드러날 수 있는 것이니, 이재춘도 그러한 사람이 되길 바라고 있다. 이 또한 자신의 마음가짐을 드러낸 글이라고 할 수 있다.

한편 오준선에 대한 평가는 그의 벗인 고광선의 글에 잘 나타나 있다. 앞에서 밝혔듯이 용진정사의 기문을 고광선이 지은 것이 있는데, 그는 기문에서 다음과 같이 밝혔다.

> 아! 하늘은 사람들이 추위를 싫어한다고 해서 겨울을 거두어가지 않으며, 땅은 사람들이 험한 것을 싫어한다고 해서 그 넓은 것을 거두지 않고, 군자는 세상이 어지럽다고 해서 그 행동을 바꾸지 않는다. 그러므로 할 만한 때에 할 만한 것을 하면 얻고, 할 만하지 않을 때에 할 만하지 않은 것을 하면 흉하다. 후석과 같은 사람은 그 때의 할 만한 것을 얻은 자라고 할 수 있다.[260]

---

258) 경의문대(經義問對) : 1894년 과거제 폐지 후에 새롭게 만든 인재 시취방식으로 경학에 출중한 인물을 뽑아 박사에 서임하는 제도이다. 1897년부터 1907년까지 4번에 걸쳐 실시되었는데, 여기에서 얻은 인재는 모두 91명으로, 호남의 경우 담양의 이광수, 장성의 송영순과 심선택, 강진의 이흠, 무안의 오복근이 합격자이다.(권수용, 「성균관박사 이흠의 입격과정과 경의문대」, 『국학연구』 32집, 한국국학진흥원, 2017.)

259) 『후석유고(後石遺稿)』 권7 「잡저」 <保晩說贈李載春>, "孔子曰, 歲寒然後知松栢之後彫. 夫松柏植物也, 方其春夏時, 雨露之養, 晝夜之氣, 所以盛長而暢茂者, 與衆卉無以異焉. 及其風霜搖落, 百草俱俳, 而挺然獨秀, 不改柯易葉, 鬱鬱晩翠者, 爲可尙. 惟人亦然, 方其宴安無事也, 君子與小人, 固亦無大異者, 而至盤錯板蕩之際, 別其利器也誠臣也. 此君子之所以保晩節爲尤難, 而比之於物其惟松柏乎?"

260) 고광선, 『현와유고(弦窩遺稿)』 권6 「記」 <용진정사기>, "噫! 天不爲人之惡寒而輟其冬, 地不爲人之惡險而輟其廣, 君子不以世亂

하늘과 땅이 사람들의 좋아하고 싫어함에 의해 자연스러움을 바꾸지 않듯이 군자도 세상이 어지럽다고 해서 그 행동을 바꾸지 않으며, 오직 군자는 할 만한 때에 할 만한 것을 하여 그 뜻을 얻게 되는데, 용진정사의 주인인 오준선이 바로 그런 사람이라고 강조하고 있는 내용이다. 바로 정사 주인의 바른 처세에 대해서 칭찬한 글이다.

오준선이 만년에 거처하며 강학했던 용진정사는 광주 광산구 왕동 용진산에 있는 누정으로, 현재 광주광역시 문화재자료 제7호에 등록되어 있다. 원래 용진사라는 절이 있었던 자리로, 정도전과 송시열, 그리고 박광일 등의 발길이 머물렀던 곳이다. 유서 깊은 이곳을 청안이씨에게 희사를 받아 문인들이 1917년에 지어준 것으로, 4×2칸 구조에 팔작지붕의 정사형 건물이다. 오준선이 용진정사를 경영한 것은 이미 잘 알려져 있지만, 그 밖의 것은 잘 알려져 있지 않아서 기우채의 『호남누정총람』이나 다른 누정조사 목록에서도 누락되어 있다. 현재 여기에는 '용진정사'라는 현판과 주자가 논어를 주석한 원고의 유묵을 모각한 현판만이 걸려 있다. 이것으로 볼 때 용진정사에서는 문학 활동은 전혀 이루어지지 않은 것처럼 인식될 수 있다. 그러나 『후석유고』와 『용진지』, 그리고 다른 사람의 문집에서 관련시문을 찾아볼 수 있다.

그는 용진정사에서 거처하기 전에 이미 석문정사에서 강학했었는데, 『용진지』에 그러한 사실이 잘 나타나 있다. 자연에서의 생활이 오래였기 때문에 그 속에서 읊은 시들이 많이 나타나는 것은 당연하다고 하겠다. 용진정사의 초명은 '석남정사(石南精舍)'였으며, 석남정사의 상량문은 기동준이 지었고, 용진정사의 기문은 고광선과 기재가 지었다. 오준선이 지은 용진정사 원운은 다음과 같다.

<湧珍精舍元韻>	용진정사 원운
古洞淸幽日月閒	옛 골짜기 맑고 그윽하여 일월이 한가하니,
腥羶世界別人寰	속세와 다른 별천지라네.
禪房舊蹟空流水	절의 옛 유적에는 물만 흐르는데,
我屋新成近碧山	나의 집을 푸른 산 가까이에 새로 세웠네.
珍嶽最奇天半色	용진산의 가장 기이한 것은 반공의 빛이고,
錦城偏愛霧中顔	금성산이 편애하는 것은 운무 속의 모습이네.
哦松栽菊無餘事	소나무를 노래하고 국화를 심는 것 외에 일이 없어,
秖把藜笻任往還	다만 지팡이 짚고 내키는 대로 왔다 갔다 하네.[261]

而易其行. 故爲可爲於可爲之時則得, 爲不可爲於不可爲之時則凶, 如後石可謂得其時之可爲者."

261) 『후석유고』 권2 「시」

용진정사

위 시는 용진정사에 처음 기거하면서 지은 것으로 생각된다. 용진정사가 세상과 멀리 떨어진 별천지와 같은 곳임을 표현하고 있다. 나라의 국권이 유린당한 혼탁한 세상으로부터 벗어나 청정하게 살고자하는 작자의 심회를 이해할 수 있다. 이 시대에 지조있는 선비라면 독립운동을 한다거나 아니면 세상으로부터 숨어서 자신을 더럽히지 않은 것이 최상의 방법이라고 생각하였을 것이다. 작자도 소나무나 국화를 내세워 고절함을 표현하고 있다.

용진정사 원운 2수에 대해 차운시를 남긴 사람으로, 『용진지』에는 오광수, 고광선, 이재량, 이채규, 오근후, 임상희, 이장헌, 임한목, 김진현, 오필선, 양하묵, 이선호, 송영직, 심한구, 김시중, 임정규, 김영전 등의 시가 실려 있는데, 이밖에도 각 개인 문집을 통해서 오계수, 양회갑, 홍찬희, 이일, 이종상, 이규채, 최인우, 오동수 등의 시가 더 있음을 알 수 있다.

용진정사 관련 시로는 위 시 외에도 <용진정사 10경>이 있다. 그 10경은 용진정사의 春景, 夏景, 秋景, 冬景, 雨景, 晴景, 朝景, 暮景, 竹籟, 松陰 등을 말하는데, 오준선 아들 대에 만들어진 것으로 보인다. 용진정사의 사계절과 아침저녁, 또는 날씨가 좋을 때와 흐릴 때의 경관을 읊고 있으며, 마지막으로 소나무와 대나무가 있는 정경을 묘사하였다. 여기에서는 시대상을 드러내기 보다는 강학하는 풍경을 읊고 있는 것이 특징이다. 이 10경에 대해 오동수(吳東洙)의 『도호집(道湖集)』 부록에는 <용진정사10경>에 대한 제현들의 차운시가 붙어 있는데, 홍순병, 양회갑, 김려중, 고광찬, 정우원, 고광열, 나병관, 유상열, 이학수, 노병준, 김영호, 작자미상 등의 시가 그것이다. 『도호집』에는 이밖에도 용진정사 관련시가 많이 실려 있는데, 이를 통해 용진정사를 부흥시키는 일을 오동수가 많이 했음을 짐작할 수 있다.

〈1905년 오준선(吳駿善)이 기우만에게 보낸 편지〉(고산)

지난달 24일[262]의 소식을 듣고 저도 모르게 통곡하였습니다. 이어서 또 남산 앞머리에다 각석을 하여 왜적 대장 이등방문의 공을 칭송하였다는 것을 들었는데, 3일동안 연회를 베풀 때 임모(任某)의 무리들이 의기양양하게 손뼉 치며 춤을 추었다고 합니다. 당당한 소중화 사람들이 되가지고 추로의 노예가 되는 것을 달게 여기니, 이것이 나라에 사람이 있다고 말할 수 있는 일이겠습니까? 저처럼 무너져가는 사람도 오히려 분해서 살고 싶은 생각이 없는데, 하물며 노형같이 나라에 보답하고 임금을 위해 죽고자하는 뜻이 본래부터 축적되어 있는 사람에 있어서 이겠습니까? 마주 대하고 토로할 방법이 없으니, 다만 기가 막혀올 따름입니다.

살피지 못했는데, 요즘 도체는 어떠신지요? 아드님도 편안히 부모님 모시고 잘 지내고 있는지, 산재(山齋)의 일은 근래 어디까지 이르렀는지요? 시절이 이와 같이 위태로우니, 이 일도 또한 어찌 그 좋은 결말을 보장할 수 있겠습니까? 모두 모두 염려될 따름입니다.

말씀하신 육위가(六偉歌)[263]는 본디 능수(能手)가 아니어서 감히 붓을 댈 수 있는 일이 아닌데 또한 감히 회피할 수도 없어서 흉내만 내어 지어 올립니다. 바라건대 수정을 해주시고, 만일 쓸 수 없을 것 같으면 폐기한들 무슨 방해가 되겠습니까? 저는 늙으신 어머니의 기력이 갈수록 늠연하여 고민스러우며, 오직 다행인 것은 어린 아이들이 아무 탈이 없다는 것입니다.

얼핏 듣기에 호서와 교남(嶠南)에서도 의병이 일어났다고 하는데, 정말 그런지요? 면암의 안부 또한 알 수 없는데, 혹 분문(奔問)[264]하는 뜻이 있는지요? 만약 들은 것이 있다면 알려주셔서 저의 답답함을 깨뜨려주시는 것이 어떻겠습니까? 전동(箭洞)의 민영환(閔泳煥) 대감은 충분(忠憤)을 이기지 못하여 자처(自處, 자살)함에 이르렀다고 합니다. 근일의 동정을 탐문하기 위해 조카를 시켜 안부 여쭙게 합니다. 나머지 많은 것들은 남겨두고, 갖추지 않고 삼가 안부편지 올립니다.

1905년 11월 13일에 아우 오준선(吳駿善) 올림.

去月卄四之報, 聞來不覺痛哭, 繼又聞刻石南山巓, 頌伊藤賊酋之功, 三日設宴時, 任某之輩, 揚揚抃舞云, 以我堂堂小華, 甘心爲醜虜之奴隷, 是可曰國有人焉乎? 如吾朽散, 尙欲憤惋無生, 況如老兄報國死君之志, 素所蓄積者乎? 無緣對討, 只增氣噎. 不審近節, 道體度若何? 令胤安侍, 山齋之役, 近到何境? 時危如此, 此事亦安保其善終耶? 倂切慮仰. 下敎六偉, 素非能手, 固不敢下筆, 亦不敢有諱, 可知我書胡以呈. 幸加點竄, 而如不可用, 則掩棄之何妨矣. 弟, 老慈氣力, 去益凜然, 私悶中, 惟幸兒穉輩, 無現故耳. 似聞湖西嶠南, 有起義之擧云, 然否? 勉翁安否, 亦未得承, 抑或有奔問之義耶? 如有所聞, 示破如何? 箭洞閔台永煥, 不勝忠憤, 以至自處云矣. 爲探近日動靜, 使姪兒進候. 萬萬另留, 不備謹候上. 乙巳復月十三日, 弟 吳駿善 拜手.

1905년 11월 13일에 오준선이 기우만에게 보낸 편지이다. 을사늑약이 이루어지고 남산 앞머리에 다 이등방문의 공을 새겼으며, 3일 동안 연회를 베풀 때 임모(任某)의 무리들이 의기양양하게 손뼉치며 춤을 추었다고 한다는 분한 소식과 민영환(閔泳煥) 대감이 자결했다는 답답한 소식을 전하였으며, 부탁하신 상량문은 흉내만 내서 지어 올린다는 내용이다.

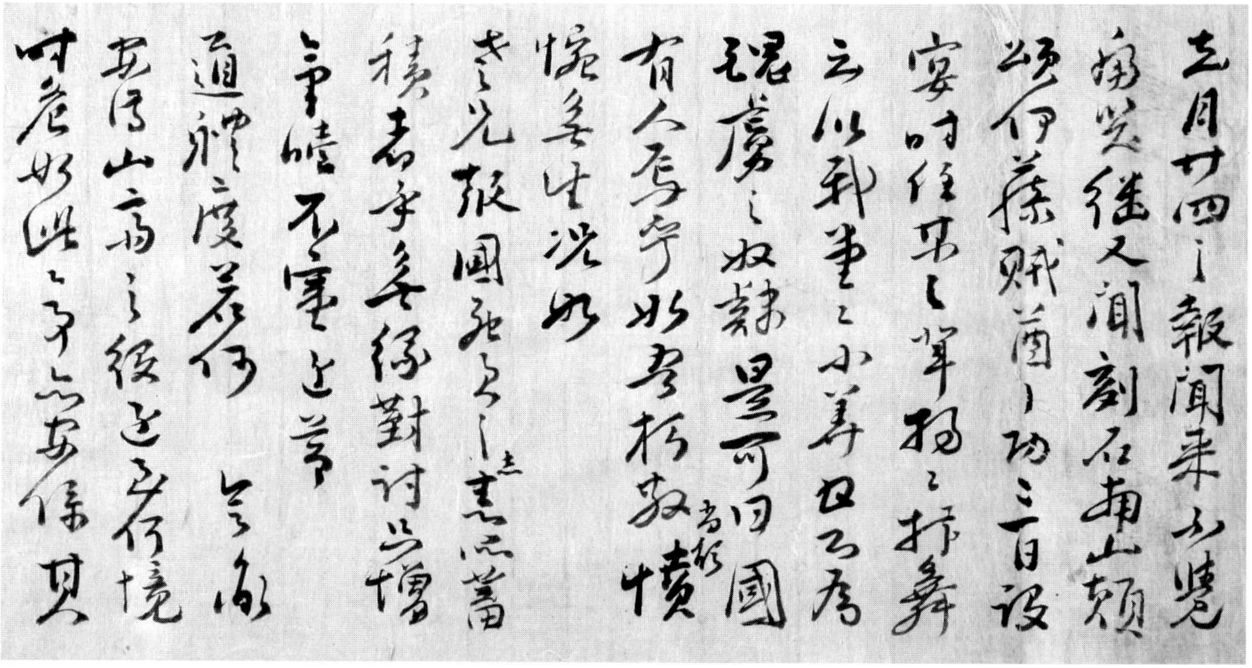

262) 1905년 10월 24일 : 양력 1905년 11월 20일이다. 1905년 11월 20일자 〈황성신문〉 2면에 장지연은 <시일야방성대곡(是日也放聲大哭)>을 실어 이토히로부미[伊藤博文]를 비난하고 을사오적을 우리 강토와 국가를 남에게 바치고 백성들을 노예로 만들려는 '매국의 적'이라고 비난하면서, 을사조약은 고종황제가 승인을 거부했으므로 무효라고 주장했다.

263) 육위가(六偉歌) : 상량문(上樑文)을 말함. 상량문에 아랑위(兒郞偉)라는 상투어가 여섯 번 들어가기 때문에 육위가(六偉歌) 또는 육위송(六偉頌)이라고 부르기도 한다.

264) 분문(奔問) : 난리를 당한 임금에게 달려가서 문후(問候)하는 것을 말한다. 주(周)나라 양왕(襄王)이 난리를 피해 정(鄭)나라 시골 마을인 범(氾)에 머물면서 노(魯)나라에 그 사실을 알리자, 장문중(臧文仲)이 "천자께서 도성 밖의 땅에서 먼지를 뒤집어쓰고 계시니, 어찌 감히 달려가서 관수에게 문후하지 않을 수 있겠습니까.[天子蒙塵于外 敢不奔問官守]"라고 대답한 고사에서 유래한 것이다.(『춘추좌씨전(春秋左氏傳)』 「희공(僖公)24년」)

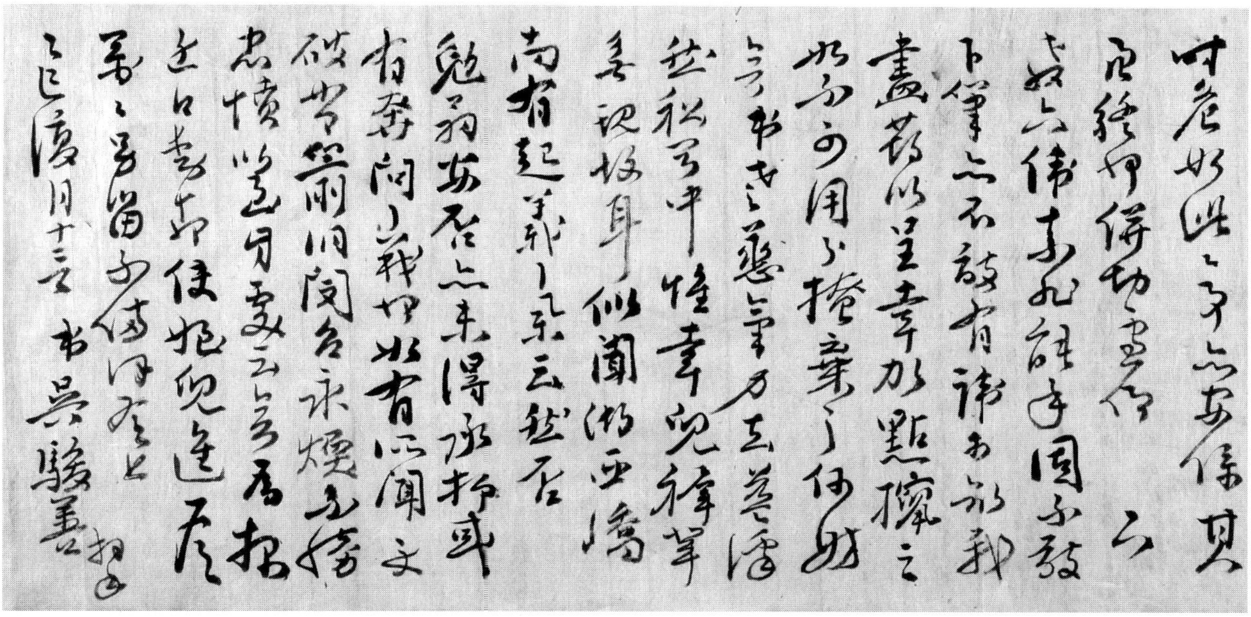

〈1907년 오준선(吳駿善)이 기우만에게 보낸 편지〉(고산)

영포(榮浦)[265]에서 압송되어 갈 때 경색이 창황하였는데, 이 보잘 것 없는 몸을 돌아보면 작별인사도 못했으니, 비록 비 때문에 못했다고 할지라도 정성이 옅은 것이 한탄스럽습니다. 오직 날마다 서쪽 구름만 바라보며 서글픔으로 안정되지 못한지가 오래되었습니다. 지난달 20일 후에 비로소 노형께서 귀문(鬼門)을 벗어났다는 것을 듣고, 개인적으로 놀랍고 기뻐서 밤새도록 잠을 이루지 못했습니다. 행패(行旆, 행차)가 이탈(利稅)[266]하시기만을 기다리고 있는데 왕래한 사람의 말을 들어보니 정산(定山)[267]에 머물고 계시다고 하였으니, 혹 언제나 한천(寒泉)[268]으로 돌아오실 것인지요? 엎드려 생각건대 도체는 곤액에 처해서도 더욱 형통하시어 풍모가 전보다 나을 것이니, 우리들을 위해 축하드립니다.

저는 어머님께서는 그럭저럭 지내시고 계신데, 저는 눈병이 더위를 당해 더욱 심해져서 마음도 어둡고 눈도 어두우니 모두가 근심거리입니다. 어쩌겠습니까? 형의 수레가 가까운 곳에 온 것을 알았으니, 마땅히 가서 안부 여쭈어야 할 것이지만, 길이 어긋날 것이고 또 소문으로 들은 것은 믿기가 어렵기에 이에 조카를 대신 보내어 탐문케 합니다. 제가 찾아갈 날이 멀지 않을 것 같으니, 나머지 많은 이야기는 모두 만나서 하기로 하고 이만 줄입니다. 갖추지 않고 안부편지 올립니다.

1907년 5월 11일에 아우 오준선(吳駿善) 올림.

榮浦押行, 景色蒼黃, 而顧此無狀, 未能敍別, 雖緣雨魔, 可恨誠淺. 惟日望西雲, 流悵不能定者久之. 前月念後, 始聞老兄脫出鬼門, 私心驚喜, 竟宵不寐. 惟竢行旆利稅, 而因往來之言, 聞駕留定山云, 或將近返寒泉耶? 伏想道體處困益亨, 氣皃勝昔, 爲吾黨賀. 弟, 慈省廑保, 而所患阿睹, 當暑尤劇, 盲心盲目, 俱可慮也. 奈何? 知尊駕近回, 則所當往候, 道左, 而風便難憑, 玆送家姪替探. 晉拜之期, 似在不遠, 多少都在逢場承唔, 姑縮. 不備上候狀. 丁未五月十一日, 弟 吳駿善 拜手.

---

265) 영포(榮浦) : 전남 나주에 있는 영산포를 말함.
266) 이탈(利稅) : 무사히 잘 도착함. 여행을 무사히 마친 것을 말함.
267) 정산(定山) : 현재 충남 청양군 정산면에 해당. 면암(勉菴) 최익현(崔益鉉, 1833~1906)이 1900년에 이사하여 살던 곳. 1906년 11월 17일에 대마도의 감옥에서 순국한 후 시신이 부산포로 들어와서 충청도 정산의 선영으로 운구되었다.
268) 한천(寒泉) : 기우만은 1904년에 광주 갈전면(葛田面) 주흥동(朱興洞)으로 옮겨 살았고, 여기에서 한천정사(寒泉精舍)를 경영하였다.

1907년 5월 11일에 오준선이 기우만에게 보낸 편지이다. 지난달 20일 후에 비로소 노형께서 귀문(鬼門)을 벗어났다는 것을 듣고, 개인적으로 놀랍고 기뻐서 밤새도록 잠을 이루지 못했다는 말을 했다. 기우만은 이해 3월에 '을사오적'의 암살을 사주했다 하여 체포되어, 옥에 갇혔다가 4월 20일에 석방되었으며, 귀향길에 정산(定山)에 가서 최익현을 곡하였다. 최익현은 1906년 11월 17일에 대마도의 감옥에서 순절하였다.

오준선이 기우만에게 보내온 편지는 1898년 9월 12일부터 1916년 7월 29일까지 11통이 된다.

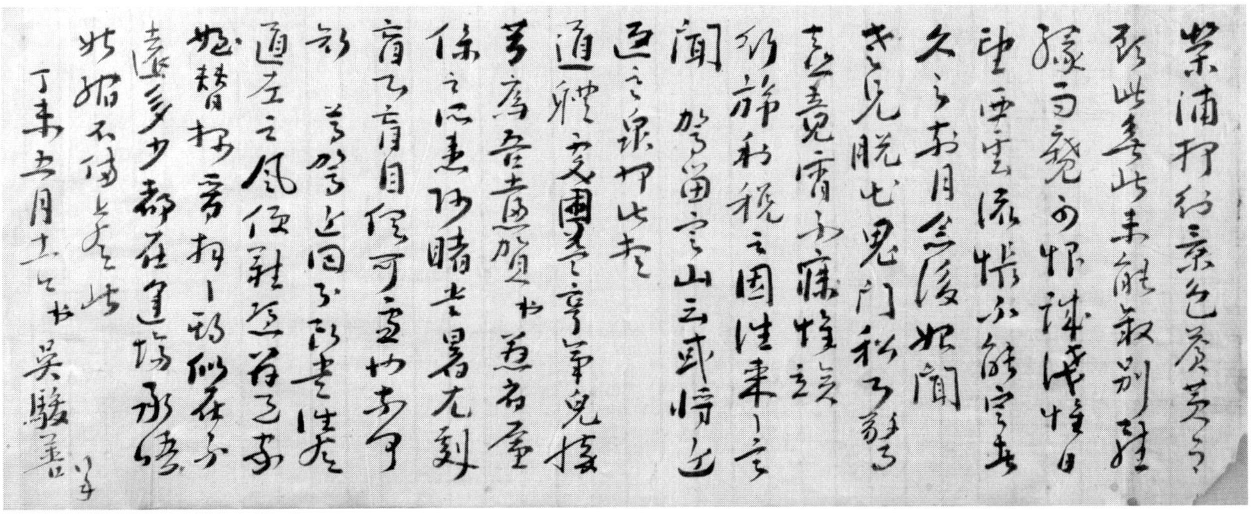

12. 정면규(鄭冕圭)의 편지

정면규(鄭冕圭, 1850~1916)의 자는 주윤(周允), 호는 농산(農山), 본관은 초계(草溪)이다. 아버지는 방찬(邦纘)으로, 합천군 삼가면 묵동에서 살았다. 어릴 때부터 자질이 뛰어나 글을 잘 지었으며, 성년이 되어서는 종형(從兄)인 정재규에게 수학하였고, 그를 따라 기정진의 문하에도 나아갔다. 향리에 돌아와서는 학문과 후진교육에 전력하였으며, 특히 성리학에 전심하여 스승의 학설을 계승 발전시켰다. 노백헌과 농산의 명성을 듣고 묵동으로 몰려드는 인근의 선비들이 많았는데, 학규를 만들고 강학을 열어 학생들을 가르치면서 인근 마을의 풍속까지 교화를 시켰다. 1910년 경술국치를 당하자 울분을 토로했으며, 이듬해 평생 스승으로 따랐던 종형 노백헌이 세상을 떠나자 세상이 무너지는 듯한 슬픔을 안고 장례를 주관하였다.

유고로는 『농산문집(農山文集)』 15권 8책이 있는데, 서발문도 없고, 부록문자도 없이 1920년에 목활자본으로 간행한 것이다. 여기에는 시 160여수, 편지 377통, 잡저 17편, 서발문 42편, 기 28편, 제문 26편, 묘도문 54편, 행장 9편, 기타 등이 실려 있다.

그의 시를 보면 호남 사람이 묵동을 자주 찾았음을 알 수 있다.

<松柏亭主人梁汝正, 亂中相訪, 感不可諭. 臨別以亭韻求和, 病餘神思索漠, 廑步其兩韻, 寄題亭壁> 송백정 주인 양여정이 난리 중에 방문해주었는데 그 감동을 형용할 수 없다. 작별에 임하여 정자의 시에 차운해주길 구하였는데 병든 나머지 정신이 삭막하기 때문에 겨우 지어서 정자의 벽상에 걸라고 부친다.

聞說名亭處處有	이름난 정자가 곳곳에 있다는 말을 들었으니,
千花萬草品題成	천만가지 화초가 시 제목 이룰만 하네.
感君獨帶風霜色	그대 홀로 풍상의 빛을 띤 것에 감격하노니,
勁幹直枝抵死靑	굳센 줄기 곧은 가지 죽도록 푸르리.[269]

화순에 한후정을 경영한 양재경이 묵동의 정면규를 방문하고 돌아오려면서 정자의 차운시를 구하였던 것을 알 수 있다. 양재경의 한후정에 대해서는 양재경 항에서 다시 보기로 한다.

269) 『농산문집(農山文集)』 권1 「시」

<奇友孝述宇承見訪, 用先師集中韻相酬> 벗 기우승이 방문하였기에 선사집 속에 있는 시운을 써서 서로 주고받다

寤寐河南友　　자나 깨나 그리운 하남의 친구가
却驚此日行　　놀랍게도 오늘 행차하였네.
遠遊欽晦父　　먼 곳에 노니니 주자도 흠모하고,
幽逕愧元卿　　오솔길 그윽하니 원경(元卿)[270]도 부끄럽네.
樽酒還增氣　　술잔은 드리어 기운을 더하고,
北風又繫情　　북풍은 뜨 정을 매어두네.
臨分無別語　　작별에 임해선 이별의 말 없으나,
輸送一心明　　전송하는 마음 숨길 수 없네.[271]

기우승도 묵동을 찾았는데, 아마도 아버지 기양연이 가족을 이끌고 방장산으로 들어갔을 때 찾아간 것이 아닌가 한다. 이별하면서 지어준 시는 바로 노사의 <성진 최유윤과 덕일 정의민은 삼가의 뛰어난 선비이다. 먼 곳에서 찾아와주니 300리길에 굳은살 베긴 것뿐만이 아니다. 작별에 임하여 단율을 사용하여 정을 드러낸다[崔誠進惟允鄭德一誼民, 三嘉秀士也, 遠來相訪, 不啻十舍重趼矣. 臨別用短律貢情]>라는 시를 본따서 지은 시이다.

고산서원에는 정면규의 간찰이 12통 소장되어 있는데, 9통은 기우만에게 보내온 것이고, 나머지 3통은 다른 사람에게 보낸 편지이다.

〈1905년 정면규(鄭冕圭)가 기우만에게 보낸 편지〉(고산)

삼가 송사 도형께 올립니다. 서로 소식 들은 지가 언제입니까? 벗을 그리는 생각이 감당할 수 없을 정도로 끝없는데 마침 다행스럽게도 박형이 지나가다 들러주어서 형이 새로 사는 곳의 정취를 대개 알고, 그리운 마음에 매우 위로가 되었습니다. 그러나 삼성산의 원숭이와 새를 위해서는 서글프지 않을 수 없습니다.

---

270) 원경(元卿) : 한(漢)나라의 은사 장후(張詡)의 자. 『삼보결록(三輔決錄)』에 의하면, 장후는 뜰에 삼경(三逕, 세 갈래 작은 길)을 내어 송·죽·국을 심고, 친구로 양중(羊仲)과 구중(裘仲)만을 사귀고 세상에 나오지 않았다 한다.
271) 『농산문집(農山文集)』 권1 「시」
272) 면우(俛宇) : 곽종석(郭鍾錫, 1846~1919)을 말함. 아명은 석산(石山), 자는 명원(鳴遠), 호는 면우(俛宇), 본관은 현풍(玄風)이다.

세상 꼴이 날로 험악해지니, 밖에서 들은 것으로는 다시 여지가 없다고 말할 수 있습니다. 통탄한들 어쩌겠습니까? 의발(衣髮)의 화(禍)에 대해서는 일찍이 면우(俛宇)[272] 영감을 보았는데, '이것은 긍정하는 자만 긍정할 따름이니 걱정할 것이 없다'고 했는데, 과연 걱정할 것이 없겠습니까? 저들이 우리 사람 끌어들이기를 전후로 모두 점차로 하고 갑자기 하지 않으니, 우리나라 사람들은 미혹되어 스스로 알지 못하는 사이에 점점 교화되어 저들이 되갑니다. 그러니 날마다 백배로 하다보면 얼마 지나지 않아 우리나라에는 우리 사람들이 없을 것이 확실합니다. 그 보는 것을 하루아침에 폭발시켜 모든 사람들이 놀라고 분하게 한다면 혹시 전이(轉移)의 기미가 있을 것이니, 행과 불행이 어떠하겠습니까? 제가 오직 근심하는 것은 이것에 있으니, 어찌 잠들어 못 본 척 하겠습니까?

선사(先師)의 증시(贈諡)[273]는 과연 그렇습니까? 근래 듣자니 이교재(李敎宰)란 사람이 면암(勉庵)에게 장서를 보냈는데 오만하여 꺼리는 바가 없었으니, 저번의 흉심은 생각건대 증시에 대한 논의로 인해 이러한 틈이 생기게 된 것입니다. 이교재란 자는 어떤 사람입니까? 전에 혹 들어서 알고 있는지요? 그 흉서를 남창희(南昌熙)가 면암에게서 베껴왔는데, 아직 보지는 못했습니다.

저의 꼴은 겨울 사이에 한 달 반 정도나 오래 병에 걸렸었고, 봄에도 또 전철을 다시 밟고 있는데 더 심함이 있습니다. 지금 비록 머리를 빗을 수 있는지가 며칠 되었다고는 하지만, 정신이 모두 나가버려서 가슴속에 약간 주워 모은 것도 망연하여 흔적이 없으니, 이것이 바로 먼저 시드는 기별이 가을도 되지 않아도 이른 것이니, 또한 스스로 가련할 따름입니다.

가형(家兄)은 지난달 그믐에 파산(巴山)에 위문하러 가셨는데, 사우들이 만류하여 아직 돌아오지 않고 있습니다. 박형이 마땅히 형이 사는 곳을 다시 들릴 것이기 때문에 대략 이와 같이 써서 부치니, 살펴주시기 바랍니다. 이만 줄이고 편지 올립니다.

1905년 4월 19일에 아우 정면규(鄭冕圭) 올림.

謹上松沙道兄. 相聞何時? 停雲之思, 不堪悠悠, 適幸朴兄歷過, 槩悉兄新寓之趣, 深慰懸仰, 而爲三山猿鳥, 不能不悵然也. 時象日險, 以外間所聞, 可謂更無餘地, 痛恨奈何? 衣髮之禍云云, 曾見俛宇令, 謂'此是肯者肯之耳, 不須慮也', 果不須慮否? 彼之引入我人, 前後皆以漸, 而不以暴, 爲我人者, 迷不自知, 侵侵然化而爲彼, 日常倍百, 不幾日, 我國無我人決矣. 其視一朝暴發, 使萬心駭憤, 猶或有轉移之機, 幸不幸顧何如也. 冕之區區可憂在此, 寧寐然無見也. 先師贈諡, 果然否? 近聞有李敎宰者, 投長書於勉庵, 慢無忌憚一踵, 向時凶肚, 想是因議諡而有此隙發也. 李是何人? 前或聞知否? 凶書南生昌瀷, 自勉所抄來, 而姑未得見矣. 冕狀, 冬間經月半久疾, 春又再踏前轍, 殆有甚焉. 今雖巾櫛有日, 而神爽都去, 胸肚間畧干撤拾, 茫無痕影, 此是先零之奇, 未秋而至, 亦是自憐也. 家兄去晦作巴山唁行, 爲士友所挽, 尙未返耳. 朴兄謂當再歷兄寓, 故畧此付上, 仰惟頫會. 不備上. 乙巳四月十九, 弟鄭冕圭 拜手.

1905년 4월 19일에 정면규가 기우만에게 보낸 편지이다. 두발이나 복장의 규제에 대해 ‘저들이 우리나라 사람 끌어들이기를 점진적으로 하기 때문에 우리나라 사람들은 미혹되어 스스로 알지 못하는 사이에 점점 교화되어 이적이 되어간다’고 하며 우려를 표명하였고, 노사선생의 증시(贈諡) 문제가 이도재 같은 반대편 사람의 방해로 순조롭게 진행되지 않음을 말했다.

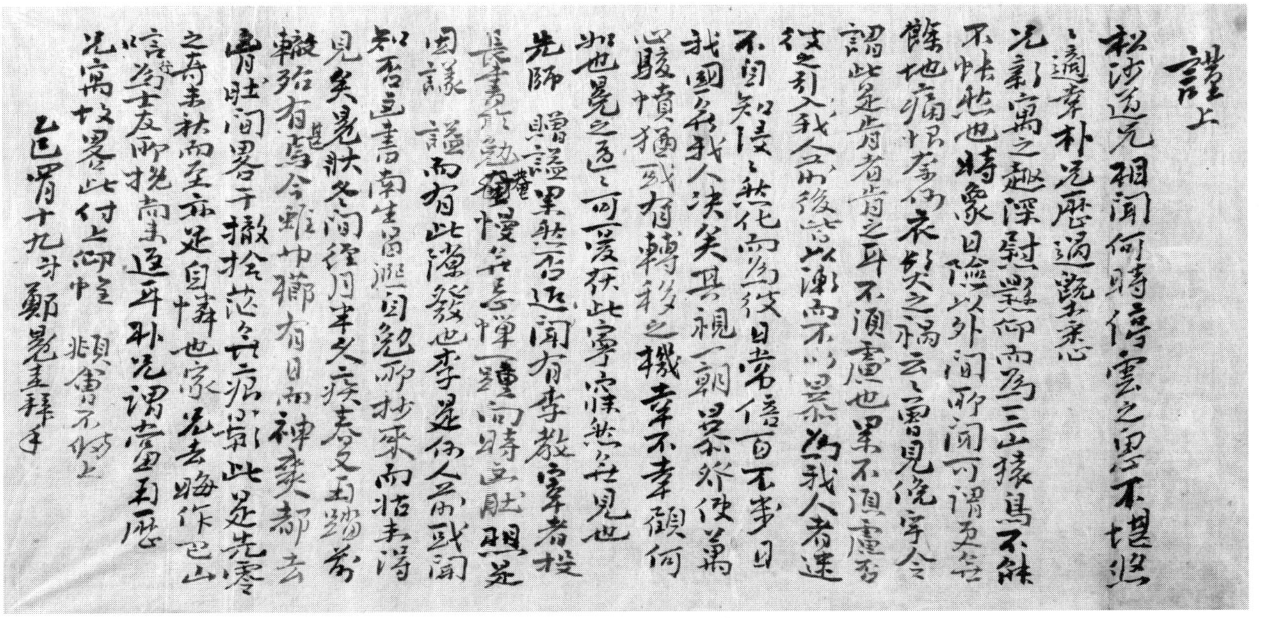

단성(丹城) 출신으로, 아버지는 원조(源兆)이다. 이진상의 학설을 이어 심즉리설을 확립시켰다. 3·1운동 때 137인의 파리장서에서 대표로 추대되었으며, 그로 말미암아 2년형의 옥고를 겪던 중에 옥사 직전에 병보석으로 나왔으나 여독으로 곧 죽었다.

273) 선사(先師)의 증시(贈諡) : 기정진에게 시호를 내리는 일을 말함. 1910년에야 문간공이라는 시호가 내렸다.

〈1905년 정면규(鄭冕圭)가 기우만에게 보낸 편지〉(고산)

반천리나 떨어진 곳에 살던 사람을 4년 만에 만나보았는데, 세 밤을 자고 곧바로 헤어지게 되었고, 이별한 후에는 소식이 아득하여 또 전일에 어떠했는가를 알지 못하겠으니, 이 때의 심회는 떠난 사람이나 남아있는 사람이나 어찌 다르겠는지요? 살피지 못했습니다만 쇠년에 애쓰시느라 혹 중도에 건강을 해치는 데 이르지는 않았는지요? 형께서는 짐짓 자신하는 것이 있어서 그럴 것이지만, 쇠잔함이 심한 저로써 보자면 마음에 안절부절 염려가 없을 수 없습니다.

시사(時事)는 조선백성들이 동서에서 미친 듯이 광분하고 있어서 한 입으로 말하기 어려울 지경입니다. 또 거기다가 단발설[薙說]까지 날마다 들끓고 있어서 조석을 보전할 수 없을 것 같으니, 이는 대개 종기 속에 들어있는 고름과 같아서 끝내는 반드시 찢어내고야 그만둘 일입니다. 다시는 요행으로 면할 수 있는 일이 아니니, 장차 어찌해야 합니까? 멀리에서 바라보면서 다만 좋은 생각 보내주시기만을 바랄뿐입니다.

정(鄭)과 유(柳)의 비문에 대한 일은 근래에 또 어지럽게 다투고 있지는 않는지요? 월전에 연재 문인의 편지를 보았는데, 형이 이 일로 정(鄭)으로부터 성냄을 당해 매우 낭패하게 되었다는 것을 들었습니다. 정 또한 편지 속의 사람일 뿐이니, 어찌 이런 지경에 이를 수 있단 말입니까? 혀를 차며 탄식할 따름입니다.

저의 모습은 중추에 보았을 때와 같기 때문에 이번에는 감히 번거롭게 알려드리지 않습니다. 삼가 살펴주시길 바라며, 이만 줄이고 편지 올립니다.

1905년 10월 15일에 정면규(鄭冕圭) 올림.

半千里四年面目, 三宿旋別, 別後渺渺, 又不知前日之在何, 此時之懷, 去留何殊? 不審, 衰年勞攘, 或不至中路失攝? 兄固有自信者在, 而自朽甚者觀之, 不能無憧憧之慮也. 時事, 鮮民之東狂西癲, 可謂一口難說, 而重以薙說日沸, 若不保朝夕, 此蓋濃中之癰, 終必潰裂乃已, 非復僥倖之可免, 將若之何哉? 遙遙相望, 只切惠好之思而已. 鄭柳碑事, 近亦紛紜否? 月前得淵門人書, 聞兄以此逢怒於鄭, 極其良貝, 鄭亦書袋中人, 何至迺爾也? 爲之嗟咄. 冕狀, 如中秋見時, 玆不敢煩. 伏惟兄照, 不備上. 乙巳十月十五日, 弟 鄭冕圭 拜二.

1905년 10월 15일에 정면규가 기우만에게 보낸 편지이다. 시국이 광분하고 있으며, 특히 단발령으로 날마다 들끓고 있는데, 종기 속의 고름과 같아서 끝내는 반드시 찢어내고야 그만둘 일이지 요행으로 면할 수 있는 일이 아니라는 말을 한 내용이다.

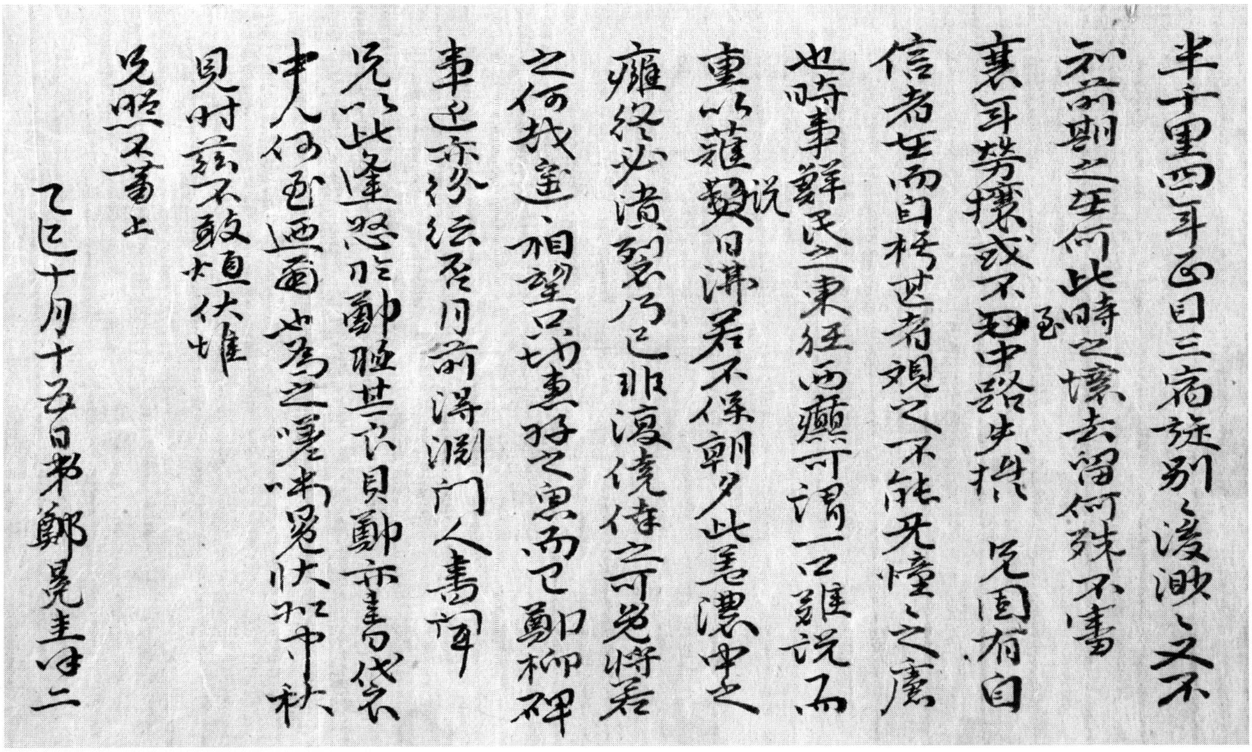

13. 고광선(高光善)의 편지

고광선(高光善, 1855~1934)의 자는 원여(元汝), 호는 현와(弦窩), 본관은 장택(長澤)이다. 제봉 고경명의 후손으로, 아버지는 박주(璞柱)이고, 어머니는 행주기씨(幸州奇氏) 우진(禹鎭)의 딸이며, 광주 복촌에서 출생했다. 기정진의 문하에 나아가 배우다가 스승이 돌아가시자 나도규(羅燾圭)에게 수학하였다.

을사늑약이 이루어지자, 세상사에 뜻을 잃고 1906년에 봉황산의 중턱에 엄이재(掩耳齋)를 짓고 살았다. 시끄러운 세상일에 대해 귀를 막고 살고자 했던 것으로, 스승인 나도규 역시 봉황산의 덕암에서 살았는데, 그 영향을 받은 듯하다. 그런데 배우러 오는 학생들의 수를 감당하지 못하자, 문인들이 힘을 모아 1919년에 그 옆에 봉산정사(鳳山精舍)를 지어서 이곳에서 강학하게 되었다.

고광선은 1918년 고종이 승하하자 엄이재의 북쪽 바위에서 통곡하였는데, 이를 읍궁암(泣弓巖)이라고 부른다. 『봉산사지(鳳山祠誌)』[274]를 보면 여기에 대해 1977년에 추모행사가 있었으며, <읍궁암기>를 박재룡이 쓰고, <읍궁암감음(泣弓巖感吟)>이란 시에 박하형, 최윤환 등 10명이 차운시를 지었다는 사실을 알 수 있다. 그가 죽자 1936년에 그 곁에 영당을 지었고, 이를 바탕으로 1964년에는 봉산사를 세웠으며, 1975년에는 엄이재를 중건하였다. 『봉산사지』의 문인록에 올라 있는 고광선의 문인 수는 650명에 이른다.

유집 『현와유고(弦窩遺稿)』는 두 종류가 있는데, 먼저 1956년에 장성에서 목활자본으로 9권 4책이 간행되었고, 이후 1962년에 광주에서 석인본으로 16권 8책이 간행되었다. 여기에는 시 247수, 편지 442통, 잡저 19편, 서(序) 99편, 기(記) 336편, 상량문·축문 등 101편, 묘도문 223편 등이 실려 있다.

고광선의 학문세계는 그의 문집량에 비해 잘 드러나지 않는 편이다. 편지글이나 잡저 등은 일상적인 내용들이 대부분이어서 특별한 것을 추출해내기도 힘들다. 그러나 실천의리적인 면을 강조한 내용은 여러 곳에서 찾아볼 수 있다. 그는 이미 앞에서 살폈듯이 군자는 세상이 어지럽다고 해서 그 행동을 바꾸지 않고, 할 만한 때에 할 만한 것을 하는 사람임을 강조하였다.

생각건대, 사람은 각자 마음속에 스승을 가지고 있는데, 다만 구하지 않은 것이 병이지, 구하면 얻지 못할 것이 없다. 그대가 돌아가서 그것을 구한다면 스스로 남음이 있을 것이다.

274) 『봉산사지(鳳山祠誌)』: 이 책은 1978년에 간행된 봉산사 기록인데, 원래 1962년에 간행한 『영당지』가 너무 소루해서 재간행한 것이라고 한다. 여기에는 엄이재와 봉산정사, 그리고 봉산사에 관련된 내용이 실려 있다.

> 하필 안으로 자신의 신명을 버리고, 밖으로 멀리 다른 농마(農馬)를 구할 것인가? 만약 학문이 뛰어나다고 칭해지면서 입신(立身)과 행기(行己)가 조금이라도 어긋난다면 더 무거운 죄를 얻을 것이다. 어찌 슬퍼하지 않을 수 있겠는가. 그러하니 무릇 스승의 문에 출입하는 자는 학문도 마땅히 더욱 부지런해야하고, 행동도 마땅히 더욱 힘써야 한다. 그것을 경계하노라.[275]

'경사(經師)는 얻기 쉽고, 심사(心師)는 얻기 어렵다'는 말에 대해 자신의 생각을 밝혀서 김상기(金相基)에게 준 글이다. 스승은 마음속에 이미 있는데, 이것은 내버려두고 멀리 밖으로만 찾는 것은 자신의 신명함을 버리고 농사나 짓는 우둔한 말을 찾는 것과 같다고 했다. 그러면서 행기(行己)의 중요함을 경계했다.

고광선이 경영했던 엄이재나 봉산정사는 광주광역시 서구 용두동 봉학마을의 봉황산 중턱에 자리하고 있다. 주변에는 제봉산과 극락강, 송학산 등이 있으며, 마을과는 많이 떨어져 있어서 격리된 느낌을 받는다. 엄이재 현판은 현재 고직사로 사용되고 있는 건물에 걸려있는데, 이 현판에는 1916년 봄에 족제(族弟) 광은(光殷)이 쓴 것이라고 기록되어 있다. 그리고 왼편 뒤쪽에는 봉산정사가 세워져 있고, 엄이재 뒤쪽 오른편으로 고광선의 영당인 봉산사가 자리하고 있다.

엄이재 관련 시문으로는 주인 고광선의 기와 시, 동문인 송정묵의 기와 시, 그리고 김만식, 정운오, 윤경혁, 양회갑, 최윤환, 나종우 등의 시가 각 문집에 남아 있다. 고광선의 <엄이재기>를 보면 원래의 엄이재 경관과 엄이재라는 이름의 의미 등을 알 수 있다. 봉산정사의 관련시문으로는 주인 고광선과 문인들인 이종택, 양회갑, 노종룡, 박병주, 최윤환, 여창현 등의 시가 각 문집에 남아 있다.

『봉산사지』에는 엄이재에 대한 기문으로 고은주(1909년), 기동준(1912년), 나도환(1913년), 이경범(1913년), 김희수(1921년) 등 다섯 사람이 지은 기문 5편이 실려 있고, 이재춘의 상량문(1921년)도 실려 있다. 고광선이 죽은 후 엄이재가 훼손되자 1975년에 중건하게 되었는데, 이때 지은 홍석희의 <엄이재중건상량문>과 고해주, 고윤주, 최윤환 등 37명의 <엄이재중건운> 시가 더 실려 있다. 먼저 엄이재를 읊은 시를 살펴보겠다.

---

275) 『현와유고(弦窩遺稿)』 권4 「잡저」 <心師說贈金相基>, "竊念, 人各有師於方寸之間, 但不求爲病, 求無不獲. 惟吾君歸而求之, 則自有餘矣. 何必舍自家神明於內, 而遠求他農馬於外哉. 若稱學問上人, 而立身行己, 少有差失, 則得罪反重, 豈不可哀也哉. 然則凡出入師門者, 學宜加勤, 行宜加勵, 戒之哉."

<掩耳齋元韻>	**엄이재 원운시**
結廬掩耳洞	엄이동에 오두막집 엮고서,
日與洞雲隣	날마다 골짜기에서 구름과 이웃하네.
明月寒泉夜	밤이면 명월이 한천에 뜨고,
流霞孤島晨	새벽이면 외로운 섬에 노을 흐르네.
巖間垂死迹	바위 사이에 죽음의 자취 드리우니,
世外一遺民	세상 등진 하나의 유민이라네.
不道腥塵語	어지러운 세상 일 말하지 말지니,
山光太古春	산 빛은 태고의 봄이네.[276]

세상으로부터 떨어져서 자연과 함께 있는 엄이재를 외로운 섬으로 비유하고 있다. 그러면서 자신을 세상 등진 유민으로 표현하고 있다. 미련에서는 어지러운 세상일을 듣고 싶지 않은 작자의 심회를 드러냈다. 이 시는 엄이재가 건립된 초기에 지어졌을 것으로 보인다. 이밖에도 고광선은 <掩耳齋十詠>을 지어 엄이재의 주변 경관을 표현하였는데, 그 제목은 '寒泉, 山月, 芭蕉, 梅花, 老松, 碧梧, 錦城落照, 池蓮, 紅桃, 野霞'이다. <掩耳齋十詠>에 대해서는 그의 제자인 최윤환도 차운시를 지은 것이 있다.[277] 다음에는 봉산정사 관련시를 살펴보겠다.

<鳳山精舍元韻>	**봉산정사 원운시**
乾坤窄窄莫容旋	하늘과 땅이 좁아 마음대로 움직일 수 없어서
僻處窮山一半邊	궁벽한 산 한 쪽에 자리를 하였네.
猿鶴從來尋舊約	원숭이와 학을 좇아 옛 약속을 살피고,
琴書汗漫送餘年	거문고 책과 함께 한만히 여생을 보내려네.[278]
…	

봉산정사가 지어진 해는 1919년으로, 위 시는 정사가 건립될 당시에 지은 것으로 판단된다. 세상

276) 『현와유고(弦窩遺稿)』 권1 「시」
277) 최윤환, 『경당만록(敬堂漫錄)』 권1 「시」
278) 『현와유고(弦窩遺稿)』 권1 「시」

봉산정사

은 이미 일제의 손아귀에 들어가 있어서 마음대로 행동할 수도 없는 상황에 내몰린 때이다. 그래서 더러움이 닿지 않는 깊은 산 속으로 들어가 원숭이나 학과 이웃하고 남은 생을 보내고자 하는 의지를 드러내고 있는 시이다. 암울한 시대상황이 시의 곳곳에서 드러나고 있음을 알 수 있다. 한편 고광선은 엄이재나 봉산정사에서 많은 후학들을 길러냈다.

〈1906년 고광선(高光善)이 기우만에게 보낸 편지〉(고산)

편지 올립니다

천지 만고에 어찌 일찍이 오늘 같은 사변이 있겠는지요? 옛날의 도료장군(度遼將軍)은 화를 구해도 얻지 못했는데,[279] 지금의 선생께서는 화를 구하지 않아도 스스로 얻었으니, 이것은 한때 구차하게 살아가는 무리들의 요망한 소치가 아님이 없습니다. 우리나라 5백 년 동안 이어온 절의(節義)가 다시 세상에 회복되어 오랑캐의 간담을 써늘케 하였으니, 지나가는 사람도 감격하여 분발하게 되었습니다. 선생을 위해서 축하드릴 뿐만 아니라, 우리의 도를 위해서도 축하할 일입니다.

대저 비상한 변고가 있은 연후에야 비상한 의리가 있는 것입니다. '나의 생을 좋게 생각하는 것이 곧 나의 죽음을 좋게 생각한다'는 것을 누가 지금 와서 친히 보게 될 줄을 알았겠습니까?

한문공[韓愈]은 일찍이 말하길, "만약 성인의 도가 나로 말미암아 조금이라도 전해진다면 비록 만 번 죽을지라도 여한이 없다."라고 하였으니, 선생은 천 년의 전에도 부끄러울 것이 없다고 말할 수 있습니다. 그리고 구양자[歐陽脩]는 "후세에 진실로 공평하지 않다면 지금에 성현이 없을 것이다."라고 말하였고, 주부자[朱熹]는 "천하의 일은 반드시 오래된 뒤에 이르러서야 시비의 실재를 볼 수 있다."라고 말하였으니, 이는 군자의 입언(立言)과 제행(制行)이 세속에 유행하는 일시의 훼예(毁譽)를 하찮게 여기고, 오직 내 마음에 품은 것이 부끄러운 것이 없게 하고자 할 것을 생각하는 까닭입니다. 그러니 선생은 후세의 의논(議論)을 기다리지 않고도 이미 현재에 지주(砥柱)처럼 우뚝 섰다고 할 수 있습니다. 장하고 장합니다.

가만히 엎드려 빌건대, 개나 양이 모인 가운데서 반드시 다른 사람을 위해 죽을 필요가 없으니, 흉중에 진실로 낙지(樂地)가 있다면 어느 곳인들 소요할 수 없겠습니까? 천만 정력을 아끼셔서 수염과 모발이 전보다 좋으시길 간청 드리니, 정부자(程夫子)를 모시고 있는 날과 같다면, 이는 선생의 평소에 학문을 하는 힘일 것이므로, 저같이 천한 사람의 소망이기도 합니다.

예대(隸臺, 종복)도 그 일을 하며 오히려 감격하여 흥기하는데, 하물며 평일에 사모함이 왕성한 천박한 자는 마땅히 어떠하겠습니까? 선생께서 남관(南冠)[280]에 매여 있는지 이미 오래되었는데, 아직도 한 번도 기거를 묻는 예가 없었으니, 비록 속마음을 아니라고 할지라도 감히 문하에 다시 얼굴을 들 수 있겠습니까? 넘치는 죄가 지극합니다.

저번에 김형칠(金衡七) 선비가 문후를 하고 와서 안부를 전해주고, 겸해서 포와 고기와 편지를 전해주었습니다. 비록 선생께서 더러운 것을 받아들이는 성대한 도량이라고 하더라도 꾸짖어 배척하는 것이 마땅한데, 다시 이와 같이 하니 두렵고 감사함이 지극하여 식은땀이 옷을 적시는 것도 알지 못하겠습니다.

저는 어머니의 병환이 추운 계절을 당해서 날로 더욱 위태로워지니 근심스럽고, 저도 묵은 병이 나이와 함께 더 깊어지고 있습니다. 저번에 선생께서 일본 오랑캐와 필담한 글을 얻어서 재배하고 엎드려 읽어보니, 늠름하게 기운을 증가시켜 이러한 고질병을 80~90퍼센트는 없애게 하였습니다. 받은 은혜가 커서 말을 어떻게 해야 할지 모르겠습니다. 삼가 기운과 체력을 세상의 도를 위해 보중해주시길 빕니다.

1906년 12월 12일에 척하소제(戚下少弟)[281] 고광선(高光善) 올림.

上書

宇宙萬古, 曷嘗有今日事變耶? 古之度遼將軍, 求禍不得, 今之先生, 不求禍而自得, 此無乃一時偸生之輩娥孽之致, 而東方五百年節義, 復歸于世至, 使夷虜破膽, 而行路感奮, 雖不欲爲先生獻賀, 而竊爲吾道賀之. 凡有非常之變, 然後有非常之義, 而善吾生乃所以善吾死者, 孰知其於今親見也哉? 韓文公常言, “若使聖人之道, 由愈而粗傳, 雖滅死萬無恨矣.” 先生可謂不愧於千載之前. 而歐陽子曰, “後世苟不公, 至今無聖賢.” 朱夫子曰, “天下之事, 必至於久而後, 是非之實可見.” 此君子之立言制行, 所以不屑流俗一時之毁譽, 而惟欲其無所愧懷於吾心, 先生可謂不待後世之公議, 而已壁立千仞於今日, 屹立砥柱於當世矣. 壯哉壯哉! 竊伏祝, 犬羊叢中不必死人之地, 而胸中苟有樂地, 何處不可逍遊耶? 千萬愛惄精力使鬒髮勝昔, 如程夫子在陪之日, 則此先生平昔爲學之力, 而賤者區區之望也. 其在隷臺厥役, 尙爲之感發興起, 而況平日慕逞蹇淺者當作何如? 而先生南冠之縶已久, 尙未有一者問起居之禮, 雖非衷情, 而敢能更擡顔於門下耶? 罪濫極矣. 向者金雅衡七, 問候而來, 爲傳安候, 兼布內札, 雖以先生納藏汚疾之盛量, 宜在譴斥, 而乃復如是,惶感之極, 自不覺悚汗沾衣也. 戚下少弟, 慈癠當寒節以來, 日益凜綴, 悶私, 而身家宿疾, 有年歲俱深. 向得先生筆答日虜書, 再拜伏讀, 凜然增氣, 使此沈病減却八九分, 受賜且大, 言不知裁. 伏祝氣體力, 爲世道保重. 丙午十二月十二日, 戚下少弟 高光善 再拜.

1906년 12월 12일에 척제 고광선이 기우만에게 보낸 편지이다. 우리나라 5백 년 동안 이어온 절의(節義)가 다시 세상에 회복되어 오랑캐의 간담을 써늘케 하였으니, 지나가는 사람도 감격하여 분발하게 되었는데 선생을 위해서 축하드릴 뿐만 아니라 우리의 도를 위해서도 축하할 일이라는 말을 했다. 1906년 10월에 기우만은 의병을 모의했다 하여 왜경에 의해 광주 경무서에 피체되었었는데, 그 사실을 말한 것으로 보인다.

---

279) 도요장군(度遼將軍) : 한(漢)나라 장군의 명호(名號)이다. 도요는 요수를 건넌다는 뜻으로, 한 소제(漢昭帝) 때 직책을 두었다. 옛날 후한(後漢)의 당인(黨人)들이 죽게 되자 도요장군(度遼將軍) 황보규(皇甫規)는 자신이 서주(西州)의 호걸로서 당인에 참여하지 못함을 부끄럽게 생각하고 소를 올려 스스로 청하여 그들과 함께 죽고자 하였으나 조정에서 추궁하지 않았고, 후세에도 그르다 하지 않았다.

280) 남관(南冠) : 중국의 남방(南方) 초(楚)나라 사람이 쓴 관(冠)이니, 감옥에 갇혀 있는 사람을 말한다. 춘추 시대에 진후(晉侯)가 군부를 시찰하다가 종의(鍾儀)를 보고서 '남관을 쓰고 갇혀 있는 자는 누구냐?'라고 한 데서 나온 말이다.

281) 척하소제(戚下少弟) : 척하(戚下)는 항렬이 높은 인척에 대하여 자기를 일컫는 말이고, 소제(少弟)는 10년 이상 나이 차이가 나는 윗사람에 대해 쓰는 말이다.

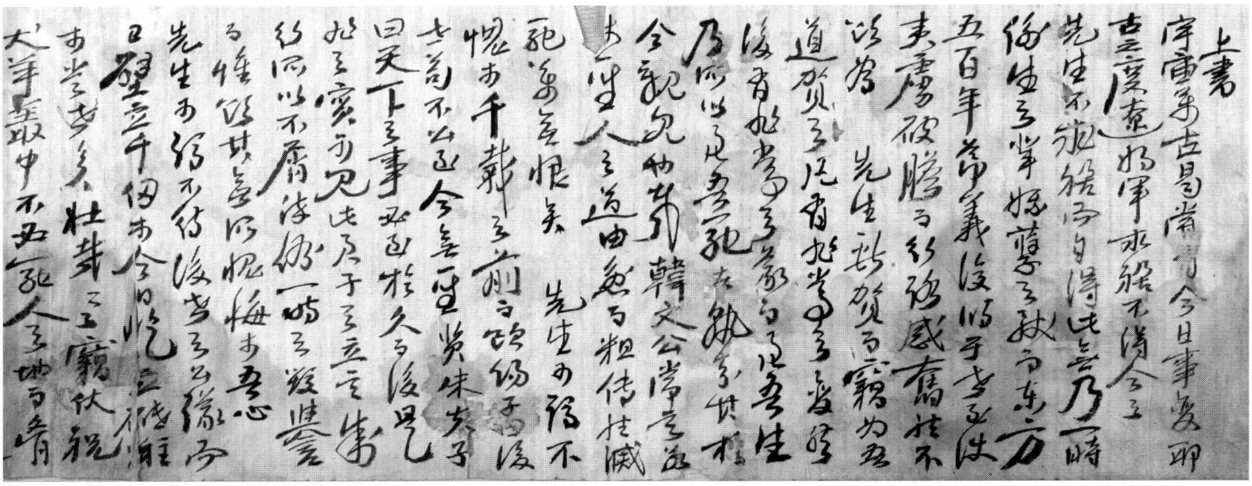

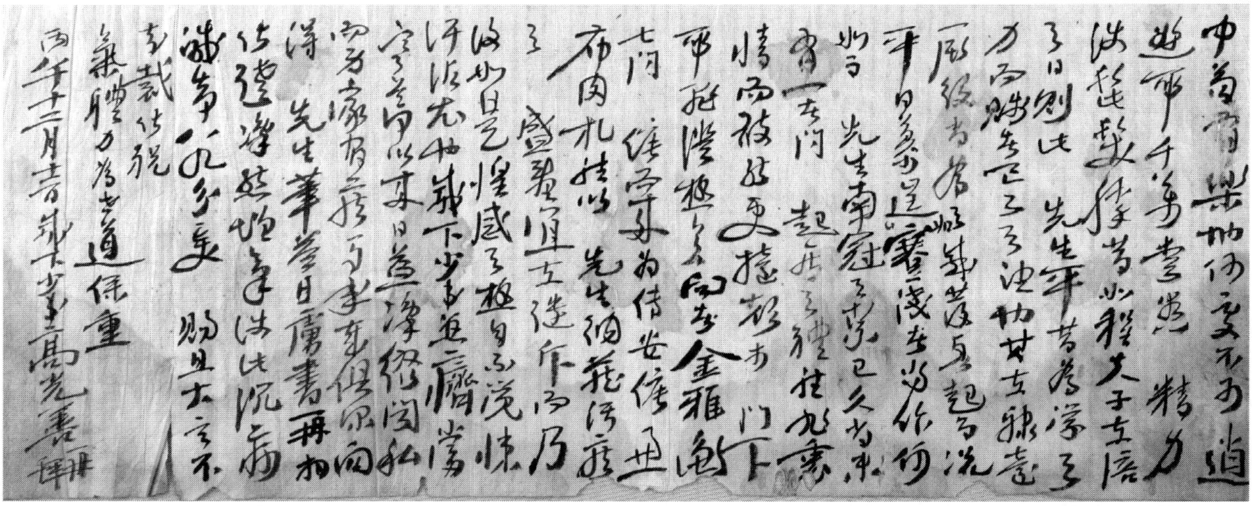

14. 조석휴(曺錫休)의 편지

조석휴(曺錫休, 1852~1922)의 자는 이경(而敬)이고, 호는 무우당(無憂堂)이며, 본관은 창녕이다. 조의곤(曺毅坤)의 아들로, 고창에서 살았으며, 기정진의 문인이다. 『무우당유고(無憂堂遺稿)』가 있다. 문집은 약식의 1책으로 되어 있으며, 일반 책자에 쓰는 작은 활자로 인쇄되어 있다. 서발문은 없고, 시 4수, 편지 10통, 제문과 행장 각 3편이 실리고, 부록으로 만사와 제문 약간과 아들 조덕승(曺悳承)이 1931년에 쓴 천표(阡表)만이 실렸다.

고산서원에는 조석휴의 편지로 다음 편지만 소장되어 있고, 문집에도 역시 기우만에게 보낸 편지 1통이 실려 있는데, 다른 편지이다. 조석휴의 글이 이렇게도 남아있지 않은 이유는 그 사이 분실되어서 그런다기보다는 30년 동안을 병석에 누워있어서 그런 것으로 보인다.

〈1907년 조석휴(曺錫休)가 기우만에게 보낸 편지〉(고산)

송사 문하에 올립니다

어자(御者)282)가 북쪽으로 갔다는 말을 듣고 정신이 멍하여 어떻게 마음을 삼아야할지 몰랐는데, 이어서 노형께서 얼굴빛과 수염이 평상시보다 낫다는 말을 듣고, 비로소 비록 환난에 처할지라도 본디 타고난 행실과 도는 밖의 험난함으로 인해 손익을 줄 수 없다는 것을 믿게 되었습니다. 다만 병든 이 몸이 서울에 분문(奔問)하여 달려갈 수 없으니, 형세 상 어쩔 수 없이 아들을 시켜 대신 가게 할 계획이었지만 질질 끌다가 이루지 못하고 말았습니다. 그런데 일전에 형의 수레가 고향으로 돌아온 지 벌써 여러 날이 되었다는 것을 듣고, 기뻐서 박수치느라 묵은 병이 몸에서 사라지는 것 같았습니다.

그간에 처치한 것이 비록 믿을만한 정보는 얻지 못했다고 할지라도 반드시 바르고 곧아서 그 가운데서 빛이 났을 것입니다. 그리고 우모(羽毛)와 인개(鱗介)의 사이를 지내왔는데도 기력에 손상을 미치는 바가 없으니, 장하고 장합니다. 진실로 몸은 쇠해져도 뜻은 쇠해질 수 없고, 세상이 망해도 도는 망할 수 없다는 것이 아니라면 어찌 이와 같을 수 있겠습니까? 우러러 축하하기 끝이 없습니다.

저는 지난 섣달에 죽을 뻔한 이후로 남아있는 것이라곤 피골만 있을 따름입니다. 그 가운데서도 쇠잔하여 지탱할 계책이 없으니, 매우 고민스럽습니다. 곧바로 떨치고 날아가고자 하여도 힘이 마음을 따라주지 않으니 어찌하겠습니까? 제 아들이 인사하러 간다기에 이처럼 우러러 진달하니, 도체 보중하시길 빕니다. 삼가 절하고 편지 올립니다.

1907년 5월 10일에 조석휴(曺錫休) 올림.

【추신】 서울에서 소비된 비용이 적지 않을 텐데 장차 어떻게 조처하시렵니까? 한갓 근심만 한다고 무슨 이익이 있겠습니까? 이 고을에 있는 곗돈 중 100민을 보내드리니, 혹 약간이라도 보탬이 될런지요?

上松沙門屛

自聞御者北行, 惝怳失志, 不知所以爲心, 繼聞老兄容色髭髮, 勝於平昔, 始信雖在患難, 自有素行底道, 而外間夷險, 不足爲損益也. 但此病身不能行走奔問京部, 勢所不獲, 而使家兒代行爲計, 緣拖未果矣. 日昨聞, 旋駕故山已有日矣, 喜抃之極, 殊覺宿痾之祛體也. 這間處置, 雖未得其信報, 而想必正直, 光明用乎其中. 而經歷於羽毛鱗介之間, 無所致損于氣力, 壯哉壯哉! 苟非身衰而志不衰, 世亡而道不亡, 安得如此? 仰賀無已. 弟, 自去臘鬼關以後, 所存者皮骨而已. 其中朽然支吾無策, 極可苦極可悶. 卽欲奮飛, 而力不從心, 奈何奈何? 家兒趨拜, 爲此仰陳, 惟希道體保相. 謹拜上狀. 丁未五月十日, 弟 曺錫休 二拜.

【추신】 京部所費, 想不些, 此將如何措處乎? 徒慮何益? 此鄕中所存契中, 百緡文相送, 或可補於若干否?

1907년 5월 10일에 조석휴가 기우만에게 보낸 편지이다. 감옥에 갇혀서 짐승과 같은 사람들을 거쳐 왔는데도 기력에 손상이 없으니 장하다는 말과 진실로 몸은 쇠해져도 뜻은 쇠해질 수 없고, 세상이 망해도 도는 망할 수 없다는 것을 알 수 있다는 말을 했다. 기우만은 1907년 3월에 을사오적의 암살을 사주했다고 하여 영광경무소에 체포되었다가 4월 5일에 서울 압송되었으며, 20일 만에 석방되어 돌아왔는데, 이 사실을 말한 것이다.

282) 어자(御者) : 말을 모는 사람. 상대방을 직접 지칭하지 않고 대신 말을 모는 사람을 말함으로써 상대방이 여행 중임을 뜻함.

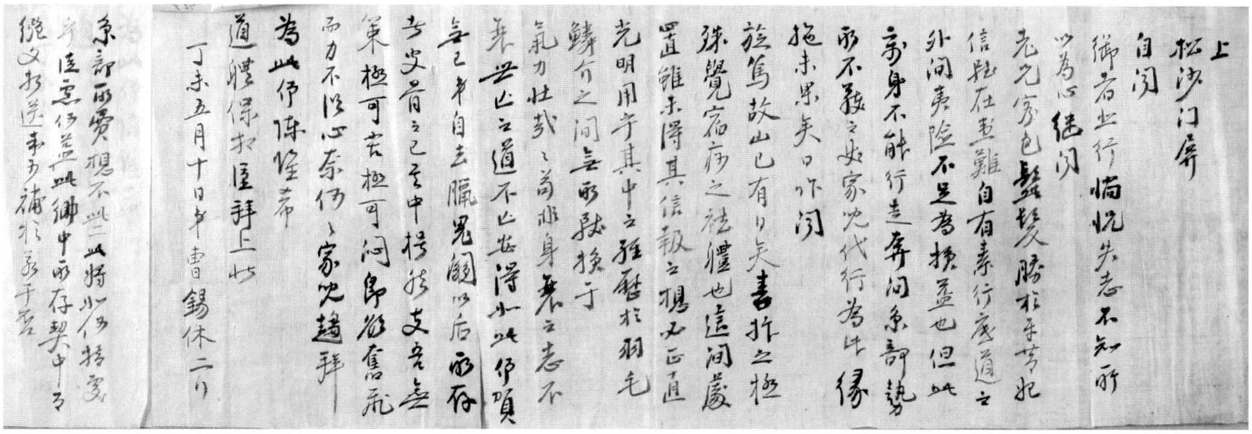

15. 기동준(奇東準)의 편지

기동준(奇東準, 1860~1918)의 자는 평중(平仲), 호는 춘담(春潭), 본관은 행주이다. 기대승(奇大升)의 후손으로, 아버지는 창현(昌鉉)이고, 어머니는 해주인 최윤환(崔潤煥)의 딸이며, 광주 광곡리에서 태어났다. 18세에 노사선생을 담대헌으로 찾아가니, 노사선생은 "고봉선생의 도학 문장은 실로 백세(百世)의 사표가 되니, 집안의 명성을 이어가는 것이 어찌 이에 있지 않겠는가?"라고 말하면서 격려했다. 1888년에 큰 흉년을 만나 마을 서당에서 독서하는 소리를 듣기 어렵게 되자 재산을 덜어서 강회를 한 달에 한 번씩 설치함에 사방에서 문사들이 그 소문을 듣고 흥기하였다. 1894년에 사마시에 합격하였고, 이 해에 동학농민운동이 일어나자 송사 기우만에게 가서 의지하고, 조석으로 함께 모여 강론하였다.

경술년 나라가 망하자 『춘추(春秋)』 1질을 안고 우산분암(牛山墳庵)으로 들어갔는데, 따르는 문인이 매우 많았다. 그는 평상시 매소(梅巢) 최병교(崔炳敎)와 가장 친하게 지냈던 것으로 보이는데, 그와 함께 읊거나 그에게 준 시가 대단히 많이 있다.

유집에 『춘담문집(春潭文集)』 10권 5책이 있는데, 석인본으로, 서문은 없고, 발문은 아들 기근섭(奇近燮)이 1966년에 썼다. 여기에는 시 300여수, 편지 367통, 잡저 7편, 서발문 63편, 기 70편, 제문 18편, 묘도문 29편, 기타 등이 수록되어 있고, <전해산전(全海山傳)>도 들어 있다.

<謹次蘆沙先生文集開刊韻>	**삼가 노사선생의 문집을 개간할 때 낸 시운에 차운하다**
繼往開來脈一存	계왕개래[283]하는 맥을 한결같이 보존하고,
文爲貫道道彌尊	문장은 도를 관철하니 도가 더욱 높네.
堯舜願致疏章義	요순시대처럼 다스리길 원하는 의로운 상소문,
賢聖同歸義氣論	성현으로 함께 돌아가자고 논한 의로운 기운.
不問可知弟子職	묻지 않고도 알 수 있는 것은 제자의 직분이요,
所過卽化先生村	지나는 곳마다 화육되니 선생의 마을이네.
壽傳剞劂由誠孝	길이 전하도록 간행함은 성효에서 말미암은 것,
天降師門又是孫	하늘이 스승을 내고 또 그 손자를 내었네.[284]

283) 계왕개래(繼往開來) : 앞 사람의 일을 이어받아 발전시키다.
284) 『춘담문집(春潭文集)』 권1 「시」

『노사집』을 중간할 때 시회를 열었음을 알 수 있는데, 노사 문하의 사람들은 대부분이 참여했을 것으로 보인다. 위 시는 노사의 제자이자 손자인 기우만을 찬양하는 뜻도 들어있다. 그는 또한 기우만이 죽었을 때 만시 6수를 지었다.

<挽松沙先生>	**송사선생을 애도한 만시(6수 중 1수)**
吾道將隳緒	우리의 도가 장차 무너지려 하여,
嗚呼喪哲人	오호라, 철인이 돌아가셨도다.
已矣蓍龜失	이미 시구[285]를 잃었으니,
其何世路屯	어찌하여 세상의 길 이리 막히나.[286]

노사선생이 돌아가신 후 호남 유학의 종장 역할을 맡았던 송사 기우만까지 사망하자 주권을 잃은 백성으로서 더욱 암담했을 것으로 생각된다.

고산서원에는 기동준이 기우만에게 보낸 편지 6통과 기우만 사후에 기우만의 죽음을 위로한 편지 2통이 소장되어 있다.

〈1907년 기동준(奇東準)이 기우만에게 보낸 편지〉(고산)

월전에 찾아뵈었을 때 얼핏 보니 모습이 전보다 좋아 송백(松栢)의 지절(志節)이 세한에 더욱 높은 것과 같았습니다. 하물며 공경하게 담판기(談辦記)를 외워봄에 있어서이겠습니까? 늠름한 말의 기운이 출사표(出師表)[287]와 더불어 서로 표리가 되었습니다. 선생의 한 번 서울 행차는 우리 무리들의 기운을 증대시켰으니, 천하 후세 사람들에게까지 할 말이 있게 하였습니다. 얼마나 존경스럽고 부러운지요?

삼가 엎드려 묻건대, 요즈음 도체는 강녕하시고, 동생 백수(白水) 종인의 병조리하는 생활은 어떠한지요? 곧 병이 나아서 속히 좋아질 것이지만, 염려된 것이 마음뿐만이 아닙니다. 족종(族從)인 저는 옛날이나 똑같이 졸렬하게 살고 있는데, 선집(先集)을 간행하는 일을 이미 8책이나

285) 시구(蓍龜) : 점을 칠 때 쓰는 시초(蓍草)와 거북으로, 국가에서 그처럼 믿고서 의지할 수 있는 원로를 비유할 때 쓰는 표현이다.

286) 『춘담문집(春潭文集)』 권1 「시」

287) 출사표(出師表) : 출병할 때 그 뜻을 적어서 임금에게 올리던 글. 출사표 중에는 중국 삼국시대 촉(蜀)나라의 재상 제갈량(諸

하여 겨우 마치게 되었으며, 속집에 대해서는 다시 간행을 할 계획입니다. 그러나 대개 일은 거창하고 힘은 약해서 오로지 유림과 친구들만 바라보고 있으니, 그것이 뜻과 같이 될지는 모르겠습니다.

날이 가문 나머지 한 번 흡족한 비가 내렸으니, 족히 큰 사발로 공양할만 하여 조금 위로가 됩니다만, 그곳도 흡족하게 내려 한천(寒泉)의 침상에서 비 오기를 기다리는 생각을 떨쳐버리셨는지 모르겠습니다. 요즘 소문에 의하면 단발령이 매우 독하다고 하니, 저도 모르게 분함으로 죽고 싶습니다. 나머지는 남겨두고 이만 줄이며 편지 올립니다.

1907년 6월 9일에 족종(族從)[288] 기동준(奇東準) 올림.

흑임자를 약간 올리오니, 동생분에게 주어서 먹게 해주십시오. 때가 아니어서 구하기 어려운지라 적은 것이 부끄럽습니다.

月前造拜昂覿, 神觀勝昔, 儘乎松栢志節歲寒益高也. 況敬誦談辦記, 凜凜詞氣, 與出師表相爲表裏. 於先生一西行, 吾黨增氣, 可使有辭於天下後世, 何等欽艶? 謹伏問, 邇天道體康騰, 而令季白水從, 所愼其動靜何如? 知是无五速善, 而仰慮則不啻區區. 族從, 姑依宿劣, 而先集刊役, 已行八冊, 僅僅告畢, 至於續集, 更以登梓爲計, 而盖是事巨力綿, 專仰儒林知舊, 則未知其能如意否耶? 旱餘一霈, 足可供大椀之需矣. 稍以爲慰, 未知那庄亦愜寒泉枕下去作雨之思耶? 近日所聞, 削令甚毒云, 不覺憤歎欲死. 餘留不備, 上候禮. 丁未六月初九日, 族從 東準 拜手.

黑荏子少許呈似, 爲供令季從飮啖之資, 而非時難求, 其少可愧耳.

1907년 6월 9일에 기동준이 기우만에게 보낸 편지이다. 앞의 조석휴의 편지에서와 같이 기우만은 이 해 3월에 '을사오적'의 암살을 사주했다 하여 영광 경무서에 체포되었고, 4월 5일에 서울로 압송되어 옥에 갇혔다가 20일에 석방되었는데, 그 사실을 말한 내용이다. 공경하게 담판기(談辦記)를 읽어보니 늠름한 말의 기운이 출사표(出師表)와 서로 표리가 된다는 말과 함께 선생의 한 번 서울 행차는 우리 무리들의 기운을 증대시켰으니, 천하 후세 사람들에게까지 할 말이 있게 하여 흠앙한다는 말을 하였다. 아마도 이때 기우만이 옥중에서 작성한 담판기가 세상사람들에게 널리 읽혀졌던

葛亮)이 지은 전후의 출사표가 유명하다. 여기에서는 제갈량의 출사표를 뜻함.

288) 족종(族從) : 촌수를 헤아리기 어려운 9촌 이상의 친족 중 항렬이 같은 사람에 대해 자기를 일컫는 말이다.

모양이다. 백수(白水) 종인의 병은 어떤지도 물었는데, 기우만의 동생인 기우몽(奇宇蒙[289])은 이 해 8월에 사망하였다.

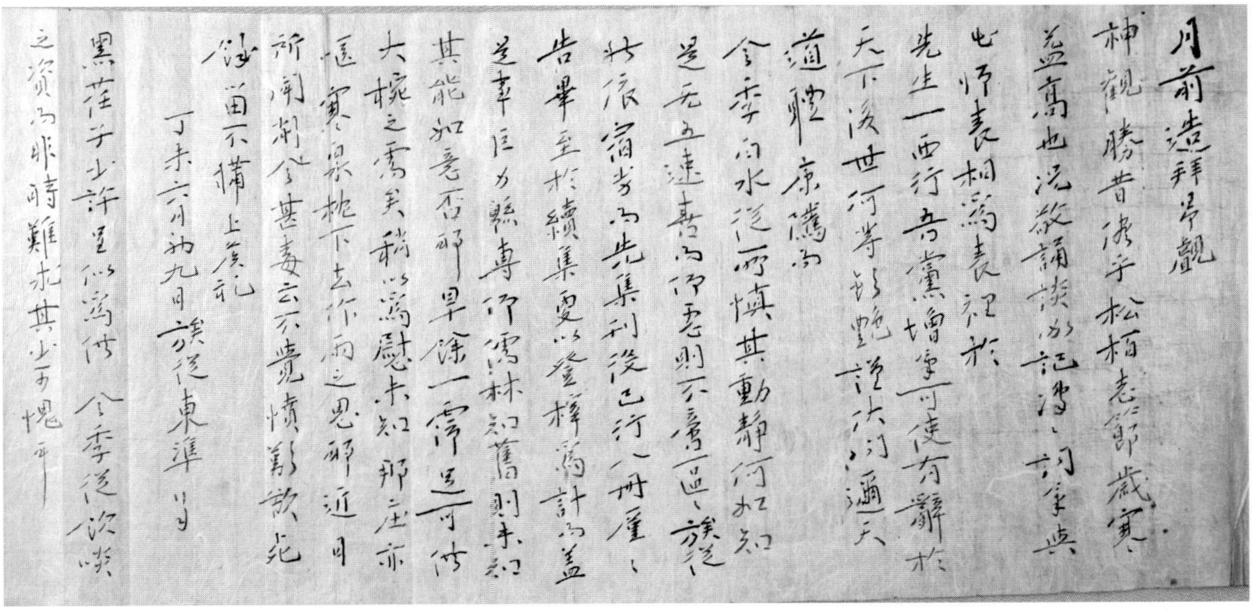

289) 기우몽(奇宇蒙, 1852~1907) : 자는 성초(性初), 호는 백수(白水)로, 기우만의 동생이다.

16. 노종룡(盧鍾龍)의 편지

노종룡(盧鍾龍, 1856~1940)의 자는 치운(致雲), 호는 소해(蘇海)·면수(免修)·농아(聾啞), 본관은 광주(光州)이다. 아버지는 농암정(聾巖亭) 재규(在奎)로, 광주 일곡동에서 태어났다. 송병선(宋秉璿)과 최익현(崔益鉉)의 문하에 나가 수학하고, 노사 문인들과도 친밀하게 지냈으며, 담대헌을 중건할 때도 220냥을 성금하였다.

유집에 『소해유고(蘇海遺稿)』 8권 3책이 있는데, 1941년에 고광열(高光烈)의 서문과 1959년 고윤주(高允柱)의 서문을 받고, 1948년에 이철수(李澈秀)의 발문과 1959년에 이진영(李軫永)의 발문을 받아 석인본으로 간행하였다. 여기에는 시 205수, 편지 132통, 잡저 8편, 서기발 16편, 제문 19편, 기타 등이 있다. 3책 부록에는 1929년에 고광선이 지은 <소해정상량문>과 이종택(李鍾宅), 정봉현(鄭鳳鉉), 노재교(盧載敎), 정형원(鄭亨源), 외손 기선호(奇宣鎬) 등이 지은 <소해정기>와 기타 글들이 들어 있다.

노종룡은 만년에 광주 일곡동에 소해정(蘇海亭)을 경영하였는데, 현재는 만주사(晩洲祠) 경내에 부친이 경영한 농암정(聾巖亭, 또는 원풍정)과 함께 있다. 만주사는 1959년에 광주 일곡동에 건립되었고, 송병선(宋秉璿)과 노종룡을 제향하고 있다. 다음은 노종룡이 1932년에 지은 소해정 원운시이다.

<蘇海亭原韻>	**소해정 원운시(2수 중 1수)**
人老亭成屬此時	사람은 늙고 정자가 이루어진 것 이 때에 속하고,
親塋且近寓瞻宜	부모의 산소가 또 가까우니 사모하는 맘 부치기 마땅하네.
元來求道生難已	원래의 구도는 생전에 다하기 힘드니,
一判沉蹤死與期	한 번 들어선 길 죽도록 함께하길 기약하네.
竹栢凌霜化閱歲	죽백은 찬 서리 이겨내며 해를 넘기고,
藤蘿有月或爲詩	칡넝쿨엔 달 떠올라 저절로 시가 되네.
友朋相顧欣無恙	붕우들은 서로 돌아보고 별 탈 없음을 기뻐하며,
山外紛紜不欲知	산 밖의 시끄러움을 알고자 하지 않네.[290]

노종룡이 소해정을 지을 때는 매우 늙은 나이였고, 바로 부모의 산소와 가까운 곳에 지었음을 알

290) 『소해유고(蘇海遺稿)』 권1 「시」

소해정

수 있다. 이곳에서 벗들과 함께 만나 세상의 시끄러움을 잊고 지냈던 것으로 보인다. 위 시에 차운한 사람으로는 정순묵, 송근묵, 범필식, 유병구, 임언재, 임호응, 고광우, 이종택, 고유상, 나종우, 윤경혁, 신철균, 노직현, 노삼현, 고광열, 노종필, 고광수, 윤희상, 남계룡, 노준연, 노갑영, 노순겸, 노인현, 김성권, 오석유, 이재춘, 노문영, 노재윤, 노병인, 노석정, 기우정, 노건호, 노면호, 기종섭, 노근용, 노재겸 등이 있다.

그는 비록 노사학파 일원은 아니었지만 기우만과도 매우 친밀하게 교유했다. 기우만은 그를 위해 <농아설(聾啞說)>을 지어주었고, 그의 아버지 노재규를 위해 <농암기(聾巖記)>와 농암정차운시를 지었다. 노종룡도 기우만이 삼산재를 짓고 연작시를 읊자, 여기에 차운하여 삼산구곡시와 삼산가훼십절을 지었으며, 담대헌 강회에도 참석하여 다음과 같은 시들을 남겼다.

<澹對軒講會>	**담대헌 강회에서**
白晳靑襟共坐春	소년들과 유생들이 자리를 함께 한 봄날,

道源上溯泗洙濱	도의 근원을 거슬러 올라가니 사수(泗洙)[291]의 물가이네.
卽看天下妖氛斷	천지에 가득한 요사스런 기운과 단절되었으니,
萬丈三山月色新	만 길이나 되는 삼산에 달빛이 새롭네.[292]

고산서원에는 노종룡이 기노선에게 보내온 편지 2통이 소장되어 있으며, 『소해유고』에 실려 있는 기노선에게 보낸 편지를 보면 "노사선생 재세 시에 용렬하고 어리석어서 모실 수 없었던 것이 평생의 한이 되는 것이니, 송사선생께 어찌 경도되지 않을 수 있겠습니까? 때문에 문하에 올라 40여 년 동안 많은 가르침을 받았으나 본디 자질이 둔하기 때문에 그 만에 하나도 효과가 없었습니다. 그러나 높이 흠복하는 것은 어찌 다른 사람의 뒤이겠습니까?[蘆沙先生在世, 慵愚不能執鞭, 是所平生齎恨者, 則於松沙先生, 豈不傾倒哉. 以故踵門四十餘年, 多承謦咳, 而賦素鈍朴, 未效其萬一. 然欽服高景, 則何後於人乎.]"라고 하였다. 그러고 보면 송사의 문인이라고 해도 맞을 것이지만, 웬일인지 문인록에는 올라있지 않다.

〈1905년 노종룡(盧鍾龍)이 기우만에게 보낸 편지〉(고산)

나아가서 안부인사 드린 지가 자못 오래되어 서글플 즈음에 보내주신 편지를 받고 매우 감축한 나머지 부끄럽고 송구함이 앞섭니다. 영포(令抱)[293]의 죽음은 덕이 있는 집안에서 어찌 이런 일이 일어날 수 있답니까? 놀랍고 두렵기 그지없습니다. 살피건대 중동(仲冬, 11월)에 도체는 어떻게 마음을 편안하게 하여 크게 건강을 해치는 일은 없는지요? 삼가 위로되고 그리운 마음 저의 정성으로 감당할 길 없습니다.

저 시하생(侍下生)은 봄부터 선조인 광산군(光山君)의 묘각을 세우는 일을 하고 있는데, 사무 보는 것이 백집사(百執事, 일반관원)보다 못하니 매우 답답할 따름입니다. 오직 다행인 것은 부모님께서 그럭저럭 편안하시고, 근래에는 둘째 손자까지 얻게 된 것이니, 부모님을 기쁘게 해드리는 방도에 있어서는 다행입니다.

강재(講齋)를 세우는 일은 얼마나 수고를 하고 계시는지요? 기록한 대로 돈 10민(緡)을 약소

291) 사수(泗洙) : 사수(泗水)와 수수(洙水)를 말한다. 수수는 산동성(山東省) 곡부(曲阜)의 북쪽에 있고, 사수는 그 남쪽에 있다. 일찍이 공자(孔子)가 이 일대에서 제자들을 가르쳤기 때문에 공자 또는 유학의 발원지라는 뜻으로 쓰이기도 한다.

292) 『소해유고(蘇海遺稿)』 권1 「시」

293) 영포(令抱) : 타인의 손자를 칭하는 말임. 『예기』 「곡례」의 "군자포손 불포자(君子抱孫不抱子)"에서 나왔다.

함을 잊고 부쳐드리니, 받아주시는 것이 어떠합니까? 나머지 많은 말은 빠른 시일 내에 찾아갈 계획이므로 이만 줄이고, 답장편지 올립니다.

1905년 11월 12일에 시하생(侍下生)[294] 노종룡(盧鍾龍) 올림.

晉候頗久, 伏悵之際, 伏承下書, 感祝感祝之外, 愧悚居先. 令抱之慽, 以若德門, 何以至此耶? 警惶不已. 憑伏審, 仲冬, 道體候, 何以安心大無損攝耶? 伏慰溸區區, 不任下悰. 侍下生, 自春營先光山君墓閣事, 事務百執不如, 伏悶伏悶. 惟幸親候粗寧, 而近得次孫, 悅親之道爲幸耳. 講齋設建事, 何以勤勞耶? 若錄十緡文忘畧, 依敎付上, 考納如何如何. 餘萬, 從近晉謁伏計, 伏不備, 上謝書. 乙巳十一月旬二日, 侍下生 盧鍾龍 二拜上.

1905년 11월 12일에 시하생 노종룡이 기우만에게 올린 편지이다. 기우만 손자의 죽음을 위로하고, 자신은 선조 광산군의 묘각을 짓는 일로 매우 바쁘다는 말과 함께 강재(講齋)를 짓는 데 10냥을 보낸다는 내용이다. 이때 성금을 모아 지은 강재는 담대헌을 말하는 것인지, 아니면 기우만의 한천정사를 말하는 것인지 잘 모르겠다. 기우만은 1904년에 광주 주흥동으로 이사하여 이곳에 한천정사를 지었다.

294) 시하생(侍下生) : 당신을 모시는 몸이라는 뜻으로, 어버이 또래의 어른께 올리는 글에 자기 이름과 함께 쓰는 말이다.

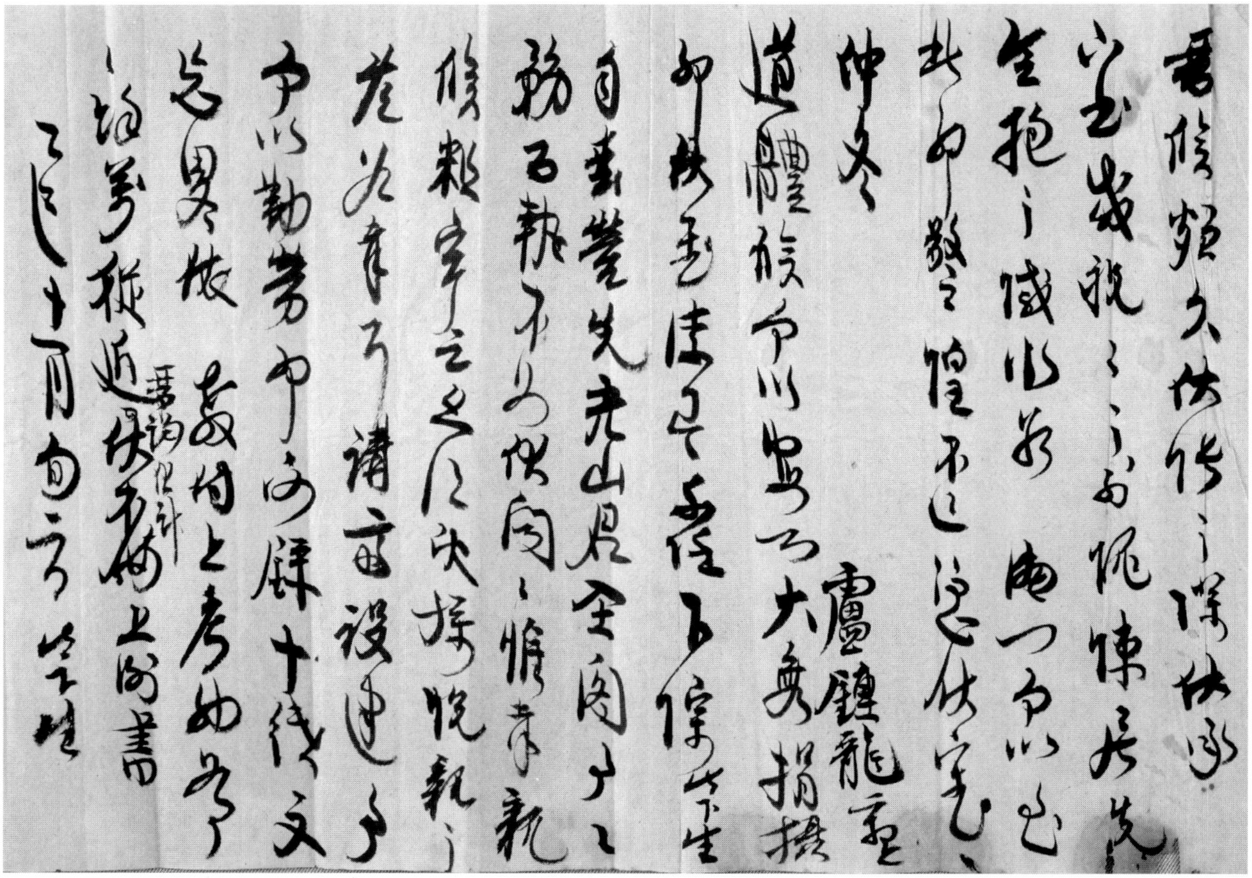

17. 권운환(權雲煥)의 편지

권운환(權雲煥, 1853~1918)의 자는 순경(舜卿), 호는 명호(明湖), 본관은 안동이다. 아버지는 병린(秉麟)으로, 단성현 강루리[산청군 단성면 강루리]에서 태어났다. 어릴 때부터 옛 성현의 학문에 뜻을 두고 집 가까이 있는 신안서당(新安書堂)에 가서 공부를 하며 정재규(鄭載圭)를 스승으로 섬겼다. 신안서당 즉 신안정사는 바로 『노사집』을 목판으로 판각을 한 곳이다.

조성가(趙性家)가 어질다는 것을 듣고 그의 동생 성우(性宇)의 딸과 혼인함으로써 월고의 문하에도 출입을 했다. 즉 그는 노사의 수제자인 노백헌과 월고의 문하에서 노사학의 요체를 전수받은 것이다. 그의 나이 27세 때는 스승 노백헌을 따라 노사 기정진을 찾아뵙고, 여러 날 머물면서 의문난 점을 자세히 물어 노사의 기대를 받았다. 이런 사실은 그가 남긴 <사상지알록(沙上贄謁錄)>에 들어 있다.

1881년에는 면암 최익현을 만나 화서 이항로(李恒老)의 학문 요체를 들었다. 1883년에는 산음의 지곡으로 옮겨 조용소(趙鏞韶) 등과 사호서당(思湖書堂)의 옛터에 강학하는 장소를 만들고 매달 초하루와 보름에 모여 강학을 했으며, 틈틈이 인근의 명망있는 학자들을 초청해 향음주례 등을 시행하면서 풍속교화에도 힘을 기울였다.

1895년 단발령이 내리자 스승인 노백헌이 의병을 일으킬 것을 계획한다는 것을 듣고 함께 동참하고자 했으나 뜻을 이루지 못했고, 을사늑약이 이루어지자 동문들이 스승 노백헌을 모시고 정산(定山)으로 달려가서 면암 최익현과 함께 영호남 유림들에게 포고문을 띄워 노성 궐리사(闕里祠)에 모여 의거를 약속했지만, 외부 방해로 실천하지 못했다. 1911년 스승 노백헌이 세상을 떠난 후 신안강 곁 상양촌에 상양재(上陽齋)를 짓고 학문에 전념하다가 세상을 떠났다.

유집으로 『명호문집(明湖文集)』 19권 10책이 있는데, 목활자본으로, 부록문자와 서문·발문이 없어서 편자 및 간행 연대를 알 수 없다. 여기에는 시 245수, 편지 378통, 잡저 15편, 서(序) 19편, 기(記) 29편, 발(跋) 24편, 제문 62편, 묘도문 39편, 행장 20편, 기타 등이 수록되어 있다.

잡저 가운데 <납량사의기의소차(納凉私議記疑小箚)>, <납량사의기의추록소차(納凉私議記疑追錄小箚)>, <외필변소차(猥筆辨小箚)>는 바로 권운환의 성리학적 학문역량을 보여주는 것으로, 기정진의 학설을 지지하여 학문을 심화한 내용이다. 족인 권봉희(權鳳熙, 1837~1902)와 최동민이 기정진의 <외필>과 <납량사의>를 보고 율곡 이이의 학설을 훼손한 사설로 보고 문집을 불태워야한다고 통문을 돌리자, 위 글을 지어 전우의 주장을 반박 변론한 것이다. 제문 중 <촉석루제삼장사문(矗石

樓祭三壯士文)>은 1592년 임진왜란 때 진주성에서 순절한 김천일(金千鎰)·최경회(崔慶會)·고종후(高從厚) 삼장사를 비롯하여 함께 순절한 여러 영혼들을 위로하기 위해 제사지낸 글로, 만력 임진 5갑자인 1892년 6월에 300주년 기념행사를 가졌던 것을 알 수 있다.

그는 신안정사에서 수학하고 이후 이를 이끌어가면서 다음과 같이 많은 시를 남겼다.

<湖南任宇卿泰柱·梁元淑會乙見過, 相携入新安精舍> 호남 사람인 우경 임태주와 원숙 양회을이 찾아주었기에 서로 이끌고 신안정사에 들어가다

小區藏在石山東	작은 구역이 석산의 동쪽에 숨겨 있으니,
境寂能令萬慮空	땅은 고요하여 온갖 근심 사라지게 하네.
孤坐忽驚千里友	홀로 앉았다가 천리 길 벗이 옴에 놀라,
一樽相醉九秋風	한바탕 술 마시며 구월 바람에 서로 취했네.
黃花無恙淸霜夜	누런 국화는 서리 내린 밤에도 탈이 없고,
蒼柏分明落木中	푸른 잣나무는 낙엽수 가운데서 분명하구나.
二子襟期超物外	두 사람의 흉금은 속세를 뛰어넘고,
同年同學又居同	동년에 동학에 또 동거까지 하고 있다네.[295]

임태주(任泰柱, 1881~?)는 화순 사람으로 정의림의 제자이고, 양회을(梁會乙) 역시 화순 사람 양회갑의 다른 이름으로, 정의림과 기우만의 수제자이다. 이 두 사람이 권운환을 찾아가자 함께 신안정사에 들어가서 좋은 만남을 가진 것이다. 권운환 역시 기우만이 만년에 살고 있는 섬진강가의 남원 사석리를 찾아서 다음 시를 남겼다.

<鶉子江與松沙奇宇萬植齋奇宰盥濯> 순자강에서 송사 기우만 및 식재 기재와 함께 목욕하다

鶉子江頭耀夕陽	순자강의 강변이 석양에 빛나니,
山光水色入平望	산수의 빛깔이 시야에 들어오네.
十載相逢無別語	십년 만에 상봉하여 별다른 말 없지만,
箇中誰識兩心長	이중에 누가 두 마음이 멀다고 하랴.[296]

295) 『명호문집(明湖文集)』 권2 「시」
296) 『명호문집(明湖文集)』 권2 「시」

기우만은 1911년에 다시 남원 대강면 사석리로 피해 들어가는데, 여기에서 생을 마쳤다. 권운환이 10년 만에 다시 찾아갔다는 것은 삼산재에서 뵙고 그 후 섬진강 가에서 뵈었다는 말이다. 그런데 위 시는 <癸丑夏余發南原之行諸族餞于江上>이란 시가 있는 것으로 보아 1913년 무렵에 지은 시로 보인다.

상양재

〈1912년 권운환(權雲煥)이 기우만에게 보낸 편지〉(고산)

송사 도형의 자리에 운환이 절하고 편지 올립니다

오늘 원경(元卿)[297]이 상중임에도 문하에 나아가는데, 원경을 보고 놀라고 두려워함이 부음을 들은 초기보다 반드시 심함이 있을 것이니, 비단 필변(必變)[298]의 느낌 때문만은 아닐 것입니다. 듣자니 형께서는 노쇠함이 근래 더 심해졌다고 하는데, 본디 타고난 것이 그러해서라고 누가 말하겠습니까? 그 또한 시국 때문입니다. 매양 서쪽을 바라보고 바람에 임하여 다만 모두 늙었다는 탄식을 할뿐만이 아닙니다.

삼가 가을에 들어서서는 다시 어떠신지요? 영구수부인(令邱嫂夫人)의 초상[299]은 이러한 세상의 어지러움을 만나서는 한 집안이 이역(異域)과 같다는 느낌이 없지 않을 테니, 멀리에서 생각해도 또한 서글퍼집니다. 생각건대 이미 장례를 치렀을 것인데, 애재[哀子]의 모든 생활은 어떠한지요? 한 번 달려가서 위로하는 것을 그만 둘 수 없는 일이지만, 이처럼 머리를 들고 일어날 수 없는 사람이니 어찌겠습니까? 다만 스스로 비통할 따름입니다.

원경이 여쭌 '안차성(安且成)'[300] 3자는 반드시 이미 심목(心目)의 사이에 드러나야 하고, 또한 반드시 정신 위에 붙여야 합니다 문자의 제목에 대해서는 농산(農山)[301]은 행장으로 하고자 하였으나 남은 자식들은 모두 묘갈명으로 하고자 하니, 헤아려서 처리해주시길 바랍니다.

죽기 전에 한 번 보는 것 또한 얻을 수 없는 것입니까? 현재 살고 있는 곳의 거리가 심히 멀지 않아서 때때로 한 번 생각하면 스스로 우울하지 않을 수 없습니다. 그러나 끝내 소원을 이루게 될지는 모르겠습니다. 신의 가호를 입고 보중하셔서 우러러 그리는 마음에 위로를 해주시길 빕니다. 이만 줄이고 삼가 절하고 편지 올립니다.

1912년 10월 4일에 아우 권운환(權雲煥) 올림.

松沙道兄 寓座

雲煥拜. 今元卿冒哀造門, 見元卿其爲驚怛, 必有甚於聞訃之初, 非直必變之感而已也. 聞兄衰近甚, 孰謂以若素賦而然也? 其亦時矣. 每西望臨風, 不惟盡老之歎而已. 伏惟秋來更何如? 令邱嫂夫人喪事, 適此世亂, 自不無一室異域之感, 遙遙想來, 亦足愴然. 想已經襄, 哀子凡百何如, 一者走慰, 所不可已者, 而方此擡頭不起者, 奈如之何? 只自悲矣. 元卿所謁, 安且成三字, 必已著於心目之間, 而亦必加着精神矣. 文字之題目, 農山欲以狀, 而餘子皆欲碣銘, 亦惟諒處也. 未死前一面, 亦不可得也耶? 見今相去不甚遠, 時一思之, 自不能不鬱陶, 然未知終得如願否也. 惟祝加護保重, 以慰瞻仰. 不宣, 謹拜上. 壬子陽月四日, 弟 權雲煥 再拜.

1912년 10월 4일에 권운환이 기우만에게 보낸 편지이다. 정재규의 큰아들인 정현춘(鄭鉉春)이 다녀와서 형의 소식을 듣게 되었다는 것을 말하고, 큰형수의 상을 당한 것을 위로하였다. 이어서 정재규의 사후 글을 부탁하고 있는데, 농산 정면규는 행장으로 부탁하려고 하지만 다른 아들들은 묘갈명으로 부탁하고자 하니 알아서 해주라는 말을 하고 있다. 기우만은 묘갈명으로 지어주었음을 문집을 통해 알 수 있다.

297) 원경(元卿) : 정재규의 큰아들인 정현춘(鄭鉉春)을 말한다.

298) 필변(必變) : 낯빛을 바꾸다. 『논어(論語)』「향당(鄕黨)편」에서 공자는 "상중인 사람을 보면 비록 친밀한 사이라도 반드시 변색하시다[見齊衰者, 雖狎必變]"라고 하였다.

299) 영구수부인(令邱嫂夫人)의 초상 : 영(令)은 상대방 또는 상대방의 친족에 붙이는 경사(敬辭)이다. 구수(邱嫂)는 큰형수를 뜻하며, 부인(夫人)은 남의 아내의 높임말이다. 기우만의 큰형수인 기우기(奇宇夔)의 부인 반남박씨가 1912년 4월 22일에 사망하였다.

300) 안차성(安且成) : 정호(程顥)가 소옹(邵雍)과 종유한 지 오래되어 그를 잘 알았으나, 그의 묘지명(墓誌銘)을 쓸 적에는 '안차성(安且成)'이라는 한마디 말을 얻고 나서야 붓을 적셨다고 한다.

301) 농산(農山) : 정재규의 사촌동생 정면규(鄭冕奎)를 말한다.

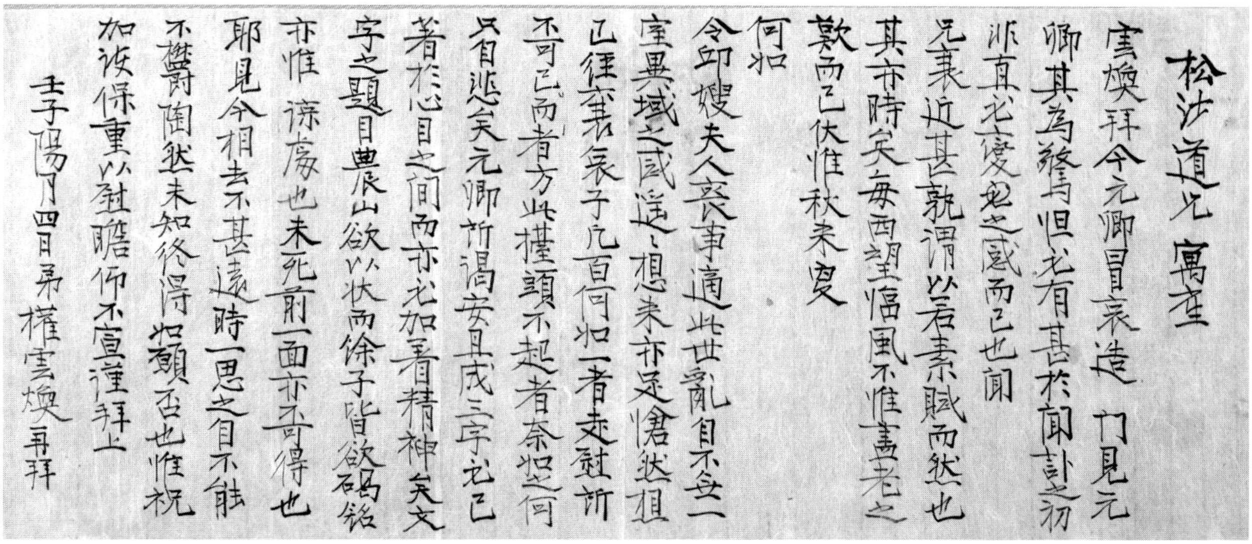

松沙道兄 寓座

雲煥拜 今元卿冒哀造 門見元
卿其爲發焉 但兄有甚於聞訃之初
非直兄憂患之感而已也 聞
兄衰近甚 孰謂以若素賦而然也
其亦時矣 每西望臨風 不惟壽老之
歎而已 伏惟秋來度
何如
令卯嫂夫人喪事 適此世亂 自不無一
室異域之感 遙遙想來 亦足愴然 但
已往哀哀子几百何如 一者走尉訴
不可已而者 方此瞌頭不起者 奈如何
只自悲矣 元卿所謂安且成三字 兄已
著於心目之間 而亦兄加着精神矣 文
字之題目 農山欲以狀 而徐子皆欲碣銘
亦惟 諒度也 未死前一面亦不可得也
耶 見今相去不甚遠 時一思之 自不能
不鬱陶然 未知終得如願否也 惟祝
加護保重 以副瞻仰 不宣 謹拜上
壬子陽月四日 弟 權雲煥 再拜

18. 박임상(朴琳相)의 편지

박임상(朴琳相, 1864~1944)의 자는 유옥(孺玉), 호는 민재(敏齋), 본관은 무안이다. 아버지는 기준(淇準)이고, 어머니는 김제헌(金濟憲)의 딸이다. 송사 기우만의 문인으로, 무안에서 살았다. 유고에 『민재유고(敏齋遺稿)』 8권 4책이 있는데, 석인본으로, 부록문자나 서·발문이 없어서 편집·간행 경위와 저자의 행적 등을 알 수 없다. 여기에는 시 142수, 편지 81통, 잡저 12편, 서(序)·발(跋) 47편, 기(記) 27편, 묘도문 53편, 행장 54편, 기타 등이 수록되어 있다.

그의 학문적 수준이나 사상을 알 수 있는 잡저 중 <존양설>은 존주(尊周)와 춘추대의(春秋大義)를 밝힌 것이고, <위기설(爲己說)>이나 <입지설(立志說)> 등은 학문하는 사람들이 사장(詞章)에 전념하여 외식적인 영화나 부귀만을 추구하는 그릇된 태도를 지적하고, 윤리·도덕에 바탕을 둔 궁리(窮理)의 학문 본연으로 복귀할 것을 주장한 내용이다.

박임상 역시 삼산재에서 수학을 하였던 것으로 보인다.

<從松沙奇先生遊三山齋>	**송사 기선생을 따라 삼산재에서 놀다**
每欲遍交賦遠遊	매양 두루 사귀고자 하여 원유를 하게 되니,
仙區佳會好風流	신선의 구역에서의 좋은 모임에 풍류도 좋구나.
九天近隔疑離地	구중천과 가까우니 땅과 떨어졌나 의심했는데,
七里纔來始見樓	7리를 겨우 와서 비로소 누각을 보게 되네.
耳灌迪諄忘富貴	귀에 대고 간절히 깨우쳐주니 부귀를 잊고,
心存修攘讀春秋	내수외양의 마음 가지고서 춘추를 읽네.
此行庶了平生願	이번 여행은 거의 평생의 원을 푼 것이니,
問答從容數月留	묻고 답하며 조용하게 몇 개월간 머물리.[302]

높은 곳에 있는 삼산재에 오르는 모습과 삼산재에서 수학하며 몇 개월을 보내겠다는 마음가짐이 들어있는 시이다. 기우만이 삼산재에서 강학을 한 것은 1896년부터 1904년 무렵까지인데, 위 시도 이 무렵에 지었을 것으로 보인다. 그는 이곳에서 수학하고 돌아가서 무안지역에 노사학을 펼치는

302) 『민재유고(敏齋遺稿)』 권1 「시」

대표주자가 되었다.

<廢科業>	**과거공부를 그만 두고**
安將科業我魂消	어찌 장차 과거공부로 나의 혼을 소멸하리.
千里靑雲一夢遙	천리 길의 청운은 한 바탕 꿈처럼 멀어졌네.
塵跡已勞馳洛社	홍진 생활은 이미 수고롭게 서울로 내달렸고,
榮明枉擬寫仙橋	영명함은 잘못 비겨 선교를 베꼈네.
六經獨誦淸風夜	바람 맑은 밤에는 육경을 홀로 외우고,
半畝宜耕細雨朝	가랑비 니리는 아침엔 작은 밭 갈기 마땅하네.
爲己先思修孝悌	위기지학 먼저 생각하고 효제의 맘 닦아가니,
此身又可樂漁樵	이 몸 또한 고기 잡고 나무하길 즐길만 하네.303)

거의 대부분의 유학자는 과거시험을 목적으로 공부를 시작한다. 그러나 대부분 도중에 접고 위기지학에 매진하게 되는데, 박임상의 경우는 자의반 타의반으로 과거공부를 폐한 것으로 보인다. 즉 1894년에 과거제도가 폐지되었기 때문이다. 이후 경의문대가 10여년 동안 시행되었지만 이것은 문과시험에 준하는 어려운 통로였다. 이후 박임상은 사는 곳에 평천정사를 짓고 강학활동을 하였던 것으로 보인다.

<平川精舍韻>	**평천정사 시**
平川一帶水	평천의 한 가닥 물줄기가
曲曲抱山流	굽이굽이 산을 안고 흐르네.
惟愛無塵累	오직 티끌이 없는 것 사랑하여,
起亭八十秋	80살에 정자를 세웠네.304)

그는 평천정사를 짓고 원운시를 지으면서 소서를 썼는데, "내 나이 이미 80여살이라. 온갖 병이 번갈아가며 공격함에 기운이 다하고 정신이 혼미해져서 무릇 경영해온 것들이 모두 오유(烏有)로

303) 『민재유고(敏齋遺稿)』 권1 「시」
304) 『민재유고(敏齋遺稿)』 권1 「시」

평천정사

돌아갔다. 그러나 어찌 또 정사를 짓는 일은 다시 뒷날로 미룰 것인가. 이에 아들에게 명하여 저축해둔 재물로 몇 칸의 집을 세우게 하였는데, 동지들과 종유한 사람들의 힘 또한 많이 받았다."라고 하였다. 즉 1944년 사망하기 전에 아들에게 시켜 평소 소원하던 것을 지었음을 알 수 있다.

문집에는 송사에게 보낸 편지가 19통이 실려 있는데, 다음 편지는 실려 있지 않다. 고산서원에는 박임상 편지가 3통 소장되어 있는데, 1통은 이 편지와 같은 날짜에 보낸 조문편지이고, 나머지 1통은 1929년에 기노선에게 보내는 편지이다.

〈1913년 박임상(朴琳相)이 기우만에게 올린 편지〉(고산)

소자(小子)305)가 문정(門庭)에서 절하고 떠나온 지 지금까지 5년이나 되었는데, 침식(寢食)의 일을 살피지 못했고 경해(謦咳) 소리를 듣지 못했으니, 거듭 복을 입어서 집례를 하느라 출입을 할 수 없어서 그런 것만이 아닙니다. 부모님이 모두 살아계실 때에는 아는 것이 서책이었고, 산업에 대해서는 어떤 일을 하는 것인지 알지 못했었습니다. 지금은 몸소 나무하고 물 긷는 일을 겸해야 해서 온갖 연고가 팔꿈치를 잡아당기니, 서책의 공부는 영영 울타리 밖의 물건이 된 지가 오래되었습니다. 이 때문에 소자의 몸은 문하에 나아갈 겨를이 없으니, 선생의 얼굴도 아득하여 잊어버릴 것 같습니다. 이런 식으로 가다가는 완전히 '겨우 이천(伊川)의 얼굴을 보는 데 그치는 자'와 불행하게도 가까워질 것입니다.

오호라. 큰 재앙이 눈에 넘쳐나고, 사람과 짐승의 구분이 없어서, 5백년 역사의 우리 종묘사직이 암흑세상으로 빠져들고 있습니다. 선생께서는 험액(險阨)을 당해서도 우뚝하게 홀로 서서 털끝 하나도 움직이지 않으시니, 진실로 굳세고 정대(正大)한 기운이 아니라면 누가 능히 할 수 있겠는지요?

소자의 평생소원은 다시금 춘풍(春風)[306]의 자리에 노닐면서 경전의 뜻을 배우고 물어서 사견(私見)의 의혹을 깨뜨리고 싶은 것이었는데, 지나치게 빈궁한 생활에 구애되어 우물쭈물 위축되어 피하게 되었습니다. 이러한 소원이 이루어지지 않고 우뚝하게 그대로 남아있는데도 홀연히 백옥(伯玉)의 나이[307]가 되어 버리고, 의구한 것은 다만 기량(伎倆)[308]뿐입니다. 지금 소자의 개인적인 소원은 선생께서 장수를 누리고 세상에 오래도록 살아계셔서 소자의 오랜 소원이 거의 다시 도모할 때가 있는 것입니다.

엎드려 바라옵건대 선생께서는 미수무강(眉壽無疆)[309] 하소서. 이 말은 혹 조교(曹交)[310]의 말과 서로 비슷한 것은 아닌지요? 죄송하고 죄송합니다. 저의 숙조(叔祖)이신 경암공(敬菴公)의 묘에 오랫동안 비석을 새기는 일이 없는 까닭에 후손 기용(淇容)과 준상(駿相)이 문자의 일로 올라갔으니, 모름지기 선생께서 특별히 현안(玄晏)[311]의 붓을 잡으셔서 백세토록 믿을 수 있게 해주시길 바랍니다. 그렇다면 북망산의 풀과 나무도 모두 그 정채(精彩)를 입을 것입니다.

1913년 1월 15일에 고애자(孤哀子)[312] 박임상(朴琳相) 올림.

小子拜違門庭, 訖今五禩, 而寢啖之節未審, 謦咳之音未承, 非以疊服執禮不爲出入也. 具慶之時, 所知者書冊, 而不知産業之爲何事矣. 今則身兼薪水, 百故掣肘, 書冊工夫, 永作芭蘺之物者, 厥維久矣. 是以小子之身, 無暇於及門, 先生之顔面, 依依若忘. 循斯以往, 則完與才見伊川面而止者, 不幸而近之. 嗚呼! 大禍滔日, 人獸未分, 五百我宗社, 沒入黑局. 先生備經險厄, 挺然特立, 不動一髮, 苟非剛毅正大之氣, 伊孰能之? 小子平生所願, 更遊春風之座, 講問經旨, 欲破私見之惑矣. 拘於食貧, 因循退托, 此願未償, 兀兀自在, 忽當伯玉之年, 而依舊只是伎倆. 以今小子之私願, 先生享壽久於世, 則小子宿昔之願, 庶若有乎更圖之時矣. 伏願先生眉壽無疆, 此言或不與曺交之言相似耶? 罪悚罪悚. 鄙叔祖敬菴公墓, 久無琬琰之刻, 後孫淇容駿相, 以文字事上去, 望須先生特秉玄晏之筆, 徵信於百世, 則望山艸樹, 皆被其精彩矣. 癸丑元月望日, 孤哀子 朴琳相 再拜.

305) 소자(小子) : 스승에 대해 자신을 일컫는 말.
306) 춘풍(春風) : 봄바람과 같은 훈훈한 가르침을 받는 것을 말함.
307) 백옥(伯玉)의 나이 : 50살을 말함. 『회남자(淮南子)』 「원도훈(原道訓)」에 "거백옥(蘧伯玉)은 나이 50살에 49년 동안의 잘못을 깨달았다.[蘧伯玉年五十 而有四十九年非]"라고 하였다.
308) 기량(伎倆) : 기술적인 재능이나 솜씨. 교활 간사함.
309) 미수무강(眉壽無疆) : 만수무강. 미수는 눈썹이 세도록 오래 산다는 뜻으로, 남에게 장수하라고 축원할 때 쓰는 말.
310) 조교(曹交) : 전국(戰國)시대 조(曹)나라 임금의 아우인 조교(曹交)가 맹자(孟子)에게 수업(受業)하기를 청했을 때, "제가 추(鄒)나라 임금을 뵈면 관사(館舍)를 빌릴 수 있을 터이니, 여기에 머물러 계시게 하고 문하에서 수업하고자 합니다."라고 하

1913년 1월 15일에 무안에서 박림상이 기우만에게 올린 편지이다. 문하를 떠나온 지 5년이 되었다는 말과 함께 세상에 재앙이 가득하여 사람과 짐승이 구별이 되지 않은 때에 선생님은 홀로 우뚝 서서 터럭 한 가닥도 움직이지 않으시니 굳세고 정대한 기운이 아니면 어떻게 할 수 있겠느냐며 오래 사시길 바란다고 하였다. 자신의 작은할아버지 경암공(敬菴公)의 묘비문을 받기 위해 후손인 기용(淇容)과 준상(駿相)이 올라가니 특별히 붓을 잡아 주어서 백세에 빛이 나게 해달라고 부탁하고 있다.

기우만이 1911년에 남원 사석리로 옮긴 이후에는 뚜렷한 활동은 보이지 않고, 다만 사방에서 그에게 글을 부탁하는 편지가 빗발쳤고, 기우만은 이들의 뜻에 부응하여 많은 문장을 지어주었다.

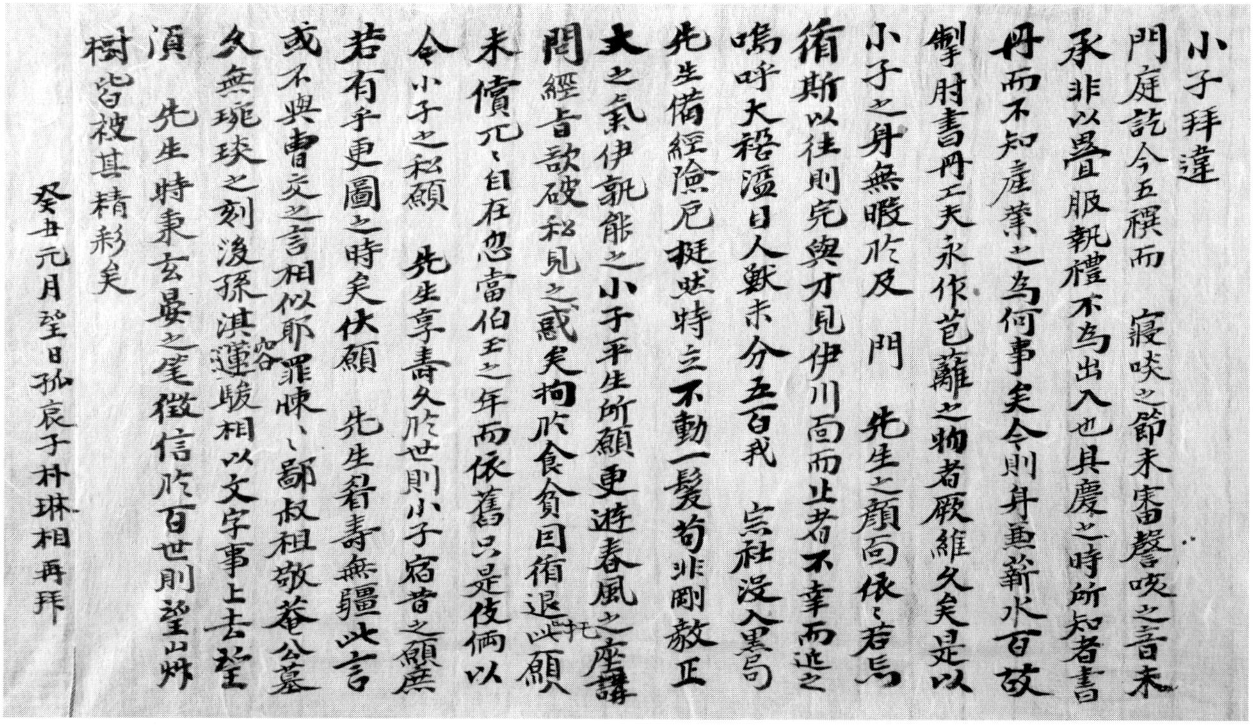
小子拜達
門庭訖今五稔而 寢唉之節未嘗謦咳之音未
承非以疊服執禮不爲出入也具慶之時所知者書
丹而不知産業之爲何事矣今則身兼薪水百弊
掣肘書丹工夫永作笆籬之物者厥維久矣是以
小子之身無暇於及 門 先生之顔面依依若焉
循斯以往則宪與才見伊川面而止者不幸而近之
嗚呼大禍滔日人獸未分五百我 宗社没入異國
先生備經險厄挺然特立不動一髮苟非剛毅正
大之氣伊孰能之小子平生所願更遊春風之座講
問經旨歆破私見之惑矣拘於食貧因循退托此願
未償兀兀自在忽當伯玉之年而依舊只是伎倆以
今小子之私願 先生享壽久於世則小子宿昔之願庶
若有乎更圖之時矣伏願 先生眉壽無疆此言
或不與曹交之言相似耶罪悚悚鄙叔祖敬菴公墓
久無琬琰之刻後孫淇容駿相以文字事上去望
須 先生特秉玄晏之筆徵信於百世則望山烋
樹皆被其精彩矣
癸丑元月望日孤哀子朴琳相再拜

였다. (『맹자(孟子)』「고자(告子)下」)

311) 현안(玄晏) : 진(晉)나라 황보밀(皇甫謐)의 호. 농사를 지으면서 고상한 뜻을 지니고 학문에 종사하였는데, 무제(武帝) 때 여러 번이나 부름을 받았으나 끝내 벼슬하지 않았다. 진나라의 좌사(左思)가 10년 동안 구상하여 <삼도부(三都賦)>를 지었는데, 황보밀이 서문을 써서 칭찬을 하자 부자와 귀족들이 서로 다투어 베끼는 바람에 낙양의 종이 값이 일시에 폭등했다는 고사가 전한다.

312) 고애자(孤哀子) : 부모를 모두 여읜 사람이 상중(喪中)에 자기를 가리키는 말.

19. 안택환(安澤煥)의 편지

안택환(安澤煥, 1844~1917)의 자는 여은(汝恩), 호는 삼희당(三希堂), 본관은 죽산(竹山)이다. 아버지는 순(栒)이고, 어머니는 수원 백씨(水原白氏) 백진훈(白鎭勳)의 딸로, 능주 매화정[화순군 이양면 매정리]에서 태어났다. 어려서 백부(伯父) 안숙(安橚)에게 배웠고, 1888년에 송병선(宋秉璿)의 문하에서 수학하였다. 1898년 4월에는 송병선이 월출산과 천관산을 유람할 때 여러 날을 배종하였으며, 향음주례(鄕飮酒禮)에도 참여하였고, 1902년 7월에는 최익현이 하동 쌍계사에 머문다는 소식을 듣고 찾아가 시국의 의리를 강론하였다. 1908년에는 또 송병순(宋秉珣)을 찾아가 몇 개월을 머물며 강론하였고, 만동묘(萬東廟)의 제향에 관한 일을 논의하였다.

유고에 『삼희당유고(三希堂遺稿)』가 있는데 7권 3책으로 이루어진 초고 필사본이다. 시는 모두 288수가 실려 있다.

그는 누정 관련 글인 매화정서실 상량문, 삼희정사에 대한 글과 시가 있는 것으로 보아 매정 마을에서 삼희정사, 또는 매화정서실을 경영했음을 알 수 있다.

<梅花亭>	매화정
梅於天下以花聞	천지에 매화 심어 꽃 이름으로 알려졌고,
亭子翼然逈出雲	정자는 날아갈 듯이 멀리 구름을 벗어났네.
欲向西湖相想德	서호를 향하여 서로 덕의를 상상하고 싶다면,
不須東閣細論文	모름지기 동각에서 자잘하게 문장을 논하지 말라.
美人疑是百千繞	미인은 벅 번 천 번을 두른 듯한데,
處士何曾一半分	처사는 어찌 일찍이 한 개 절반이라도 나누었나.
月滿空庭香滿樹	달빛은 빈 뜰에 가득하여 나무마다 향기로우니,
好藏淸艶栽培勤	맑고 고움 잘 간직하게 열심히 보살피리.313)

이밖에 연작시로 기우만의 삼산재에 대해 삼산구곡시와 삼산악부가훼시를 차운했고, 한후정 8경시를 지은 것이 있다. 그가 누정 등에 시를 남긴 것은 강습재, 송광사, 장천재, 차군정, 승선교, 물염

313) 『삼희당유고(三希堂遺稿)』

정, 적벽, 삼산재, 한후정, 목미정, 부춘정, 촉석루, 삼괴정, 양성암, 명봉재, 매화정, 귀후재, 대원사 봉서루, 망미정, 선암사, 대승암, 첨사정, 홍운정, 불원정, 묵헌, 정재, 가헌, 덕헌, 용연정사, 송매정, 관수정, 은봉조대, 취송정, 은계정, 만수정, 지명재 등이다.

한편 갑오년 12월에 쓴 <통유열읍문(通喩列邑文)>이란 통문이나 <풍우록(風雨錄)> 등을 글을 통해 그의 사상을 이해할 수 있다.

> <풍우록(風雨錄)>
>
> 지난 병인년간은 국가가 태평한 날이 오래됨에 백성들은 전쟁을 알지 못해서 조정 이하가 모두 문염무희(文恬武憙)[314]하며 모든 하는 일마다 모두 그 때를 잃게 되었다. 이 때 대원군이 집정하여 권도를 행하고 내외에서 크게 토목공사를 일으켰다. 그래서 가까이 있는 자는 그 부역을 근심하고, 멀리 있는 자는 그 가렴을 힘들어했다. 서양의 적들이 그 틈을 엿보고서 배를 끌고 오니 강화도를 잃게 되었다. 온 나라의 신민들이 갑자기 뜻밖의 일을 당함에 감히 그 예봉에 맞서지 못했는데, 다행히 조상의 영령들이 하늘에서 가만히 도와줌에 힘입어 군대를 출진시켜 토평하게 하고 인심이 조금 안정되게 되었다. 대저 서양 도적들은 그 종교를 동방에 펼치고자 한 것이 이미 오래되었지만 감히 그 계획을 실현하지 못했는데, 지금 그 계획을 시험해본 것이다. 기사년(1869)에 만동묘와 서원들을 훼철하니, 충현들을 수백 년 간 제향한 곳이 하루아침에 황무하게 되어 위로는 진신 사대부부터 아래로는 일반 선비에 이르기까지 울음을 삼키고 탄식하지 않은 자가 없었지만, 한쪽에서는 그 사이에서 껑충껑충 뛰는 사람도 있었다. 세상의 변고가 이런 상황에 이르니 어찌 한심하지 않겠는가.[315]

병인양요가 바로 흥선대원군이 지나친 토목공사를 일으킨 것을 원인으로 하고 있다는 것과 또 서원철폐의 잘못됨으로 인해 변고가 있는 것이라고 판단한 내용이다. 안택환의 문집에는 기우만에

---

314) 문염무희(文恬武嬉) : 문관들은 안일하고 무관들은 놀기만 하다. 한유(韓愈)의 글에서 나온 말인데, 나라를 걱정할 줄 모르고 문관과 무관이 안일(安逸)에 빠져 향락이나 한다는 말이다.

315) 『삼희당유고(三希堂遺稿)』 <風雨錄>, “往在丙寅年間, 國家昇平日久, 民不知兵. 自朝廷以下, 文恬武憙, 凡所興作, 皆失其時. 時則大院君用事權行, 內外大興土木之役, 近者愁其役, 遠者苦其斂. 洋賊伺其釁, 片帆來棹, 江都失守. 擧國臣民, 卒當不虞, 莫敢嬰其鋒. 幸賴祖宗之靈默佑於冥冥之中, 出師討平, 人心稍定焉. 蓋洋賊之欲肆其敎於東方者, 其來已久, 而未敢售計, 今則爲是嘗試之計者也. 己巳毁撤皇廟, 毁撤書院, 忠賢數百年俎豆之地, 一朝荒蕪, 上自縉紳, 下至韋布, 莫不飮泣嗟憧, 而一邊人雀躍於其間矣. 世變至此, 豈不寒心乎?”

게 보낸 편지 8통이 실려 있고, 고산서원에는 다음 편지 1통만 소장되어 있는데, 문집에 실려 있지 않은 것이다.

〈1914년 안택환(安澤煥)이 기우만에게 보낸 편지〉(고산)

택환은 예를 생략하고 두 번 절합니다[省禮再拜言][316]

현합(賢閤)[317]의 초상은 꿈에서도 생각 못한 일로, 부음을 받고 놀라움을 그만둘 수 없었습니다. 엎드려 생각건대 배우자의 의리가 중한데 가슴이 무너지는 고통과 비통함을 어떻게 감당하고 계신지요? 세월은 쉬 흘러 문득 삼우제(三虞祭)[318]와 졸곡제(卒哭祭)[319]도 지났으니, 애통함이 어쩌겠습니까? 살피지 못했습니다만 늦봄에 복을 입은 생활은 신의 보호를 받아 만중하신지요? 하늘이 오래 사시게 하는 경사를 내려주어 혹시 홀아비로써 갖는 회포는 없는지요? 우러러 위로되고 또 그리운 마음을 감당할 수 없습니다.

저는 망팔(望八)[320]의 쇠잔한 나이에 귀로는 들은 것이 없고 눈으로는 본 것이 없으면서 마음과 힘도 그에 따라 꺾여지니, 세상에 있었다거나 없다를 말할 것이 없습니다. 그리고 근래에는 가려움증까지 따라서 괴롭게 하니, 때를 잘못 만난 한탄이 어찌하겠습니까?

저는 형과 이미 늦게 사귄 터라 마땅히 남아있는 시간이 얼마 없다는 것을 보지 않아도 알 수 있습니다. 생각이 이에 이르니, 저도 모르게 가슴을 치며 길게 탄식합니다. 이것이 어찌 양계(陽界)에 살아있다고 비유할 수 있는 일이겠습니까?

부음을 들은 후에는 마땅히 달려가 위로함에 틈이 없어야 할 것이지만, 노병이 지극하여 정성을 이룰 길이 없으니, 정(情)이니 예(禮)이니를 말할 겨를도 없습니다. 헤아려주시는 것이 어떻겠습니까? 삼가 복중의 생활을 보중하시길 빕니다. 나머지 하고자 한 말은 많지만 이만 줄이고, 삼가 갖추지 않고 편지 올립니다. 살펴주시길 바랍니다.

1914년 3월 5일에 아우 안택환(安澤煥) 올림.

澤煥 省禮再拜言.

賢閤喪事, 出於夢寐之外, 承訃驚怛, 不能已已. 伏惟伉儷義重, 摧痛沉慟, 何以堪任? 居諸易邁, 奄經虞卒, 痛悼奈何? 未審, 季春, 服體震艮, 神護萬重? 天錫難老之慶, 倘無一鰥之懷否? 仰慰且溯, 不任區區之忱. 弟, 望八衰年, 耳無聞目無見, 心力隨而頓挫, 不足有無於世者, 而近來搔癢之證, 又從而困迫之, 不辰之歎, 夫如何哉? 弟之於兄, 旣是晩交, 宜有時月不見之可得, 有幾箇歲月, 言念及此, 不覺拊膺長嘆, 此豈可以寄在陽界爲論也耶? 聞訃後, 當趨慰之不暇, 而老病之至, 末由遂忱, 不暇以情禮言也. 諒燭如何? 伏祝服體保重. 餘萬萬, 謹不備狀禮, 伏惟淸亮. 甲寅三月五日, 弟 安澤煥 再拜.

1914년 3월 5일에 안택환이 기우만에게 보낸 위문편지이다. 부인의 초상은 뜻밖에 나온 것으로 매우 놀랍고 슬펐는데, 세월이 흘러 어느덧 우졸(虞卒, 삼우제와 졸곡제)을 지냈을 것이니 그 애통함이 어떠하겠느냐는 위로의 인사를 한 내용이다. 기우만의 부인 삭녕 최씨 석린(錫麟)의 딸이 1913년 12월 30일에 사망하였다.

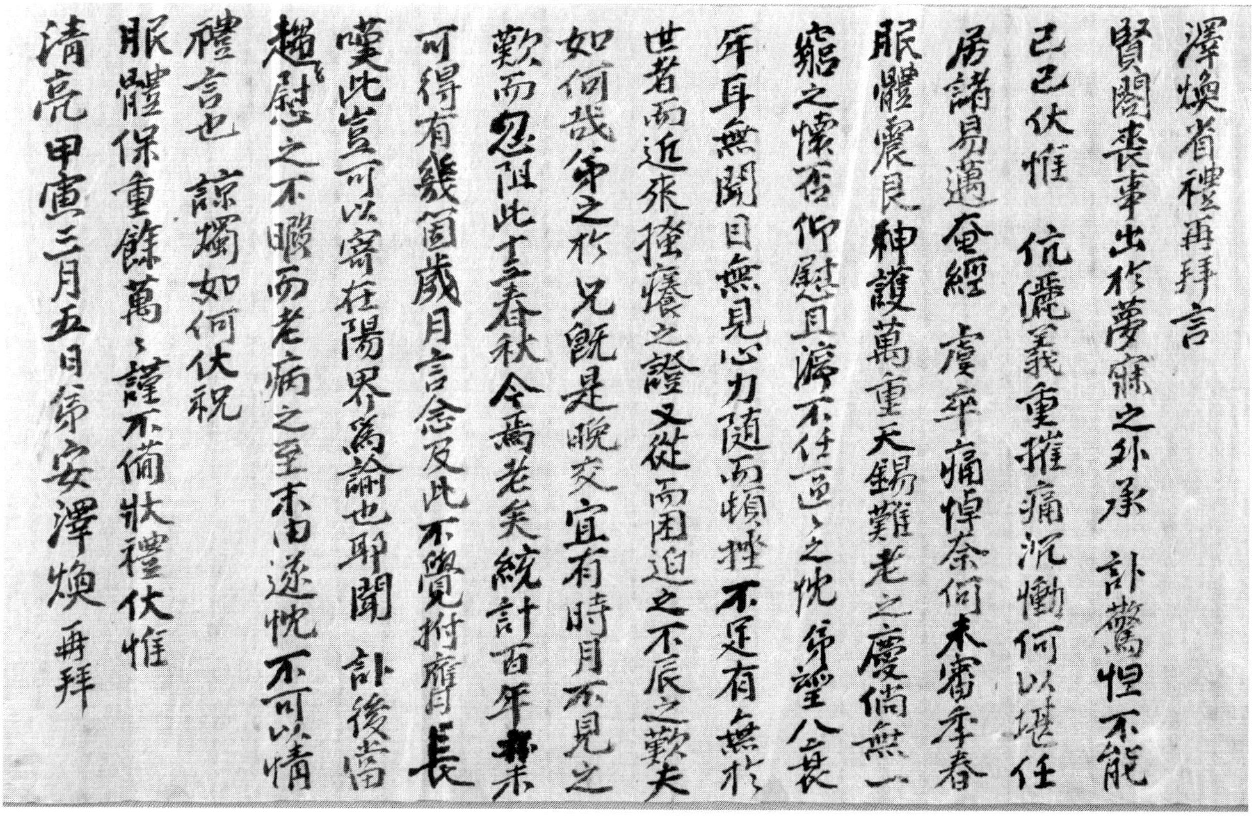

澤煥省禮再拜言
賢閤喪事出於夢寐之外承 訃驚怛不能
已已伏惟 伉儷義重摧痛沉慟何以堪任
居諸易邁奄經 虞卒痛悼柰何未審春
服體履艮 神護萬重天錫難老之慶備無一
嬉之懷否仰慰且溯不任區區之忱弟望八衰
年耳無聞目無見心力隨而頓挫不足有無於
世者而近來痊癢之證又從而困迫之不辰之歎夫
如何哉弟之於兄旣是晩交宜有時月不見之
歎而忽阻此十三春秋今焉老矣統計百年未
可得有幾箇歲月言念及此不覺拊膺長
嘆此豈可以寄在陽界爲論也耶聞 訃後當
趨慰之不暇而老病之至末由遂忱不可以情
禮言也 諒燭如何伏祝
服體保重餘萬萬謹不備狀禮伏惟
淸亮甲寅三月五日弟安澤煥再拜

316) 생례재배언(省禮再拜言) : 상대방이 상중에 있을 때 인사말을 생략하고 대신 쓰는 말로, 윗사람에게 사용하는 상투어이다.
317) 현합(賢閤) : 남의 아내를 높여 이르는 말.
318) 삼우제(三虞祭) : 장사를 지낸 뒤 죽은 이의 혼백을 평안하게 하기 위하여 지내는 제사를 말한다. 장사 당일날 지내는 제사는 초우(初虞), 다음날 지내는 제사는 재우(再虞), 그 다음날 지내는 제사를 삼우(三虞)라 한다.
319) 졸곡제(卒哭祭) : 삼우제(三虞祭)가 지난 3개월 뒤 첫 강일(剛日)에 지내는 제사.
320) 망팔(望八) : 여든을 바라본다는 뜻으로, 일흔한 살을 이르는 말.

20. 양회락(梁會洛)의 편지

양회락(梁會洛, 1862~1935)의 자는 처중(處仲), 호는 동계(東溪), 본관은 제주(濟州)이다. 양팽손(梁彭孫)의 후손으로, 아버지는 재린(在麟)이고, 어머니는 안협(安浹)의 딸이며, 생부모는 재욱(在郁)과 조석훈(曺錫勳)의 딸이다. 능주 오류촌[화순군 이양면 오류리]에서 태어났으며, 한말의병장 행사(杏史) 양회일(梁會一)의 동생이다.

일신재 정의림과 노백헌(老栢軒) 정재규(鄭載圭)의 문하에서 수업하였으며, 노사 기정진 선생의 <납량사의(納凉私議)>와 <외필(猥筆)> 등을 마음속으로 터득하였다. 노사의 두 저술을 가지고 선현의 어구를 범척(犯斥)했다고 하며 통문을 내어 무고하고 전우의 변론이 또 따라서 나오자, 이에 탄식하며 "저 포효하는 무리들은 말할 것이 없고, 이것은 변론이 없을 수 없다."라고 하고, 마침내 <납량사의기의변(納凉私議記疑辨)>을 지었다. 이는 정자와 주자 설을 근거로 들어서 율곡의 종지를 추원하고 노사의 본의를 발휘하였으며, 간재 전우(田愚)의 성사심제설(性師心弟說)을 통렬히 반박하고, 태극(太極)의 동정(動靜)과 인물성동이(人物性同異)의 편전(偏全), 그리고 이일분수설(理一分殊說)을 천발하여 성리학의 여러 설을 집약한 저술이다.[321]

양회락 역시 송사 기우만이 거처하는 삼산재를 찾아서 다음과 같은 시를 남겼다.

<三山齋呈松沙奇先生宇萬>	**삼산재에서 송사 기우만 선생에게 바치다**
三山縹緲隔重天	삼산은 아득하여 하늘과 닿았는데,
景仰先生道益全	앙모하는 선생의 도는 더욱 온전하네.
四方矜式爲模楷	사방에서 공경하고 본받으며 모범으로 삼고,
多士相趍萃藪淵	선비들 서로 달려 연수처럼 모여드네.[322]
公明能學三年後	공명선(公明宣)이 학문에 능한 것은 3년 뒤였고,[323]
寧子羞從數日前	영무자(寧武子)가 부끄럽게 따른 것은 수일 전이었네.[324]

---

321) 양회락, 『동계당유고(東溪堂遺稿)』「부록」<행장> 참조.

322) 연수(淵藪) : 못에 물고기가 모여들고 숲에 새와 짐승이 모여드는 것처럼 여러 사물이나 사람이 모이는 곳을 비유적으로 이르는 말이다.

323) 공명선(公明宣) : 증자(曾子)의 제자인데, 증자의 문하에 있으면서 3년 동안 책을 읽지 않자, 증자가 배우지 않는 이유를 물었다. 이에 공명선이 대답하기를, "어찌 감히 배우지 않았겠습니까. 선생님께서 부모님이 계실 때에는 개나 말도 꾸짖지 않으시기에 이것을 기꺼이 배웠고, 빈객을 응대하실 때에는 공손하고 검소하게 대하며 태만하지 않으시기에 이것을 기꺼이 배웠고, 조정에 계실 때에는 아랫사람에게 엄격하게 대하면서도 마음을 상하게 하지 않으시기에 이것을 기꺼이 배웠습니다. 제가 어찌 감히 배우지 않으면서 선생님의 문하에 있겠습니까."라고 하였다.(『소학집주』)

贈我臨行知古道	작별에 임해 시를 주니 옛 도를 알겠고,
服膺一念在言先	일념으로 복응함은 말보다 먼저 있네.[325]

그는 능주 쌍봉리에 강당을 지어서 여러 생도들을 배출하였는데, 양회락에게서 배운 많은 사람이 양회일(梁會一)의 의병에도 참여하였다. 형 양회일이 의병을 일으켜서 순절하자, 두문불출하며 그 비통한 마음을 시주(詩酒)로 풀었다. 『일신재선생연원록(日新齋先生淵源錄)』에는 문인 70인이 기록되어 있는데, 대부분 쌍봉리에 거주하는 사람이고, 제주양씨들이다. 다음은 능주 쌍봉리 강당 원운시이다.

<講堂原韻>	**강당 원운시**
己卯諸賢道在東	기묘명현들의 도가 동쪽에 있으니,
凭欄灑淚溯遺風	난간에 기댄 채 눈물 훔치며 유풍을 더듬어 보네.
美蹟空餘雲散後	아름다운 유적 부질없이 후예들은 흩어졌으니,
德容追想月明中	덕스런 모습을 밝은 달에서 상상해보네.
花石不徙修舊業	꽃과 돌을 옮기지 않고 가업을 닦아가니,
詩書猶可立前功	시서를 오히려 공 앞에 세울 수 있네.
由是將供天下悅	이로부터 장차 천하의 기쁨 바치려는데,
寂廖此義與誰同	적막한 이 뜻을 누구와 함께 하리.[326]

화순군 이양면 쌍봉리는 많은 문화재가 있는 마을이다. 먼저 쌍봉사라는 사찰이 들 수 있는데 신라 구산선문의 하나인 사자산문의 기초를 닦은 철감선사 도윤(道允, 798~868)선사가 창건했다. 그리고 마을공원에는 의병장과 수많은 의병을 추모하는 비석이 세워져있다. 또한 마을 가장자리에는 학포당(學圃堂)이 있는데, 조광조와 함께 개혁정치를 펴다가 뜻을 이루지 못하고 낙향한 학포 양팽손(梁彭孫, 1488~1545)의 독서당이다

324) 영무자(寧武子) : 춘추시대 위성공(衛成公)을 도와 복위시킨 위나라의 대부 영유(寧兪)를 말한다. 처음에 영무자는 위성공(衛成公)을 따라 여러 해 갖은 고초를 겪으며 충성을 다했다. 위성공(衛成公)은 기원전 634년에 즉위하였다. 『논어』 「공야장(公冶長)」에 "영무자는 나라가 잘 다스려질 때는 지혜로웠고 나라가 어지러울 때는 어리석은 척 하였다."라고 하였다.

325) 『동계당유고(東溪堂遺稿)』 권1 「시」

326) 『동계당유고(東溪堂遺稿)』 권1 「시」

양회락의 유고로는 『동계당유고(東溪堂遺稿)』 9권 2책이 있는데, 서문은 1938년에 정기(鄭琦)가 쓰고, 발문은 1946년에 김문옥(金文鈺)이 써서 석인본으로 간행한 것이다. 여기에는 시 61수, 서(書) 89통, 잡저 11편, 서(序)·기(記)·발(跋)·제문(祭文) 등 60편이 수록되어 있다. 부록에는 양회갑이 찬한 행장과 이교우가 찬한 묘지명, 권재규가 찬한 묘갈명이 실려 있다.

〈1914년 양회락(梁會洛)이 기우만에게 보낸 편지〉(고산)

예식은 생략하고 아룁니다. 새해에 부고를 보내온 편에 위장(慰狀)327)을 써서 올렸는데, 때에 맞게 받아보셨을 것으로 생각됩니다. 삼가 살피지 못했습니다만 여름의 계절이 이미 깊은데, 검덕(儉德, 검소한 행실)하신 기체는 때에 따라 강녕하신지요? 이처럼 숙덕(宿德)들이 새벽별처럼 드물어진 날을 당해서 제가 믿고 두려워하지 않는 것은 오직 문하께서 살아계신 것이니, 해와 별과 같은 빛을 더욱 숨기고 드러내지 않아서 모든 삿된 것들이 엿보는 일이 없게 된다면, 어찌 사문의 복이 아니겠습니까? 제 마음으로 우러러 사모하면서 다만 '마음속에 숨겨두고[中心藏之]'328)라는 한 구절만 욀 따름입니다.

소생(小生)은 근년에 험한 일을 겪은 나머지 심신(心神)이 꺾어지고 무너졌는데, 하물며 다시 시상(時象, 시국의 상황)이 더욱 어그러져감에 있어서이겠습니까? 세간을 영위하는 일에 있어서는 전혀 생각이 없습니다. 고요히 생각해봄에 다만 한스러운 것은 자수(自修)한 것이 미치지 못한 것이니, 알지 못하겠습니다만, 오늘날 장차 어떻게 하면 스스로 힘써서 숙덕(宿德)의 구업(舊業)을 땅에 떨어뜨리게 하지 않고 평소에 기대하는 뜻을 저버리지 않게 할 수 있는지요? 엎드려 바라건대 때때로 경계하는 법규를 내려주셔서 진작시켜주시길 비니, 그렇다면 여생의 귀의한 바가 과연 어떠하겠습니까?

애초에는 봄에 한 번 책상 아래로 나아가서 숙원(宿願)을 진술하려고 했는데, 일이 마음대로 되지 않았습니다. 이에 감히 대신 사람을 보내 작은 정성을 펼치고 소회를 진달하니, 혹시라도 참월하다고 내치지는 않겠지요? 송구하고 황송스럽습니다.

황산(凰山)의 비역(碑役)은 근래 어느 지경에까지 이르렀는지요? 지금의 유풍(儒風)이 쓸어버린 것처럼 사라진 날에 장차 어떻게 상조하여 일을 마칠 수 있을 것인지요? 이 일에 있어서는 또한 한 차례 관광을 하고 싶었지만 다만 다음 기회를 기다리기로 했으니, 어찌 평일 존모(尊慕)했던 뜻이겠습니까? 매우 부끄럽고 죄송스럽습니다. 나머지 많은 것은 모두 조만간 안부인사

통하기로 하고, 이만 줄입니다. 살펴주시기 바랍니다.

1914년 5월 1일에 소생 양회락(梁會洛) 올림.

省禮白. 新元訃書便, 修上慰狀, 想隨時入鑑矣. 伏未審, 夏序已深, 儉德氣體, 順時康寧? 當此宿德晨星之日, 餘生之所恃而不恐者, 唯在於門下, 使日星之光, 益復晦養, 無爲衆邪所睨, 則豈非斯文之福耶? 下情慕仰, 只誦中心藏之一句而已. 小生, 近年經險之餘, 神心摧頹, 況復時象益乖? 於世間營爲也, 一切無意. 靜言思之, 只恨自修之不逮, 未知今日將何自勉, 而使宿德舊業, 不墜於地, 不負平昔期望之意耶? 伏望時惠規警, 使之振作, 則餘日依歸, 果何如耶? 初擬春間一晉床下以敍宿願, 而事未從心, 玆敢替伸, 微誠以達所懷, 或可不以僭越而揮斥之耶? 旋覺悚惶. 鳳山碑役, 近至何境? 當今儒風掃地之日, 將何以相助訖功耶? 於此事, 亦欲一次觀光, 而稍俟後期, 是豈平日尊慕之義耶? 愧悚愧悚. 餘萬都在早晏通候, 不備. 伏惟下察. 甲寅五月初吉, 小生 梁會洛 再拜.

1914년 5월 1일에 소생 양회락이 기우만에게 보낸 편지이다. 봄에 한 번 나아가서 숙원을 펼치려고 했는데 마음대로 되지 않았다는 말과 함께 황산(凰山)의 비역(碑役)은 어디까지 하고 있는지 묻고, 요즘같이 유풍(儒風)이 쓸어버리다시피 없어진 날에 장차 어떻게 서로 도와 일을 마칠 것인가를 걱정하고 있는 내용이다. 편지에서는 황산을 봉산(鳳山)으로 잘못 쓰고 있다. 황산은 전남 장성군 동화면 남산리에 있는 야산으로 기정진의 묘가 있는 곳이다. 비역은 노사 기정진의 묘갈을 세운 일을 말한다. 묘갈명은 제자 정재규가 1906년에 찬했다.

327) 위장(慰狀) : 조문 편지를 말함. 여기에서는 기우만의 부인 초상 때 보낸 조문 편지를 말한다.

328) 마음속에 숨겨두고 : 『시경』 「소아(小雅)」 <어조지십(魚藻之什)·습상(隰桑)>에 나온다. "마음으로 사랑하거늘 어찌 고하지 않으리. 마음속에 품고 있거늘 어찌 하룬들 잊으리.[心乎愛矣, 遐不謂矣, 中心藏之, 何日忘之]"라고 하였다.

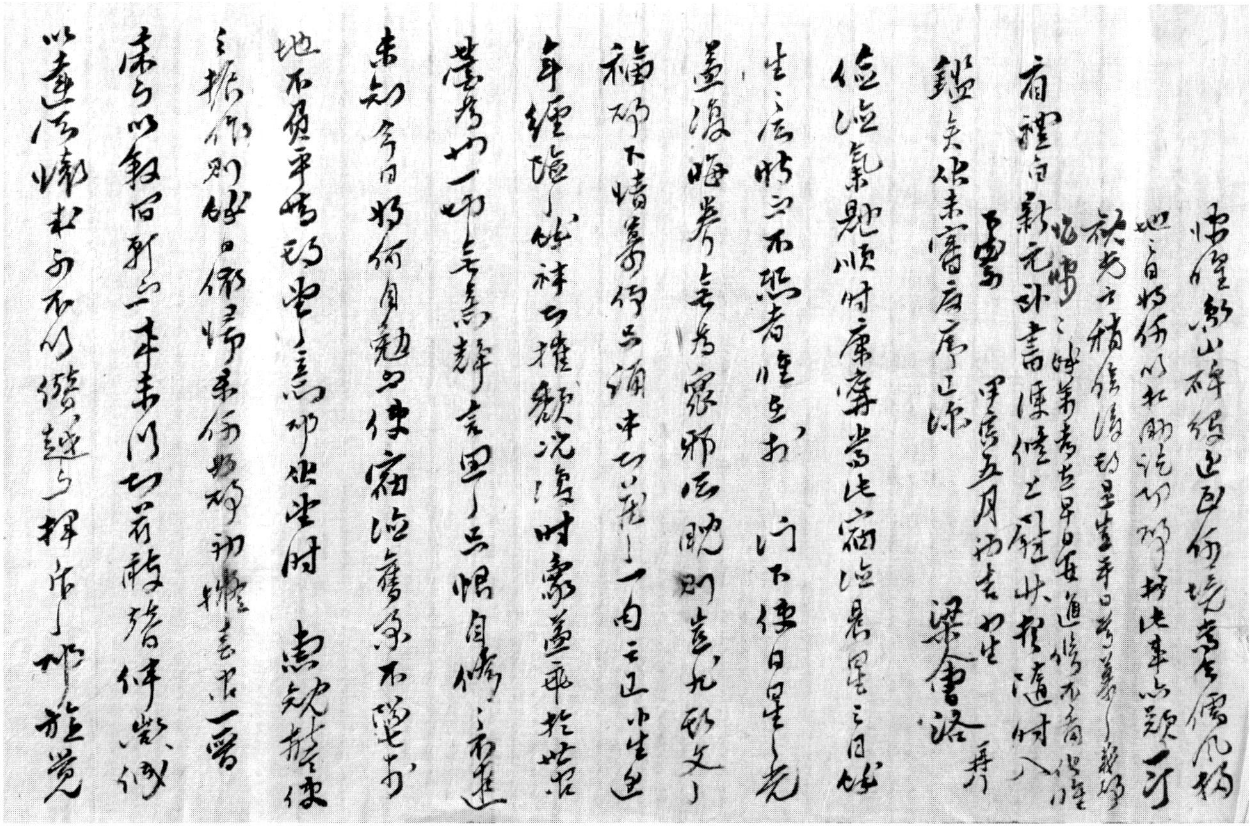

21. 양재경(梁在慶)의 편지

양재경(梁在慶, 1859~1918)의 자는 여정(汝正), 호는 희암(希庵), 본관은 제주이다. 학포 양팽손(梁彭孫)의 후손으로, 아버지는 준묵(俊默)이고, 어머니는 하동인 정승렬(鄭承烈)의 딸이다. 김평묵의 문인으로, 화순 쌍봉리에서 태어났다.

타고난 자질이 탁월하여 스승에게 나아가 수학할 때 요지를 해득하고 송독함에 있어서는 물이 흐르는 것처럼 막힘이 없었다. 1880년 1월에 노사 기정진을 만나기 위해 광주까지 갔다가 돌아가셨다는 소식을 듣고 시를 남겼다. 아버지의 명을 따라 과거 공부를 하였으나 완물상지(玩物喪志, 하찮은 데에 정신이 팔려 큰 뜻을 잃음)라는 깨우침을 내세워 과거 응시를 포기해 버렸다.

1882년에 임오군란(壬午軍亂)의 소식을 듣고 기사를 지었고, 1884년 갑신정변 소식을 듣고 또 기사를 서술하였다. 1895년 왜병이 대궐을 침범하여 국모를 시해하고 임금이 러시아 공사관으로 파천하는 변이 있어서 각 도에서 의병을 모집하여 기우만이 장성에서 창의하였을 때 자신은 상중이라 큰아들 양회인(梁會寅)을 보내어 돕도록 하였다.

한편 애산(艾山) 정재규(鄭載圭), 일신재(日新齋) 정의림(鄭義林), 운재(雲齋) 최영조(崔永祚) 등과 경전의 뜻을 강마하여 학문이 정수하였다. 1902년에는 단성의 신안정사(新安精舍)에 가서 『노사집(蘆沙集)』을 간행하는 일에 참여하였고, 영남 사람 권봉희와 최동민 등이 통문을 보내어 노사집의 목판을 훼손하려고 하자 세상의 변괴라고 하면서 <우기(偶記)> 등을 저술하였다. 천성이 효성스러워서 어버이의 병에 정성을 다하였으며, 유지에 비석을 세우고 선세(先世)의 유묵을 잘 간직하고 계승하였다.

양재경은 1905년 쌍봉리에 한후정(寒後亭)을 세우고, 강학소로 삼으면서 많은 사람들의 시문을 받았다. 다음은 그가 지은 소서와 원운시이다.

<한후정의 원운과 小序>

내가 갑진년 봄에 물고기를 기를 수 있는 상하의 연못을 쌍봉산 서쪽 시내 석탑 안에 파 놓고, 을사년 가을에 하나의 정자를 연못의 북쪽 삼십 보 떨어진 송백 속에 지었으니, 대개 우리 5세조 할아버지께서 지내시던 곳이다. 세대가 갈마들면서 혹 상전이 벽해가 되는 한탄이 없지 아니하니, 선조가 장수하신 자취를 그대로 묻혀버리게 하지 않고자 해서이다. 하물며 오늘날 북풍의 눈보라에 백초가 모두 시들어버림에랴? 푸르게 홀로 빼어난 것은 오직

한후정

솔과 잣나무뿐이다. 네가 아니면 내 누구와 더불어 돌아가리오. 이에 후조의 뜻을 붙여 이름을 '한후'라 하였으니, 세상 사람들의 웃음거리를 만들고 있지는 않는가? 내게 있는 것을 닦는다면 다행일 것이다.

先子藏修地	선인께서 장수하신 자리에,
蕭然一間成	숙연히 한 정자를 이루었네.
安閑管四事	편안하고 한가하게 사사를 주간하니,
孤絶等三清	고절함은 삼청과 동등하다네.
雨砌花心重	비온 섬돌에 꽃의 중심은 무겁고,
月簷竹影輕	달뜬 처마에 대 그림자는 가벼워라.
短籬叢菊滿	짧은 울타리에 떨기국화 만발하니,
我亦學淵明	나 또한 도연명을 배우리라.[329]

정자를 세운 뜻과 정자명의 의미를 기술한 내용이다. 선조가 노닐던 장소에 지어서 선조의 자취가 묻혀버리지 않게 하고자 함이 일차 목표이고, 세태가 모두 변해가는 상황 속에서 홀로 빼어나 자신을 지키고 세속을 벗어나서 도연명과 같은 담백한 삶을 살고자 함이 본 목표라고 할 수 있다. 원운시 첫 구절에서 이미 정자를 지은 동기가 드러나 있다. 국권이 일본에게 침탈당한 암울한 시대에 지었기 때문에 누정명에 늘 푸른 소나무처럼 지조를 지키고, 자연을 벗삼아 살고자 하는 마음을 담았음을 알 수 있다. 이러한 이름은 격변하는 시대, 또는 국치를 당한 시대적 상황이 반영된 경우라고 하겠다.

기우만, 정재규, 정시림, 송병순, 양상형, 정면규, 오준선, 안택환, 정운오, 양재해, 양재학, 양재덕 등 당시 유명 인사들의 시가 많이 남아 있다. 마을 위쪽 가장자리에 위치해 있으며, 현재 사람들의 출입이 거의 끊겨서 마당에는 잡초가 무성하다. 이밖에도 양재경은 경술년 국치를 당하자, 바위에 '망경대(望京臺)'라는 글자를 새기고서 그 위에서 서울을 향해 통곡하였다고 한다.

유집으로 『희암유고(希菴遺稿)』 13권 3책, 석인본이 있다. 서문은 1926년 오준선이 쓰고, 발문은 1955년 양회갑이 썼다. 여기에는 한후정 팔경시와 쌍봉12곡 등의 시가 들어있다.

〈1916년 양재경(梁在慶)이 기우만에게 보낸 편지〉(고산)

【피봉】 사촌 문하의 장명자에게

쌍봉에서 안부편지 올림

가을에 보내드린 한 통의 편지는 이미 받아보셨을 것입니다. 그 편지 속에 저의 작은 마음을 남김없이 모두 다 말했다고 스스로 생각하고 있습니다. 그리고 날마다 고개를 빼서 북쪽을 보고 바라는 것은 문하(門下)의 환후가 회복되었다는 기쁜 소식입니다. 그런데 오늘 전편(轉便)[330]을 통해 문득 아직도 병이 낫지 않고 있다는 소식을 듣게 되었으니, 천옹(天翁)은 알지 못하는 것입니까? 심지(心志)를 부지런히 힘써도 신체는 곤궁하니, 비록 큰 임무를 내릴 조짐이라고 할지라도 어찌 이수(二竪)[331]가 희롱하는 것이 이와 같이 심함이 있는지요?

홀(笏)을 바로잡고 조정에 서서 도로써 잘못됨을 바로잡는 것은 태양이 청명해지길 기다린

329) 한후정 현판시, 梁在慶의 <寒後亭原韻并小序>, "余於甲辰春, 鑿養魚上下池, 于雙鳳西溪石塔內, 乙巳秋, 構一亭於池北三十步許松柏裏, 蓋我五世祖遺安之地也. 世代迭遷, 或不無桑海之嘆, 不欲使先子藏修之蹟任其泯沒也. 況今北風雨雪, 百草萎苶? 蒼然獨秀, 惟松與柏. 微爾吾誰與歸? 以寓後凋之意, 名曰寒後. 其不有世人解頤之招耶? 惟修其在我者則幸矣. 先子藏修地, 蕭然一間成. 安閑管四事, 孤絶等三淸. 雨砌花心重, 月簷竹影輕. 短籬叢菊滿, 我亦學淵明."

후의 일이고, 현재는 천하가 긴 밤중이라 무리들이 우왕좌왕 갈피를 잡지 못하고 있으니 오직 인도해준 것을 의지하여 따라갈 것을 생각합니다. 반 보의 걸음일지라도 인도해주지 않으면 가시밭길 때문에 되돌아옴이 있게 되고, 한 가닥의 선(線)일지라도 붙들어 세우지 않으면 땅속에서의 복(復)[332]은 없게 됩니다. 이렇듯 그 책임이 중대하니 어찌하여야 할 것입니까? 이것이 바로 제가 황구(黃耈)[333]토록 무궁하라는 축원을 바치고 우리나라에 서기(庶幾)[334]의 복을 구하는 까닭입니다. 하물며 지금은 군자의 도가 자라나는[335] 때임에 있어서이겠습니까?

엎드려 생각건대 기체(氣體)를 보호하고 기르시면 점차 양(陽)이 회복될 때 자반(子半)[336]에 한 바탕 울어대는 우레와 더불어 같이 우릉릉 거릴 것입니다. 제가 믿고 두려하는 바가 없는 것은 이것에 있을 따름입니다.

교생(敎生)은 옛날의 병이 지금도 낫지 않고 있어서 한 덩이의 물건에 지나지 않는다고 말할 수 있습니다. 바람을 쐴 수 없기에 손자아이 호(鎬)를 대신 보내며 안부를 묻는 예를 닦으니 헤아려주시길 바랍니다. 많은 말은 정양하시는 데 번거롭게 해드릴까 싶으므로 감히 길게 늘이지 못합니다. 삼가 살펴주시기 바랍니다.

1916년 11월 9일에 교생(敎生)[337] 양재경(梁在慶) 올림.

【피봉】 沙村 門下 將命

雙峯 上候狀

秋間修上一書, 想已登照矣. 區區情私, 幅中道達, 自謂無餘蘊, 而惟日趨首北望, 是門下患候復常之喜音. 今於轉褫, 忽聞彌留之報, 天翁其不知耶? 勤苦心志, 空乏體身, 雖曰降大任之兆眹, 豈有以二竪戱之其如是之甚耶? 正笏立朝, 以道格非, 擬竢天日淸明後事, 而目今寰宇長夜, 羣行倀倀, 惟指引之適從. 跬涉不導, 則有荊棘之還, 一線不扶, 則無地中之復. 其責任之重且大, 爲何如哉? 此此生之所以獻黃耈無疆之祝, 而求靑邱庶幾之福. 矧惟此時君子道長? 伏想氣體衛養, 逐旋回陽, 與子半一聲雷, 轟然同作, 所恃無恐者, 在此而已. 敎生, 昔者疾今不愈, 可謂一塊物. 不可以風, 替送鎬孫兒, 以修進候之儀, 幸賜諒下. 多少說, 恐煩於靜養之道, 不敢拖長. 只伏希垂察. 丙辰十一月九日, 敎生梁在慶 再拜.

330) 전편(轉便) : 소식이나 편지 등을 직접 전하지 않고, 이 사람 저 사람의 손을 거쳐 전하여 보냄.

331) 이수(二竪) : 질병(疾病)을 마귀(魔鬼)에 비유하여 이르는 말. 춘추시대 진경공(晉景公)이 병이 들어 진(秦)나라의 이름난 의원

1916년 11월 9일에 화순 쌍봉에서 양재경이 남원에 있는 기우만에게 보낸 편지이다. 오직 날마다 북쪽을 바라보며 환후가 회복되었다는 소식이 있기를 기다리는데 오늘 아직도 낫지 않았다는 소식을 접했다는 말과 함께 세상을 바로잡고 인도해줄 책임이 중대한데 어떻게 하면 좋겠느냐는 인사말을 한 내용이다. 기우만은 이미 10월 28일에 사망하였는데 아직까지 사망소식을 듣지 못했음을 알 수 있다. 그는 1880년 1월에도 노사 기정진을 만나기 위해 광주까지 갔다가 돌아가셨다는 소식을 듣고 돌아왔었다.

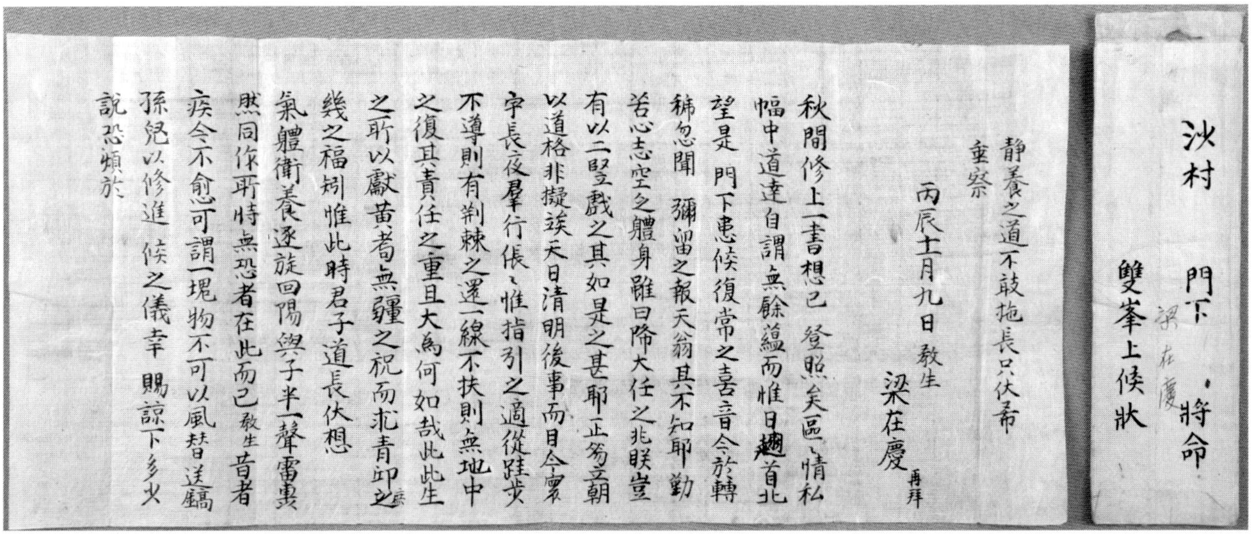

沙村 門下 將命
雙峯上候狀
梁在慶

靜養之道不敢拖長只伏希
垂察
丙辰十一月九日 敎生 梁在慶 再拜

秋間修上一書想已 登照矣區區情私
幅中道達自謂無餘蘊而惟日翹首北
望是 門下患候復常之喜音今於轉
稀忽聞 彌留之報天翁其不知耶勤
苦心志空乏體身雖曰降大任之兆睽豈
有以二豎戲之其如是之甚耶正爲立朝
以道格非擬俟天日清明後事而目今衆
字長夜羣行倀倀惟指引之適從跬步
不導則有荊棘之還一線不扶則無地中
之復其責任之重且大爲何如哉此此生
之所以獻黃耇無疆之祝而北青卯之
幾之福朔惟此時君子道長伏想
氣體衛養逐旋回陽與子半一聲雷震
然同作所時無恐者在此而已 敎生 昔者
疾今不愈可謂一塊物不可以風替送鷁
孫絕以修進 候之儀幸 賜諒下多火
說恐煩於

을 불렀는데, 그 사이에 경공이 꿈을 꾸었다. 꿈속에서 병이 두 아이[二豎]로 변하더니 서로 얘기를 하는데, 이번에 오는 용한 의원에게 다칠지 모르니, 황(肓)의 위와 고(膏)의 아래에 숨어있자고 하였다. 꿈에서 깨어난 경공이 막 도착한 의원에게 진찰을 받았는데, 병이 이미 고황에 들어 있어 치료할 수 없다는 말을 들었다. 과연 경공은 얼마 지나지 않아 죽고 말았다는 고사에서 유래한 말이다.(『춘추좌씨전』「성공(成公)10년」)

332) 복(復) : 지뢰복괘(地雷復卦)를 말함.

333) 황구(黃耉) : 머리카락이 하얗게 되었다가 다시 누리끼리하게 변하도록 오래 사는 것을 말한다.

334) 서기(庶幾) : 많은 사람이나 또는 많은 부분이 장차 어떤 정해진 방향으로 움직이거나 변화하려는 조짐을 말함.

335) 『주역』「태(泰)괘」 단(彖)에 "군자를 안에 있게 하고 소인을 밖에 있게 하니, 군자의 도가 자라나고 소인의 도가 없어진다.[內君子而外小人, 君子道長, 小人道消也]"라는 말이 나온다.

336) 자반(子半) : 동짓날 한밤중 자시(子時) 반(半). 이때 일양(一陽)이 시생(始生)한다고 한다.

337) 교생(敎生) : 가르침을 받는 사람이라는 뜻.

22. 여창현(呂昌鉉)의 편지

여창현(呂昌鉉, 1897~1975)의 자는 문강(文强), 호는 운사(雲沙), 본관은 함양이다. 아버지는 규종(圭鍾)이고, 어머니는 태인인 허진원(許進源)의 딸로, 곡성군 오산면 용산리에서 태어났다. 이른 나이에 송사의 문하에 들어갔고, 도남 기노선과 장헌 기노장과 친밀하게 지냈다.

여창현이 살았던 시기는 시계(詩契) 또는 시사(詩社)가 많이 조직되어 시를 짓는 인구가 부쩍 늘었으며, 누정을 세우고 활동하는 문인이 굉장히 많았다. 광주향교에서도 풍영계를 두었고, 고산서원에도 풍영계를 두었던 것이다. 여창현의 경우도 시계나 누정에서 읊은 시가 많은데 그의 시는 280여수가 실려 있다.

<澹對軒秋契吟>	**담대헌의 추계에서 읊음**
溯出直源復沿流	근원을 거슬러 올라가고 또 흐름 따라 내려가며,
高山秋日滌塵愁	고산의 가을 해에 세속 근심을 씻어내네.
簡編訓詁丁寧會	서적을 보고 자구를 해석하는 정중한 모임에
瑞石儀形彷彿留	서석산어 그 모습 방불하게 머물렀네.
竹葉引風吟屋角	댓잎은 바람을 끌어와 처마 끝에서 노래하고,
菊英遙月照床頭	국화꽃은 달을 맞이해 책상머리 비추네.
工詩修契非能事	시 짓고 수계하는 것만이 능사가 아니니,
將此身心理上求	이 몸과 마음의 이치 깨닫도록 노력하려네.338)

유고로 『운사유고(雲沙遺稿)』 6권 3책, 석인본이 있다. 서문은 1978년에 홍석희(洪錫憙)와 1979년에 변시연이 쓰고, 발문은 1979년에 강린(姜璘), 윤재선, 설관옥, 문인 윤재근 등이, 유고후(遺稿後)는 아들 여운영(呂運永)이 써서 간행하였다.

여창현의 편지는 여창현의 문집에는 기우만에게 보낸 편지 2통이 실려 있고, 고산서원에는 4통이 소장되어 있는데, 2통은 기우만에게 올린 편지이고, 1통은 기락도에게, 1통은 기노선에게 보낸 편지인데, 중복되지 않는다.

338) 『운사유고(雲沙遺稿)』 권1 「시」

〈1916년 여창현(呂昌鉉)이 기우만에게 올린 편지〉(고산)

축축한 비가 계속 내리는 데다 인생살이가 험하여 자주 안부 인사를 드릴 수 없었는데, 다행히 보경(輔卿)이 왕래하는 것으로 인해서 삼가 도체가 안녕치 못하시다는 것을 들었습니다. 아마도 세상의 변고를 근심한 것이 간정(艱貞)[339]에 손상을 입힌 것일 것입니다. 다시 묻자온대 병 조리하는 생활은 이미 물약(勿藥)[340]함에 이르렀고, 문하의 사람들도 모두 평온하신지요? 엎드려 바라는 것은 더욱 보중하셔서 박(剝)[341]이 다해가는 데서 한 줄기의 양(陽)을 붙들어주시는 것입니다.

문하생(門下生)[342] 저는 중성(重省)의 건강이 편안치 못한 것이 있었고, 소자 또한 오른쪽 발을 다쳐서 먼 곳은 떠날 수 없으며, 슬하의 자식으로써도 또한 먼 길을 갈 수 없었습니다. 비록 진루(塵累)를 벗어나서 문하에서 빗자루질을 하고 싶어도 쉽게 얻을 수 없습니다. 또 과정을 정하고서 공부하는 것을 빼먹지 않을 수 없었는데, 근래에는 3~4명의 벗들과 기문(記文)을 정하고서 공부해가고 있습니다. 그러나 이와 같이 공부해가는 것이 장차 어떤 사람이 되기 위한 것인지는 알지 못하겠습니다.

엎드려 말씀드리건대 끝내 어두운 채 밝아지지 않는 이치는 천지간에 없다지만, 현재는 먹물이 번진 것처럼 어두운 세상이라서 여우 토끼[343]가 물고기 반찬을 드러내는 데 점점 거리낌이 없어지니, 이와 같이 지리멸렬해간다면 박(剝)에서의 일양(一陽)[344]은 또한 거의 없어질 것입니다. 한탄스럽고 두려운 일입니다.

삼가 바라건대 선생께서는 도를 위해 자중자애하시고, 일양(一陽)을 부식시켜서 많은 인재들로 하여금 춘풍을 볼 수 있게 해주시는 것이 어떻겠습니까? 나머지는 보경이 직접 말할 것이므로 이만 줄입니다. 살펴주시기 바랍니다.

1916년 7월 18일에 문하생 여창현(呂昌鉉) 올림.

瘴雨不收, 世路險巇, 不可數數問候, 而幸因輔卿往來, 伏聞道體候欠寧云, 盖以憂思世故, 而致損於艱貞歟. 更伏問, 愼候已占勿藥, 門欄俱穩否? 伏願益加保重, 以扶線陽於剝盡. 門下生, 重省候有不安節, 小子亦傷右足, 不可遠離, 膝下亦不可遠行, 雖欲脫灑塵累拱掃門下, 不易得也. 且所課不得無闕, 而近與三四儕友, 靠定記文做去. 然如是做工, 不知其將爲何等人也. 伏白, 終幽不白, 天地無理, 然見今墨潑之世, 狐兎饍魚之揚, 漸無忌憚, 如是支離, 則剝底一陽, 亦幾乎無矣. 伏歎且懼. 伏願先生爲道自愛, 扶植一陽, 使濟濟多士, 得見春風若何? 餘在輔卿口達, 不備. 伏惟下鑑. 丙辰七月十八日, 門下生 呂昌鉉 再拜上書.

1916년 7월 18일에 문하생 여창현이 기우만에게 올린 편지이다. 보경(輔卿) 송환목(宋煥穆)이 왕래하는 편으로 인해서 선생님의 건강이 좋지 않다는 것을 알게 되었는데, 이것은 나라를 걱정하는 데서 온 것이니, 더욱 보중하셔서 세상을 바로 세워주길 소원한다는 인사말과 함께 자신은 근래 서너 명의 친구들과 함께 공부를 하고 있지만 이러한 공부를 하여서 장차 어떤 사람이 될 것인지는 알지 못하겠다는 말을 하였다.

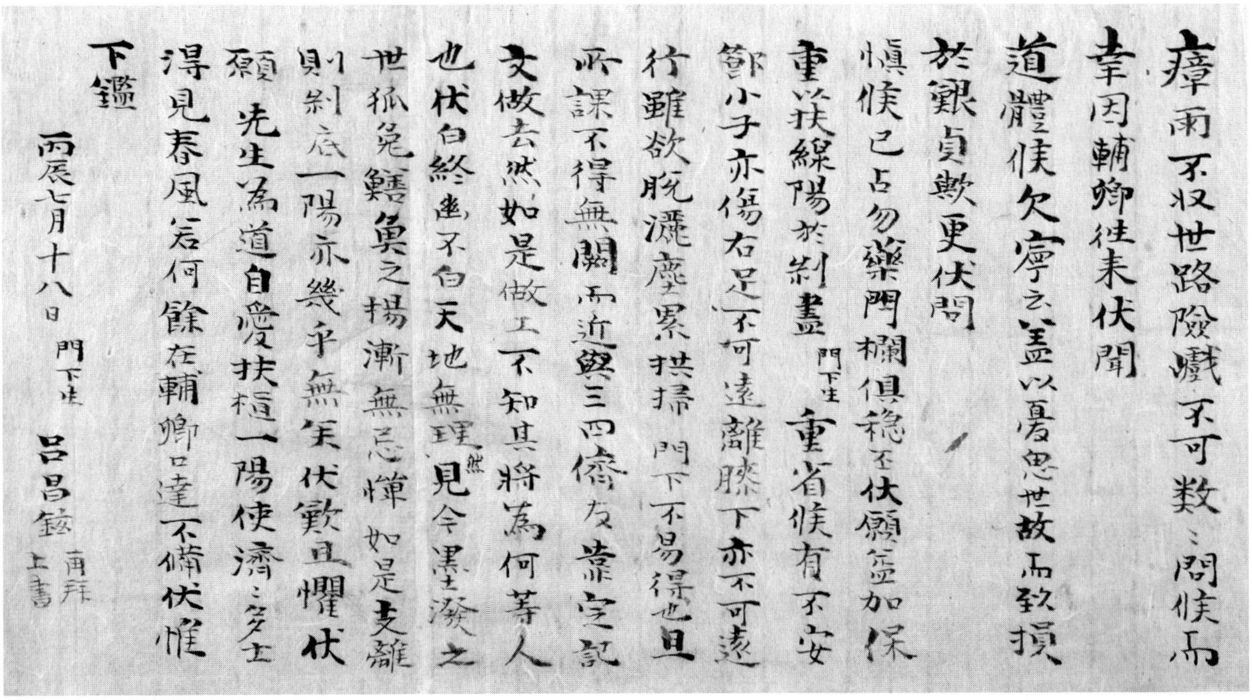
瘴雨不収世路險巇不可数々問候而
幸因輔卿往來伏聞
道體候欠寧之盖以憂患世故而致損
於艱貞歟更伏問
愼候已占勿藥門欄俱穩否伏願益加保
重扶繫陽於剝盡 門下生 重省候有不安
節小子亦傷右足不可遠離膝下亦不可遠
行雖欲脫灑塵累拱掃 門下不易得也且
所課不得無關而近與三四儕友業定記
文做去然如是做工不知其將爲何等人
也伏白終迷不白天地無理然見今墨溪之
世狐兔鰭奠之揚漸無忌憚如是支離
則剝盡一陽亦幾乎無矣伏歎且懼伏
願 先生爲道自愛扶植一陽使濟々多士
得見春風若何餘在輔卿口達不備伏惟
下鑑
丙辰七月十八日 門下生 呂昌鉉 再拜上書

---

339) 간정(艱貞) : 군자가 소인에게 해침을 당하는 어려운 때를 만나 정도를 굳게 지키는 것. 『주역』 「명이괘(明夷卦)」에서 "명이는 어려울 때에 정도를 지킴이 이롭다.[明夷, 利艱貞]"라고 하였다.

340) 물약(勿藥) : 약을 쓰지 않아도 될 정도로 병이 나은 것을 말함.

341) 박(剝) : 박괘(剝卦)를 말함. 음(陰)이 자라나서 양(陽)이 없어져 가는 괘로, 간상곤하(艮上坤下)의 괘이다.

342) 문하생(門下生) : 문하에서 배우는 제자라는 말로, 스승에게 자신을 이른 말.

343) 여우 토끼 : 소인이나 간사한 사람을 뜻함.

344) 일양(一陽) : 산지박괘(山地剝卦). 모두 음으로 변하고 마지막 하나 남은 양으로, 희망을 뜻한다.

23. 이태로(李泰魯)의 편지

이태로(李泰魯, 1848~1928)의 자는 도관(道觀), 호는 우고(又顧), 본관은 전의이다. 이욱(李勖)의 후손으로, 아버지는 고암(顧菴) 경근(擎根)이며, 나주 지죽면[현 세지면] 계양리에서 태어났다. 일찍부터 과거시험공부를 하였으나 도중에 그만두었고, 1878년에 아버지의 명으로 노사 기정진 선생을 찾은 뒤 다음과 같은 시를 지어 노사선생에게 올렸다.

<上蘆沙奇先生>	**노사 기선생께 올림**
高山接遠天	고산은 먼 하늘과 접하였고,
明月滿前川	명월은 앞 내에 가득한데,
三日從容席	3일 동안 온화한 자리에서,
方知道有緣	도에 인연 있음을 알았습니다.345)

그후 그는 평생 동안 기우만, 오계수, 오준선 등과 도의로써 사귀었다. 1880년에는 대안동으로 이거하였는데, 이때 지은 시가 있다.

1894년 농민전쟁 때는 격문을 내고 300명을 모집하여 수어사에 귀순하였고, 1906년 면암선생이 순창에서 의병 활동을 할 때는 최상경과 함께 의롭게 나아갔으나 도중에 의진이 패했다는 소식을 듣고 통곡하고 돌아왔는데 이때 지은 시가 있다.

<赴淳昌未及痛哭而吟>	**순창에 달려갔으나 미치지 못하고 통곡하며 읊다**
儒會南城建義旗	유림이 남쪽 고을에 모여 의기를 세우니,
不慙天地有居師	천지에 부끄럽지 않게 군대를 자처함 있었네.
赴從未遂還家愧	부종을 이루지 못하고 부끄럽게 집에 돌아왔으니,
一片丹心誰有知	일편단심을 그 누가 알아주랴.346)

최익현(崔益鉉)은 1905년 을사조약이 체결되자 창의토적소(倡義討賊疏)를 올려 의거의 심경을 토

345) 『우고선생유고(又顧先生遺稿)』「시」
346) 『우고선생유고(又顧先生遺稿)』「시」

로하고, 1906년 봄 임병찬(林炳瓚) 등과 뜻을 같이하여 거의를 위한 준비를 진행하다가 6월 4일 태인의 무성서원에서 강회를 마친 뒤 그 자리에서 창의를 발의하였다. 6월 11일 순창에서 담양 방면으로 후퇴하던 의병 일행은 전주와 남원진위대의 공격을 받게 되었는데, 동족끼리 싸우는 것을 원치 않은 최익현은 의병들에게 해산을 명하고 체포되었다. 이태로는 최익현이 대마도에서 순절한 이듬해 4월 1일에 회장(會葬)하고 돌아와 도내에 격문을 돌리기도 하였다.

기우만은 1907년 3월에 '을사오적'의 암살을 사주했다 하여 영산포에서 체포, 서울로 압송되었다가 4월 20일에 석방되었는데 이태로는 이때 다음과 같은 시를 지어 주었다.

<上奇松沙赴京>	**서울에 가는 기송사에게 올림(3수 중 1수)**
涒灘一擧事違謀	군탄년(1896년)의 거사 뜻대로 되지 않아,
痛哭呼天未復讐	하늘에 울부짖으며 통곡해도 복수하지 못했네.
屈指光陰隨劍戟	손가락 꼽아보니 칼과 창을 따른 세월,
腐心盡夜讀春秋	온 밤을 노심초사하며 춘추를 읽었네.
虜情愈肆俘先及	오랑캐는 더욱 방자해져 포로 앞세워 미치고,
士氣難伸毒遍流	선비의 기세는 펼치기 어려워 근심스레 두루 유랑하네.
險路別離吾亦恨	험한 길에서 이별하자니 나 또한 한스러워,
抱琴來日獄門投	거문고 안고 온 날 옥문으로 떠나보내네.[347]

나라가 망한 후에는 세신(世臣)과 친신(親臣)들이 왕법(王法)을 알지 못하고 사사로이 효열(孝烈)과 포양(褒揚)을 마음대로 한다는 말을 듣고 매우 통분하였으며, 시속이 서로 다투며 읍지나 도지 또는 청금안을 만들며 모두 피부(彼府)에서 허가했다는 말을 위주로 하였는데, 이태로는 이름을 청하는 일이 연달아 이르렀지만 모두 거절하였다.

유집에 『우고선생유고(又顧先生遺稿)』가 있는데, 1949년에 오필선(吳弼善)의 서문과 문생 임달재(任達宰)의 발문을 받아 7권 3책, 석인본으로 간행한 것이다.

347) 『우고선생유고(又顧先生遺稿)』「시」

〈1916년 이태로(李泰魯)가 기우만에게 보낸 편지〉(고산)

고헌(高軒)[348]에 절하고 떠나온 지 이미 2년이 지났는데, 길은 멀고 인편은 막혔으니, 아직까지 서신이 통함이 없는 것은 형세 상 면치 못한 바이겠지요? 우러러보는 마음 형용하기 어렵습니다. 요즘 장마가 개고 서늘함이 생겨나니 더욱 간절히 서글퍼집니다.

삼가 묻건대 도를 닦는 형의 생활은 때에 따라 편안하시고, 아드님도 또한 부모님 잘 모시고 열심히 공부하고 있으며, 가족들도 모두 편안한지요? 멀리에서 그리움이 치달리는 것을 그만둘 수 없습니다.

저는 이삭(離索)[349]한지가 자못 오래되어, 편착(鞭着, 면려)해주는 사람이 없습니다. 세상 사람들의 말이 또 주살을 휘두르고 있어서 마치 수시(獸柴, 짐승 우리) 속에 있는 것 같으니, 몸을 빼내지 못하고 다만 스스로 근심하고 탄식할 따름입니다.

여기에서 가는 조(趙)선비는 그 선조의 기적비명(紀績碑銘)을 청하러 가는데, 지나는 길에 저를 찾아왔기에 그 편에 안부를 여쭙니다. 그러니 잘 대해주고 아름답게 찬술해주어서 청하는 바에 부응해주시는 것이 어떻습니까? 저 또한 비족(鄙族)의 청 때문에 함께 가려고 했습니다만, 슬풍(膝風, 무릎에 풍으로 인해 생긴 병증)의 병이 생겨서 걸음 옮기기가 어렵기에 며칠 동안 병이 조금 뜸해진 것을 기다리고 있는데, 어떤 사고가 다시 마장이 될지는 알지 못하겠습니다. 나머지는 다만 도를 위해 더욱 보호하셔서 멀리에서의 바람에 부응해주시길 빕니다. 이만 줄이고 편지 올립니다.

1916년 8월 16일에 아우 이태로 올림.

拜違高軒, 已閱二秋, 路夐便阻, 尙無書信之通, 勢所不免耶? 仰望之心, 難以形諭. 卽今霖霽凉生, 尤切茹悵. 謹伏問, 道兄體候, 對時萬安, 而允君亦得善侍課讀, 而閤節均迪否? 遠溸區區, 不任向往之至. 弟, 離索頗久, 鞭着無人. 世說又撓繳, 如在獸柴中, 未得抽身, 只自憂歎而已. 此去趙雅, 以紀績碑銘請過余, 故因便仰候, 款接贊美, 以副所請, 如何? 弟亦以鄙族請, 作程爲

計, 而膝風作祟, 移蓆猶難, 數日間俟病小間, 而未知何事故更爲魔障耳. 餘只祝, 爲道加護, 以副遠望. 不備上. 丙辰八月十六日, 弟 李泰魯 拜上.

348) 고헌(高軒) : 크고 넓은 집. 상대방이 사는 집을 높여 이르는 말.

1916년 8월 16일에 이태로가 기우만에게 보낸 편지이다. 2년 동안 찾아뵙지 못했다는 말과 이곳에서 가는 조(趙)선비가 그 선조의 기적비명(紀績碑銘)을 청하러 가니 잘 대해주고 아름답게 찬술해주어서 청하는 바에 부응해주시라는 부탁의 내용이다. 이것으로 보아 기우만은 죽기 직전까지 주변에서 문장을 부탁하는 요청이 빗발쳤음을 알 수 있다.

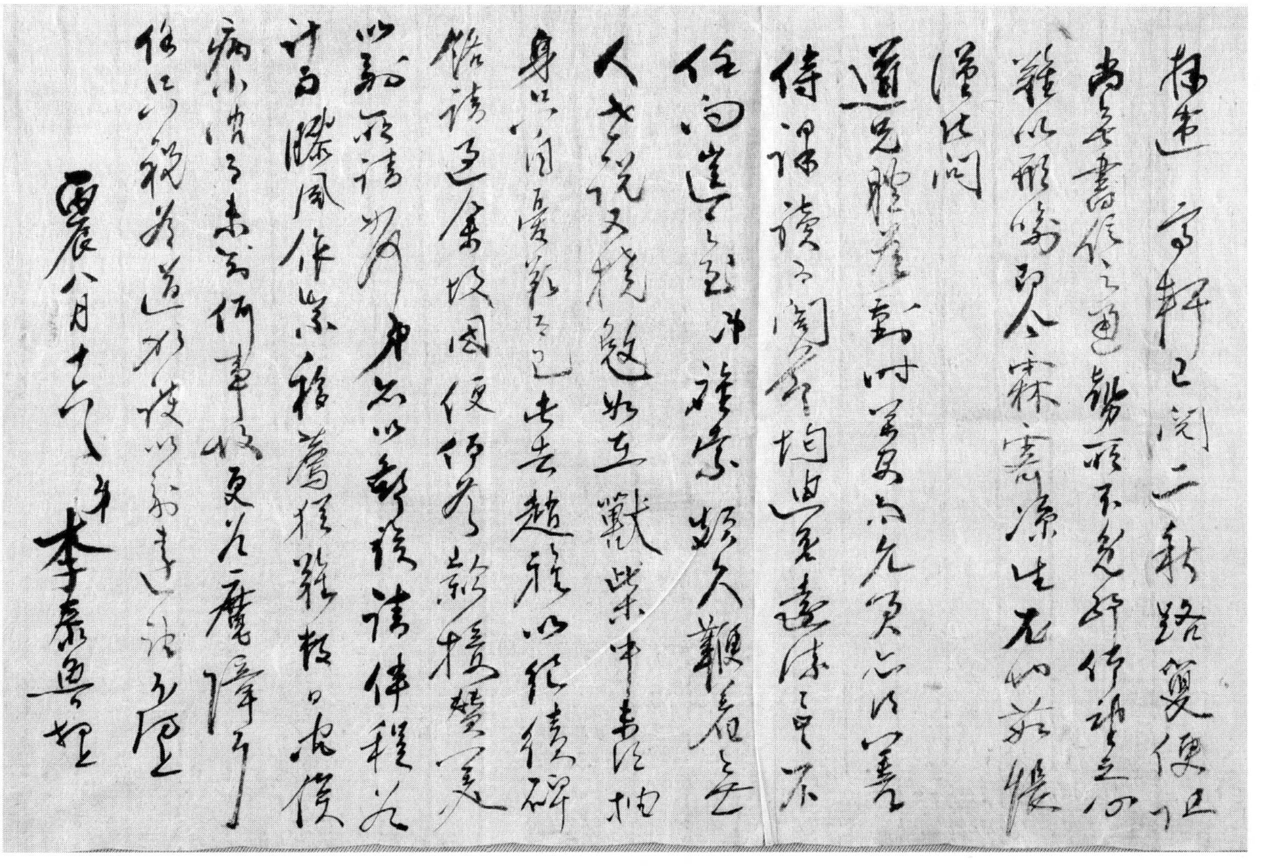

349) 이삭(離索) : 이군삭거(離群索居)의 준말. 벗들을 떠나 쓸쓸히 홀로 사는 것으로, 자하(子夏)가 "내가 벗을 떠나 쓸쓸히 홀로 산지가 오래이다."라고 한 데서 유래하였다.(『예기』「단궁(檀弓)」)

24. 황철원(黃澈源)의 편지

황철원(黃澈源, 1878~1932)의 자는 경함(景涵), 호는 은구재(隱求齋)·중헌(重軒), 본관은 장수(長水)이다. 황희(黃喜)의 후손이며, 아버지는 찬진(瓚鎭)이고, 어머니는 광산김씨 김지은(金志恩)의 딸로, 능주 운곡리[화순군 이양면 송정리 기운동]에서 태어났다. 20세 때[1896년]에 가천(佳川)의 정의림 문하에 나아가 수학하였으며, 30세 이후에는 정재규의 문하에서도 수학하였다.

1902년에 구례(求禮) 천은사(泉隱寺)에서 최익현, 기우만, 정의림, 정재규 등 영호남의 학자들이 모였을 때 강질(講質)한 것이 매우 많다. 간재 전우(田愚)가 노사선생의 <외필>과 <납량사의>에 대해 논박하여 사방에 전파하며 조금도 꺼림이 없자 정재규와 정의림이 힘써 변론하여 노사의 설을 밝혔는데, 황철원도 스승 정재규의 권유로 <외필변변(猥筆辨辨)>, <납량사의기의변(納凉私議記疑辨)>, <납량사의기의추록변(納凉私議記疑追錄辨)>을 지어 간재(艮齋) 전우(田愚)의 성리설(性理說)을 논박하였다. 또한 간재의 설인 성사심제설(性師心弟說)에 대해 <변성사심제설시동연제공(辨性師心弟說示同硏諸公)>이라는 글을 지어서 반박하였다. 그의 문집 권7과 권8은 대부분 이러한 이기심성설에 대한 글들이다.

1900년에는 정의림이 김석구의 『대곡집(大谷集)』을 편차할 때에도 황철원에게 이 일을 시켜 깨끗이 베껴 쓰도록 하고 이것을 기우만에게 가져가게 했다.[350] 1931년에는 기우만의 문집을 교감하는 일을 맡아 고산사를 왕래하였고, 그해 12월에 광주 양림동으로 이사하였는데, 몇 달이 안 되었을 때 우연히 병에 걸려 1932년 6월 20일 향년 55세의 나이로 세상을 떠났다. 동계 양회락과 절친한 사이였다.

그는 나라가 망하게 되자 다음과 같은 시를 지어 노사선생이 올린 병인상소의 계책을 따르지 않은 조정을 원망하며, 노사선생을 더욱 흠모하게 된다.

<山燈節歌十首>(庚戌)	산등공가(1910년)
先鏡幾微密	선경(先鏡)은 얼마나 은미하고 비밀스런가.
蘆沙夫子其	노사선생께서 그런 분이시네.
丙寅疏數策	병인년에 상소한 몇 계책을,

350) <정의림이 1900년 5월 4일에 기우만에게 보낸 편지>, "大谷集, 使黃生編摩, 今此携去, 幸加澄裁, 毋使此友朽也."(고산서원 소장).

若用豈如斯　　　　　사용했다면 어찌 이 지경 되었으리.[351)]

그는 1911년 봄에 영귀정에 와서 영귀정의 주변 경관을 연작으로 읊어서 영귀정에서의 감회를 표현하였다. 그 연작시의 제목은 "정사(精舍), 모성당(慕聖堂), 보덕동(保德洞), 월명천(月明川), 병암(屛巖), 단산(丹山), 필봉(筆峰), 백산한설(柏山寒雪), 양강청풍(楊江淸風), 예성조운(禮聖朝雲), 속금봉(束錦峰), 조천등(朝天嶝), 소정(小井), 국오(菊塢), 죽계(竹堦), 매화(梅花)" 등이다. 여기에서는 처음 나오는 시만 살펴보겠다.

<詠歸精舍雜詠十六絶> 영귀정사 잡영 16절

1911년 봄에 내가 정사에 와서 머무는데 스승이 돌아가신지 한 해가 된다. 굽어보고 우러러 보며 무료하여 여러 경치를 마음대로 지어서 스스로를 달랜다.[辛亥春, 余來留精舍, 山頹已有年矣. 俯仰無聊, 謾賦諸景, 以自遣云.]

精舍　　　　　정사
侍瑟已先天　　　　　스승 모시고 거문고 탄 지 이미 지난날이 되었는데,
亭顔獨本色　　　　　정자의 도습만이 본래의 색깔 갖고 있네.
詠歸何所歸　　　　　영귀하며 어느 곳으로 돌아갈 것인가.
風景悲靡極　　　　　풍경은 슬프기 그지없네.[352)]

스승이 사망한 다음 해에 찾아온 곳이라서 더욱 감회가 쓸쓸함을 알 수 있다. 그의 작품은 연작시가 많은 것이 특징으로, 위의 영귀정사 잡영 16절 외에도 기우만의 <삼산구곡시>와 <삼산악부시>, 정재규의 <산거잡영10절>, 정기(鄭琦)의 <무산정사12영> 등에 대한 차운시 및 자신의 정사에 대한 <운곡서사18절> 등이 더 있다.

그 자신도 집근처에 운곡서사를 지은 후 시도 짓고 강독도 하며 소요하였는데, 특히 자신의 운곡서사 주변의 경관 18곳을 선정하여 시로 남겼다. 즉 '서사(書舍), 오의실(五宜室), 응구료(應求寮), 첨공당(瞻恭堂), 고앙우(高仰宇), 면이헌(玥怡軒), 고비산(高飛山), 영징담(映澄潭), 음농서(吟弄嶼), 창랑도(滄浪棹), 사옥간(射玉澗,) 수구랑(守舊浪), 검덕동(儉德洞), 달리곡(達理谷), 도의봉(道義峰), 자지봉

351) 『중헌집(重軒集)』 권1 「시」
352) 『중헌집(重軒集)』 권1 「시」

(紫芝峰), 십자천(十字川), 용소(龍沼)'이다. 1916년 8월 20일에는 기우만에게 편지를 보내어 자신이 지은 운곡서사에 대해 명(銘)을 지어달라고 부탁하기도 하였다. 다음은 운곡서사 경관중 한 곳을 읊은 시이다.

<雲谷書舍題詠>	**운곡서사 제영**
書舍	서사
庭訓那敢慢	가정의 교훈 어찌 감히 태만하게 하리.
地名又著題	지명을 또 서사 이름으로 붙였네.
結茅筮嘉遯	띠풀을 이어 아름다운 은둔처 점치고,
悠然待曉鷄	유연히 새벽닭 울기를 기다리네.[353]

앞의 <영귀정사잡영16절>과는 읊은 대상이 약간 다른 것을 볼 수 있는데, 13절은 경점을 읊은 것이고 3절은 팔경시와 주제와 같은 것임에 비해, <운곡서사제영>은 18절이 모두 운곡서사 주변의 경점을 차례차례 읊어간 것이다. 그는 운곡서사에서 학문을 닦고, 후에 제자 30여인을 배출하였다. 황철원은 위 누정 외에도 낙오정, 침수정, 백파정, 쌍벽정, 물망재, 지정 등에 시를 남겼다.

유고로 『중헌집(重軒集)』 10권 4책이 있는데, 서문은 송산 권재규가 쓰고, 발문은 양회갑, 김문옥, 황채오가 써서 1948년에 석인본으로 간행하였다. 권1에 시 150여 수, 권2~권6에 서 240여 통, 권7~권8에 잡저 <외필변변(猥筆辨辨)>, <납량사의기의변(納凉私議記疑辨)> 등 18편, 권9에 서·기·제문·행장 등 70여 편이 수록되어 있다. 부록에는 황채오가 행록을, 이교우가 행장을, 정기가 묘지명을, 권재규가 묘갈명을 찬한 것이 실려 있다.

〈1916년 황철원(黃澈源)이 기우만에게 올린 편지〉(고산)

철원은 아룁니다. 편지할 계기가 종종 있었지만, 스스로 한 번 안부인사하는 것을 빠뜨린 것은 긴절히 할 말이 없는 것에 인연한 것이기도 하지만, 쓸데없이 답장을 해줘야하는 노고를 끼치는 것이 노인을 편안하게 하는 도리가 아니라고 여겼기 때문입니다. 그러나 경경(耿耿)[354]한

353) 『중헌집(重軒集)』 권1 「시」
354) 경경(耿耿) : 그리워 잊지 못하는 모양.

마음이 모여들어 이처럼 한훤(寒暄)[355]을 묻는 편지를 다시 올리게 됨을 면치 못하니, 저의 마음을 헤아려주시면 다행이겠습니다.

삼가 서풍이 불어올 때 이양(頤養)하시는 체후는 손상이 없으시며, 수업을 받기 위하여 문에 가득한 제자들은 어떻게 감당하고 있으신지요? '나까지도 나태하게 하는구나.'[356]는 비록 주문(朱門)의 엄한 경계가 있다할지라도 걱정되는 것은 간절합니다.

소생(小生)은 양친의 건강이 편안한 날이 많지 않으니 그 두려움을 알 수 있을 것입니다. 제가 새로이 지은 달팽이 같은 작은 집은 여력이 있을 때 할 계획이었는데, 유유한 나머지 한갓 형적만을 드러내어 세속의 눈에 걸리게 되니, 매우 우습습니다.

이곳에서 가는 두 사람은 묘년(妙年)[357]에 학문을 향한 그 뜻이 매우 진실한데, 그중 한 사람은 곧 저의 종질입니다. 이천(伊川)의 얼굴을 보기 위해 나아가니, 맹렬하게 깨우침을 주시는 것이 어떠하겠습니까?

저는 지금 각혈(脚血)로 고통 중에 있어서 책상아래에 절하러 가는 일은 아마도 이루지 못할 것 같아 다만 편지로만 대신 안부인사하니, 태만함이 심합니다. 다만 몸이 건강하셔서 멀리에서 우러름에 부응해주시길 빕니다. 삼가 헤아려주시기 바랍니다.

1916년 8월 20일에 소생 황철원(黃澈源) 올림.

편지 쓰는 붓 5자루를 소략함을 잊고 함께 보내드립니다.

<서사사실기>는 아래에 있으니, 명문(銘文) 한 편을 내려 주셔서 밤낮으로 제 자신을 돌아보는 자료로 삼게 해주시길 바라고 바랍니다. 명문은 많이 쓸 필요가 없고, 단지 서너 구절이면 족할 것입니다. 기력에 있어서 혹 자필로 쓸 수 없으시다면 침상에 기댄 채 입으로 불러주어서 보내주셔도 무방합니다. 매우 간청하오니 살펴주시기 바랍니다.

운곡서사 사실[이하 생략]

澈源白. 便梯蓋種種焉, 自闕一候者, 緣無緊切語, 而徒貽酬答之勞, 恐非安老底道理故也. 耿耿所注, 不免復奉此寒暄小帖, 區區之情, 垂諒則幸矣. 伏惟西風, 頤養體候無損, 請業盈門, 何以抵堪? 敎我也懶惰, 雖有朱門嚴戒, 而私慮則懇切. 小生, 兩庭寧日無多, 惧可知也. 新搆蝸廬, 出於餘力則以之計, 而悠悠之餘, 徒露形迹, 以觸時眼甚笑. 此去兩生, 妙年向學其志甚實, 而其一卽鄙從姪也. 爲見伊川面而進, 猛加提喩, 如何? 方以脚血見苦, 拜床之行, 期擬未就, 只尺替候, 簡慢甚矣. 只祝巾舃休建以副遠仰. 伏惟下亮. 丙辰八月二十日, 小生 黃澈源 再拜白.

簡筆五柄, 忘畧伴呈.

書舍事實記, 在下方, 幸垂銘辭一通, 以爲日夕顧省之地, 伏望伏望. 銘文不必多也, 只三四句足矣. 氣力或不得自筆, 則倚枕口呼以送, 亦自不妨, 懇實由中, 下燭千萬千萬.

雲谷書舍事實[이하 생략]

1916년 8월 20일에 소생 황철원이 기우만에게 보낸 편지이다. 인편은 종종 있었으나 안부편지를 하지 않은 것은 특별히 할 말이 없었기 때문이라는 인사말과 이곳에서 가는 두 사람은 젊은 나이에 학문을 향한 뜻이 매우 독실한 사람인데 그중 한 사람은 자신의 종질(從姪)로 스승을 직접 뵙기 위해 나아가니 맹렬하게 깨우침을 주시라고 부탁을 하였다. 끝에서는 운곡서사사실기를 보내주면서 명문 써주길 요청하였다.

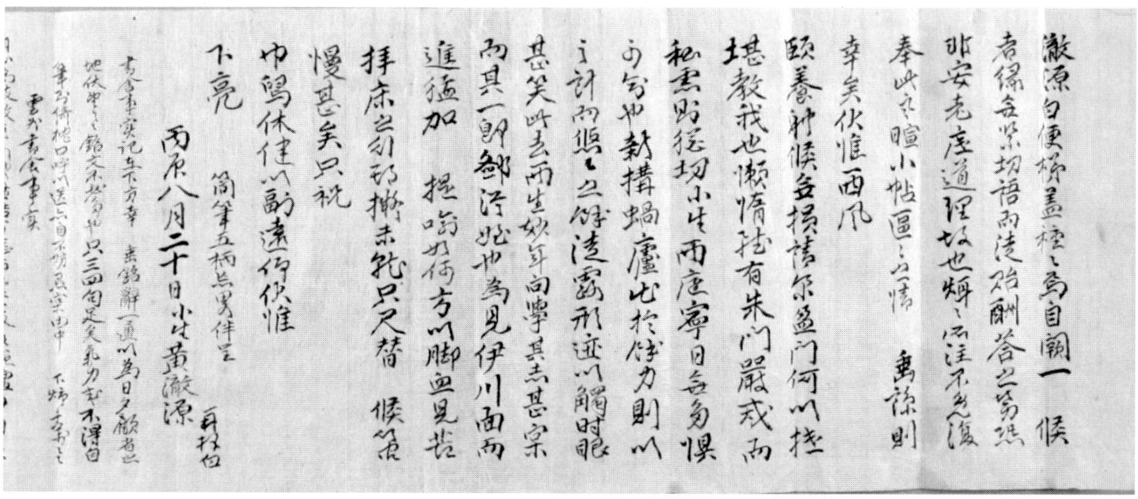

355) 한훤(寒暄) : 일기의 춥고 더움. 곧 안부(安否).

356) 주자의 문인이 병중(病中)에 있는 선생께 쉬기를 청하자, 선생이 꾸짖기를 '네가 나태하니 나까지도 나태하게 하려는구나.'라고 하였다.

357) 묘년(妙年) : 스물 안팎의 나이.

Ⅳ. 기락도·기노선의 왕복편지

Ⅳ. 기락도·기노선의 왕복편지

1. 기락도와 기노선의 편지

기락도(奇洛度, 1880~1930)의 자는 원용(元用), 호는 호상(湖上)으로, 기우만(奇宇萬)의 큰아들이다. 큰 활동이 기대되었지만 일찍 사망한 관계로 부친이 사망했을 때와 부친의 문집을 간행하려고 할 때 역할을 한 것만이 약간 남아있을 뿐이다. 이후 기우만의 문집을 간행하는 일 등은 조카 기노선이 도맡아 고산서원에서 일을 처리하게 되었다.

기노선(奇老善, 1895~1937)의 자는 공길(公吉), 호는 도남(道南)으로, 기정진(奇正鎭)의 현손이며, 기우만(奇宇萬)의 종손(從孫)이다. 그의 아버지 기춘도(奇春度, 1876~1931)가 1931년에 사망하자, 노사와 송사 및 고산서원과 관련된 일을 주관하여 해나갔는데, 그도 일찍 사망함으로써 고산서원과 노사 후손가는 침체를 면치 못한 것으로 보인다. 큰아들 기순서(奇舜舒, 1912~1950)의 부인인 서산 유씨(柳氏, 1910~1932)도 1932년에 아이를 낳은 후 산후통으로 죽었다.

유집에 『도남집(道南集)』 4권 2책이 있는데, 1979년에 석인본으로 간행되었다. 시 34수, 편지 34편, 잡저 14편, 서·기·발 50편, 찬·명 3편, 상량문 8편, 제·축문 17편, 묘도문 36편, 행장 9편, 전 2편 등이다.

도남은 시를 거의 남긴 것이 없다고 봐야할 것이다. 그의 문집 가장 첫머리에 실린 시를 살펴보겠다.

<冬至口呼以贈諸生>	**동지에 바로 입으로 읊어서 제생들에게 주다(2수 중 1수)**
天地窮陰禍剝床	천지가 궁음하여 재앙이 박상[358]이니,
無人扶植一微陽	미미한 일양을 부식할 사람 아무도 없네.
問君夜半聽雷否	그대들에게 묻노니 한 밤중 천둥소리 듣는가.
否往泰來時不常	불운이 가면 행운이 오니 때는 고정되지 않은 것.[359]

358) 박상(剝床) : 『주역』 「박괘(剝卦)」에서 각효(各爻)의 형상을 상(床)에 비긴 말이다. 이 괘는 아래의 다섯 음효 위에 하나의 양효가 있는 형상인데, 음기가 왕성하여 사도(邪道)가 정도를 침해함이 점차 심각해짐을 비유한다.

359) 『도남집(道南集)』 권1 「시」

동짓날은 한 해가 시작되는 시점이기도 하다. 그래서 많은 사람들이 동짓날 자신을 반성하거나 앞으로의 희망을 읊은 시를 남겼다. 기노선은 기정진의 종손으로서 자의에 의해서건 타의에 의해서건 호남인의 모범이 되어야 했다. 그 또한 후학을 가르치면서 담대헌과 고산서원을 지켜갔을 것인데, 동지를 맞이하여 제자들에게 형통하는 시기도 올 것임을 말하여 격려하고 있다.

1) 기락도(奇洛度)의 편지

〈1922년 기락도(奇洛度)가 누군가에게 보낸 편지〉(고산)

형을 뵙지 못한 지 오래되었으니, 우러러 그리는 마음 어찌 끝이 있겠습니까. 살피지 못했습니다만, 봄도 이미 저물었는데, 춘당(春堂)의 기력은 어떠하며, 형의 시봉생활은 좋으신지요? 매우 그립습니다. 저는 지업(志業)이 날로 쇠퇴하니, 끝내는 어떤 사람이 될지 모르겠습니다. 인간 세상의 어느 곳이 무릉도원일지, 고개 돌려 천지를 바라보아도 사람들이 모두 짐승이 되어버려서 밟을 곳이 없습니다. 소위 명가의 후예란 사람들이 풍조(風潮)에 내몰려 단발한 것을 제일 높은 풍취로 삼으니, 이것이 어떤 변괴입니까? 밝고 밝은 성인의 교훈은 종이 위의 공문(空文)에 지나지 않을 따름이니, 이것을 장차 어찌해야 좋을까요?

하늘의 해가 다시 밝아질 것은 어느 세대이며, 사람의 종자를 다시 구할 곳은 어느 곳일지, 이치상 믿지 않을 수 없으니, 어찌 이런 사람이 없을 것입니까? 생각건대 형의 지기(志氣)는 순수하고 아름다우며 학문은 이미 고명하니, 사문(斯文)을 부식(扶植)시켜 땅에 떨어지지 않게 하는 것이 어떠한지요? 이것이 제가 남쪽을 바라보며 우러러 축원해마지 않는 것입니다.

형범(亨範)[360]형이 고기 맛을 잃고 보는 책은 어떤 것인지요? 응당 시인(時人)이 빼앗아가지 못할 것입니다. 식옹(植翁)[361]은 지난겨울에 돌아가시고, 몽우(夢友)[362]도 올봄에 세상을 떠났으니, 말을 할 수가 없습니다. 우리들이 복이 없는 것이 진실로 이와 같이 심하단 말입니까? 하늘을 우러러 통탄할 따름입니다. 나머지는 벗 삼구(三九)가 직접 말로 할 것입니다. 이만 줄입니다.

1922년 3월 27일에 아우 기락도(奇洛度) 올림.

不見吾兄久矣, 瞻仰曷極. 不審, 春已暮矣, 春堂氣力何如, 兄侍餘崇衛? 仰溯切切. 弟, 志業日退,未知終作何樣人. 世間何處可桃源, 回首乾坤, 人皆爲獸, 無地可蹈也. 所謂名家後裔, 爲風潮所驅, 以無髮爲第一高致, 此何變怪? 昭昭聖訓, 不過乎紙上空文而已, 此將奈何? 天日復明於何代, 人種更求於何地, 理不可不信, 豈無此人也. 惟吾兄志氣粹美, 學旣高明, 扶植斯文, 不墜於地, 如何? 此弟之所以南望仰祝不已也. 亨範兄, 忘肉何書? 應不爲時人所奪矣. 植翁之昨冬大歸, 夢友之今春長逝, 不可勝言. 吾黨之無祿, 固如是之甚耶? 仰蒼痛嘆而已. 餘三九友能言之. 不備狀. 壬戌三月二十七日, 弟奇洛度 拜手.

1922년 3월 27일에 기락도가 누군가에게 보낸 편지이다. 인간세상 어느 곳을 둘러보아도 사람들이 모두 짐승이 되어버려서 밟을 곳이 없고, 명가의 후예란 사람들이 풍조(風潮)에 내몰려 단발한 것을 제일 높은 풍취로 삼고 있으며, 우리들이 복이 없어 기재(奇宰) 어른이 지난겨울에 돌아가시고, 벗 허업(許業)도 올봄에 세상을 떠났다는 소식을 전한 내용이다.

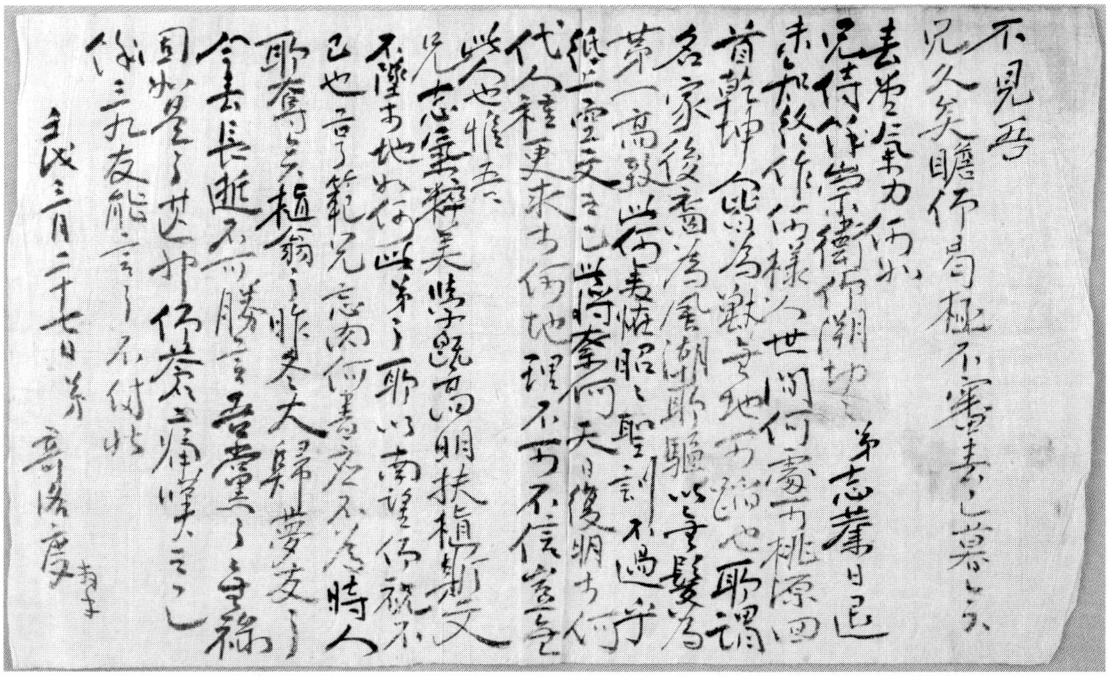

360) 형범(亨範) : 양회극(梁會極, 1892~?)을 말함. 화순군 도림면 초방리에 살았다. 기우만의 문인이다.

361) 식옹(植翁) : 기재(奇宰, 1854~1921)를 말함.

362) 몽우(夢友) : 허업(許業, 1883~1922)을 말한 듯함. 자는 암경(巖卿), 호는 몽회(夢晦), 본관은 양천(陽川)이다. 아버지는 소(瀟)로, 남원 출신이며, 기우만의 문인이다.『몽회집(夢晦集)』이 있다.

2) 기노선(奇老善)의 편지

〈1933년 기노선(奇老善)이 청계형에게 보낸 편지〉(고산)

【피봉】 당현리의 청계형 시안(侍案)[363]에 드림

진원리에서 삼가 안부 편지함

청계형의 부모님 모시는 자리에

저번에 형의 집에 가서 자면서 하루 저녁을 형과 한 자리에 앉아 마음속의 모든 것을 토해 냈는데, 돌아와 차가운 창 아래 누워있으며 다만 시냇물 졸졸 흐르는 소리를 듣노라니 마치 형의 말씀을 듣는 것 같아 위로가 됩니다. 삼가 묻건대 한 해가 다 되어 가는데 부모님 모시면서 형제들과 사는 생활은 한결같이 화락하시고, 아드님은 잘 자라고 있는지요? 그리운 마음 간절합니다.

저는 성솔(省率)[364]이 위급함이 없으니 매우 다행입니다만, 근래 백옥(白屋)[365]에서 지내면서 날마다 할아비를 부르는 손자와 희롱하느라 한 해가 기울어가는 것도 알지 못하니, 이것이 또한 기쁜 정경이겠지요? 영백씨(令伯氏)[366]께서 저번에 말씀하길 돌아가는 길에 들릴 것이라고 하여서 부질없이 목이 뻣뻣해지도록 바라고 있었는데, 형이 저를 버리는 것이 어찌 이리도 심한가요?

이번에 가는 공팽(空伻)[367]은 새해 인사를 하러 보낸 것이 아니고 근래 안부를 묻고 싶어서 그리한 것이니, 형께서는 혹 용서해주시겠지요? 나머지는 다 갖추지 않고 안부편지의 예를 줄입니다.

1933년 12월 11일에 아우 기노선(奇老善) 올림.

【피봉】 堂峴 聽溪兄 侍案 入納

珍原 謹候函

聽溪兄 侍几

向造仙廬宿, 宿與吾兄一席傾倒, 而歸頹臥寒窓, 但聞溪聲淙淙, 如聞吾兄語言, 是可慰也. 謹問, 歲色日催, 侍餘棣體度, 一如湛翕, 胤玉善長? 溸昂弁摯. 弟, 省率無警, 幸萬, 而近日白屋經過, 日與呼祖孩作弄, 不知歲色催我, 此亦喜況耶? 令伯氏向云, 歸路歷訪, 徒使冀頸生摩, 兄之棄我, 何其甚耶? 此去空伻, 非曰問歲, 而欲探近候致然, 兄或恕諒否? 餘不備候禮. 癸酉蜡月十一一, 奇弟老善二拜.

1933년 12월 11일에 기노선이 당현리의 청계형에게 보낸 편지이다. 저번에 형의 집에 가서 자면서 하루 저녁동안 한 자리에서 마음속의 모든 것을 토해냈는데, 지금까지도 위로가 된다는 인사말과 함께 자신은 지금 손자 보는 즐거움에 푹 빠져있음을 알린 내용이다.

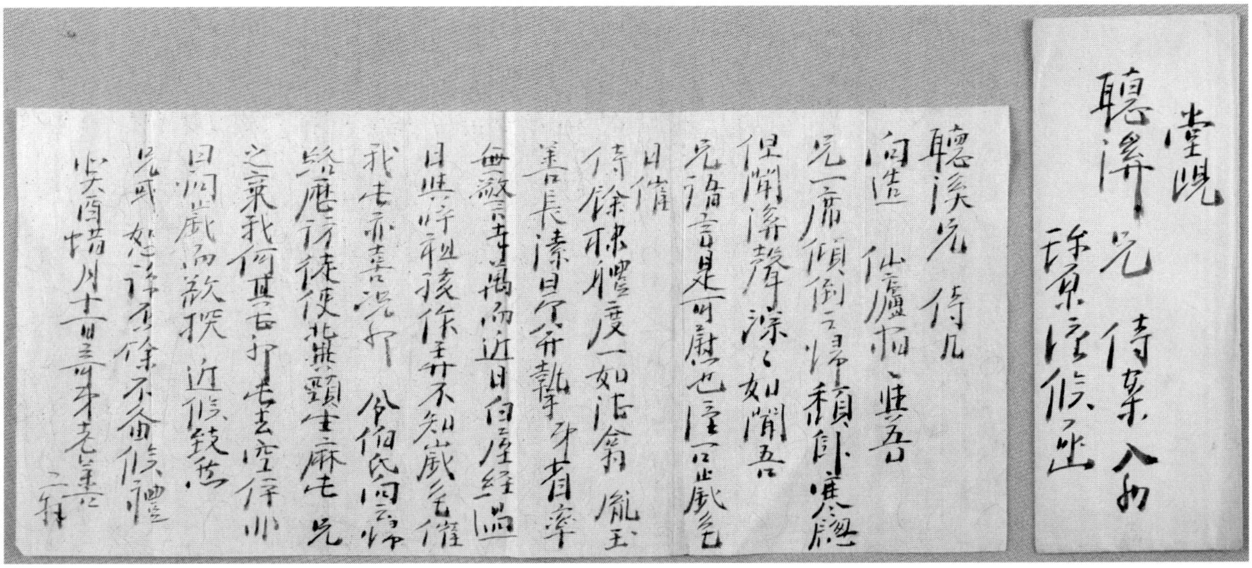

363) 시안(侍案) : 부모님을 모시고 사는 사람에게 편지할 때 쓰는 상투어.
364) 성솔(省率) : 모시고 있는 부모와 그 밖의 가족들.
365) 백옥(白屋) : 띠로 지붕을 이은 초라한 집. 가난한 집.
366) 영백씨(令伯氏) : 상대방의 형님을 높여 이른 말.
367) 공팽(空伻) : 선물 없이 편지만 가지고 가는 심부름꾼.

2. 안훈(安壎)의 편지

안훈(安壎, 1881~1958)의 자는 자정(子精), 호는 분암(憤庵), 본관은 순흥이다. 곡성 오지리에서 살았으며, 곽종석의 문인이다. 파리장서 사건의 한 사람으로, 1919년 3·1운동을 전후하여 137명이 함께 연서하여 독립청원서를 파리에 보냈다. 이후 완계정사에서 후학을 가르쳤다. 유집에 『분암집(憤庵集)』이 있는데, 23권 9책으로 연활자본이다. 서와 발이 붙어 있지 않아서 간행경위를 알 수 없지만, 시가 540여수나 실려 있다.

안훈 역시 다른 사람들과 마찬가지로 비록 노사 문하의 일원은 아닐지라도 노사 문하 사람들과 끊임없는 관계를 가지며 살았던 사람이다. 앞서 살핀 해사 안중섭의 종질로, 강학을 했던 완계정사는 바로 오지리 도동묘와 가까운 데 위치하고 있다.

<松沙公奇宇萬, 往年光府警廳供辭後, 毁言日至, 淳昌洪淳瓚發通誣斥, 罔有紀極. 今又被逮上京, 聞之有感而作二絶. 丁未> 송사 기우만 공이 왕년에 광주부 경무청에서 진술한 후 비방하는 말이 날마다 이르렀고 순창에 사는 홍순찬은 통문을 내어 무고함이 끝이 없었다. 지금 또 체포되어 상경하게 되었는데 그것을 듣고 느낌이 있어서 짓다. 1907년

赤猿一著事無成	병신년(1896)에 한 번 드러냈으나 일을 이루지 못하고,
屛臥三山作逸民	행적을 숨기고 삼산에 누워 일민(逸民)이 되었네.
松菊遍山仍作主	소나무와 국화 가득한 산에서 주인이 되어,
當年悔不學淵明	당년에 도연명을 배우지 못한 것 후회하였네.
寒泉一夜動悽音	한천은 밤새 내 처량하게 울어대는데,
淚送家人雨滿襟	눈물로 집안사람 전송하니 비처럼 옷깃에 가득하네.
十二年來頭盡白	12년 만에 머리는 백발이 다 되었으니,
此行宜不負初心	이번 행차 마땅히 초심을 저버리지 마소서.[368]

송사 기우만이 1896년 의병을 일으킨 뒤 결말을 보지 못하고 의병을 해산하고 숨어서 살았는데, 먼저 삼산재에서 살다가 1904년 11월에는 광주 주홍동의 한천정사에서 살았다. 1906년 10월에 의병

368) 『분암집(憤庵集)』 「시」

을 모의했다 하여 왜경에 의해 광주 경무서에 피체되었으며, 1907년 3월에 다시 을사오적의 암살을 사주했다고 하여 영광 경무소에 체포되었다가 4월 5일에 서울 압송되어 옥에 갇혔는데 이 사실을 말한 것으로 보인다.

<輓松沙奇丈三絶>	**송사 어른의 죽음을 애도한 시(3수 중 1수)**
蘆翁隻鍵啓千門	노사옹이 하나의 열쇠로 수천의 문을 여니,
南士方知理學尊	남쪽의 선비들 바야흐로 이학이 존엄함을 알았네.
尼祖思孫今彷彿	공자에 자사 손자 지금 방불하니,
家庭不出自淵源	가정 또한 연원으로부터 벗어나지 않네.369)

노사선생이 남쪽에서 성리학의 존엄함을 열어젖히고, 공자의 손자에 자사가 있는 것처럼 노사의 손자 송사가 가정의 연원을 이은 것을 찬양한 내용이다.

안훈이 활동하던 시대는 대부분 일제치하였는데, 그 속에서 강학활동을 한 것이 얼마나 힘들었는가를 다음 시를 통해서 알 수 있다.

<居面警官, 以余私居教授, 屢經盤問, 而只以來不拒之義答之, 竟被呼出, 半日相詰, 而感憤之餘, 次諸生韻. 庚午> 면에 있는 경관이 나에게 사사로이 학생을 가르친다는 것으로 여러 차례 수사하여 물었는데 다만 오는 것을 거절하지 않겠다는 뜻으로만 답하자 마침내 호출을 당하게 되었고 반나절을 서로 힐문하였다. 격분한 나머지 제생들의 시에 차운하다(1930년)

百年士氣一絲微	100년 동안 선비의 기운 실가닥처럼 가늘어져서
喝紙巡丁叩竹扉	일개 순사가 종이로 위협하며 사립문을 두드리네.
竊誦程書寧殉道	가만히 정자의 글이나 외우면서 차라리 도를 위해 죽을지언정,
謾添奸籍反生輝	한갓 간악한 장부에 이름을 더해 도리어 빛이 나게 하랴.
晦翁不忍學徒散	주자께선 차마 학도들을 흩어버리게 하지 못할 것이요,
尼父亦嘆吾道非	공자께서도 또한 우리의 도가 잘못되었다고 탄식하랴.

369) 『분암집(憤庵集)』「시」

완계정사

老釋難禁中夜涕	노자와 석가도 한밤중에 우는 것을 금하기 어려우니,
蒼凉山月捲林霏	푸르고 서늘한 산속의 달빛 숲속 장마비 거두네.[370]

안훈이 후학을 길렀던 완계정사가 지금도 남아있다. 일본 순사가 자주 찾아와서 귀찮게 하고 또 호출까지 하여 심문하고 회유했던 모양이다. 그렇지만 선현들께서 지켜주실 것이니 여전히 산속에서 강학을 하겠다는 의지가 담긴 시이다.

〈1918년 안훈(安壎)이 기노선에게 보낸 편지〉(고산)

저 훈은 돌아가신 선생과는 다행히도 사는 곳은 다른 나라가 아니지만, 불행하게도 선생 사후 2년에 태어났기 때문에 고산(高山)[371]을 우러러볼 수도 없었고, 가을볕[秋陽][372]을 쬘 수도 없었으니, 이 생의 이러한 한이 어찌 끝이 있겠습니까? 차라리 저번에 말한 '다행인 것이 불행이 된다'는 것으로 하여금 불행한 것이 다행이 되게 한다면, 비록 멀리 떨어진 지역이어서 마땅

370) 『분암집(憤庵集)』 「시」
371) 고산(高山) : 『시경』 「소아(小雅)」 <거할(車舝)>의 "높은 산을 우러러 보며 큰길을 간다.[高山仰之, 景行行止]"에서 나온 말로,

히 발이 거듭 부르틀지라도 감히 쉬지 못할 것입니다. 그러나 다행스럽게도 형의 종조(從祖) 선생[373]을 모실 수 있어서 거의 숙원을 보상받을 수 있었는데, 또 천고의 사람이 되어버렸으니, 이 사람의 불행보다 더 심할 사람이 있겠습니까?

지금은 그 다음 것에 나아갈 것을 생각하지 않을 수 없으니, 그 가업을 이은 사람과 더불어 그 서론을 강습하며, 그 전형(典型)을 상상하길 스스로 면치 못할 따름입니다. 저번에 외람되게도 현공(賢公)과 사귀어보니, 거동이 광채가 나고 조예(造詣)가 노숙하여 고가(古家)의 의방(義方)[374]을 스스로 떨어뜨리지 않으니, 보자마자 문득 공경함을 일으켰습니다. 말은 반드시 난만하게 하니, 어찌 감히 나이의 차이가 있다는 것으로써 먼저 도를 묻는 정성이 조금이라도 해이해지겠습니까?

진실로 인생은 항상 다행일 수만은 없고, 또한 일찍이 완전히 불행할 수만도 없다는 것을 알았습니다. 그렇다면 이 생의 행과 불행은 또한 오직 공가(公家)에 달려 있고, 공가의 행과 불행은 곧 우리 유림들의 행과 불행입니다. 그러니 어찌 다만 저 훈 개인만의 일이겠습니까?

월전에 찾아주셔서 그동안 못 만났던 답답함을 흡족하게 펼치게 되었습니다. 이어서 또 긴 편지로 깨우쳐주기까지 하며 기왕의 것을 강술하고 앞으로의 일을 기약하니, 이 마음이 소원하고 있던 것이 아님이 없었습니다. 다만 중간에 칭찬해준 것이 너무 지나쳐서 무염(無塩)이 화장하는 것[375]과 같을 뿐만이 아니었습니다. 진심으로 면려하길 칭찬하는 말을 빌려 하지 않은 것이 없음으로써 저로 하여금 돌이켜 관찰하고 스스로 깨닫게 한 것이었습니다. 감사하고 또 부끄럽고 또 두렵기도 하니, 어떻게 부응할 수 있을까요?

애산옹이 지은 묘갈명은 여러 차례 읽어보고, 분수에 넘치게도 속으로 가만히 '간실(簡實)하고 적당하여 한 자도 군더더기가 없으니, 이는 공을 충분히 드러냈다'고 여겼습니다. 근세 유현들이 지은 비지(碑誌)는 대부분 오로지 추존만을 하여 다시 헤아려볼 곳이 없게 합니다. 사진에 비유하면 닮은 것은 묻지도 않고 단지 좋게만 하라고 요구한 꼴이니, 좋은 것은 좋습니다만 갑자기 다른 사람이 되 버린 것은 어찌할 것입니까?

아! 선덕(先德)께서 날로 돌아가시고 있어서, 계승할 수 있는 자 드물게 되었습니다. 그 사람은 오직 공이니 자중자애하시고, 다만 한 집안 한 몸을 위한 계책을 위해서가 아니라 우리 무리로 하여금 광채가 나고 의지할 바가 있게 하는 것이 어떻습니까?

저는 예나 지금이나 똑같이 밭가는 사람일뿐인지라, 돌아다보면 부끄러워 오므라들 따름입니다. 말이 길어진 것은 곧 인애(仁愛)한 사람의 귀를 근심스럽게 한 것이니, 차라리 여기에서 그치겠습니다. 나머지는 다만 부모님 모시고 공부하는 생활이 더욱 좋으시고 원대한 학문을 이루시길 빕니다. 갖추지 않고 답장편지 올립니다.

1918년 3월 20일에 손제 안훈(安壎) 올림.

壎於先先生, 幸而居不異國, 不幸而生後二年, 高山莫仰, 秋陽靡暴, 此生此恨, 曷其有極? 寧使向所謂幸者爲不幸, 而不幸者爲幸, 則雖絶域殊方, 當重趼而不敢息也. 然幸而得御尊從祖先生, 庶償宿願, 而又作千古, 此之不幸, 復孰甚焉? 今則不得不就其次而思, 與其箕裘之世承者, 講習其緖餘, 想像其典型, 自不容已已. 迺者忝交賢公, 儀度之粹盎, 造詣之夙, 古家義方, 自不墜地, 見輒起敬, 言必爛熳, 曷敢以其年之差, 先而少弛聞道之誠哉? 固知人生之不可以恒於幸, 而亦未嘗全於不幸也. 然則此生之幸不幸, 亦唯公家, 而公家之幸不幸, 卽吾林之同情也. 豈直壎之私也? 月前歷枉, 洽敍契闊, 繼又長書提諭, 講其旣往, 期以來頭, 莫非此心之所願言也. 但中間 推詡太過, 不啻無塩之刻畵, 無乃以勉勵之眞心, 寓之於奬許之借語, 使之反觀而自省也歟. 知感知媿且懼, 其何以得副也. 艾翁碣銘, 奉讀屢回, 區區僭妄, 內竊以爲簡實的當, 無一字浮剩, 此可以十分於此公矣. 近世儒賢碑誌, 多一味推尊, 無復斟酌, 譬之寫照, 不問惟肖, 只要美好, 美則美矣, 奈便是別人何? 噫! 先德日就倫謝, 而可繼者罕聞, 其人惟公, 自愛自嗇, 不徒爲一家一己之計, 而使吾黨, 而有光有賴, 如何如何? 壎, 依舊耘人, 內顧恧縮. 言之長也, 適是愁仁愛之聽, 寧此至之. 自餘只祝, 侍學益懋, 克卒遠大. 不備謝禮. 戊午窩月二十日, 損弟 安壎 拜手狀上.

1918년 3월 20일에 안훈이 기노선에게 보낸 편지이다. 노사선생과는 다행히도 다른 나라에서 산 것은 아니지만 불행하게도 사후 2년 뒤에 태어나서 그의 가르침을 받을 수 없는 것이 한이었는데,

---

인품이 훌륭한 사람을 말한다.

372) 가을볕[秋陽] : 선사(先師)를 그리워하는 것. 공자(孔子)가 돌아가신 뒤에 자하(子夏), 자유(子游) 등이 유약(有若)의 모습이 공자와 비슷하다 하여 공자를 섬기던 예로 그를 섬기고자 하여 증자(曾子)에게 강요하자, 증자가 반대하며 "비교하자면 공자는 장강과 한수에 씻고서 여름 햇볕에 말린 것이어서 더할 수 없이 깨끗하다.[江漢以濯之, 秋陽以暴之, 皓皓乎不可尙已]"라고 하였다.(『맹자(孟子)』「등문공(滕文公)上」)

373) 종조(從祖) 선생 : 기우만(奇宇萬)을 말함. 기노선(奇老善)에게 기우만은 종조부가 된다.

374) 의방(義方) : 아버지가 아들에게 주는 가르침.

375) 무염(無塩)이 화장하는 것 : 좋은 바탕이 없으면 겉으로 꾸며 보았자 소용이 없다는 뜻. 전국시대 제(齊)나라 무염읍(無鹽邑)에 종리춘(鍾離春)이란 여자가 있었는데, 모습이 매우 추하여 나이 40이 되도록 시집을 가지 못하자 스스로 선왕(宣王)을 찾아가 네 가지 위태로운 상황에 대해 개진하니, 제 선왕이 후비로 받아들였다.(『열녀전(列女傳)』 권6 「변통전(辯通傳)」) 후세의 사람들이 이를 추녀의 통칭으로 사용하였다.

다행히도 종조선생인 기우만선생을 만나서 숙원을 이루게 되었으나 그도 또 돌아가시게 되니 그 불행이 이보다 더한 것이 있겠느냐는 인사말을 하고, 저번 달에 찾아와주어서 장서(長書)를 깨우쳐주고 기왕의 일을 강론하며 앞으로의 일을 기약한 것은 자신이 말하고자하는 바였음을 밝혔다. 또한 정재규 어른이 지은 노사선생의 묘갈명은 여러 차례 읽어보았는데, 한마디의 말도 덧붙일 곳이 없이 간실적당(簡實的當)하다는 말을 덧붙였다.

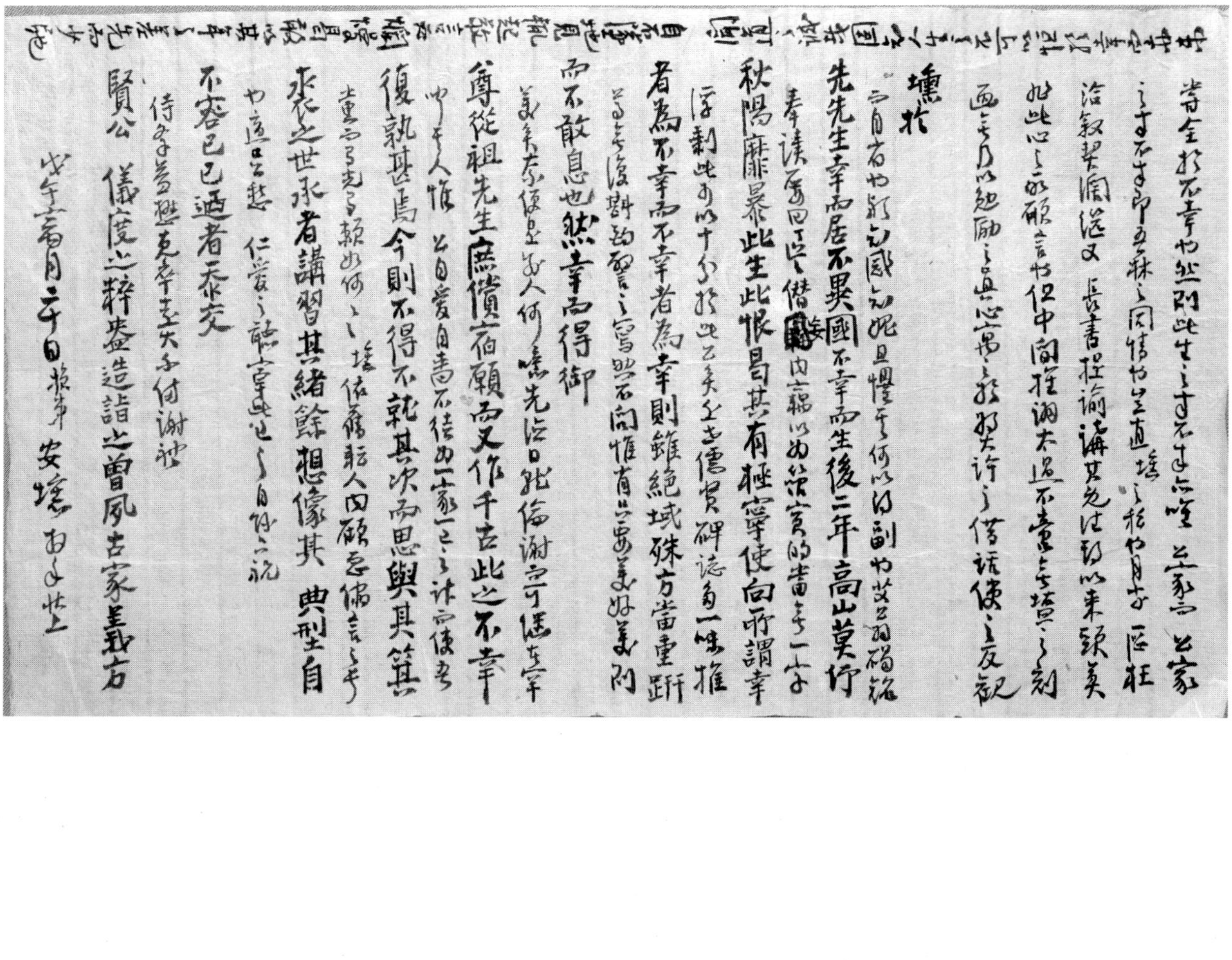

3. 이종택(李鍾澤)의 편지

이종택(李鍾澤, 1868~1938)의 자는 성진(聲振), 호는 복재(復齋)·성암(醒巖), 본관은 경주(慶州)이다. 아버지는 규찬(圭燦), 어머니는 문화인 유한굉(柳漢宏)의 딸로, 고창군 고수면 예동리에서 태어났다. 기양연의 둘째 누나가 예동에 사는 이규찬(李圭燦)에게 시집을 갔는데, 그의 아들이 이종택이다. 어려서부터 글 배우기를 좋아하여 일찍이 기우만의 문하에 나아가 수학하였으며, 1897년에는 포천의 최익현 문하에도 나아가서 수학하였다.

성암정(醒巖亭)을 경영했던 것으로 보이는데, 기문을 정인보가 쓴 것이 문집에 보이고, 차운시를 단운 민병승, 관호 김창근, 경재 정영두가 지은 것이 문집에 있다.

유집으로 『복재유고(復齋遺稿)』 4권 2책이 있는데, 1941년에 강천수의 서문을 받고, 1951년에 송기면의 발문을 받아 석인본으로 간행한 것이다.

〈1920년 이종택(李鍾澤)이 기락도에게 보내온 편지〉(고산)

지난 가을에 찾아주신 것은 지금까지도 감사합니다만, 그 후 소식이 또다시 애각(涯角)376)되니, 목을 빼고 동쪽을 바라보며 그리워하는 마음 어찌 끝이 있겠습니까? 삼가 묻건대 봄이 점점 무르익어 가는데, 경전공부하시는 생활은 연속해서 형제들과 화목하시고, 가족들도 모두 복되신지요? 우러러 그리워하며 그리되시길 기도하는 마음 조금도 해이해지지 않습니다.

저는 세속의 구덩이에 빠져 사느라 늙지 않아도 쇠해져서 하나도 좋은 모습이 없으니, 어찌 알려드릴만한 것이 있겠습니까? 또 아이들은 재질이 둔한데다 교육 시기를 놓쳐서 풀어놓은 돼지에 지나지 않으니, 가증스럽습니다. 그런데 지금 창평(昌平)으로 조문 가는 길에 마땅히 찾아뵌다고 하니, 그 뜻이 가상합니다. 바라건대 한 차례 채찍질로 바로잡아 주어서 그로 하여금 감격하여 분발할 수 있게 해주시는 것이 어떠합니까?

돌아가신 선생의 문자는 어떤 것은 원본으로, 어떤 것은 등사본으로 부칩니다. 만약 빠진 것이 있다면 가을을 기다렸다가 조카와 함께 가지고 갈 계획입니다. 이 조카는 근래 또 천현행(天玄行)을 하느라 집에 없는데, 그는 매양 지난 해 정숙(正叔)의 소식을 저버린 것이 매우 한스럽다고 말하곤 합니다. 바라건대 절서에 따라 절선(節宣)377)하시길 빕니다. 갖추지 않고 편지 올립니다.

1920년 3월 6일에 아우 이종택(李鍾澤) 올림.

昨秋辱枉, 迄感不遐, 而厥後聲息, 又復涯角, 引領東望, 瞻注曷已? 謹詢, 春事向爛, 經體候連棣湛樂, 閤內諸節, 均輸吉慶? 仰切溯禱, 小選不懈. 弟, 汨沒塵窠, 不老而衰, 無一善狀, 何足浼聞者? 兒曺, 鈍質失敎, 不過放豚, 可憎也, 而今於昌平唁行, 謂當晉拜床前, 其意或可尙, 幸煩一度鞭繩, 俾爲感發之地, 如何如何? 先先生文字, 或本草, 或謄寫付呈, 如有遺漏, 第竢秋間, 若姪行爲計耳. 此姪近亦天玄行不家, 而渠每以去年辜負正叔信息, 爲深恨云耳. 惟祝因序節宣. 不備候禮. 庚申三月六日, 弟 李鍾澤 拜拜.

1920년 3월 6일에 이종택이 기락도에게 보낸 편지이다. 아들이 지금 창평(昌平)으로 조문 가는 길에 찾아뵌다고 하니 한 차례 채찍질로 감발할 수 있게 도와달라는 말과 기우만 선생의 수필(手筆)은 어떤 것은 원본으로, 어떤 것은 등사본으로 부친다는 말을 한 내용이다. 『송사집』은 1931년에야 간행되어 나왔지만 문집을 만드는 일은 기우만이 사망한 뒤 곧바로 이루어졌던 것이다.

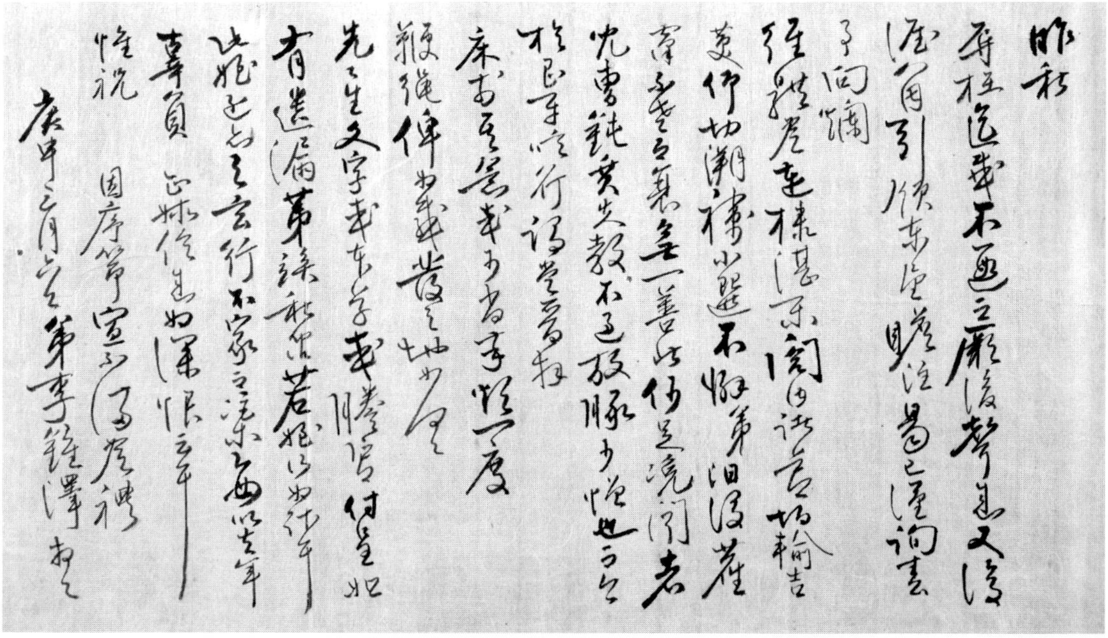

376) 애각(涯角) : 천애지각(天涯地角)의 준말. 하늘가와 땅 모퉁이가 아주 동떨어져 있다는 말.

377) 절선(節宣) : 신체의 긴장과 이완을 조절하여 흩어져 있거나 막혀 있는 기(氣)를 원활하게 소통시키는 일을 말한다. 『춘추좌씨전(春秋左氏傳)』 「소공(昭公)원년(元年)」에 "군자도 사시(四時)를 두어, 아침에는 정사를 처리하고 낮에는 어진 이를 방문하며, 저녁에는 조령(朝令)을 만들고 밤에는 몸을 편히 하면서, 이에 기운을 소통시키고 막히지 않도록 하여 그 몸을 드러낸다. [君子有四時, 朝以聽政, 晝以訪問, 夕以修令, 夜以安身, 於是乎節宣其氣, 不使有所壅閉湫底, 以露其體]"라고 하였다.

4. 김택주(金澤柱)의 편지

김택주(金澤柱, 1855~1926)[378]의 자는 평집(平執), 호는 연사(蓮沙)·회석(晦石), 본관은 경주(慶州)이다. 아버지는 태기(兌淇), 어머니는 해주오씨로, 남원군 수지면 연동마을에서 태어났다.

1894년 동학농민운동 때 가산을 잃고 1895년에는 가까운 구례 산동[당시 남원]에 은거하였으며, 1896년 기우만이 의병을 일으켰을 때 동참하여 화를 당한 후, 1897년 가을에 산동의 반평리에 서실을 짓고 가족들도 이주하였다. 5월에는 곽종석을 찾아가 스승으로 섬기었다.

그는 노사 기정진의 학설을 신봉하였고, 기우만과도 행동을 같이하고자하였다. 1902년 노사학설에 대해 논란이 일자, 박해창(朴海昌, 1876~1933)에게 편지를 보내 "리가 기의 주가 되고 기가 리의 부림의 되는 것은 해와 별처럼 명확한데 어찌하여 금일 노사의 <외필>이 의심난 바가 있다고 배척하는가?"라고 하며 노사를 변호하였다. 1905년 9월에는 기우만에게 편지를 하여 과거시험에 몰두하여 허송세월을 보내느라 노사선생 문하에서 훈육받지 못한 것을 항상 탄식했는데 노사의 제향에 참여하게 해주어 평생의 한을 조금이나마 풀게 되었다고 밝혔다. 그는『노사집』중간에도 적극 참여하였으며, 1902년 이후 곡성 도동고 강회에도 적극 참여하였다.

그의 문집으로는 후손이 정리한 초고본『회석유고(晦石遺稿)』1권이 남아있는데, 여기에는 1877년부터 1925년까지 지은 시 290수 가량이 시간 순으로 기록되어 있다. 특히 1877년부터 1887년까지 지은 시가 대부분이다.

고산서원에는 김택주가 기우만의 삼산재에서 지은 <삼산가훼십절(三山齋嘉卉十絶)> 차운시가 남아있는데, 여기에서는 10절 중 마지막 파초시만을 보겠다.

<三山齋嘉卉十絶·芭椒>	**삼산가훼십절 중 파초**
新枝新葉又新心	새 줄기와 새 잎사귀에 또 새 속잎이라,
憶昔橫渠寓一吟	옛날 장횡거를 기억하여 한 수 지어 기탁하네.
團扇苟能塵自蔽	부채 같은 잎은 속진을 스스로 가릴 수 있고,
展開樣子直前尋	펼친 모습 보니 높다랗게 쭉 뻗었네.

378) 김택주에 대해서는 김봉곤의 석사학위논문,「한말·일제시기 남원유생 김택주의 생애와 활동」이 있다.

김택주는 1905년에는 사는 곳에 종육재(鍾毓齋)를 지어 학동들을 가르쳤으며, 1910년에는 산동면에 사립지산학교를 세우려 하였고, 1908년에는 대동학회 활동을 하여 신학문에도 관심을 가졌으며, 1919년 곽종석이 대표하여 파리강화회의에 보냈던 파리장서에 서명도 하였다.

1921년에는 산동면 관산리 반평마을에 벽호정(碧壺亭)을 경영하였다. 벽호정은 훗날 주변에 세워진 운흥정(雲興亭)379)·방호정(方壺亭)380)과 함께 산동의 3대 정자가 되었을 것인데, 운흥정과 방호정이 지금까지 잘 남아 있는 것에 비해 아쉽게도 사라지고 없다. 아마도 많은 벗들이 차운시를 지었을 것인데, 잘 보이지 않는다. 벽호정이 있던 곳은 현재 지리산 온천 관광단지로 변해있다.

서시천 가 바위 위에 세워진 운흥정에 가보면 많은 현판이 걸려 있는데, 그중 김택주의 시도 한 수 보인다.

<寄雲興社> **운흥사에 붙임**

亭未成時詩欲成 정자 세우기도 전에 시 먼저 이루고자하니,

龍淵春水照心淸 용연의 봄물은 속까지 비치도록 맑네.

天慳翠石題群彦 하늘이 아낀 푸른 바위에 선비들이 시를 지으니,

長使行人眼忽明 오래도록 행인들의 눈을 밝게 할 것이네.

時方有築亭之議, 而余適嬰病未往, 倩草之誌. 丙寅暮春, 蓮沙 金澤柱

이때 바야흐로 정자를 세우자는 의논이 있었는데 나는 마침 병에 걸려서 가지 못하고 다른 사람을 시켜 글을 쓰게 해서 기록한다. 1926년 3월에 연사 김택주 지음.

김택주의 후기 시는 대부분 수합되지 못한 듯하다. 벽호정에 대한 시도 들어 있지 않고 위 시도 물론 들어있지 않다. 여기에서는 김택주의 누정시로 1921년에 지은 것으로 적혀있는 오봉정사 차운시를 보겠다.

<次林警堂顯周五鳳精舍韻> 辛酉 **임현주의 오봉정사에 차운하다(1918년)**

爲亭本意不投閑 정자를 세운 본뜻은 한가로이 지내기 위해서가 아니라,

379) 운흥정(雲興亭) : 구례군 산동면 시상리 서시천(西施川) 가에 있다. 1924년 양해석 등 4인이 산동면의 문인을 규합하고 창립계를 조직하였으며, 1926년에 운흥정을 건립하고 시회의 장소로 이용하고 있다.

380) 방호정(方壺亭) : 구례군 산동면 좌사리에 있다. 산동지역 문인 58명이 방호시사를 조직하고, 유림(儒林)들이 뜻을 모아 1930년에 방호정을 건립하였다. 석벽에 시사원의 이름이 새겨져 있다.

自是讀兵秋夜山　　이로부터 산속에서 가을밤 병서를 읽기 위함이네.

門外澄江嘘爽氣　　문밖에선 맑은 강물이 삽상한 기운 토해내고,

堂前叢竹掩眞顔　　당 앞에선 우거진 대나무가 주자 진영을 가리었네.

鄕園仍邈蛟城下　　향원은 이로 인해 교룡성(남원)과 멀어졌지만,

夢寐常從馬島間　　몽매간에도 대마도 사이에서 모시고 따르네.

歸客未逢林處士　　귀향객은 임처사를 만나지 못했으니,

南湖報鴈幾時還　　남쪽 소식 알리는 기러기는 어느 때나 돌아오려나.[381]

오봉정사는 구례군 문척면 금정리 섬진강 가에 있는 정자로, 경당(警堂) 임현주(林顯周, 1858~1934)가 1918년에 지은 것이다. 임현주는 면암 최익현의 문인으로, 1907년 순창 의거 12인 중 한 사람이다. 임현주는 순창에서 붙잡혀간 뒤 심한 고문으로 반신불수가 되어 돌아온 뒤 가산을 정리하여 남원에서 구례로 옮기고 오봉정사를 짓고 여기에 주자진영을 봉안했다. 임현주의 마음을 잘 표현한 시라고 할 수 있다.

한편 벽호정 시는 개인 문집에서 드물게 찾을 수 있는데, 우선 매천 황현의 동생 황원(黃瑗, 1870~1944)[382]이 지은 벽호정 원운시를 보겠다.

<碧壺亭元韻>　　**벽호정 원운시**

照人淮海氣　　사람 비추는 여울물에 바다 기운 어린 곳,

曲澗田頭臥　　굽이진 시냇가 밭머리에 누웠네.

晩暮屋巖阿　　만년에 바위 모퉁이에 집을 지으니,

晴峰案上多　　비갠 봉우리가 책상 위에 있을 때 많네.

孫曾爭短膝　　손자와 증손들 짧은 무릎을 다투고,

381) 『회석유고(晦石遺稿)』

382) 황원(黃瑗, 1870~1944)의 자는 계방(季方), 호는 석전(石田) 또는 강호여인(江湖旅人), 본관은 장수이다. 황진(黃進)의 후손이자, 황현(黃玹)의 아우로, 광양에서 태어났다. 17세에 구례 만수동으로 이거한 후 형을 그림자처럼 따르면서 시문을 배웠는데, 외모나 성격도 형과 흡사했다고 한다. 황원을 설명할 때는 언제나 형 매천(梅泉)과 함께 거론되곤 하는데, 그만큼 황원은 황현과 불가분의 관계에 있다고 할 수 있다. 매천이 자결한 후 매천의 순절을 적극적으로 대내외에 알렸고, 왕수환(王粹煥), 박창현(朴暢鉉), 권봉수(權鳳洙) 등과 함께 매천의 유집을 정리하고 이것을 중국 상해에 있는 창강 김택영(金澤榮)에게 보내서 간행하게 했다. 그는 일제강점기를 살아가면서 조카 황위현의 구례 3·1만세운동을 지원하였고, 신간회 구례지회를 조직하는데 일조하였다. 한편 여러 시사(詩社)를 만들어 시회활동을 통해 유민으로서의 한을 달래고, 호양학교 등에서의 교육활동을 통해 애국정신을 고취시켰다. 황원의 삶도 형 매천에 못지않게 비분강개하였는데, 형이 순절한 지 34년만인 1944년 음력 2월 절명시를 안고 저수지에 투신하여 생을 마감했다. 석전이 남긴 한시는 3000여수가 된다고 한다.

운흥정

伯仲和長歌	형제들은 긴 노래로 화답하네.
淸想無人識	맑은 생각을 아는 사람 없어,
停碁看鶴過	바둑 멈추고 지나가는 학을 보네.383)

시냇가 바위 위에 지은 벽호정에서 주인 김택주가 신선같이 사는 모습을 그린 시이다. 위 벽호정 차운시는 오준선의 『후석유고』에도 <次碧壺亭韻 寄金蓮史澤柱>라는 시가 한 수 있고, 안구섭(安久燮)384)의 「난곡유고(蘭谷遺稿)」에도 <次碧壺亭元韻> 시가 한 수 들어 있다. 또한 황원은 김택주의 죽음을 애도하여 다음과 같은 만시를 남겼다.

<金蓮沙挽>	**김연사의 죽음을 애도함**
天性本非巖穴叟	천성은 본래 암혈에 있을 노인 아닌데,

383) 홍영기 편, 『석전황원자료집1』, 순천대학교박물관, 2002, 70쪽.
384) 안구섭(安久燮, 1865~1932) : 자는 길보(吉甫), 호는 난곡(蘭谷), 본관은 순흥이다. 남원에 거주하였다. 안구섭의 문집은 『죽계세고』 속에 들어 있다.

如何不得立朝廷	어찌하여 조정에 서지 못하였나.
昂然氣骨如秋石	기골은 우뚝하여 가을날 바위와 같고,
突兀精神勃曙星	정신은 특출하여 샛별처럼 반짝였네.
一幅銘旌金處士	한 폭의 명정에 김처사라고 쓰였고,
百年遺蹟碧壺亭	백년의 유적으로 벽호정이 남았네.
可憐春盡蓮池畔	가련하게도 봄이 다한 연못가에는,
手植松篁帶舊靑	손수 심은 솔과 대 예처럼 푸른빛이네.[385]

뛰어난 실력을 갖추고도 산림에 묻혀 살다가 죽은 김택주를 슬퍼하고, 그의 유적이 벽호정으로 남아 있음을 밝혔다.

〈1916년 김택주(金澤柱)가 기락도에게 보낸 편지〉(고산)

머리 조아리고 아뢰니다. 동짓달 추위가 점차 심해지는데 전(奠)을 올리면서 형제들과 사는 생활은 잘 지탱하고 있는지요? 그렇게 되시길 매우 축원합니다. 택주 저는 엊그제 오지리에서 집으로 돌아왔는데, 쓸쓸한 감회가 더욱 심해짐을 깨닫겠으며, 다만 식솔들이 별탈이 없어서 다행입니다.

다름이 아니오라 장례지낼 땅은 근래 새로운 곳으로 정했으며, 저쪽에서도 또 감화되어 일이 잘 해결되었는지요? 알지 못해서 매우 답답합니다. 양례(襄禮) 때는 영호남의 사림들이 반드시 많이 모여들 것입니다. 노정이 먼 곳은 부고(訃告)와 계기(啓期)[386]를 미리서 함께 부쳐주시는 것이 알지 못했다는 탄식에 이르지 않을 것이니, 마땅히 그렇게 하시길 바랍니다.

면우(俛宇)와 강재(剛齋)[387] 두 댁에 보내는 부고는 저번에 이미 말씀 드렸는데, 돌아오는 길에 안자정(安子靖)[388]과 상의해보니, 연전에 유의암(柳毅菴)[389]과 이강재의 편지를 해외에서 대정(大庭)[390]에 부쳐올 때 면우 어른 또한 편지가 있어서 동봉해서 부쳐온 것을 자정이 상세히 안다고 합니다. 그러니 안면이 없는 것처럼 빠뜨릴 수 없음을 제 말을 기다리지 않고도 명백히 알 수 있는 일입니다.

385) 홍영기 편, 『석전황원자료집1』, 155쪽.
386) 계기(啓期) : 계빈(啓殯)의 시기. 계빈은 발인(發靷)할 때 출구(出柩)하기 위해 빈소를 여는 것을 말한다.

평소에 면우 어른이 대정을 애모한 것이 다른 사람보다 뒤이지 않았기 때문에 우리 사림들이 서로 믿는 처지에 말을 하지 않을 수 없어서 말하니, 깊이 헤아려주시는 것이 어떻습니까? 인편이 매우 바빠해서 대략 이와 같이 아룁니다. 다만 억지로 죽이라도 드시고 예제를 따르기를 빕니다. 갖추지 않고 삼가 편지 올립니다.

1916년 11월 8일에 김택주(金澤柱) 올림.

頓首言. 至寒轉劇, 侍奠棣體節哀萬支? 仰祝仰祝. 澤柱, 再昨自梧支還巢, 踽凉之懷, 益覺轉深, 而只以率下無警爲幸. 第襄地近得新占, 而彼邊亦感化而歸好否? 未知甚鬱耳. 襄禮時, 嶺湖士林 必多赴會矣. 程途隔遠處, 則訃告與啓期, 預爲幷付, 無至不知之歎, 甚當甚當. 俛宇剛齋兩宅訃告, 向已提說, 而歸路相議於安子靖, 則年前柳毅菴李剛齋之書, 自海外付於大庭時, 俛宇丈亦有書, 同封而付之, 子靖詳知之云, 未可以無面闕如也. 不待賤言而明辨矣. 平昔俛丈之愛慕於大庭, 不后於人, 故吾林相孚之地, 不能無言, 深燭之如何? 有便甚駛, 略此仰告, 祇企强加饘粥, 俯從禮制. 不備謹疏上. 丙辰十一月初八日, 金澤柱 拜疏.

1916년 11월 8일에 김택주가 기락도에게 보낸 편지이다. 송사 선생을 장례지낼 땅은 근래 새로운 곳으로 정했는지를 묻고, 양례(襄禮) 때는 영호남의 사림들이 반드시 많이 모여들 것이니, 노정이 먼 곳은 미리 미리 보내서 알려주고, 특히 면우 곽종석 댁과 강재 이승희 댁에는 빠뜨리지 말고 꼭 부고를 보내라는 말을 한 내용이다.

387) 강재(剛齋) : 이승희(李承熙, 1847~1916)를 말함. 자는 계도(啓道), 호는 강재(剛齋)·대계(大溪)·한계(韓溪), 본관은 성산(星山)이다. 아버지는 성리학자 이진상(李震相)이다. 1905년에 을사늑약이 체결되자 을사오적의 처형과 조약의 파기를 요청하는 상소를 올려, 그해 12월 대구경찰서에 구금되었다가 이듬해 4월에 석방되었다

388) 안자정(安子靖) : 안훈(安壎)을 말함.

389) 유의암(柳毅菴) : 유인석(柳麟錫, 1842~1915)을 말함.

390) 대정(大庭) : 여기에서는 아버지인 기우만을 가리킴.

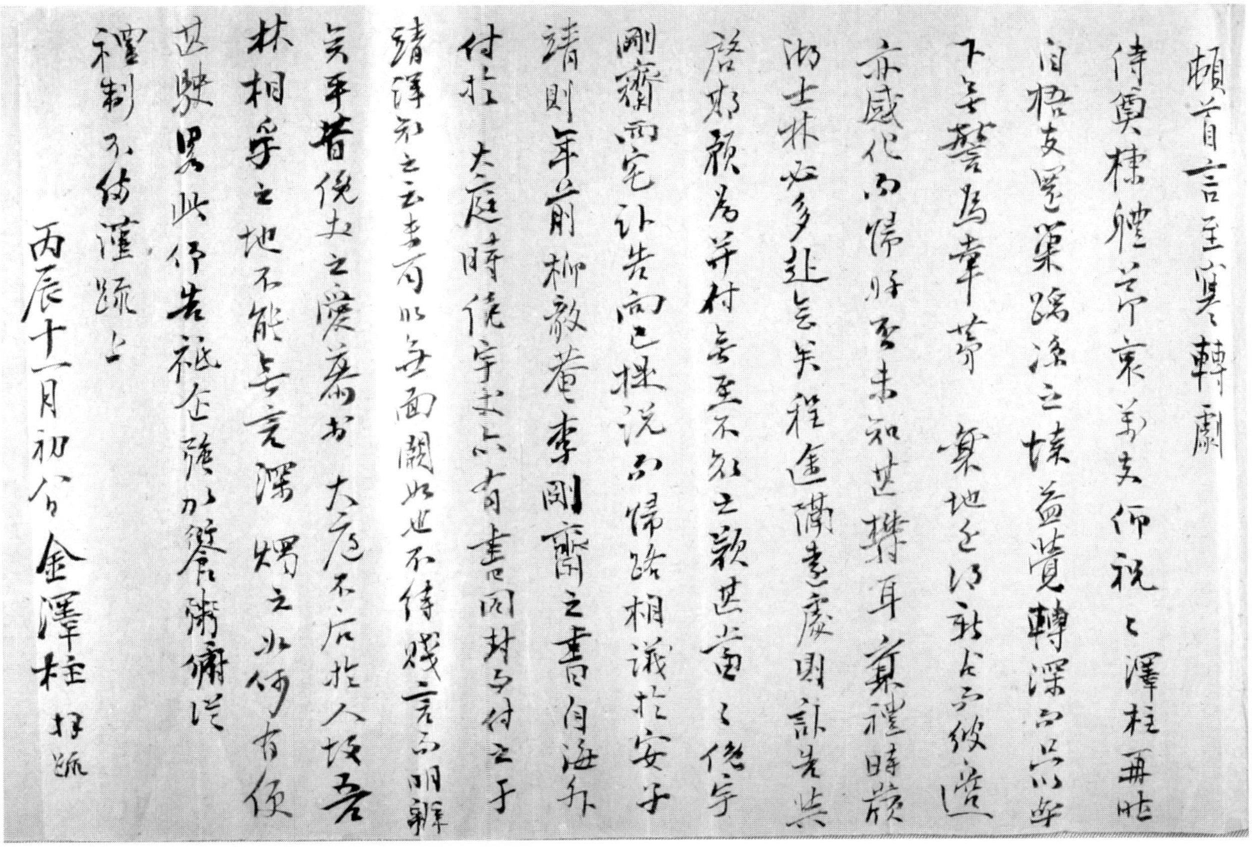

5. 이광수(李光秀)의 편지

이광수(李光秀, 1873~1953)의 자는 미중(美中), 호는 옥산(玉山), 본관은 전주이다. 양녕대군의 후손이며 이최선의 손자이자 승학(承鶴)의 아들로, 담양군 대덕면 장전리에서 태어났다. 가학의 전통을 이어 기우만의 문하에서 수학하였으며, 영재 이건창이 보성에 귀양 왔을 때 가서 시문을 공부했다. 1900년 경의문대(經義問對)로 과거에 합격하여 성균관박사가 되었으며, 을사늑약이 이루어지자 나인영, 오기호, 윤주찬 등과 함께 을사오적을 암살하려다 이루지 못하고 진도에 귀양갔고 1년이 못되어 풀려났다. 고종과 순종의 인산 때 차비관을 지내고 가자되어 통훈대부에 올랐다.

1900년 노사의 시호를 받은 일에서나 1902년 『노사집』의 간행으로 시끄러울 때 여론을 가라앉힌 점이나 고산사를 세운 일 등에서 힘써 주관하였다.

유집으로 『옥산집(玉山集)』 7권 2책이 있는데, 1959년 김문옥(金文鈺)의 서문과 1962년 기노장(奇老章)의 발문을 받아 연활자본으로 간행되었다. 여기에는 시 110여 수와 소(疏) 1편, 서(書) 36통, 삼산채약록서(三山採藥錄序) 등 서(序) 16편, 문일정 이건기 등 기 44편, 잡저 15편, 발 10편, 제문 15편, 지장문 12편 등이 실려 있다. 부록에 가장과 묘갈명이 붙어있는데 묘갈명은 김종가(金種嘉)가 찬술하였다.

문집에 실린 시는 양은 많지 않은 편이지만, 연결성이 있는데다 제목에 설명이 잘 붙어있어서 시를 짓게 된 상황을 잘 이해할 수 있다. 그의 시는 <정미년 6월 14일에 진도 적소에 도착하다[丁未六月十四日, 到珍島謫所]>라는 것부터 시작하는데, 계속해서 진도 적소에서 지은 시가 이어지고 있다. <적중희필(謫中戱筆)>이란 시는 진도 적소에서 16사람이 운을 나누어서 짓되 16자로 16체를 16엽에 글자를 쓴 것인데, 이때 참석한 사람은 김대진, 정만조, 이기, 윤충하, 윤주찬, 오기호, 서창보, 송대관, 박진원, 이광수, 이우명, 정인국, 서정희, 김인식, 최동식, 김영채 등이었고, 이중 박진원은 진도 선비임을 밝혔다. 즉 이광수는 1907년 자신회 사람들과 함께 을사오적을 처단하려다가 사전에 발각되어 감옥에 갇혔고 대부분 진도에 귀양 보내졌다가 그해 11월에 석방되었었다.

갑오년 동학도의 소요가 있었을 때 가솔들을 거느리고 방장산의 고무릉(古武陵)으로 피하였는데 동문 노숙인 조성가 선생의 집에서 기대 살다가 다음해 봄에 집으로 돌아올 때 이별하면서 선생의 손자 복재(復齋) 조용숙(趙鏞肅)과 시를 지었다는 내용도 있고, 금강산을 유람하면서 지은 시도 연이어 실려 있다.

그는 또한 삼산재에서 공부를 하면서 지은 시가 연이어 있는데, <입삼산(入三山)> 시부터 시작하여 삼산재 구곡시와 십훼시(十卉詩), 그리고 <삼산재파하연귀(三山齋罷夏硏歸)>에서 끝을 맺었는데 모두 23수가 연이어 있다. 여기에서는 그가 삼산재에서 여름 공부를 끝내고 돌아가면서 지은 시를 보겠다.

<三山齋罷夏硏歸>	**삼산재의 여름 강회를 파하고 돌아가면서**
甡甡諸子摠年芳	수많은 제자들 모두가 꽃다운 나이라,
同室芝蘭久襲香	지란과 한 방에서 오랫동안 향기 입었네.
炊飯蒸沙憐學味	모래를 쪄서 밥을 지어도 배우는 맛 사랑하고,
看雲步月感秋光	구름보고 달빛 아래 걸어도 가을빛을 느끼네.
泳回上下魚千里	위아래를 빙빙 돌면서 물고기가 천리를 헤엄친 듯,[391]
來去西東燕一堂	동서로 오고 가면서 제비가 같은 집에 깃드는 듯.
再會前期知不遠	다시 만날 때가 멀지 않았음을 알겠으니,
籬邊晩菊隔重陽	울타리 가에 국화 피는 중양일 전이라네.[392]

〈1920년 이광수(李光秀)가 기노선에게 보낸 편지〉(고산)

지난달에 심부름꾼에게 보내주신 편지는 지금까지도 매우 감명하고 있는데, 그때 어수선함과 병으로 인해 즉시 답장을 쓰지 못했습니다. 또 가까운 시일에 한 번 찾아가려고 했던 것인데 이미 달이 지나도록 그러지 못했습니다. 단지 답장이 늦은 죄만 남았으니, 어찌 답장이 없는 것에 대한 의심에 이르지 않겠습니까?

하늘이 비를 아낀 까닭에 농가에서는 비 오기만을 바라고 있는데, 우러러 생각건대 이때 형제들과 사는 형의 생활은 만 가지로 좋으시고, 제 동생[393]도 옛날과 같은가요? 매우 듣고 싶습니다.

어제 계선(繼善)형이 남쪽에서 보낸 편지를 보았는데, 이 형이 선사(先師)를 위해 길지를 무이산(武夷山)[394] 아래에 얻었으며, 곁에 있던 사람도 좋다고 했다고 하는데, 형께서도 함께 가

---

391) 어천리(魚千里) : 어항 속에 담긴 물고기가 그 주위를 돌아다니면서 몇 천리나 되는 것처럼 오인하고 노닌다는 뜻. 『관윤자(關尹子)』「우(宇)」에 "以盆爲沼, 以石爲島, 魚環游之, 不知其幾千萬里而不窮也."라고 하였다.
392) 『옥산집(玉山集)』「시」
393) 이광수의 누이가 기우만의 아들 기락도(奇洛度)에게 시집갔다.

서 땅을 살펴보셨을 것이니, 대저 어떠하던가요? 길지를 얻었다면 성효(誠孝)에 부응한 것인데, 여쭙는 것이 비록 도리가 아니라고 할지라도 칭가(稱家)[395]하지 않은 것에 대해서는 어찌 관심 문제가 아니겠습니까? 일우(一盂)로 도모한다고 했다는데 뒤탈이 없는 방침은 생각해두고 있는지요? 일이 가을일 뒤에 있으니, 조만간 마땅히 찾아뵙고 들을 것이지만, 병으로 칩거하기 때문에 먼저 여쭙는 것입니다.

저는 중성(重省)[396]께서 근근이 보존하고 계시고, 녹록한 이 몸은 근래 위독한 증세를 거쳤는데, 하루 사이에 피를 토하길 6~7차례나 하며 인사(人事)를 이루지 못하여 온 가족을 몹시 놀라게 했습니다. 마침내 설사병이 되었다가 지금은 조금 나아졌지만 복통이 있을 것이기 때문에 밥을 먹을 수가 없고 다만 죽으로 연명하고 있을 따름입니다. 병이 조금 나아지면 찾아갈 계획입니다.

대개 양례(襄禮)를 치른 후에는 지관에게 보이지 않은 것이 옳습니다. 그러므로 묘자리를 잡을 때 이름난 지관을 불러서 물어보는 것이 좋을 것이니, 광범위하게 알아보고 널리 물어보는 것이 어떻겠습니까? 동복 야사리(野沙里)의 하성중(河聖中) 형은 이기(理氣)를 하는 법문(法門)인데, 제가 알기로는 그 정로(正路)를 얻은 사람이니, 형이 그에게 한 번 봐주라고 청하십시오. 그러시길 매우 바랍니다. 왕래할 때 한 번 찾아주시길 바랍니다. 어지럼증이 심해서 이만 줄입니다. 경년(1920년?) 5월 9일에 아우 이광수(李光秀) 올림.

그곳의 우편은 항상 더디기 때문에 편지를 계선(繼善)형의 편지 속에 넣어서 빨리 전해주라고 시켰는데, 어느 때나 보시게 될지 모르겠습니다.

去月書伻崇函, 至今銘感, 而其時因撓因病, 未卽修謝. 且擬從近躬討矣, 已閱月而未遂, 只餘稽謝之罪, 得無致疑於無報也耶? 天其惜雨, 農家望望, 仰惟此時, 兄棣體萬重, 我弟卒依如昔乎? 願聞願聞. 昨見繼善南庄發書, 此兄爲先師得吉地於武夷山下, 傍人亦云好, 想兄其同往審地, 而大抵何如也? 得吉則誠孝所副, 而問仰雖非道理, 其於不稱家, 豈非關心問題乎? 以一盂圖之云, 善後方針, 入于商量否? 事在秋成後, 則早晏當拜聽, 而病蟄故先此仰問. 弟, 重省僅保, 而碌碌殘軀, 近經危症者, 一日之間, 瀑血六七次, 不成人事, 閤家動驚, 竟爲痢今稍緩, 度腹痛故不喫飯, 只以粥延命而已耳. 病少可則進拜爲計. 而大凡經襄後, 不見于地師可也. 占山日邀名師叩之爲好, 廣延廣諏如何? 野沙河聖中兄, 理氣法門, 吾知其得正路, 則兄其一往請見, 至禱至禱. 來往間一枉更禱耳. 眩甚, 不備候. 庚之五月九日, 弟 李光秀 拜手.

那上道郵常遲, 故書入于繼善兄書中, 使之速致, 未知何時入照否也.

1920년? 5월 9일에 이광수가 기노선에게 보낸 편지이다. 선사(先師)를 위해 길지를 무이산(武夷山) 아래에 얻었다고 하는데 어떠한지를 묻고, 대개 양례(襄禮)를 치른 후에는 지관에게 보이지 않은 것이 옳기 때문에 묘자리를 잡을 때 이름난 지관을 불러서 물어보는 것이 좋으니 동복 야사리(野沙里)의 하성중(河聖中) 형이 잘 보니 그에게 청해보라는 말을 한 내용이다. 선사는 기우만을 말하며, 1916년 12월에 덕만(德巒)에 묻혔다가 뒤에 순창군 구림면의 무이산에 묻혔다. 이 편지는 전체적인 정황으로 보아 경신년(1920)에 발송된 편지로 보인다. 한편 기우만의 묘갈명은 이광수가 지었다.

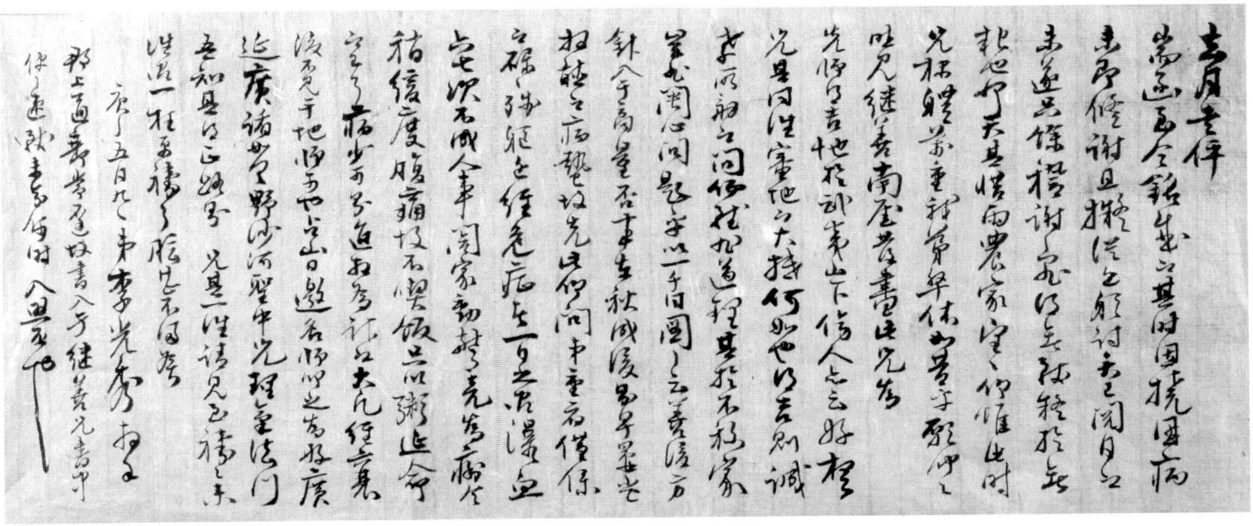

394) 무이산(武夷山) : 순창군 팔덕면 청계리와 구림면 구곡리 경계에 있는 산 이름. 높이 해발 557.5m. 기우만의 묘가 이곳에 있다.

395) 칭가(稱家) : 집의 재산이 있고 없음에 따라 알맞게 함[稱家有無]. 자유(子游)가 장례 도구에 대해 묻자 공부자께서 말씀하시길 "가산(家産)의 있고 없음에 맞추어야 한다.[子游問喪具, 夫子曰, 稱家之有亡.]"라고 했다.(『예기(禮記)』「단궁(檀弓)上」)

396) 중성(重省) : 조(祖)·부(父) 양대를 모시는 일 또는 양대의 건강.

6. 양회갑(梁會甲)의 편지

양회갑(梁會甲, 1884~1961)의 초명은 회을(會乙), 자는 원숙(元淑), 호는 정재(正齋), 본관은 제주(濟州)이다. 학포(學圃) 양팽손(梁彭孫)의 후손으로, 아버지는 재덕(在德)이다. 능주 이양면 초방리에서 태어난 그는 재주와 지혜가 총명하고 영특하여 문리를 일찍부터 성취하였다. 6세부터 할아버지에게서 글을 배웠고, 일신재 정의림과 월파 정시림의 문하에 출입하며 경전의 뜻을 연구하였다. 송사 기우만에게도 집지하여 근사록(近思錄), 태극도설(太極圖說), 서명(西銘) 등을 질문하여 학문을 하는 진수를 얻어 들었다.

노사 기정진의 성리설이 간재 전우 등에 의해 비판을 당하자 <변외필후변(辨猥筆後辨)>을 지어서 큰 스승의 학설을 외호하였고, 스승인 송사 기우만이 사망한 후에는 그의 문집을 편차하였으며, 『송사집』 간행을 주관하였다. 뒤에 기우만의 연보와 행장을 찬하여 『송사선생문집부록』을 만들기도 하였다.

유집으로 『정재집(正齋集)』 16권 7책이 있는데, 활자본으로 1965년에 간행한 것이다. 서문은 여창현이 쓰고, 발문은 김규태가 썼다. 여기에는 시 700여수, 편지 330여 통, 잡저 23편, 서(序) 73편, 기(記) 69편, 발·상량문·축문 등 94편, 제문 등 53편, 묘도문 111편, 행장 등 45편 등이 실려 있고, 부록에는 기노장이 찬한 행장과 홍석희가 찬한 묘갈명 등이 수록되어 있다.

그가 태어난 이양면 초방리에 죽림재(竹林齋)가 있는데, 이는 백부 만취(晚翠) 양재학(梁在鶴, 1855~1939)과 친부 현재(弦齋) 양재덕(梁在德, 1865~1943) 형제가 세운 곳이다. 양회갑은 여기에서 학문을 닦고, 또 여기에서 후학을 가르치길 게을리 하지 않았다. 죽림재는 현재 없어지고 그 후손 집에는 단지 양재학이 지은 <죽림재원운 병소서(竹林齋原韻幷小序)> 현판 1개만 보존되어 있다. 이 글에 의하면 죽림재는 1901년에 처음 지었고, 1925년에 다시 중수하였음을 알 수 있다.

양회갑은 1925년에 죽림재를 중수하고 <을축중수후속음(乙丑重修後續吟)> 2수를 남기고, 또 다음과 같은 시도 지었다.

<竹林齋韻>	**죽림재 시**
創新書舍俯篁林	새로워진 서사가 대숲을 굽어봄에,
有斐成章學古心	문채있는 문장 이루어 옛 마음을 배우네.
霽月光風同灑落	제월광풍이 함께 쇄락하니,

仁山智水著高深　　어진 이 산 좋아하고 지혜로운 이 물 좋아하는 것 높게 드러나네.
明燈秋夜伊吾習　　가을밤엔 등 밝혀 소리 내어 글 익히고,
携酒春園暢敍吟　　봄 동산에선 술병 들고 마음 터놓고 읊조리네.
除是桃源開別界　　이것이 도원의 별천지 열린 것 아닌가,
肯敎漁子更來尋　　기꺼이 어부로 하여금 다시 찾게 하네.[397]

죽림재는 공부하는 곳이기도 하고 또 자연과 함께 풍류를 즐기는 곳이기도 함을 표명했다. 죽림재에 대한 시는 정의림의 『일신재집』, 고익주의 『규암유고』, 황철원의 『중헌집』, 배현기의 『인산재집』, 양회락의 『동계당유고』, 양상엽의 『포운집』, 임태주의 『성재문집』, 조인석의 『석정집』 등에서 볼 수 있다. 이밖에도 양회갑은 <죽림정사우음>과 <죽림잡영16절> 등을 더 지었다.

그는 죽림재 외에도 많은 누정에서 시문을 남겼는데, 물염정, 망미정, 무진정, 영모재, 한후정, 후산정사, 송석정, 삼지재, 학포당, 임대정, 오산정사, 봉양재, 남강정사, 담락정, 지은정사, 영벽정, 쌍벽정, 벽산정사, 양곡정사, 염수재, 명학정, 소월정 등이다.

현재 화순군 이양면 초방리에는 고강사(高岡祠)가 있는데, 죽림재와 한 구역으로, 양회갑이 1946년에 세운 곳이다. 그는 여기에 노사 기정진과 송사 기우만을 향사하였으며, 사후에는 자신도 여기에 함께 배향되었다.[398] 현재 고강사는 찾아오는 이 없이 거의 폐허로 남아있다.

고산서원에는 양회갑이 보내온 편지 23통이 소장되어 있다.

〈1929년 양회갑(梁會甲)이 기노선에게 보낸 편지〉(고산)

가을과 겨울 사이에 소식이 완전히 막힌 탓에 서글프게 그리는 마음 간절합니다. 오늘은 양(陽)이 생하는 날인데, 삼가 존당(尊堂)[399]의 기력은 강녕하시고, 부모님도 기쁘게 잘 모시고 있으며, 사촌(沙村)[400]의 소식도 계속해서 이어지고 있는지요? 멀리에서 염려됨을 감당할 수 없습니다.

저는 아버지는 건강하시지만 어머니는 그렇지 못하셔서 기쁨과 근심이 교차합니다. 매양 찾

397) 양회갑, 『정재집(正齋集)』 권2 「시」
398) 양회갑은 고강사를 세운 후 <고강사가 이루어짐에 삼가 회헌안선생부자묘 시에 차운하다[高岡祠成 敬次晦軒安先生夫子廟韻]> 5수를 남겼다.
399) 존당(尊堂) : 상대방의 어머니를 높이 부른 말.

아가서 마음을 터놓고 얘기하려고 하지만 이처럼 자잘한 일로 좌절되는데, 형께서도 이 마음과 이 형세를 알 수 있으니, 더 죄를 주진 않겠지요? 생각을 어루만지며 스스로 슬퍼함이 실로 어떻게 말을 해야 할지 모르겠습니다.

선사문집(先師文集)[401]을 간행하는 일은 어떻게 해나가고 있는지요? 한바탕 선비들이 모임을 가져서 그 기한을 정했는지요? 연보는 항상 마음에 차지 않아서 이쯤에서 다시 정정을 해야겠으나, 매양 고루(孤陋)하다는 탄식만 간절하고, 형과 한자리에서 의논을 하지 못한 것이 한스럽습니다. 그러나 무릇 선현의 문자를 찬술할 때는 마땅히 연기(年紀) 순서대로 기입을 해야 하므로, 연조(年條)가 상세하지 못한 것은 형에게 번거롭게 아뢰니, 형이 널리 물어봐주는 것이 어떤지요?

후석(後石)어른께서 월전에 편지를 보내어 연보를 구하셨는데, 다시 베껴서 올린다고 말씀드렸습니다. 그런데 갑자기 베껴내기가 어려우니, 귀중(貴中)에 있는 것을 먼저 그 어른께 보내주신다면, 여기에서 다시 정정한 것에 이어서 별초(別抄)까지 하여 올릴 계획입니다. 그러니 빠른 편으로 보내주시는 것이 어떻습니까?

도존계(道尊契)는 11월 5일이 원강일(元講日)이었으나, 또 시행할 수 없는 일이 있기 때문에 뒤로 물려서 다음달 3일에 하기로 하였습니다. 이날은 예대로 선생 시에 화운하여 안석 속에 소장해두었다가 훗날 살피고자 하니, 형은 모름지기 재삼(在三)형과 화운해서 보내주시는 것이 어떤지요? 그 시는 곧 <송객우제(送客偶題)>[402]와 <사사일부학유명2절(思思一副學由明二絕)>[403]입니다. 살펴보시면 아실 것입니다. 나머지는 등불아래에서 대충 쓰면서 이만 줄입니다, 살펴주십시오.

1929년 11월 동짓날 저녁에, 아우 양회갑(梁會甲) 드림.

秋冬之間, 信音全阻, 悵懷政爾. 卽日陽生, 伏惟尊堂氣力康重, 省歡愉悅, 沙村信息續續, 遠外懸渴, 不任滾注. 弟, 嚴寧慈欠, 喜悶交切. 每計晉攄, 坐是屢廢, 兄能知此心此勢, 不加之誅耶? 撫念自悼, 實不知何以爲辭. 先師文集, 何以經紀? 一番儒會, 定有其期否? 年譜, 常有不滿於心, 自此更爲增證, 而每切孤陋之嘆, 恨不與兄一座商議. 然而凡撰先賢文字, 當逐年記入, 年條不詳, 仰煩于兄, 博詢如何? 後石丈, 月前下書, 求見年譜, 仰告以更寫以上矣. 猝難謄出, 在貴中者, 姑先送上于那丈, 則此更證者, 續當別抄, 以上爲計, 從近致納如何? 道尊契, 至望爲元講日, 而又有不得行底, 故退以來月初三日, 此日例有和先生詩, 藏之几中, 爲後日考, 兄須與在三兄和送如何? 其詩卽送客偶題, 及思思一副學由明二絶也, 考可詳矣. 餘火下走草, 不備, 惟雅照. 己巳閉關夕, 弟 梁會甲 拜拜.

1929년 11월 동짓날 저녁에 양회갑이 기노선에게 보낸 편지이다. 선사문집(先師文集)을 간행하는 일은 어떻게 해나가고 있는지를 묻고, 도존계(道尊契)는 11월 5일에서 12월 3일에 미루었고, 이날은 예대로 스승 시에 화운하여 안석 속에 소장해두었다가 훗날 살피고자 하니, 화운시를 보내달라고 말한 내용이다. 여기에서 선사문집은 송사 기우만의 문집을 말한 것으로, 『송사집』은 1931년에 간행되었는데 이때부터 시작되고 있었음을 짐작할 수 있다. 기우만의 행장과 연보는 양회갑에 의해 1933년경에 지어졌으나 일제의 감시로 간행되지 못하다가 1947년에 비로소 담대헌에서 『송사선생문집부록』으로 간행되었다.

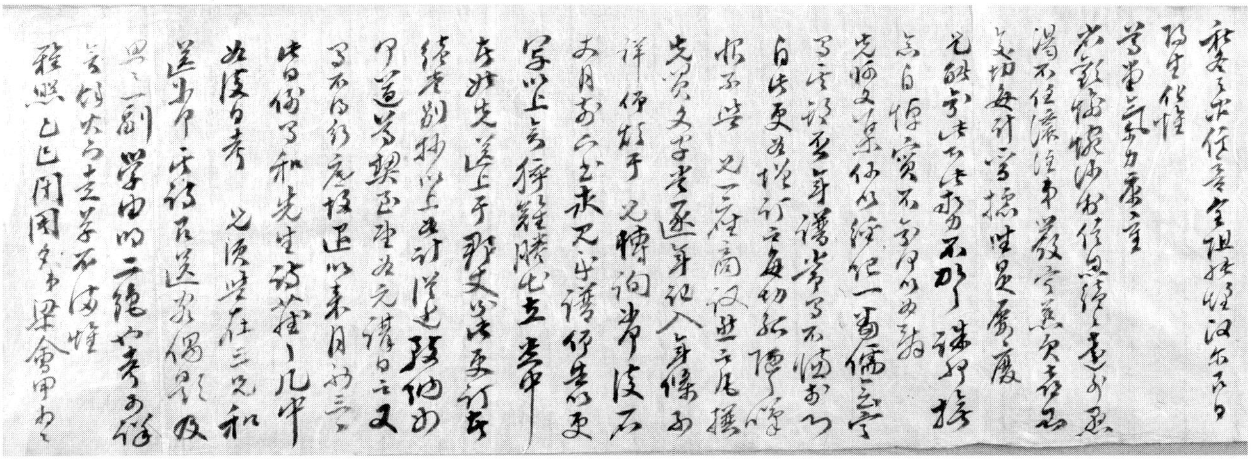

400) 사촌(沙村) : 남원 사석리

401) 선사문집(先師文集) : 기우만의 문집인 『송사집(松沙集)』을 말함.

402) 송객우제(送客偶題) : 『송사집(松沙集)』 권1 「시」에 <송객우제(送客偶題)>가 실려 있다.

明氣立門正咄嗟, 昆侖看理自名家

更願驗他庭上樹, 桃桃李李各生花

403) 사사일부학유명2절(思思一副學由明二絶) : 『송사집(松沙集)』에 실려 있지 않다.

7. 정기(鄭琦)의 편지

정기(鄭琦, 1879~1950)의 초명은 재혁(在赫), 자는 경회(景晦), 호는 율계(栗溪), 본관은 서산(瑞山)이다. 아버지는 환우(煥禹)로, 경남 합천 율진에서 태어났고, 1899년 21세에 정재규(鄭載圭)의 문하에서 수학하였다. 유고로 『율계집(栗溪集)』 22권 11책과 목록 1책이 있는데, 1953년에 문인 김문옥과 김규태 등에 의해 석인본으로 간행되었다. 여기에는 서·발문은 없고, 시 600여수 등이 실려 있다. 정기의 시는 시간별로 편집이 되어 있어서 대체적으로 시만 가지고도 정기의 삶의 궤적을 엿볼 수 있다.

그는 스승이 만년에 강학할 공간이 없는 것을 안타깝게 여겨서 여러 제자들과 힘을 합쳐 노백서사를 건립하는 데 주도적 역할을 했던 것으로 보인다. <노백서사신성(老柏書舍新成)>의 소서에서 "우리 노백선생께서는 임천에서 곤궁하게 사시면서 장수(藏修)할 하나의 집도 없어서 제자들이 병으로 여겼다. 지난 갑진년(1904) 봄에 급문제자들이 서로 모여서 약간의 재물을 모으고 열심히 경영하여 6년이 지난 기유년(1909) 중동(仲冬)에 비로소 신축에 들어가고 다음해 경술년(1910) 모춘에 낙성을 하였다."라고 하였다.

정기의 학문적 수준을 볼 수 있는 잡저 속에는 <외필후변변(猥筆後辨辨)>, <변간재시제생설(辨艮齋示諸生說)>, <산방수차(山房隨箚)>, <변전간재관정백헌집외필변변(辨田艮齋觀鄭柏軒集猥筆辨辨)> 등이 앞에 실렸는데, 모두 간재 전우가 논박한 이론에 대해 변론한 내용이다. 그는 <외필후변변(猥筆後辨辨)>에서 이 글을 지은 뜻을 다음과 같이 밝혔다.

> 옛날 내가 계상(溪上)에 있을 때 전간재(田艮齋)가 지은 <외필변(猥筆辨)>이란 것을 볼 수 있었는데, 대개 논한 것이 멋대로 방자하게 허물을 찾아내는 것으로, 외필에서 논한 '지금 사람의 폐단'이란 것 일체를 율곡(栗谷)에게 돌리고 또 주자(朱子)에게 돌려서 기척(譏斥)함이 매우 심했다. 또한 그것을 조목조목 변(辨)을 하여 지금 이미 간행된 것이 세상에 돌고 있다. 근래 또 소위 '후변(後辨)'이란 것을 얻어서 보니, 논한 것이 곧 '전변(前辨)'을 그대로 따라한 것으로, 경솔하고 방자하게 입에서 나온 대로 꾸짖으며 욕하고 배척하며, 또 게다가 한 술 더 떠서 직접 지적해서 '피왈(彼曰)', '씨왈(氏曰)'이라고 하여 위는 거만하고 가운데는 잘못되었으며 아래는 미혹된 죄를 방자하게 짓고서도 성토한다는 것으로 자처하고 있다. 진실로 한 번 웃어버리기에도 차지 않은데 그것에 대해서는 선사께서 이미 다하였

다. 그러나 선사께서 미처 보지 못한 몇 조목을 다음과 같이 변론한다.[404)]

1905년에 을사조약이 체결되자, 면암(勉菴) 최익현(崔益鉉)을 도와서 동지를 규합하였다. 스승이 별세한 후 1914년에는 합천 무산에 무산정사(武山精舍)를 짓고, 강학을 하였는데, 제자들에게 학규십조(學規十條)를 지어서 훈계였다. 이때 지은 <무산정사 12영>이 남아있다. 1921년과 1922년에는 국권회복을 위해 중국 만주를 오고갔다. 1921년에는 장춘역과 길림성을 다녀오고, 1922년에는 요양까지 다녀오면서 그때 지은 많은 시가 남아 있다. 다음은 요양에 가면서 읊은 시 중 한 수이다.

<泣我國流民>	**우리나라 유민을 곡하다(2수 중 1수)**
落葉飄颻塞外天	낙엽이 휘날리는 국경 밖의 하늘에
式微身世泣風泉	식미[405)]한 신세로 풍천[406)]의 감회에 우네.
國滅君亡何所適	나라와 임금이 멸망했으니 어느 곳으로 갈거나.
形單手赤更堪憐	외로운 몸에 가진 것 없으니 더욱 가련하구나.[407)]

나라 망한 백성이 이역에서 느끼는 외롭고 처량한 느낌이 눈시울을 뜨겁게 만든다. 이후 지은 <화동역대가(華東歷代歌)>는 아무나 따라할 수 없는 장시(長詩)로서 그의 역사의식을 엿볼 수 있다.

1927년 49세 때에는 구례로 이사하게 되는데, 이때 여섯 집안을 거느리고 함께 왔으며, 그 중에 효당 김문옥, 고당 김규태도 포함되어 있다. 이와 관련한 시가 문집에 들어 있는데, 제목에서 <정묘년(1927) 7월 1일 밤 꿈에 구례에 복거할 일에 대해 벗들과 의논하고 있는데 계상(溪上)의 선생께서 이때 방안에 계시면서 그것을 듣고 기쁜 낯빛으로 말씀하시길 "구례는 산수가 좋고 전야가 트여서 살만한 곳이다. 어찌 다시 의심하여 당설이고 있는가?"라고 하셨다. 깨어나서 부 2절을 지었다.>라고 길게 설명을 하였다. 아마도 일본인의 눈을 피해 이사한 것으로 보인다.

그가 이사 온 곳은 구례 운조루가 있는 오미리 마을이다. 여기에 덕천정(德川亭)을 짓고 강학을 계속하면서 계획적으로 경관을 읊었다. 이 마을은 1776년에 낙안군수를 지낸 유이주(柳爾胄)가 운조루(雲鳥樓)를 건립하면서부터 마을이 형성되었다고 한다.

---

404) 『율계집(栗溪集)』 권11 「잡저」
405) 식미(式微) : 『시경(詩經)』 「패풍(邶風)」의 편명으로, 나라의 형세가 쇠미(衰微)해져 망할 위기에 처한 것을 노래하였다.
406) 풍천(風泉) : 『시경(詩經)』 편명인 「비풍(匪風)」과 「하천(下泉)」을 지칭하는 것으로, 현인이 국가의 쇠망을 걱정하는 내용임.
407) 『율계집(栗溪集)』 권1 「시」

당시 구례에는 매천(梅泉) 황현(黃玹, 1855~1910)과 그의 동생 석전(石田) 황원(黃瑗, 1870~1944), 그리고 해학(海鶴) 이기(李沂), 유당(酉堂) 윤종균(尹鍾均), 이산(二山) 유제양(柳濟陽), 묘원(卯園) 허규(許奎, 1861~1931), 운초(雲樵) 왕수환(王粹煥) 형제, 지촌(芝村) 권봉수(權鳳洙, 1872~1940) 형제, 경당(警堂) 임현주(林顯周) 등이 활동했거나 활동하고 있었고, 이들에 의해 많은 시사(詩社)도 생겨나고 있었다. 특히 1927년에는 매천의 문인이나 후학들 13인이 매월음사(梅月吟社)를 조직하기도 하였다. 정기도 이 분위기에 영향을 받은 것으로 보인다. 그의 문집에는 <용호정차판상운(龍湖亭次板上韻)>이란 시가 있는데, 이런 사실을 단적으로 잘 보여준다고 할 수 있다.

<龍湖亭次板上韻>	**용호정에 걸린 액자 시에 차운하다**
百尺高樓十丈臺	백 척의 고루요 열 길의 대로다.
鳳城眉目此中廻	구례의 면목이 이 가운데 다 있네.
千家秋樹郊原逈	집집의 가을 숲은 교외 들판과 멀고,
萬折長江日夜來	굽이굽이 긴 강물 밤낮으로 흐르네.
白鳥親人投短艇	해오라비는 사람과 친하여 거룻배에 들고,
紅霞滿地墮深盃	붉은 노을 땅에 가득하여 술잔에 떨어지네.
虛汀落日還惆悵	텅 빈 물가에 해지니 도리어 서글퍼지고,
天際輕陰尙未開	하늘가의 가벼운 그늘 아직도 열리지 않았네.[408]

용호정은 구례군 토지면 용두리 섬진강 가에 있는 정자로, 이곳에 옛날부터 용대(龍臺)가 있어 용호정(龍湖亭)이라고 이름을 지었으며, 원래 폄재(砭齋) 최온(崔蘊, 1583~1659)이 용두정(龍頭亭)을 짓고 유유자적하며 살던 곳이라고 한다. 황현의 문인들인 권봉수(權鳳洙), 허규(許奎), 오병희(吳秉熙, 1871~1939), 이병호(李炳浩, 1870~1943) 등이 용호정시계(龍湖亭詩契)를 조직하고, 1916년 오두선(吳斗善), 윤행덕(尹行德), 마서하(馬瑞河)외 72인이 당시 구례현 관아(官衙) 건물인 고각루(鼓角樓)를 사서 이건하였으며, 노후하고 부족한 목재는 압록(鴨綠)에서 목재를 구입하여 뗏목으로 운반해 1917년 건립한 건물이다. 이후 이 정자는 용호정시계, 봉성시사, 난죽사, 반천시사 등 구례 시사의 모임장소로 쓰이고 있다.

---

408) 『율계집(栗溪集)』 권2 「시」

정기 자신도 덕천정을 세우고 많은 시문을 남겼다. 『율계집(栗溪集)』 권2에 들어있는 시는 구례로 이거한 후에 지은 시를 모아놓은 것이다. 맨 처음에 <德隱川九曲 次武夷棹歌韻> 10수와 <德川雜詠十八絶>, <又賦八景> 등의 시가 연달아 있다. 덕천잡영은 '德川亭, 居然堂, 闇修室, 嘉貞門, 五爰齋, 詠歸壇, 觀瀾臺, 鼓樓巖, 濯纓潭, 盤陀石, 釜沼, 馬{馬+展}川, 玉山, 谷口亭, 大野, 兄弟峰, 蟾津江, 五鳳山' 등 18경점을 읊은 것이다.

덕천정

경오년(1930) 여름에는 松山, 果齋와 함께 송사집을 장성 고산서원에서 교정을 하고, 중추에 장차 돌아가려면서 부안 변산을 유람하였다는 시 제목이 있다. 호남지역 많은 곳을 유람하면서 곳곳에 시를 남겼다. 사후 1967년에 덕천정의 후정에 덕천사(德川祠)를 건립하여 배향하였다.

정기의 덕천정에 대해서는 이광수가 남긴 차운시가 있는데, 바로 율계가 지은 <덕천잡영 28절(德川雜詠十八絶)> 중 앞부분의 덕천정과 거연당(居然堂)을 차운한 것이다.

<次鄭栗溪琦德川亭韻> 율계 정기의 덕천정에 차운하다

德川亭子迥如飛	덕천정이 멀리 날아갈 듯하니,
水木交淸俗事稀	나무와 물은 서로 맑아서 세상 일 드무네.
中有高人能驗理	그 가운데 고사 있어 이치를 징험하고,
坐看秋月一輪輝	앉아서 가을 달 보니 둥글게 빛나네.409)

409) 『옥산집(玉山集)』 「시」

〈1930년 정기(鄭琦)가 기숙도에게 보낸 편지〉(고산)

【피봉】 장성군 진원면 담대헌의 기운암 상제 자리에

머리 조아리고 아룁니다. 보내주신 편지를 계속해서 받아보고 위로되고 감사했습니다. 하물며 상중의 몸이 객지에서 잘 계신다는 것을 알았음에 있어서이겠습니까? 천황(泉荒, 돈이 귀해지는 일)을 날마다 알리려니 죄송스럽지 않을 수 없으나, 장차 어떻게 준비해야할까요? 다만 서울에서는 근일에 물가가 점차 오르고 있고, 종이나 주단 및 포목은 더욱 심하다고 합니다. 혹시 돈 길이 열릴 조짐일런지요? 노지(蘆紙)는 사서 쌓아둬도 무방할 것 같습니다.

보내온 여러 문자들은 일일이 말씀하신대로 삽입하였으나, 다만 <이우견자설(李禹見字說)>은 잡저(雜著) 2책을 살펴보아도 어디에서도 찾아볼 수가 없고, 두세 번을 살펴보아도 그러하니 어찌해야할까요? 만약 본초(本草)가 있다면 곧바로 베껴서 보내주시는 것이 어떻겠습니까? 잡저(雜著) 권이 장차 인쇄에 들어가려고 합니다.

이곳에서의 일은 어제 저녁에 쓴 편지에 이미 다 말했으니, 보시면 아실 것입니다. 보내준 60원은 잘 받았지만, 나누어 주라는 말씀은 지현(志衒)에 대해서는 빠져 있으니, 이것이 가장 결단하기 어려운 것입니다. 그 형세와 정황을 들어보면 실로 난처한 것이 많으니, 인쇄비와 식비는 120엔인데, 만나 뵙기 전에 반드시 받아써야만 끌어갈 수 있을 것입니다. 전날에 체납하였던 것을 이후에 회계하는 것은 불가한 것은 아니나, 이것은 과연 홀시하기 어려운 것이니, 헤아려서 알려주시기 바랍니다.

용덕(溶德)은 이미 가버렸고, 치당(恥堂)은 아뢰길, '민망하게 먼저 내려가는 일은 비록 할 수 없다고 해도 과료(過料)는 깨끗이 청산해야한다'고 말하니, 장차 어찌하면 좋겠습니까? 어제 쓴 편지에 상세히 알렸으니 모두 헤아리시고 알려주시기 바랍니다.

태준(泰濬)은 어제 와서 한 말이 있기에 내가 답하길, '제반의 일이 대부분 낭패인데, 만나기 전에는 어떻게 할 수가 없다'고 말했으며, 그도 또한 '알았다'고 하면서 웃었습니다. 그러니 이것은 염려할 필요가 없을 것입니다. 보내온 물건은 형이 다시 말씀해주길 기다리기로 하고, 우선 깊이 넣어두겠습니다. 빨리 회답을 주시기 바랍니다.

오늘 편지에 박중호(朴仲豪)가 장흥에서 11일에 보내온 편지가 있으며, 부산(夫山)에 있을 때 부친 것으로 생각된다는 말씀이 있는데, 그 편지를 아직 보지 못했으니, 말하는 것이 무엇인지 알지 못하겠습니다. 지금은 위형량(魏馨良)의 편지를 인쇄에 넣으라는 뜻을 부쳐왔기 때문에 2

통 내에서 1통은 빼버리고 1통은 원숙편(元淑篇)[410]의 끝에 넣었습니다. 만약 인편이 있다면 이 사실을 그에게 전해주시겠습니까? 많은 말을 어제 편지에 썼으니, 이번 편에서 굳이 장황히 할 필요는 없겠습니다. 헤아려주시기 바랍니다.

1930년 12월 13일에 아우 정기(鄭琦) 올림.

【피봉】 長城郡 珍原面 澹對軒內 奇雲巖 制座前

頓首言. 惠疏續續慰感. 況審制體在旅支重? 泉荒日聞, 不能無悚悚, 將何辦處? 但京中, 近日物價漸騰, 紙物綢緞布木, 尤甚云. 或泉開之兆朕耶? 蘆紙積立, 似甚不妨. 寄來諸文字, 一一依入, 而但李禹見字說, 攷諸雜著二冊, 都不見, 攷之再三而亦然. 奈何? 如有本草, 卽日抄送如何? 雜著卷, 將入印刷耳. 此間事, 昨夕書已悉, 覽可諒矣. 六十円金依領, 而須給之教, 闕於志衒, 此最難斷. 聆其勢情, 則實多難處者, 印料及食費, 壹百二十円金, 奉前必須捧用, 可以挓過. 前日所逋, 嗣後會計, 未爲不可, 此果難恝, 諒處示之也. 溶德已去, 而恥堂告'悶先下雖未能, 而過料必須盡淸', 其言如此, 亦將奈何? 昨書詳告, 並諒示焉. 泰濬昨來有言, 余答之以'諸般多狼狽, 奉前無如何'云, 則彼亦'唯唯'而笑, 此不必加念也. 來物族兄再教, 姑深藏耳. 速速回示, 千萬千萬. 今承仲豪在長興十一日出書, 以爲在夫山時付書, 而尙未得見, 不知所說云何, 今則以魏馨良書入印之意專寄, 故二度內, 一度刪之, 一度印于元淑篇末, 如有便信可言及耶? 多少說有昨書, 今更不必長挓. 惟諒下. 臘月旬三夕, 弟 鄭琦 拜拜.

1930년 12월 13일에 서울에서 정기가 담대헌에 있는 운암 기숙도(奇叔度)[411]에게 보낸 편지이다. 서울은 근일 물가가 점차 오르고 있고, 종이나 주단 및 포목은 더욱 심하다고 한다는 말과 보내온 글들은 일일이 말씀하신대로 삽입하였으며 잡저(雜著) 권이 장차 인쇄에 들어가려고 한다는 말, 보내온 돈으로는 비용이 부족하다는 등의 말을 한 내용이다. 기우만의 『송사집』을 인쇄하는 과정에서 오고간 편지이다.

410) 원숙편(元淑篇) : 『송사집』 권9 「書」, 여기에 1통이 들어 있다. 원숙은 양회갑을 말한다.
411) 기숙도(奇叔度, 1882~1936) : 자는 견오(見吾), 호는 운암(雲岩)으로, 기우만의 둘째아들이다.

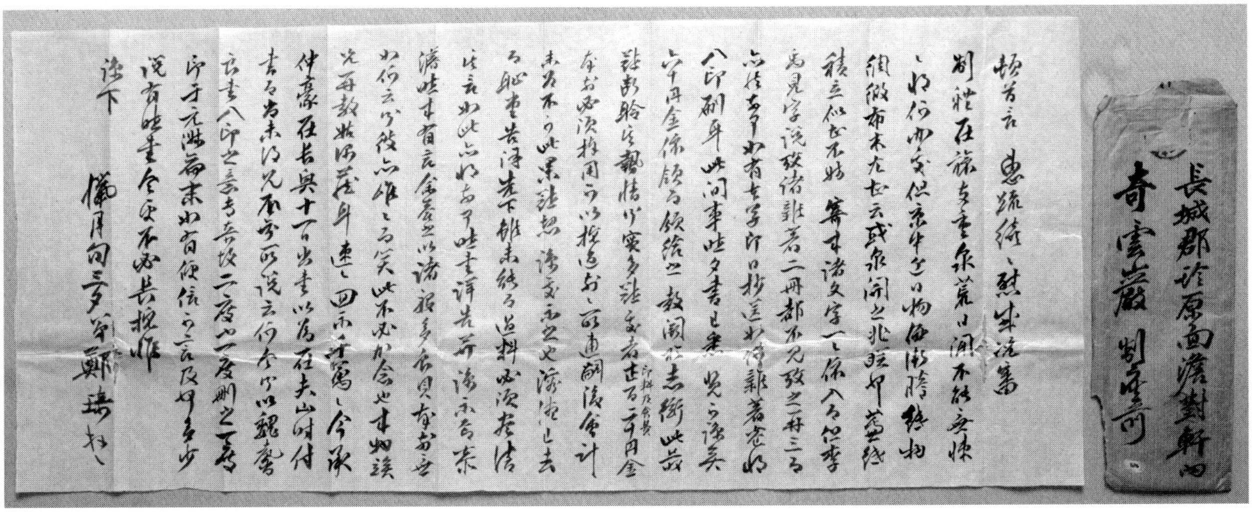

〈1931년 정기(鄭琦)가 기노선에게 보낸 편지〉(고산)

삼가 부모님 모시고 사는 도남(道南)에게 답장편지 합니다. 날마다 크게 기다리고 있었는데, 이제야 편지를 보내오셨는지요? 탕환(湯患, 부모님의 병환)은 어찌 이리도 지리한지요? 효성이 지극하니 곧 병이 나으시는 기쁨이 있을 것입니다. 그렇게 되길 매우 축원합니다. 저는 옛날이나 같습니다.

말씀하신 여러 집안의 문자는 일일이 말씀하신대로 했으니, 헤아려주시는 것이 어떤지요? 당신의 종숙께서 보내주신 돈은 전후 250엔인데, 100엔을 먼저 보내왔을 때 노지(蘆紙) 10연(連)[412]을 샀으니, 매 연당 다시 10전씩이 오른 것입니다. 전황(錢荒)이 이와 같은데도 물가가 점점 오르니, 그 곡절을 모르겠습니다. 150엔을 이어서 보내오면서 다른 곳에서 빚을 청하고 나머지는 노지를 사라고 말하기에 저도 어쩔 수 없이 지연(志衍)과 함께 지점(紙店)에 가서 합 35연(連)을 샀는데, 겨우 10전씩 깎아서 산 것입니다.

재정이 궁핍한 것도 돌아보지 않고 이와 같이 한 것은 다만 값이 내려서만은 아니라 형이 올 것을 믿고 그렇게 한 것입니다. 그런데 지금까지 사람도 오지 않고 물건도 오지 않으니, 회한이 끝이 없습니다. 돈을 꾸어 써야할 궁핍한 상황이 아닌 것이 없으니, 바야흐로 전사할 종이와 전사할 붓, 그리고 전등 가설비 및 기타잡비 등 감당할 수 없습니다. 직헌(直軒)[413]형이 즉시 와주면 다행이겠습니다. 만약 하루 이틀 늦어지게 된다면, 돈을 먼저 송금해주는 것도 좋겠으니, 우선 20~30엔이라도 좋습니다.

이곳에서 쓴 수용비는 일일이 기록해서 올리니, 보시면 알 수 있을 것입니다. 책자도 속히 보내십시오. 문자는 놔둘 것과 없앨 것은 저번 편지에서 이미 다 말했습니다. 직헌 형이 비록 왕림할지라도 존(尊)께서도 자리에 없는 것은 불가하니, 헤아려주시는 것이 어떻겠습니까? 나머지는 바빠서 대충 쓰느라 남겨두고 빠른 시일 내에 직접 뵙고 말할 때를 기다리겠습니다.

2월 21일에 아우 정기(鄭琦) 드림.

【추신】 어제 구례(求禮) 사는 박병현(朴炳現)의 편지를 보았는데, 부성금 50엔을 막 우편으로 부치려고 하였는데, 정대현(鄭大鉉)과 이희탁(李熙鐸) 두 사람이 마침 와서 거둬 갔다고 합니다.

謹復道南侍前. 日望賁然, 乃以書來耶? 湯患何支離至此? 誠孝攸格, 不日有喜, 是祝是祝. 弟狀,猶昔耳. 所諭諸家文字, 一一依教爲之, 諒下如何? 令從叔所送, 前後二百五十円金也, 而百円先來時, 貿蘆紙十連, 則每連更騰十戔価. 錢慌如此, 而物価之稍騰, 未可知其曲折也. 百五十円繼來而謂略, 請他債餘貿蘆紙, 余不得已, 與志衍往紙店, 合貿三十五連, 而僅僅減得每連十戔式. 不顧財絀而爲此者, 非但爲減價, 恃兄來而爲之矣. 尙今人不來物不至, 悔恨無已. 不非推貸之見窘, 方傳寫紙傳寫筆, 與電燈架設費, 及他雜項, 無以抵當, 直軒兄卽枉則幸矣. 若遲一兩日, 先卽送金可也. 爲先二三十円亦可. 此間需用一一錄上, 覽可悉矣. 冊子亦速送也. 文字存刪, 向書已悉, 直軒雖枉, 尊亦不可無在座, 諒之如何? 總總胡草, 留俟速速面宣. 二月卄一日, 弟 鄭琦 拜.

【추신】 昨日見求禮朴炳現書, 謂扶金五十円方欲付郵, 而鄭大鉉李熙鐸兩氏適來捧金去云.

1931년 2월 21일에 정기가 기노선에게 보낸 편지이다. 보내온 돈으로 노지(蘆紙)를 샀는데, 물가가 많이 올랐다는 말과 잡비 등을 감당할 길이 없으니 돈이라도 우선 보내달라는 말을 한 내용이다. 『송사집』을 간행하는 과정에서 매우 궁색했음을 보여주는 편지로, 『송사집』의 간행이 1930년에 착수되어 1931년에 이루어진 것으로 보아 이 편지는 1931년에 작성된 것으로 보인다. 『송사집』은 1919년에 편차해 둔 50권의 정고본(定稿本)을 저본으로 사용하여 서울 당주동(唐珠洞)의 문일당석판인쇄소(文一堂石版印刷所)에서 석인본으로 간행되었다.

412) 연(連) : 종이 세는 단위. 1연(連)은 500장이다.
413) 직헌(直軒) : 이굉규(李宏奎, 1886~1952)를 말함. 이병수(李炳秀)의 아들로, 장성 고산리에서 태어났으며, 기우만의 문인이다.

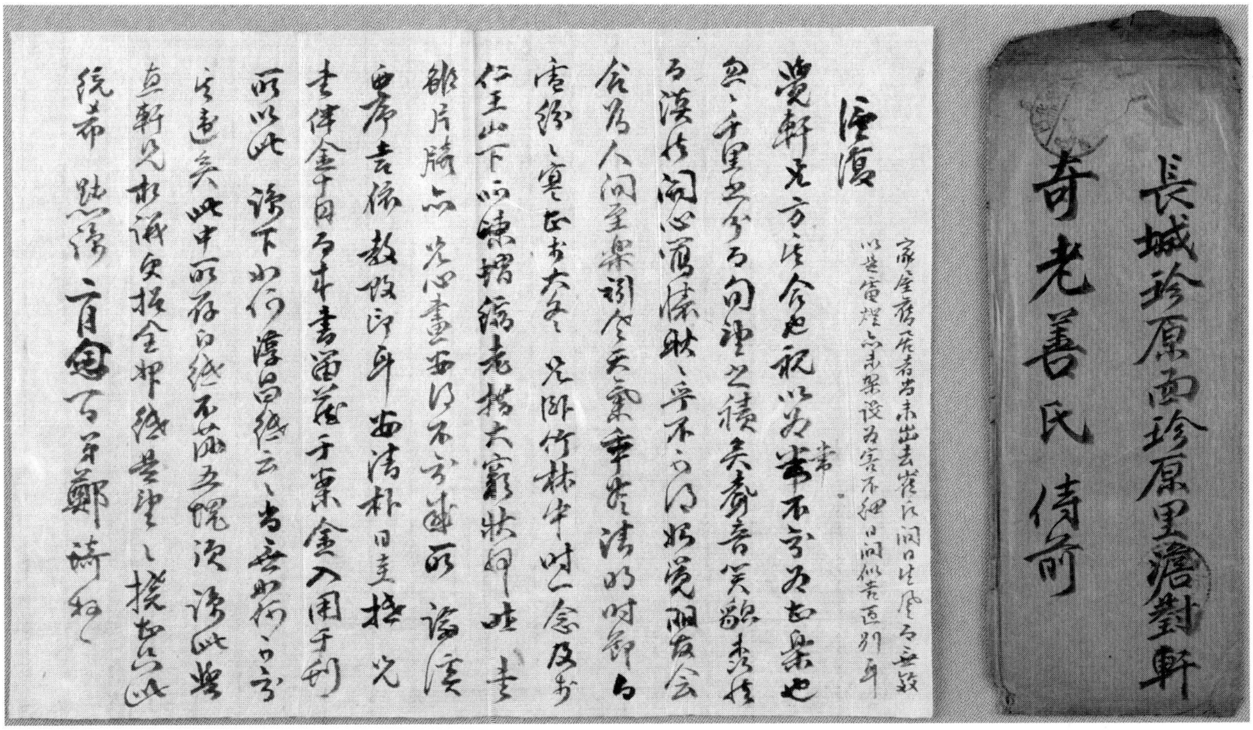

長城珍原面珍原里澹對軒
奇老善氏 侍前

8. 공학원(孔學源)의 편지

공학원(孔學源, 1869~1939)의 자는 도경(道卿), 호는 도봉(道峰), 본관은 곡부(曲阜)이다. 아버지는 석철(錫哲)이고, 어머니는 평산신씨(平山申氏) 택렬(宅烈)의 딸로 장성에서 태어났다. 재종형 상원(商源)을 스승처럼 모시고 시문을 익혔으며, 1898년 기우만(奇宇萬)을 찾아가 학문을 청하였다. 성리학에 심취하였으며, <사상문답(泗上問答)>과 <변외필변(辨猥筆辨)> 등의 저술이 있다. 당시 노사학파와 간재학파 간에 논란의 쟁점이었던 이기설(理氣說)과 사서(四書)의 훈고학적 연구에 심혈을 기울였다.

유집에 『도봉집(道峯集)』이 있는데, 11권 6책의 석인본으로, 1948년 아들 공우열(孔又烈)·공남렬(孔南烈) 등에 의하여 편집·간행되었으며, 서문은 없고 발문은 정홍채(鄭泓采)가 썼다. 여기에는 시 450수, 편지 247통, 서(序)·기(記)·발(跋) 130여 편, 상량문 16편, 제·축문 29편, 행장 17편, 묘도문 16편, 논·설 등 30여편, 그밖에 서림만필(書林漫筆), 척지동설(斥地動說), 경의기문(經疑記聞) 등이 수록되어 있다.

일본이 한반도를 침탈하자 공자를 모신 사산사(泗山祠)를 1910년에 장성군 북이면 만무리 율정마을에 세우고 강회를 하는 한편 1932년에는 여기에 서림정사(書林精舍)를 세우기 시작하여 1934년에 완성을 보았다. 여기에서 <사산악부십절(泗山樂府十絶)>, <서림구곡 용무이도가운(書林九曲用武夷棹歌韻)> 등을 많은 시를 남겼는데, 이것은 스승 기우만이 삼산재에서 구곡시와 악부시를 지은 것을 본떴을 것으로 생각된다. 서림정사 원운시와 기문은 다음과 같다.

<書林精舍元韻>	**서림정사 원운시**
暮年風樹泣西林	모년에 풍수지감에 서림에서 울며,
別構稍覺孺慕心	정사 짓고 부모 그리는 맘 조금 드러났네.
十世遺安蘆嶺僻	10대가 편안함을 물려주니 노령의 한 쪽이요,
六旬虛老泗山陰	육십 살을 허투루 늙으니 사산의 그늘이네.
雲樊晝靜新聞隔	구름 속은 낮에도 고요하여 새 소식도 막히고,
文酒宵良舊契尋	술과 시가 있는 좋은 밤엔 옛 친구들 찾네.
齋外多端量不及	정사 밖의 많은 일 생각이 미치지 못하니,
任他俗子一浮沈	세속 사람에게 맡기고 한 가지로 부침하네.[414]

<서림정사기(書林精舍記)>

사산의 한 기슭에 부모와 조부모의 묘소가 있는데, 골짜기를 넘어 남향의 형세가 조금 널찍한 곳에다가 지난 경술년에 대성묘를 세우고 이로부터 매월 초하루에 반드시 알묘를 하였다. 무덤의 북쪽으로 가까운 곳은 옛날부터 서당골로 불리는데 유지가 아직까지 남아있다. 유지의 곁에는 옛날부터 임정이라고 불리며 회화나무와 감나무가 벌여있는데, 모르겠지만 옛날 어떤 사람이 여기에서 공부하면서 손수 이 나무를 심었을 것이다.

매년 봄 화창한 날이면 반드시 그늘에 앉아서 쉬면서 옷깃을 풀어헤치고 두루 바라보는데, 특별히 한 가지 사념이 있어서 그윽한 홍취를 야기시키니, 한 조각의 봉우리는 태산을 누를 듯한 위엄있는 기세이고, 한 줄기 시냇물은 가뭄에도 콸콸 흐르는 형세이다. 높지도 않고 낮지도 않은 평지가 이어지고 가까운 듯 먼 듯 운림이 아득하다. 여섯 폭의 가벼운 비단은 건계(建溪, 중국 복건성에 있는 물이름으로 명차가 난다)의 산수를 볼 수 있고, 구곡의 맑은 시내는 무이산의 상마(桑麻)에까지 이를 것 같으니, 녹야원이나 평천장이 과연 이곳보다 뛰어날지 모르겠다.415)

공학원은 서림정사를 짓고 자신의 육십 인생을 되돌아보고 세상일을 잊고 지내고자 하였다. 또한 기문에서는 서림정사를 중국의 유명한 녹야원이나 평천장에 비교할 만큼 자부심도 컸다. 그러나 서림정사를 짓는 일이 일제치하에서 순조롭지만은 않았을 것임을 다음 편지를 통해 알 수 있다.

서림정사

서림정사(書林精舍)를 세운 일은 아이들에게서 나왔는데, 경영해보지 않은 일을 하느라 일을 끝낼 기약이 없으며, 이 집에 들어가야만 될 약간의 것들도 어린이들이 따라다니며 요구하기 때문에 모두 형편상 일을 마무리할 수밖에 없었

---

414)『도봉집(道峯集)』「시」

415)『도봉집(道峯集)』「기」<書林精舍記>, "泗山一麓, 兩世幽阡, 越谷而南面, 勢稍寬, 去庚戌建聖廟, 自是月朔必謁廟而展. 阡阡之北步武之地, 古稱書堂谷, 而有址尙在. 址之傍古稱林亭, 而槐市森列, 未知在昔何人伊吾於此而手植乎是也. 每春和景明, 必休陰坐石, 披襟而遊目, 別有一種思念, 惹起幽興, 一片巒頭, 鎭泰山巖巖之氣, 一脈澗源, 有亢旱瀜瀜之勢. 不高不低, 平陸盤旋, 如近如遠, 雲林縹渺. 六幅輕綃, 可以觀建溪山水, 九曲淸溪, 從可到武夷桑麻, 不知綠野平泉之庄果有勝於此也."

으니, 보잘 것 없는 사람이 다만 신산(辛酸)함만 얻었을 따름입니다. 원재(院齋)에서 글 읽는 것은 명칭이건 위치이건 시국이 금지할 것임을 짐작하고도 남는 일인데, 하물며 우리 자질들과 인척을 교도하며 수업료도 받지 않음에 있어서이겠습니까?[416]

1932년에는 고산서원의 강회에서 다음의 시를 지었는데, 이때 서원의 원장을 맡고 있었을 것으로 추정된다.

<壬申春高山書院講會韻>	**1932년 봄에 고산서원 강회에서 짓다**
薄採蘋蘩春日遲	빈과 번[417]을 캐느라 봄날 더디니,
高山享禮適丁時	고산서원의 춘향일인 정일일 때이네.
逍遙桑海經三變	창상벽해에서 소요하며 세 번의 변을 겪고,
棲息松門强一枝	송사문하에서 기거하며 하나의 가지를 힘썼네.
定月講期從舊隸	정해진 월강일 되자 옛 노비들 따르고,
學年卒業俾新知	배움의 나이 졸업하자 새 벗들 시키네.
腐儒通籍悲衰晚	썩은 선비 이름 올리니 만년에 서글프구나.
爲對諸生苦勉之	제생들을 대하고서 힘써 공부하라 권면하네.[418]

〈1932년 공학원(孔學源)이 기노선에게 보낸 편지〉(고산)

【피봉】 진원리 기상제 효려(孝廬)[419]에
율리에서 편지 올림

편지 올립니다. 여름 사이에 연상(練祥)[420]을 지냈다는 것을 알았지만, 늙은이는 몸의 병으로 자리를 떠날 수 없었고, 젊은이는 가뭄 때문에 논밭두렁에 달려 다니느라 바빠서 위문을 못하게 되었으니, 아직까지도 죄송스럽습니다. 듣자하니 손자를 얻으셨고, 이어서 며느리를 잃는

416) 고산서원소장 간찰, <1934년 2월 10일에 공학원이 기노선에게 보낸 편지>, "書林小築, 出於兒曹, 不經事所爲, 了役無期, 可入此室處多少, 少輩從逐要之, 皆形便上作輟, 無常者只得辛酸而已. 院齋伊吾, 名稱也位置也, 時禁亦有酌量, 況乎吾子姪姻戚敎導之無捧料者乎?"
417) 빈번(蘋蘩) : 개구리밥과 산흰쑥이라는 뜻으로, 변변하지 못한 제수(祭需)를 비유적으로 이르는 말.
418) 『도봉집(道峯集)』「시」
419) 효려(孝廬) : 상제(喪制)가 사는 집을 가리킴.

슬픔을 당했다고 하는데, 이것은 모두 전해들은 말로, 경사는 진실로 축하할만하나 비참함은 무슨 말을 할 수 있겠습니까? 불운과 행운, 성함과 쇠함이 진실로 이치이기는 하나 자주 이처럼 서로 이어지니, 진실로 덕문(德門)에 이런 일이 있을 것이라고는 생각도 못한 일입니다.

요사이 전(奠)을 올리면서 형제들과 사는 생활은 좋으시리라 생각하고, 위로되며 또 그렇게 되길 축원합니다. 저는 양계(陽界)에서 살고 있는 의미가 절대적으로 적습니다. 말을 하고자 하면 듣는 자가 싫어할만한 것이므로 차라리 그만 두는 것입니다. 다만 미미한 몸이 띠고 있는 임무를 태만히 하게 되었으니, 때때로 지은 죄 속죄하기 어렵습니다. 추향(秋享) 때 마땅히 사직하려고 하는데 고통을 감내할 수 없어서 그런 것이니, 좌우(左右)[421]께서 미리 유림의 의견을 거두어서 임무를 대신할 사람을 준비해주면 매우 좋을 것입니다. 만나서 위로드릴 날이 가까우니, 다만 변화에 순응하여 위로 어머니의 염려에 위로해주시길 빕니다. 이만 줄이며 편지 올립니다.

1932년 8월 14일에 아우 공학원(孔學源) 올림.

【피봉】 珍原里 奇喪制 孝廬

栗里 疏上

狀言. 夏間知經練祥, 而老者以身疾不離枕席, 少者以旱憂奔走溝洫, 闕慰失問, 尙爾訟愆. 聞作抱孫翁, 繼遭失婦慽, 此皆便風流傳, 慶固可賀, 慘何可言? 否泰榮枯, 固是理勢, 而頻仍相禪, 誠不圖德門之有此也. 比來, 侍奠棣體上萬支, 旣慰且祝. 弟狀, 絶少陽界意味, 欲說則聞者可惡, 故寧休之. 但微軀所帶之任, 逋慢矣, 時罪固難贖. 秋享時當辭遞, 而苦無可堪, 左右預收儒議, 準備瓜代, 極好極好. 奉慰在邇, 只祝順變, 上慰慈念. 不備疏禮. 壬申八月旬四日, 弟 孔學源 疏

1932년 8월 14일에 공학원이 기노선에게 보낸 편지이다. 소상 때 자신은 병들어 있고 아들은 가뭄 때문에 바빠서 가보지 못한 것에 대해 미안함을 표현하고, 이어서 손자를 봄과 동시에 며느리가 죽었다고 하니 행과 불행이 이처럼 이어지는 것이냐고 위로하였다. 본론으로는 자신이 그동안 맡은 직임을 잘 해내지 못해서 죄송하다는 것과 함께 추향제 때는 사퇴를 할 것이니, 미리 유림들과 논의를 하여 다음 직임을 맡을 사람을 준비하는 것이 좋을 것이라는 말을 하였다.

---

420) 연상(練祥) : 사람이 죽은 후 일 년 만에 지내는 제사. 기노선(奇老善)의 아버지 기춘도(奇春度)가 1931년 6월 16일에 사망하였다.

421) 좌우(左右) : 평교 사이에 상대방을 가리키는 말.

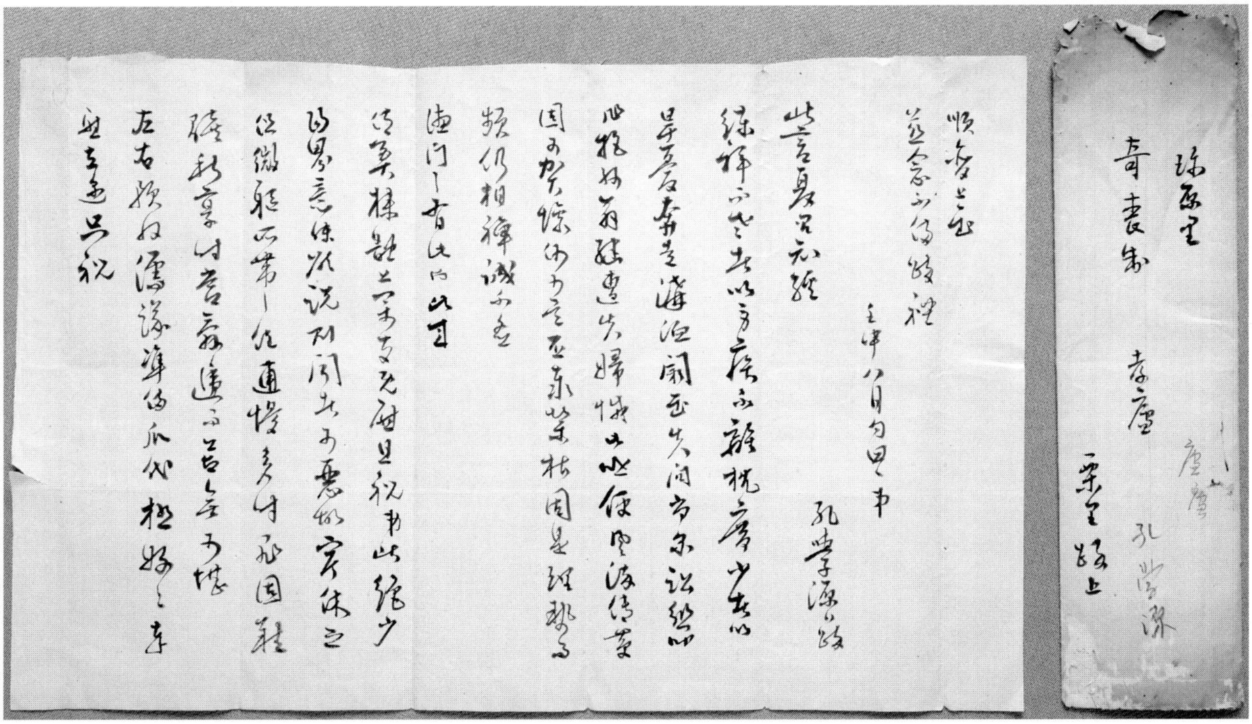

9. 김문옥(金文鈺)의 편지

김문옥(金文鈺, 1901~1960)의 자는 성옥(聖玉), 호는 효당(曉堂)이며, 본관은 광산(光山)이다. 기추(箕錘)의 아들로 합천군 용주면에서 태어났다.[김기추 때 광주에서 합천으로 이사했다.] 1914년에 무산정사(武山精舍)의 율계(栗溪) 정기(鄭琦) 문하에 들어가 수학하였으며, 1927년 스승이 구례로 옮겨 올 때 함께 따라와서 율계의 문하생을 지도하였고, 이후 여러 곳을 전전하며 많은 후학을 길러냈다.

그의 문집으로 『효당집(曉堂集)』이 있는데, 19권 6책으로, 시 660수 가량, 편지 145통, 잡저 27편, 서(序) 117편, 기 99편, 발 21편, 명 11편, 애사 3편, 상량문 3편, 축·제문 21편, 묘도문 180여편, 유사 7편, 행장 1편, 전 7편 등이 실려 있다. 서문과 발문이 없고 또 부록문자가 없어서 저자의 생애 및 편찬경위를 자세히 알 수 없으나 저자가 죽은 뒤 그가 강학(講學)했던 전남 화순군 남면 절산리에서 1962년경 후손과 문인 위계도(魏啓道) 등이 편집·간행한 것으로 보인다. 효당의 행장은 동문인 고당 김규태(金奎泰, 1902~1966)가 찬술한 것이 『고당집』에 들어있다.

김문옥은 당시 문장가로서 명성이 자자해서 호남의 누정에 보면 그의 기문이 많이 걸려있음을 볼 수 있으며, 문집의 서문에도 그의 이름이 많이 남아 있음을 알 수 있다. 그는 특히 전국 각처를 유람하면서 지은 시가 많은 것이 특징이다.

<登儒達山>	**유달산에 올라**
石骨如霜海氣秋	바위 뿌리 서리 같아 바다 기운에 잠겼으니,
駕鵬擬學莊生遊	붕새타고 장주(莊周)를 배워 노닐어 볼까나.
歸雲西北蒼茫外	서북쪽으로 돌아가는 구름은 아득한 하늘 벗어나고,
螘蛭千山盡欲浮	개미 같은 많은 산들 모두 떠 있고자 하는구나.[422]

목포의 유달산에 올라 멀리 바다를 바라본 모습이 그려진다. 작자는 장자의 <소요유>에 나오는 붕새를 타고 세상 밖으로 나가고 싶은 욕망을 시 전체에서 드러내고 있다. 다음은 그의 만년인 1958년에 화순 적벽에서 벗 십 수 명과 함께 놀면서 지은 시이다. 1958년은 그가 화순의 절산으로 옮길 때이다.

---

422) 『효당집(曉堂集)』 권2 「시」

<戊戌秋八月 同四郡諸友 遊赤壁江上> 1958년 8월에 네 군에 사는 벗들과 함께 적벽 강에서 놀다

我居福川二十年	내가 복천[동복]에서 산지 20년이라,
山川一一入足底	산천의 곳곳마다 내 발아래 들어왔네.
就中赤壁尤佳處	그중에서도 적벽이 더욱 아름다우니,
每向淸晨夢飛去	매양 맑은 새벽이면 꿈속에서도 날아가네.[423]

…

제목의 세주에는 이때 함께 유람한 사람의 호나 이름이 들어 있다. 위 시를 통해서 김문옥이 1938년 경에는 동복 지역에서 살았었음을 알 수 있다. 그는 정사에 앉아서 강학만 한 것이 아니고 틈만 나면 산천을 두루두루 돌아보면서 호연지기를 길렀던 것이다. 화순에 있는 적벽은 최산두(崔山斗, 1483~1536)가 귀양 와서 그 산수의 아름다움을 보고 중국의 적벽과 같다고 하여 이름 붙였다고 하며, 그 뒤로 많은 시인묵객들의 발길이 이어지고 있는 곳이다. 적벽에서는 소동파가 중국의 적벽에서 노닌 때인 임술년 추칠월 기망일을 기념해서 이 지역 문인들이 모여 시회를 열기도 했는데, 그 자료가 『금사·병암유집』에 실려 있다.[424]

편지를 통해서 그의 학문적 깊이를 엿볼 수 있는데, 특히 곽기영(郭基永)과는 여러 차례 편지를 주고받으며 도학의 여러 문제를 토론하였다. <답곽우헌기영별지(答郭愚軒基永別紙)>에서는 심(心)과 성(性)의 관계를 주자가 오봉(五峰)의 심(心)과 성(性)의 상대설을 비평하면서 제시한 심성대립부당론(心性對立不當論)을 인용하여 해설하고, 심통성(心統性)이라는 말을 들어 어디까지나 심 속에 성이 포함되어 있음을 주장하였다.

1933년에는 만해 한용운(韓龍雲)선생을 비롯한 많은 일제저항운동인사들을 접견하고 불순한 세력과 일제 항거를 도모한다는 이유로 왜경에게 체포되어 임실과 순창구치소에서 6개월간 구금되어 있었으며, 이때 억지로 단발을 하려 하자 "우리나라 오백년의 정신이 이 두발에 있는데 네가 한국사람으로서 왜경이 되어 우리나라의 정신을 없애려고 하니 내가 두발을 보존하는 혼신이 될지언정 두발 없는 사람이 되지는 않을 것이다."라고 꾸짖으며 항거하였다.

여순사건과 6.25사변의 격전 속에서도 민족자주정신과 유교사상을 고취하기 위해 호남을 중심으

423) 『효당집(曉堂集)』 권2 「시」
424) 권수용, 「화순 물염정과 적벽문화」, 『역사학 연구』 44, 호남사학회, 2011, 148쪽.

로 교육에 열중하여 만취 위계도(魏啓道), 중헌 윤정복(尹丁鍑), 성재 나갑주(羅甲柱) 등 200여명의 문생(門生)을 양성하였다.

〈1929년 김문옥(金文玉)이 기노선에게 보낸 편지〉(고산)

우리 형을 뵙지 못한 지가 오래었는데, 매양 바람이 맑고 달이 밝은 밤이면 전년에 담대헌(澹對軒)에서 서로 이야기하던 때를 추억하게 되니, 마음과 정신이 문봉(文峰)[425]과 순강(鶉江) 사이로 달려감을 깨닫지 못할 지경입니다. 그러나 끝내 사람이 멀리 있다는 탄식을 면하지 못하고, 멍하니 잃어버린 것이 있는 것과 같습니다. 이러한 마음을 형께서도 알아주신다면 저의 묵상이 허언이 아님을 아실 것입니다.

청화의 계절 4월에 춘당(春堂)의 기력은 강녕하시고, 부모님 모시면서 경전 공부하시는 생활은 만 가지로 편안하시며, 가족들도 모두 길상한지요? 그리운 마음 간절합니다. 저는 이른바 과공(課工)[426]이라고 하는 것은 지업(志業)이 날로 쇠퇴하여 책을 열어도 글자만 볼 뿐이니, 이미 울타리 가에 던져진 물건처럼 쓸데없는 사람에 속하게 되었습니다. 또한 곁에 있는 제익(諸益)들도 서너 명에 불과하여 적막함을 깰 길이 없으니, 좋은 세월을 헛되이 보내는 사람일뿐입니다. 어쩌겠습니까?

형께서는 봄 사이에 공부한 것이 더욱 늘었을 것이니, 특별히 한마디의 가르침을 내려주시는 것이 어떻겠습니까? 저의 고향 행은 이번 보름에 있을 것이니, 형께서 혹시 답장을 보내려면 저의 본가로 부쳐주시는 것이 어떠신지요? 나머지는 갖추지 않고 이만 줄입니다.

1929년 4월 15일에 아우 김문옥(金文玉) 올림.

不見吾兄久矣, 每於風淸月白夕, 追憶前年澹軒中依然相話, 則不覺心馳神往於文峰鶉江之間, 而終不免人遐之嘆, 悅然若有失矣. 此懷兄其知之, 則認我默想之非虛言矣. 未審淸和, 春堂氣力康寧, 暨侍經體萬安, 渾儀均吉否? 懸戀切切. 弟, 所謂課工, 志業日益摧頹, 開卷閱字, 已屬笆籬邊物. 且在傍諸益, 不過數三, 而無有破寂, 虛擲好箇光陰, 便是這樣人而已. 奈何? 惟兄春間做工, 想益滋長, 特下一言之教如何? 故山之行, 在今望日, 而兄或回賜, 則付于弟之本所如何? 餘不備禮. 己巳四月十五日, 弟 金文玉 二拜.

1929년 4월 15일에 김문옥이 기노선에게 보낸 편지이다. 형께서는 봄 사이에 공부한 것이 더욱 늘었을 것이니, 특별히 한마디의 가르침을 내려주시라는 말과, 자신은 이번 보름에 고향행을 할 것이니, 답장을 보내려면 본가로 부쳐주시라는 내용이다.

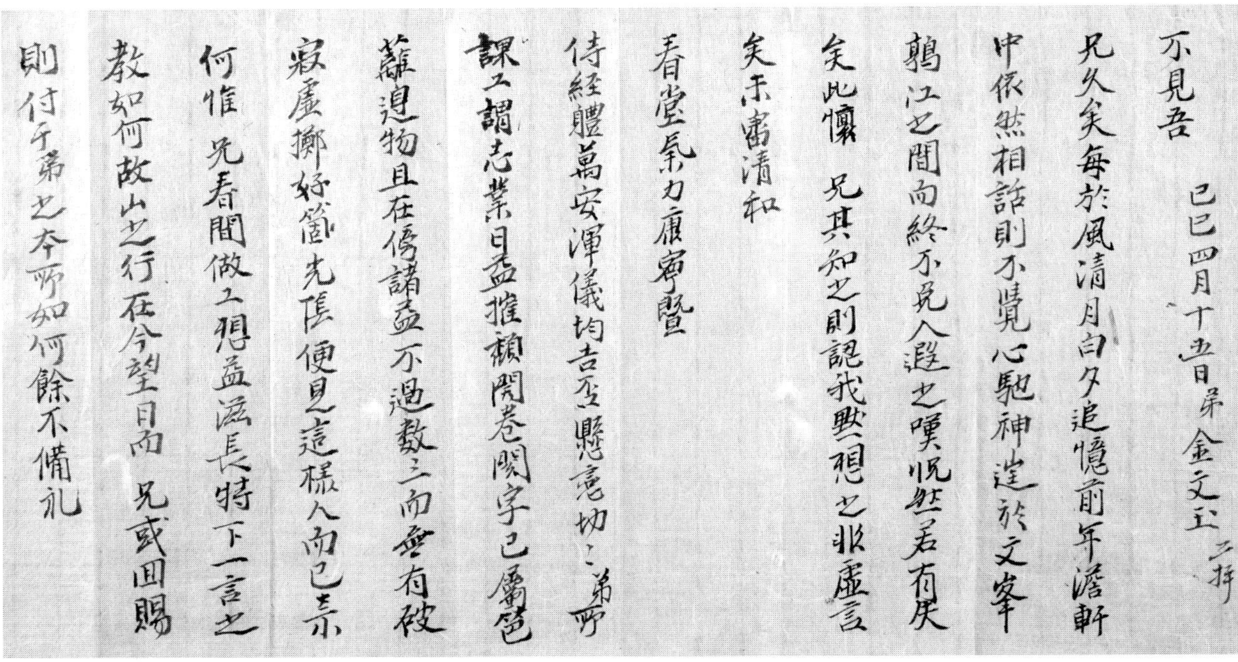

不見吾
己巳四月十五日 弟 金文玉 二拜
兄久矣每於風清月白夕追憶前年潛軒
中依然相話則不覺心馳神往於文峯
鶉江之間而終不免入遐之嘆恍然若有失
矣此懷 兄其知之則認我默想之非虛言
矣未審清和
春堂氣力康寧暨
侍經體萬安渾儀均吉否懸意切切弟所
課工謂志業日益推頹閱卷閱字已屬笆
蘿退物且在傍諸益不過數三而無有砭
寂虛擲好節光陰便見這樣人而已恭
何惟 兄春間做工想益滋長特下一言之
教如何故山之行在今望日而 兄或回賜
則付于弟之本所如何餘不備禮

---

425) 문봉(文峰) : 남원시 대강면에 있는 문덕봉(門德峰)을 말함. 해발 598m 높이의 산으로, 남원시 금지면, 대강면, 주생면에 걸쳐 있는 산이다.

426) 과공(課工) : 날마다 정해 놓고 규칙적으로 하는 공부.

본서에서 사용한 편지는 장성의 고산서원과 금강종가 및 연파집안 등에 소장되어있는 간찰 중에서 뽑은 것이다. 이 세 곳의 고문서를 일찍이 조선대 한국학자료센터에서 정리한 적이 있는데, 장성 고산서원에 소장된 편지는 1540통 가량 되고, 금강종가인 기양연 후손가에는 간찰첩에 들어있는 것까지 합쳐 620건 정도 되며, 연파 기노백가에는 간찰첩에 들어있는 것까지 합쳐 760건 정도가 된다. 모두 장성 행주기씨 가문에 해당한다.

〈장성 행주기씨 간략 계보〉

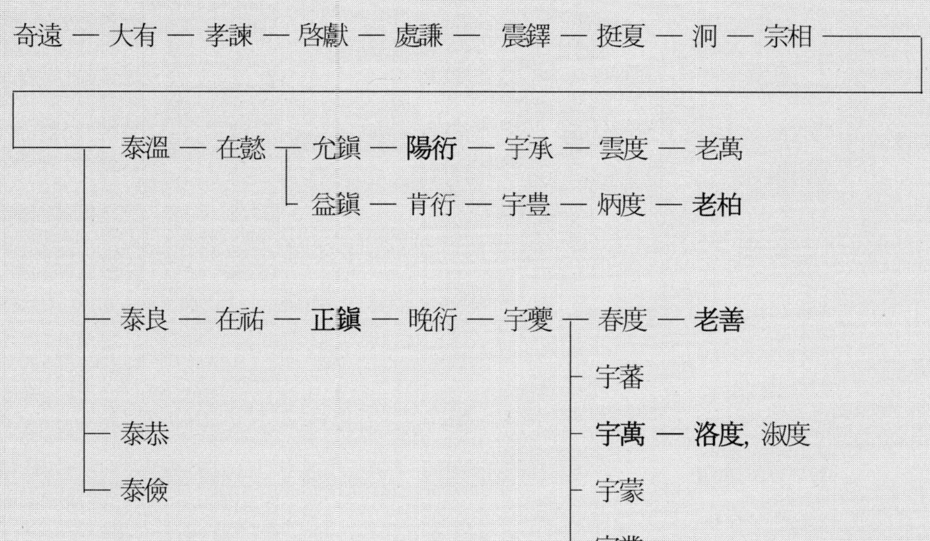

본문은 네 부분으로 구성하였다. 첫 번째 부분은 기정진을 중심으로 하여 벗 그리고 제자에게서 온 편지를 대상으로 하였는데, 남아 있는 것이 몇 건 되지 않는 관계로 가장 적은 양에 해당한다. 두 번째 부분은 노사 직전제자들 간의 편지를 기양연 중심으로 살폈는데, 즉 기양연에게 온 편지가 남아있기 때문이다. 세 번째 부분은 기우만과 그 벗들 및 제자들에게서 온 편지를 살폈는데 가장 많은 양을 차지한다. 네 번째 부분은 기우만의 아들과 종손에게 온 편지 중심으로 살폈는데 대부분 노사의 삼전제자에 해당하며, 기우만 사후에 담대헌이나 고산서원을 경영하는 일, 또는 송사집을 간행하는 일과 관련한 내용들이다.

본문에서 살핀 인물은 기정진(奇正鎭), 이규형(李奎亨), 김조(金照), 소필기(蘇弼基), 기양연(奇陽衍), 안중섭(安重燮), 강인회(姜寅會), 이최선(李最善), 조의곤(曺毅坤), 나도규(羅燾圭), 조성가(趙性家), 김녹휴(金祿休), 기홍연(奇弘衍), 안국정(安國禎), 기우만(奇宇萬), 정의림(鄭義林), 정시림(鄭時林), 정재규(鄭載圭), 조영만(趙泳萬), 유인식(柳寅植), 안중섭(安重燮), 기우승(奇宇承), 조성주(趙性宙), 오계수(吳繼洙), 오준선(吳駿善), 정면규(鄭冕圭), 고광선(高光善), 조석휴(曺錫休), 기동준(奇東準), 노종룡(盧鍾龍), 권운환(權雲煥), 박임상(朴琳相), 안택환(安澤煥), 양회락(梁會洛), 양재경(梁在慶), 여창현(呂昌鉉), 이태로(李泰魯), 황철원(黃澈源), 기락도(奇洛度), 기노선(奇老善), 안훈(安壎), 이종택(李鍾澤), 김택주(金澤柱), 이광수(李光秀), 양회갑(梁會甲), 정기(鄭琦), 공학원(孔學源), 김문옥(金文玉) 등 48명이다.

노사학파 인물이 6천명에 이른 것을 생각할 때 극히 일부분이라고 할 수 있지만, 이들이 그 시대를 대표한다고 해도 틀린 말은 아닐 정도로 모두가 중요한 인물들이다. 각각의 편지는 탈초하고 번역하여 원문과 함께 실음으로써 이들의 글씨체를 한 눈에 알아볼 수 있게 하였고, 각 인물들의 활동에 대해서는 알아보기 쉽도록 그 사람과 관련된 문집이나 누정을 통해서 간단하게 밝혔다.

한편 고산서원에는 기정진을 주벽으로 하여 좌우에 이최선(李最善), 조의곤(曺毅坤), 조성가(趙性家), 김녹휴(金祿休), 정재규(鄭載圭), 기우만(奇宇萬), 정의림(鄭義林), 김석구(金錫龜) 등이 배향되어 있는데, 이들 중 대곡 김석구만 빠지게 된 것은 매우 아쉬운 점이다. 친필 편지가 보관되어 있지 않기 때문이다.

또한 48인 중에는 간혹 노사나 송사 문인록에 올라 있지 않은 사람도 있는데, 노사나 송사 문하에서 수학할 시기를 놓친 사람들로, 노사학파 문인들과 친밀하게 교유하면서 사상을 함께 하고 노사나 송사를 추원하는 일에 앞장선 사람들이기 때문에 노사학파의 일원에 포함시켰다.

|찾아보기|

ㄱ

ㄴ

ㄷ

ㅁ

ㅂ

ㅅ

ㅇ

ㅈ

ㅊ

ㅌ

ㅍ

ㅎ

조선대학교 한국학자료센터 자료·연구총서

옛 편지로 다시 생각하는

붕우유신

초판 1쇄 찍은 날 2017년 09월 19일
초판 1쇄 펴낸 날 2017년 09월 20일

편 역 권수용
만든곳 심미안
주 소 61489 광주광역시 동구 천변우로 487(학동) 2층
전 화 062-651-6968
팩 스 062-651-9690
메 일 simmian21@hanmail.net
블로그 blog.naver.com/munhakdlesimmian
등 록 2003년 3월 13일 제05-01-0268호

값 20,000원
ISBN 978-89-6381-222-9 93090